호산 박문호
『칠서주상설』 연구번역총서 8

논어집주상설 8

호산 박문호 저

책임역주[주저자]: 신창호
전임역주: 김학목 · 윤원현 · 조기영
공동역주: 김언종 · 임헌규 · 허동현

박영story

이 저서는 2017년 대한민국 교육부와 한국연구재단의 지원을 받아 수행된 연구임
(NRF-2017S1A5B4056044)

연구번역자 서문

학문 연구의 토대를 다지는 작업은 지난하면서도 즐겁다. 동양학을 탐구하는 학자들이 상생상극(相生相剋)의 학문적 이치를 노정(路程)한다면, 학문 연구의 난제(難題)와 열락(悅樂)은 서로 스며들게 마련이기 때문이다. 공자가 유교를 집대성(集大成)한 이후, 주자의 주석(註釋)을 거치면서 전변(轉變)을 거쳐 온 유학은, 그 이론과 실천의 차원에서 엄청난 심사숙고를 요청한다. 우주자연과 인간 사회에 대한 근본, 그 알파와 오메가를 진지하고 투철하게 고려하도록 채찍질한다. 선현(先賢)들의 학문 활동을 돌아보건대, 상당수가 그러한 삶을 고민했음이 분명하다.

본 저술은 호산(壺山) 박문호(朴文鎬, 1846~1918)의 『칠서주상설(七書註詳說)』을 심도있게 연구하여 한글로 완역한 연구번역 성과이다. 『칠서주상설』은 말 그대로 '칠서(七書)'의 주석에 대해 자세하게 설명한 저술이다. <칠서주>는 회암(晦庵) 주희(朱熹, 1130~1200)의 『논어집주(論語集註)』, 『맹자집주(孟子集註)』, 『대학장구(大學章句)』, 『중용장구(中庸章句)』, 『시집전(詩集傳)』, 『서집전(書集傳)』, 『주역본의(周易本義)』를 가리키는 것으로, 유교의 핵심 경전인 사서삼경(四書三經)에 관한 주희(『서집전』의 경우는 채침(蔡沈, 1167~1230))의 주석을 말한다. 주지하다시피, 사서삼경과 그 주석은 조선 주자학의 뼈대를 이루는 중심 경전이다. 호산은 이 <칠서주>에 다시 상세하게 주석을 부가하여 조선 유교를 종합해내었다. 서구 근대 문명이 밀물처럼 밀려오던 19세기 중반에서 20세기 초반에 활동하면서도, 주자학의 정통 학문을 자신의 사명처럼 여기고, 유교의 핵심 경전을 집대성한 것이다.

호산은 『칠서주상설』을 편찬하면서, 자신이 연구한 나름의 소신을 저술의 편차(編次)에 반영하였다. 중국 송대의 사상가들을 비롯하여 주자학을 신봉하는 대부분의 학자들이 사서(四書)의 독서 순서를 『대학(大學)』으로 시작했던 것과 달리, 호산은 『칠서주상설』의 순서를 주석(註釋)의 명칭에 따라 『논어집주상설(論語集註詳說)』로부터 시작했다. 그것은 유학의 핵심 경전인 『논어』가 맨 앞에 자리해야 하는 당위성이기도 하다.

그렇게 하여 『칠서주상설』은 『논어집주상설』 20권, 『맹자집주상설』 14권, 『대학장구상설』 1권, 『중용장구상설』 1권, 『시집전상설』 18권, 『시서변설상설』 2권, 『주역본의상설』 12권, 『서집전상설』 14권, 『서서변설상설』 1권으로, 전체 83권에 이르는 방대한 저작이 되었다. 마치, 조선의 주자학을 마무리하듯이, 경전의 주석을 짜임새 있게 갖추었다. 사서삼경의 경문에 대한 중국 역대의 주석을 비롯하여, 조선시대 여러 학자들의 주석을 간단·명료하게 총망라하였다. 특히, 사서삼경에 대한 주자의 주해(註解)를 의리(義理)와 훈고(訓詁), 그리고 논리(論理)를 반영하는 등, 여러 측면에서 정밀하고 명확하게 분석하면서도, 사서삼경의 주요 텍스트인 <영락대전(永樂大全)>본의 오류를 바로잡은 엄밀한 주석서로 편찬해내었다.

주자 이후 중국의 주요 주석뿐 아니라, 퇴계(退溪), 율곡(栗谷), 사계(沙溪), 우암(尤庵), 남당(南塘), 농암(農巖) 등 조선 성리학을 대표하는 학자들의 학설과 호산 자신의 견해까지 담은 저술이기에, 주자학의 심오한 이해는 물론 조선 성리학의 맥락과 계보, 발전 양상을 포괄할 수 있는 학문성을 담보한다.

본 연구번역은 2017년도 한국연구재단의 토대연구 사업으로 시작되었다. 연구 기획을 할 무렵 연구진의 생각은 좀 단순했다. '『칠서주상설』이 조선 유교 경전 주석사의 대미를 장식하는 주요한 저작이므로 이를 번역하여 학계에 기여하면 좋겠다!'는 정도였다. 그러나 기획 단계에서 초역을 하고 연구계획서를 작성하면서, '토대'연구 사업에 어울리는 작업으로서 연구범위가 상당 부분 확장되었다. 분량도 그렇지만, 원문에는 없는 표점, 찾아보기 힘들게 되어 있는 원전의 구절과 문장의 정돈, 내용 가운데 보충 설명이 필요한 부분의 주석 등, 관련 전공자들의 수준 높은 연구를 곁들인 번역의 필요성이 요청되었다. 고민을 거듭한 결과, 연구 작업이 너무나 방대해졌다.

그러나 연구진들은 매월 2,000여 매(200자 원고지 기준)에 달하는 연구 번역에 온힘을 쏟아 부었다. 열정을 바친 만큼 원고는 계획대로 생산되었고 또한 다듬어졌다. 단행본 1권에 해당하는 분량이었다. 원본의 오탈자를 바로잡고, 표점을 찍고, 구절을 바르게 맞추고, 문장을 정렬하고, 관련 전거를 확인하는 등, 초역에서 교열·윤문, 그리고 출판에 이르기까지, 여러 과정을 반복했다. 정말이지, 연구번역이라는 학문의 토대 작업을 자임한, 고난의 행군이었다. 당초 계획대로 5년 동안의 연구기간에 『칠서주상설』을 마무리한다면, 매년 20,000여 매, 전체 100,000여 매의 원고가 성과물로 쌓일 것이다. 단행본으로는 약 50여 권이 될 것으로 예상된다.

어려우면서도 엄청난 작업이지만, 학문의 토대를 구축하는 데 기여할 수 있다는 자부심과 자긍심으로, 현재 2차년도 연구번역 작업이 마무리 단계에 와 있다. 분량이 많다 보니, 본 번역연구 성과물의 출간과 관련하여 고민하지 않을 수 없었다. 모든 작업이 끝나고 한꺼번에 출간하는 것은 다소 무리라는 판단이 들었다. 이에 매년 번역연구물이 산출되면, 다음년도 연구번역이 끝나기 전, 즉 1년 이내에 출간하는 것이 연구진이나 학계에 도움이 되겠다고 생각하였다.

이 책은 1차년도(2017년 9월~2018년 8월)의 결과물이다. 1차년도에는 『논어집주상설』과 『대학장구상설』을 연구번역하고 정본화 작업을 진행하였다. 책의 권수는 경전의 편제와 분량, 그리고 내용에 따라 나누어 조정하였는데, 17,000여 매에 달하는 『논어집주상설』은 10권으로, 3,000매 가량인 『대학장구상설』은 3권으로 출간하게 되었다.

무엇보다도 본 연구번역의 과정에 매진해준 연구진에게 큰 절을 올린다. '고맙다!'는 말 이외에 서로를 격려하고 용기를 북돋우며 동기부여할 수 있는 표현은 없는 것 같다. 전임연구교수로 연구번역에 힘써준 고려대학교 교육문제연구소의 김학목 박사님, 윤원현 박사님, 조기영 박사님의 초역은 본 연구의 밑거름이 되었다. 공동연구에 참여하신 고려대학교 김언종 명예교수님, 강남대학교 임헌규 교수님, 경희대학교 허동현 교수님은 각종 자문과 조언, 윤문과 교열 등을 맡아 고생해 주셨다. 이외에 연구보조원으로 참여한 한국외국어대의 서세영, 고려대의 우버들, 위민성, 장우재 등 대학원생들의 각종 보조가 도움이 컸다. 또한 자문에 응하여 충고를 아끼지 않으신 원로 한학자 중관(中觀) 최권흥 선생님을 비롯하여, 『칠서주상설』의 가치와 중요성을 일깨워주신 일우(一愚) 이충구 선생님, 여기에서 일일이 거론하지는 못했지만, 본 연구와 관련하여 도움을 주신 여러 선생님들께 감사의 말씀을 전한다.

본 연구는 연구책임자를 비롯하여 자문에 이르기까지 우리 모두의 땀과 정성이 배어 있는 합작의 결실이다. 다시 한번 수고해주신 모든 분들에게 고마움과 감사의 인사를 건넨다. 그리고 본 연구번역을 원활하게 수행할 수 있도록 각종 편의를 제공해준 고려대학교 교육문제연구소와 행·재정적으로 지원해 준 한국연구재단, 고려대학교 산학단에도 감사드린다. 그런 지원이 없다면 본 사업은 쉽게 할 수 없는 학술 작업이다. 남은 연구기간에도 지속적인 관심을 부탁한다.

호산 박문호의 『칠서주상설』은 1921년에 발간되었다. 1918년 그의 사후 3년만이었다. 그 후 100년이 지났다. 1세기가 지난 2018년, 호산 선생 사후 100여 년 만에, 후학에 의해 본 『칠서주상설』이 연구번역되었다는 점에서 상당한 의미를 부여할 수도 있겠다. 여러 차원을 고려하여, 본 연구번역이 조선 유학을 집대성한 경전 주석서로서, 본 연구사업의 취지에 맞게 관련 학계의 연구 토대로 작용할 수 있기를 간절히 소망한다. 어떤 연구번역이건 완벽하려고 하지만, 한 점의 실수나 오류도 없이 완벽을 기하기란 쉽지 않다. 그만큼 완전한 연구번역은 어렵다. 본 연구번역도 최선을 다하려고 했지만, 미비한 부분이 있을 것이다. 오류가 있다면 많은 질정을 바라며, 잘못된 부분이 발견되면, 추후에 수정 보완할 수 있도록 노력할 것이다.

마지막으로, 심심한 감사를 표해야 할 분이 있다. 상당한 어려움을 감수하면서도 가치 있는 학술도서에 애정을 갖고 출판을 맡아준 박영스토리의 노현 대표님, 불철주야(不撤晝夜) 성심껏 원고를 꼼꼼하게 다듬어 편집해준 문선미 과장님을 비롯한 박영사 편집진에게 고마운 마음을 전한다.

2019. 6. 하지(夏至)절

연구책임자 신창호 씀

일러두기

1. 본서는 1921년 풍림정사(楓林精舍)에서 간행된 박문호의 『칠서주상설(七書註詳說)』(한국학중앙연구원 장서각 소장)을 저본으로 하였다. 아울러 아세아문화사(亞細亞文化社)에서 간행한 『호산전서(壺山全書)』 1~8(1987~1990)을 참고하였다.

2. 원전(原典)은 직역(直譯)을 원칙으로 하되, 필요한 경우에는 현대적 의미를 고려하여 의역(意譯)하며 풀이하였다. 원문은 번역문과 함께 제시하되, 원문을 앞에 번역문을 뒤에 배치하였다.

3. 역주(譯註)의 경우 각주로 처리하고 간단한 단어나 개념 설명의 경우 본문에서 그대로 병기하여 노출하였다(예 : 잡기(雜記 : 잡다하게 기록함)). 주석은 인용 출처 및 근거를 비롯한 관련 자료를 최대한 밝혀내어 제시하고, 관련 자료의 원문 내용과 번역문을 동시에 수록하는 것을 원칙으로 하였다. 자료의 성격과 독해상의 혼란을 고려하여 원문만을 그대로 노출하거나 내용이 중복되는 부분일지라도 편장이 달라질 경우 다시 수록하여 연구 토대 자료로서의 편리성을 도모하였다.

4. 원전의 원문은 칠서의 '경문(經文)', 주자의 주석인 '주주(朱註)', 박문호의 주석인 '상설(詳說)'로 구분하되, '경문－주주－상설'순으로 글자의 크기를 달리 하였다. 경문의 경우, 별도로 경문이라는 표시 없이 편장별로 번호를 붙였다(예 : 『논어』「선진」 1장 첫 구절은 「선진」이 『논어』의 11편이므로 [11－1－1]로 표시). 상설은 모든 구절에 ○를 붙여 의미를 분명하게 하였다.

5. 원문의 표점 및 정본화 작업은 연구번역 저본과 참고로 활용한 판본을 충분히 대조하여 정돈하였다. 『칠서주상설』 편제의 특성상, 혼란의 소지가 있는 부분은 글자를 추가하거나 삭제한 경우도 있으나 번역에서 원전 그대로 확인할 수 있도록 다시 전체 문장

을 제시하였다. 원문의 정본화 및 역주에서 경전(經傳; 『 』)이나 편명(篇名; 「 」), 구두(句讀; , ; .), 인용문(따옴표; “ ” ; ‘ ’), 강조점(따옴표; ‘ ’) 등을 구분하여 표시하였다.

6. 원전의 특성상, 경문의 바로 아래에 제시되어 있는 음운(音韻)이나 음가(音價)는 주자의 주석인 주주(朱註)로 처리하였다.

7. 원문이나 역주 가운데, 인명이나 개념어는 기본적으로 한글과 한문을 병기하되, 상황에 맞추어서 정돈하였다(예: ‘주자(朱子)’의 경우, 때로는 주희(朱熹)로 표기. 개념어는 원문을 그대로 노출하기도 하고 풀이하기도 하였는데, 도(道)의 경우, 도리(道理), 이치(理致), 방법(方法) 등으로 해석).

8. <참고문헌>과 인명 및 개념·용어 등은 최종 <별책 부록>으로 정돈한다.

차례

— 논어집주상설 총 목차 —

차례

— 논어집주상설 8 —

• **제14편 헌문(憲問)**

권14

논어집주상설

論語集註詳說

헌문 。 憲問 第十四

제14편

朱註

胡氏曰 : "此篇, 疑原憲所記." 凡四十七章.

호씨(胡氏 : 胡寅)[1]가 말하였다. "이 편은 의심하건대 원헌(原憲)[2]이 기록한 듯하다." 모두 47장이다.

---

1) 호인(胡寅 : 1098~1156) : 북송 시대 학자로, 자가 명중(明仲)이고, 호가 치당(致堂)이라서 학자들이 치당선생(致堂先生)이라고 불렀으며, 건주숭안(建州崇安) 사람이다. 호안국(胡安国)의 동생 호순(胡淳)의 아들인데 어머니의 명을 받들어 자기 아들처럼 여겼다고 한다. 저서로는 『논어상설』·『독사관견(讀史管見)』·『주서천자문(注叙古千文)』·『비연집(斐然集)』 등이 있다.

2) 원헌(原憲) : 공자 제자로 노(魯)나라 사람이며, 일반적으로 원사(原思)라고 부른다. 자가 자사(子思)이고, 이름이 헌(憲)이다.

[14-1-1]

憲問恥, 子曰 : "邦有道, 穀; 邦無道, 穀, 恥也."
원헌(原憲)이 부끄러움에 대해 물었는데, 공자가 말하였다. "나라에 치도(治道)가 있는데도 봉록(俸祿)만 받으며, 나라에 치도가 없는데도 봉록을 받는 일이 부끄러운 것이니라."

朱註

'憲', 原思名. '穀', 祿也.
'헌(憲)'은 원사(原思)의 이름이다. '녹(祿)'은 봉록(俸祿)이다.

詳說

○ 訓畢.
훈고가 끝났다.

朱註

邦有道, 不能有爲; 邦無道, 不能獨善, 而但知食祿, 皆可恥也.
나라에 도(道)가 있는데도 능히 하는 일을 두지 못하고, 나라에 도가 없는데도 능히 홀로 그 몸을 착하게 하지 못하면서 다만 봉록을 받아 누릴 줄만 아니, 모두 부끄러워할 만하다.

詳說

○ 朱子曰 : "無建明."[3]
'불능유위(不能有爲 : 능히 하는 일을 두지 못함)'에 대해, 주자(朱子 : 朱熹)가 말하였다. "정사(政事)에 대하여 의견을 내고 진술함이 없는 것이다."

○ 二字, 出『孟子』「盡心」.
'독선(獨善 : 홀로 그 몸을 착하게 함)' 두 글자는 『맹자(孟子)』「진심(盡心)」에 나온다.[4]

3) 호광 편(胡廣 編), 『논어집주대전(論語集註大全)』「헌문(憲問)」의 내용은 다음과 같다. "朱子曰 : '穀之一字, 有食祿之義, 言有道無道, 只會食祿, 畧無建明, 豈不可深耻?'"

4) '독선(獨善 : 홀로 그 몸을 착하게 함)' 두 글자는 『맹자(孟子)』「진심(盡心)」에 나온다 : 『맹자

○ 一釋二'穀'字.

'단지식록(但知食祿 : 다만 봉록을 받아 누릴 줄만 앎)'은 한 번에 두 개의 '곡(穀)' 자를 풀이한 것이다.

○ 釋畢.

경문의 풀이가 끝났다.

○ 此下文申論, 而歸重於上一半.

이 아래 글에서 거듭 경문의 의미를 설명하였는데, 위 절반을 중요하게 여겨 좇았다.

朱註

憲之狷介, 其於邦無道, 穀之可恥, 固知之矣; 至於邦有道, 穀之可恥, 則未必知也.5) 故夫子因其問而幷言之, 以廣其志, 使知所以自勉而進於有爲也.

(孟子)』「진심상(盡心上)」에는 "窮則獨善其身, 達則兼善天下."로 되어 있고, 조기(趙岐)의 주석에는 "홀로 그 몸을 다스려서 세상에 세움에 그 지조를 잃지 않는 것이다.(獨治其身, 以立於世間, 不失其操也.)"라고 하였다.

5) 『주자어류(朱子語類)』 권44, 「논어26(論語二十六)」, 1조목에는 다음과 같이 설명되어 있다. "물었다. '『논어집주(論語集註)』에 '원헌(原憲)의 견개(狷介)함이 나라에 도(道)가 없음에 봉록을 받음이 부끄러워할 만한 것임을 진실로 알았으나, 나라에 도가 있음에 이르러서 봉록만 받음이 부끄러워할 만한 것임을 반드시 알지 못한 것이다.'라고 하였는데 무슨 뜻입니까?' 주희가 말하였다. '나라에 도가 있을 때는 아무 것도 할 수 없고 조금 청렴하고 공손하기만 하다면 무슨 일을 하겠는가? 옛날에 진나라 승상이 국정을 담당할 때 높은 평가를 받던 어떤 사람이 한가한 작은 관리의 일도 처리하지 못하고 있었는데 이것이야말로 세간에서 첫 번째로 꼽히는 사람이 아니겠는가? 후일 진나라 승상이 죽은 뒤 그를 대간에 등용했는데, 탐욕스럽고 더러운 것만을 논하는데 지나지 않을 뿐이고 국가의 대계에 대해 어떤 공헌도 없었다. 자공이 선비에 대해 물은 한 단락에서 '집안의 종족들이 효성스럽다고 칭송하고, 고을 사람들이 공손하다고 칭찬하는' 사람은 지극히 좋은 사람이 아니고, 성인이 반드시 먼저 '몸소 행함에 부끄러움이 있고, 군주의 명을 욕되게 하지 않는 사람'이 가장 최상의 사람이다. 효도와 공손함을 행하는 사람은 단지 그 개개인의 행위만 지키려고 할 뿐 고유한 양심에는 충실할 수 없다. 하지만 반드시 효도와 공손함을 근본으로 삼아야 하고, 효도와 공손함이 없다면 사람이 될 수 없으며 때론 그래야만 좋게 된다. 반드시 고유한 양심에 충실하고 부끄러운 마음이 있어야만 군주의 명을 욕되게 하지 않는데 이를 수 있다.'(問 : '『集注』云 : '憲之狷介, 其於邦無道穀之可恥, 固知之 ; 至於邦有道穀之可恥, 恐未必知.' 何也?'曰 : '邦有道之時, 不能有爲, 只小廉曲謹, 濟得甚事. 且如舊日秦丞相當國, 有人壁立萬仞, 和宮觀也不請, 此莫是世間第一等人! 及秦旣死, 用之爲臺諫, 則不過能論貪污而已, 於國家大計, 亦無所建立. 且如'子貢問士'一段, '宗族稱孝, 鄕黨稱弟'之人, 莫是至好 ; 而聖人必先之以'行己有恥, 不辱君命'爲上. 蓋孝弟之人, 亦只是守得那一夫之私行, 不

원헌(原憲)의 견개(狷介)함이 나라에 도(道)가 없음에 봉록을 받음이 부끄러워할 만한 것임을 진실로 알았으나, 나라에 도가 있음에 이르러서 봉록만 받음이 부끄러워할 만한 것임을 반드시 알지 못한 것이다. 그러므로 공자가 그 물음에 말미암아 아울러서 말하여 그 뜻을 넓혀 주고 스스로 힘써서 하는 일을 두는 데 나아가야 하는 까닭을 알게 한 것이다.

詳說

○ 雙峰饒氏曰 : "'狷', 有執守; '介', 有分辨."[6]

'견개(狷介)'에 대해, 쌍봉 요씨(雙峰饒氏 : 饒魯[7])가 말하였다. "'견(狷)'은 잡아서 지킴이 있는 것이고, '개(介)'는 분별함이 있는 것이다."

○ 朱子曰 : "特欲質諸夫子, 以言其志耳."[8]

'고지지의(固知之矣 : 진실로 알았음)'에 대해, 주자(朱子 : 朱熹)가 말하였다. "다만 공자에게 질문하여 그 뜻을 말하고자 했을 뿐이다."

○ 雲峰胡氏曰 : "憲辭當得之宰祿, 其恥無道穀可知."[9]

운봉 호씨(雲峰胡氏 : 胡炳文[10])가 말하였다. "원헌(原憲)이 마땅히 얻을 읍재(邑

能充其固有之良心. 然須是以孝弟爲本, 無那孝弟, 也做不得人, 有時方得恰好. 須是充那固有之良心, 到有恥、不辱君命處, 方是.')"

6) 호광 편(胡廣 編), 『논어집주대전(論語集註大全)』「헌문(憲問)」의 내용은 다음과 같다. "雙峯饒氏曰 : '狷是有執守, 介是有分辨.'"

7) 요로(饒魯 : 1193~1264) : 남송 시대의 학자로 자가 백여(伯輿) 또는 중원(仲元)이고, 호가 쌍봉(雙峰)이며, 시호가 문원(文元)이다. 저서로는 『오경강의(五經講義)』·『어맹기문(語孟紀聞)』·『서명도(西銘圖)』 등이 있다.

8) 호광 편(胡廣 編), 『논어집주대전(論語集註大全)』「헌문(憲問)」의 내용은 다음과 같다. "原憲甘貧, 守道其志, 卓然能有不爲者也. 其爲此問, 固知邦無道而枉道得祿之爲耻矣, 特欲質諸夫子, 以言其志耳. 夫子深知其然, 而亦知其學之未足以有爲也, 則恐其或當有道之時, 雖無枉道之羞, 而未免於素餐之愧. 故以是而幷告之, 使因其所已知, 而推之以及其所未知者, 庶乎其有以廣其業而益充其所爲耳. 或乃以謂夫子之意, 止於無道, 得祿之可耻, 以憲能安貧而告之. 然則是徒以其已能者而責告焉, 豈所以進之於日新耶?"

9) 호병문(胡炳文), 『논어통(論語通)』 권7의 내용은 다음과 같다. "通曰 : '憲爲宰, 辭夫子之粟, 則其人不志于穀可知, 而夫子猶告之以此, 蓋以性狷介者, 志不廣, 則其邦無道, 能有守; 邦有道, 未必能有爲.'"

10) 호병문(胡炳文 : 1250~1333) : 원(元)나라 때 학자로 자는 중호(仲虎)이고, 호는 운봉(雲峯)이며, 무원고천(婺源考川) 사람이다. 특히 주자학(朱子學)과 역학(易學) 공부에 조예가 있었다. 저서로는 『운봉집(雲峯集)』·『사서통(四書通)』·『주역본의통석(周易本義通釋)』·『순정몽구(純

宰)의 봉록을 사양하였으니, 도(道)가 없음에 봉록을 받는 것이 부끄러움이 됨을 알았던 것이다."

○ 幷言'有道穀'.

'병언지(幷言之 : 아울러서 말함)'는 아울러서 '도(道)가 있음에 봉록만 받는 것'을 말하였다.

○ 朱子曰 : "使因其所已知, 而推以及其所未知耳, 或乃以爲夫子之意, 止於無道得祿之可恥, 是徒以其己能者瀆告, 豈所以進於日新耶?"[11]

주자(朱子 : 朱熹)가 말하였다. "자기가 알고 있는 것에 말미암아 미루어 알지 못하는 것에 미치게 했을 뿐이다. 어떤 사람이 이에 공자의 뜻은 다만 도가 없음에 봉록을 받음이 부끄러워할 만한 일이라고 여겼는데, 이는 한갓 자기가 능한 것으로써 가벼이 말해준 것뿐이니, 어찌 날로 새로워짐에 나아가는 것이겠는가?"

○ 或意, 蓋謂有道穀可也; 無道穀恥也, 是盡慮也, 非進憲也.

어떤 사람이 생각하건대, 대개 도가 있음에 봉록을 받음은 괜찮고, 도가 없음에 봉록을 받음은 부끄러운 일이라고 하였는데, 이는 모두가 생각하는 일로 원헌(原憲)보다 나은 것이 아니다.

○ 新安陳氏曰 : "狷介者, 自守有餘而事爲不足. 故告以有道穀恥."[12]

신안 진씨(新安陳氏 : 陳櫟)[13]가 말하였다. "견개(狷介)한 사람은 스스로 지킴에 남음이 있으나 일에는 부족함이 있다. 그러므로 도가 있음에 봉록을 받음이 부끄러움이라는 것으로써 말해준 것이다."

正蒙求)』 등이 있다.

11) 호광 편(胡廣 編), 『논어집주대전(論語集註大全)』「헌문(憲問)」의 내용은 다음과 같다. "原憲甘貧, 守道其志, 卓然能有不爲者也. …… 故以是而幷告之, 使因其所已知, 而推之以及其所未知者, 庶乎其有以廣其業而益充其所爲耳. 或乃以謂夫子之意, 止於無道, 得祿之可耻, 以憲能安貧而告之. 然則是徒以其已能者而責告焉, 豈所以進之於日新耶?"

12) 호광 편(胡廣 編), 『논어집주대전(論語集註大全)』「헌문(憲問)」의 내용은 다음과 같다. "新安陳氏曰 : '…… 然狷介者, 自守常有餘, 而見於事, 爲常不足. 故夫子猶告之, 以有道穀之可恥也.'"

13) 진력(陳櫟 : 1252~1334) : 원나라 때 학자로 자가 수옹(壽翁)·휘지(徽之)이고, 호가 동부노인(東阜老人)·정우선생(定宇先生)이며, 휴녕(休寧) 사람이다. 주희(朱熹)의 학문을 조종으로 삼아 숭앙하였고, 저서로는 『정우집(定宇集)』 외에 『역략(易略)』·『사서발명(四書發明)』·『서전찬소(書傳纂疏)』·『예기집의(禮記集義)』 등이 있다.

○ 又曰："'貧且賤'註，'無可行之道 · 能守之節'，正與此同. 但彼全是平說，此亦雖是平說，然就憲分上觀之，則重在有道穀，微不同耳."[14)]

진력이 또 말하였다. "'빈차천(貧且賤 : 가난하고 또 천함)'의 주석에, '행할 만한 도와 지킬 수 있는 절개가 없다.'는 구절[15)]이 정말로 이것과 같다. 다만 저것은 온전히 평범한 해설이고, 이것도 또한 평범한 해설이다. 그러나 원헌(原憲)의 입장에서 보면 핵심이 도(道)가 있음에 봉록을 받는 것에 있으니 약간 같지 않을 뿐이다."

○ 梅巖胡氏曰："『語』中，說'有道' · '無道'，凡八，汎論者三；指其人而論者五，南容 · 伯玉 · 武子 · 史魚 · 憲，是也."[16)]

매암 호씨(梅巖胡氏 : 胡次焱)[17)]가 말하였다. "『논어(論語)』 가운데 '유도(有道)'와 '무도(無道)'를 말한 것이 모두 8곳인데, 일반적으로 말한 것이 세 곳이고,[18)] 그 사람을 가리켜서 말한 것이 5곳이니, 남용(南容)[19)]과 거백옥(蘧伯玉)[20)]과 영무자

---

14) 호광 편(胡廣 編), 『논어집주대전(論語集註大全)』「헌문(憲問)」의 내용은 다음과 같다. "新安陳氏曰：'邦有道，貧且賤焉，恥也；邦無道，富且貴焉，恥也. 集註云：世治而無可行之道，世亂而無能守之節，其意正與此章同. 但彼全是平說，此亦雖是平說，然就原憲分上觀之，則重在邦有道穀，微不同耳. 雲峯謂：憲爲夫子之宰，猶辭其所當得之粟，其恥於無道之穀可知. ……'"

15) '빈차천(貧且賤 : 가난하고 또 천함)'의 주석에, '행할 만한 도와 지킬 수 있는 절개가 없다.'라는 구절 : 『논어(論語)』「태백(泰伯)」에서 "邦有道，貧且賤焉，恥也；邦無道，富且貴焉，恥也."라 하였고, 그 『집주(集註)』에서 "世治而無可行之道，世亂而無能守之節，碌碌庸人，不足以爲士矣，可恥之甚也."라고 하였다.

16) 호광 편(胡廣 編), 『논어집주대전(論語集註大全)』「헌문(憲問)」의 내용은 다음과 같다. "梅巖胡氏曰：'『論語』中，說有道無道，凡八出，泛論者三；指其人而論者五，南容 · 伯玉 · 武子 · 史魚 · 原憲，是也. 世有道，如南容之不廢，武子之知，伯玉之仕，史魚之直，可也. 如欲志於穀而不能有爲，不可也.'"

17) 호차염(胡次焱 : 1229~1306) : 송나라 때 학자로 무원(婺源)에서 출생하였다. 자가 제정(濟鼎)이고, 호가 매암(梅巖) 또는 만호여학(晩號餘學)이며, 신안(新安) 사람이다. 저서로는 『여학재역설(餘學齋易說)』이 있다.

18) 일반적으로 말한 것이 세 곳이고 : 『논어(論語)』「태백(泰伯)」의 "危邦不入，亂邦不居，天下有道則見，無道則隱. 邦有道，貧且賤焉，恥也；邦無道，富且貴焉，恥也.", 『논어(論語)』「헌문(憲問)」의 "子曰：'邦有道，危言危行；邦無道，危行言孫.'", 『논어(論語)』「계씨(季氏)」의 "孔子曰：'天下有道，則禮樂征伐，自天子出；天下無道，則禮樂征伐，自諸侯出，自諸侯出，蓋十世，希不失矣；自大夫出，五世，希不失矣；陪臣，執國命，三世，希不失矣.'"라는 구절을 말한다.

19) 남용(南容) : 『논어(論語)』「공야장(公冶長)」에서 "子謂南容：'邦有道，不廢；邦無道，免於刑戮.' 以其兄之子，妻之."라고 하였다.

20) 거백옥(蘧伯玉) : 『논어(論語)』「위령공(衛靈公)」에서 "君子哉. 蘧伯玉! 邦有道則仕，邦無道則可卷而懷之."라고 하였다.

(甯武子)[21]와 사어(史魚)[22]와 원헌(原憲)[23]이 이것이다."

21) 영무자(甯武子) : 『논어(論語)』「공야장(公冶長)」에서 "子曰 : '甯武子, 邦有道則知, 邦無道則愚, 其知, 可及也; 其愚, 不可及也.'"라고 하였다.

22) 사어(史魚) : 『논어(論語)』「위령공(衛靈公)」에서 "子曰 : '直哉. 史魚! 邦有道, 如矢; 邦無道, 如矢.'"라고 하였다.

23) 원헌(原憲) : 『논어(論語)』「헌문(憲問)」에서 "憲問恥, 子曰 : '邦有道, 穀; 邦無道, 穀, 恥也.'"라고 하였다.

[14-2-1]

"克伐怨欲, 不行焉, 可以爲仁矣?"
원헌이 물었다. "이기는 것과 자랑하는 것과 원망함과 욕심냄을 행하지 않는다면 인(仁)이라고 할 수 있겠습니까?"

朱註

此亦原憲以其所能而問也. '克', 好勝. '伐', 自矜. '怨', 忿恨. '欲', 貪欲.
이는 또한 원헌(原憲)이 그 능한 것으로써 물은 것이다. '극(克)'은 이기기를 좋아함이다. '벌(伐)'은 스스로 뻐기는 것이다. '원(怨)'은 분노하고 원한을 품는 것이다. '욕(欲)'은 탐욕을 부리는 것이다.

詳說

○ 承上章.
'차역(此亦 : 이는 또한)'은 위의 장을 이은 것이다.

○ 不曰'乎'而曰'矣', 微有自恃其能之意, 方疑而旋信是問. 辭之別例, 與'十世可知也'之'也'同. 但彼則註引陸說作'乎', 此則註無所論, 蓋仍之耳.
'호(乎)'라고 하지 않고 '의(矣)'라고 한 것은 약간 스스로 그 능함을 믿는 뜻이 있음이니, 바야흐로 의심하면서도 도리어 이 물음을 믿은 것이다. 말의 특별한 사례가 '십세가지야(十世可知也 : 열 세대를 알 수 있겠습니까?)'[24]의 '야(也)'와 같다. 다만 저기에서는 주석에 육씨(陸氏 : 陸德明)[25]의 설명을 인용하여 '호(乎)'라고 하였으나,[26] 여기서는 주석에 논의한 것이 없고 대개 그것에 말미암았을 뿐이다.

○ 本文蒙上章不著問者. 故註先提問者, 而釋在其中.
경문은 위의 장의 질문을 드러내지 않은 것을 이어받았다. 그러므로 주석에서 먼저 질문한 것을 제시하였는데 풀이가 그 가운데 들어 있다.

---

24) 십세가지야(十世可知也 : 열 세대를 알 수 있겠습니까?) : 『논어(論語)』「위정(爲政)」에서 "子張問 : '十世可知也?'"라고 하였다.

25) 육덕명(陸德明) : 당나라 학자 육원랑(陸元朗 : 550~630)을 말하니, 자가 덕명(德明)이고, 평강(平江) 사람이다. 보통 육덕명(陸德明)이라고 부르며, 저서로는 『경전석문(經典釋文)』 등이 있다.

26) 육씨(陸氏 : 陸德明)의 설명을 인용하여 '호(乎)'라고 하였으나 : 『논어(論語)』「위정(爲政)」에는 "陸氏曰 : '也, 一作乎.'"라고 하였다.

○ 去聲.[27]

'호승(好勝)'에서 '호(好)'자는 거성(去聲 : 좋아함)이다.

○ 訓畢.

훈고가 끝났다.

○ 胡氏曰 : "'克'·'伐', 氣盈也; '怨'·'欲', 氣歉也."[28]

호씨(胡氏 : 胡泳)[29]가 말하였다. "'극(克)'과 '벌(伐)'은 기가 가득 참이고, '원(怨)'과 '욕(欲)'은 기가 부족함이다."

○ 雙峰饒氏曰 : "四件是兩件, 兩件又只是一件, 病根在一'欲'字."[30]

쌍봉 요씨(雙峰饒氏 : 饒魯)가 말하였다. "네 가지 일은 두 가지 일이고, 두 가지 일은 또 다만 한 가지 일이니, 병폐의 근원은 하나의 '욕(欲)'자에 있다."

[14-2-2]

子曰 : "可以爲難矣, 仁則吾不知也."

공자가 말하였다. "가히 어렵다고 할 수 있지만 인(仁)인지는 내가 알지 못하겠노라."

朱註

有是四者而能制之, 使不得行, 可謂難矣. 仁則天理渾然, 自無四者之累, 不行, 不足以言之也.

---

27) 호광 편(胡廣 編), 『논어집주대전(論語集註大全)』「헌문(憲問)」.

28) 호광 편(胡廣 編), 『논어집주대전(論語集註大全)』「헌문(憲問)」의 내용은 다음과 같다. "胡氏曰 : '分言則四事對擧, 互言則克·伐者, 因己所有而生氣盈也; 怨·欲者, 因己所無而生氣歉也, 推本言之, 又皆由有己而生也.'"

29) 호영(胡泳) : 송나라 때 학자로 자가 백량(伯量)이고, 호가 동원(桐原)이고, 남강(南康) 출신이다. 저서로는 『논어연설(論語衍說)』 등이 있다.

30) 호광 편(胡廣 編), 『논어집주대전(論語集註大全)』「헌문(憲問)」의 내용은 다음과 같다. "雙峯饒氏曰 : '克·伐二者, 只是一病, 怨·欲二者, 亦只是一病. 四件是兩件, 兩件又只是一件. 病根在一欲字, 有所欲則貪多而求勝, 遂其所欲則誇伐, 不遂其所欲則怨恨.'"

이 네 가지가 있음에 능히 제어할 수 있어야 행하지 않게 되니, 가히 어렵다고 말할 수 있는 것이다. 인(仁)은 곧 천리(天理)가 완전하여 저절로 네 가지의 폐단이 없으니, 행하지 않게 하는 것은 족히 말할 게 못 된다.

詳說

○ 四字, 依其問辭而爲答也.

'가이위의(可以爲矣 : ~라고 할 수 있음)'의 네 글자는 그 묻는 말에 의거하여 대답한 것이다.

○ 上聲.31)

'인즉천리혼연(仁則天理渾然)'에서 '혼(渾)'자는 상성(上聲 : 완전함)이다.

○ 者.

'불행(不行)'은 '행하지 않게 하는 것'이다.

○ 以論釋之, 無訓.

경문의 의미 설명으로 풀이하였고, 훈고는 없다.

○ 慶源輔氏曰 : "夫子荅兩問, 皆因其已能, 而進之以所未能."32)

경원 보씨(慶源輔氏 : 輔廣)33)가 말하였다. "공자가 두 번 물음에 대답한 것이 모두 그 자기가 능함에 말미암아 능하지 못한 부분에 나아가게 한 것이다."

朱註

程子曰 : "人而無克伐怨欲, 惟仁者能之. 有之而能制其情, 使不行, 斯亦難能也, 謂之仁則未也. 此聖人開示之深, 惜乎. 憲之不能再問也. 或曰: '四者不行, 固不得爲仁矣. 然亦豈非所謂克己之事 · 求仁之方乎?' 曰: '克去己私, 以復乎禮, 則私欲不留, 而天理之本然者, 得矣. 若但制而不行, 則是未有拔去病根之

---

31) 호광 편(胡廣 編), 『논어집주대전(論語集註大全)』「헌문(憲問)」.

32) 호광 편(胡廣 編), 『논어집주대전(論語集註大全)』「헌문(憲問)」의 내용은 다음과 같다. "慶源輔氏曰 : '憲兩問, 夫子答之, 皆是因其所已能, 而進之以其所未能.'"

33) 보광(輔廣, 생몰년 미상) : 남송 시대 학자로 자는 한경(漢卿)이고, 호는 잠암(潛庵)이며, 하남성 경원(慶源) 출신이다. 주돈이(周敦頤)와 이정(二程)의 학설을 전공하였고, 여조겸(呂祖謙)과 주희(朱熹)를 사사하였다. 저서로는 『시동자문(詩童子問)』 · 『회암선생어록(晦庵先生語錄)』 · 『주자독서법(朱子讀書法)』 · 『육경집해(六經集解)』 · 『상서주(尚書注)』 · 『사서찬소(四書纂疏)』 · 『통감집의(通鑑集義)』 등이 있다.

意, 而容其潛藏隱伏於胸中也, 豈克己·求仁之謂哉? 學者, 察於二者之間, 則其所以求仁之功, 益親切而無滲漏矣.'"

정자(程子 : 程頤)가 말하였다. "사람이면서 이기는 것과 자랑하는 것과 원망함과 욕심냄이 없음은 오직 인자(仁者)라야 능한 것이다. 그런 것이 있음에 능히 그 감정을 제어하여 행하지 않게 하니, 이 또한 능하기 어려운 일이다. 이는 성인이 열어서 보여줌이 깊은 것인데 애석하도다. 원헌(原憲)이 능히 다시 묻지 못하였다. 어떤 사람이 말하였다. '네 가지가 행해지지 않음이 진실로 인(仁)이 될 수는 없다. 그러나 또한 어찌 이른바 자기를 이기는 일과 인(仁)을 구하는 방도가 아니겠는가?' 내[정자]가 말하였다. '자기의 사사로움을 이기고 버려서 예(禮)로 돌아가면 사사로운 욕심이 머물러 있지 않아서 천리(天理)의 본연한 것을 얻을 것이다. 만약 다만 제어하여 행해지지 않게만 하는 것이라면 이는 병폐의 뿌리를 뽑아 버리는 뜻이 있지 않고 가슴속에 깊이 감추고 숨김을 용납함이니, 어찌 자기를 이기고 인을 구하는 일이라고 이르겠는가? 배우는 사람이 두 가지 사이에서 살펴본다면 인을 구하는 공력이 더욱 친밀하고 절실하여 새어나감이 없을 것이다.'"

詳說

○ 當考.

'정자(程子)'는 동생 정이(程頤)인지 형 정호(程顥)인지 살펴봐야 한다.[34)]

○ 程子曰 : "顔子以上, 乃能之."[35)]

'유인자능지(惟仁者能之 : 오직 인자라야 능한 것)'에 대해, 정자(程子 : 程頤)가 말하였다. "안자(顔子) 이상이라야 이에 능할 수 있는 것이다."

○ 程子曰 : "他承當不得, 不能再發問."[36)]

34) '정자(程子)'는 동생 정이(程頤)인지 형 정호(程顥)인지 살펴봐야 한다 : 주희(朱熹), 『논어정의(論語精義)』 권7 하에 다음 내용이 실려 있다. "伊川解曰 : '人而無克伐怨欲, 爲仁者能之, 有而能制其情, 不行焉, 亦難能也, 謂之仁則未可也. 此原憲之問夫子答, 以知其爲難而不知其爲仁也, 此聖人開示之深也.'"

35) 주희(朱熹), 『논어정의(論語精義)』 권7 하의 내용은 다음과 같다. "又曰 : '克伐怨欲, 不行焉, 可以爲仁矣, 若無克伐怨欲, 固爲仁已, 唯顔子而上, 乃能之. 如有而不行焉, 則亦可以爲難, 而未足以爲仁也. 孔子蓋欲憲疑而再問之, 而憲未之能問也.'"

36) 주희(朱熹), 『논어정의(論語精義)』 권7 하의 내용은 다음과 같다. "又曰 : '人無克伐怨欲四者,

'헌지불능재문야(憲之不能再問也 : 원헌이 능히 다시 묻지 못하였음)'에 대해, 정자(程子 : 程頤)가 말하였다. "그가 마땅히 해득하지 못함이 이어졌는데도 능히 다시 질문을 하지 못한 것이다."

○ **此亦程子設爲問.**

'혹왈(或曰)'은 이 또한 정자(程子 : 程頤)가 가설적으로 질문한 내용이다.

○ **'曰', 當考.**

'왈: 극거기사(曰: 克去己私)'에서 '왈(曰)'자는 마땅히 살펴보아야 한다.

○ **上聲, 下同.**[37]

'극거기사(克去己私)'에서 '거(去)'자는 상성(上聲 : 제거함)이니, 아래도 같다.

○ **朱子曰 : "斬根不復萌."**[38]

'사욕불류(私欲不留 : 사사로운 욕심이 머물러 있지 않음)'에 대해, 주자(朱子 : 朱熹)가 말하였다. "뿌리를 베서 다시 싹이 나지 않게 하는 일이다."

○ **'克己'·'克人', 兩箇'克'字, 義已自不同.**

'극기(克己)'와 '극인(克人)'에서 두 개의 '극(克)'자는 뜻이 이미 저절로 같지 않다.

○ **'克己'與'制而不行'.**

'이자지간(二者之間 : 두 가지 사이)'은 '극기(克己)'와 '제이불행(制而不行 : 제어하여 행해지지 않게 하는 것)'이다.

○ **所禁反.**[39]

'무삼루의(無滲漏矣)'에서 '삼(滲)'은 '소(所)'와 '금(禁)'의 반절(反切)이다.

○ **末勉學者, 猶夫子之敎憲也.**

끝에 배우는 사람에게 권면한 것은 공자가 원헌(原憲)을 가르친 것과 같다.

便是仁也, 只爲原憲著一箇不行, 不免有此心, 但不行耳. 子曰: 可以爲難矣, 此孔子著意告原憲處, 欲他有所啟發. 他承當不得, 不能再發問也. 孔門如子貢者, 便能曉得, 聖人意耳. 如曰: 女以予爲多學而識之者與, 對曰: 然. 便復問曰: 非與孔子告之, 曰: 非也. 予一以貫之, 原憲則不能也.'"

37) 호광 편(胡廣 編), 『논어집주대전(論語集註大全)』「헌문(憲問)」.

38) 호광 편(胡廣 編), 『논어집주대전(論語集註大全)』「헌문(憲問)」의 내용은 다음과 같다. "朱子曰 : '克己, 如誓不與賊俱生, 克伐怨欲不行, 如薄伐玁狁, 至于太原, 但逐出境而已. 克己者, 是從根源上, 一刀兩斷, 便斬絶了, 更不復萌. 不行底, 只是禁制, 他不要出来, 那欲爲之心, 未嘗忘也.'"

39) 호광 편(胡廣 編), 『논어집주대전(論語集註大全)』「헌문(憲問)」.

[14-3-1]

子曰 : "士而懷居, 不足以爲士矣."
공자가 말하였다. "선비면서 편안한 곳을 생각한다면 선비라고 하지 못할 것이다."

朱註

'居', 謂意所便安處也.
'거(居)'는 편안한 곳을 생각함을 이른다.

詳說

○ 有訓無釋.
훈고는 있으나 경문의 풀이는 없다.

○ 雲峰胡氏曰 : "'懷居'與'小人懷土', 相似; 與'聖人安土樂天', 相反."[40]
운봉 호씨(雲峰胡氏 : 胡炳文)가 말하였다. "'회거(懷居 : 편안한 곳을 생각함)'는 '소인회토(小人懷土 : 소인은 편안한 곳을 생각함)'와 서로 같으며,[41] '성인안토낙천(聖人安土樂天 : 성인은 본래의 땅에 편안히 살며, 천명에 순응하는 삶을 즐거워함)'[42]과는 서로 반대이다."

---

40) 호광 편(胡廣 編), 『논어집주대전(論語集註大全)』「헌문(憲問)」의 내용은 다음과 같다. "雲峯胡氏曰 : '懷居與小人懷土, 相似; 與聖人安土樂天, 相反. 安土者, 隨其身之所處而安, 無所執著, 所謂安土敦乎仁, 其樂也天. 懷居者, 戀其身之所便以爲安, 有所執著, 其累也人.'" 『논어통』 권7의 내용은 다음과 같다. "通曰 : '懷居與小人懷土, 相似; 與聖人安土, 相反. 安土者, 隨其身之所處而安, 無所執著, 其樂也天. 懷居者, 卽其身之所便以爲安, 有所執著, 其樂也人.'"

41) 회거(懷居 : 편안한 곳을 생각함)'는 '소인회토(小人懷土 : 소인은 편안한 곳을 생각함)'과 서로 같으며 : 『논어(論語)』「이인(里仁)」에서 "子曰 : '君子懷德, 小人懷土; 君子懷刑, 小人懷惠.'"라 하고, 그 『집주(集註)』에 "懷, 思念也, 懷德, 謂存其固有之善; 懷土, 謂溺其所處之安."이라 하여 '회거(懷居)'와 같은 뜻으로 풀이하였다.

42) 성인안토낙천(聖人安土樂天 : 성인은 본래의 땅에 편안히 살며, 천명에 순응하는 삶을 즐거워함) : 『예기』「애공문(哀公問)」에서 "不能安土, 不能樂天; 不能樂天, 不能成其身."라 하였고, 『주역(周易)』「계사상(繫辭上)」에서 "安土敦乎仁, 故能愛."라고 하였다.

[14-4-1]

子曰:"邦有道, 危言危行; 邦無道, 危行言孫."
공자가 말하였다. "나라에 도(道)가 있으면 말을 높게 하고 행실을 높게 해야 할 것이고, 나라에 도(道)가 없으면 행실을 높게 하고 말을 공손히 해야 할 것이다."

朱註

'行'·'孫', 幷去聲.[43] '危', 高峻也. '孫', 卑順也.
'위행언손(危行言孫)'에서 '행(行)'자와 '손(孫)'자는 모두 거성(去聲 : 행실, 공손함)이다. '위(危)'는 고상하고 높음이다. '손(孫)'은 몸을 낮추고 순종함이다.

詳說

○ 訓畢.
훈고가 끝났다.

○ 洪氏曰:"'危', 非矯激也, 直道而已; '孫', 非阿諛也, 遠害而已."[44]
홍씨(洪氏 : 洪興祖)[45]가 말하였다. "'위(危)'는 기이하게 주장함이 아니고 정직하게 말할 따름이며, '손(孫)'은 비위를 맞춤이 아니고 해악을 떨쳐 낼 따름이다."

○ 吳氏曰:"'孫', 非失其正也, 特少置委曲, 如夫子之對陽貨·王孫賈."[46]
오씨(吳氏 : 吳棫)[47]가 말하였다. "'손(孫)'은 그 바름을 잃는 것이 아니고 다만 약간 위곡(委曲)함을 두는 것이니, 공자가 양화(陽貨)[48]와 왕손가(王孫賈)[49]를 상대

---

43) 『논어집주(論語集註)』에는 "行·孫, 皆去聲."이라 하였다.
44) 호광 편(胡廣 編), 『논어집주대전(論語集註大全)』「헌문(憲問)」에는 "朱子曰:'洪氏云: 危, 非矯激也, 直道而已; 孫, 非阿諛也, 遠害而已. ……'"라고 되어 있다.
45) 홍흥조(洪興祖 : 1090~1155) : 송나라 때 학자로 자가 경선(慶善)이고, 호가 연당(練塘)이며, 단양(丹陽) 사람이다. 젊어서 『예기』와 『중용(中庸)』을 정독하여 이학(理學)의 방도를 깊이 깨달았다. 저서로는 『논어설(論語說)』·『초사보주(楚辭補注)』·『초사고이(楚辭考異)』 등이 있다.
46) 호광 편(胡廣 編), 『논어집주대전(論語集註大全)』「헌문(憲問)」에는 "朱子曰:'…… 吳氏云: 言孫者, 亦非失其正也, 特少置委曲, 如夫子之對陽貨王孫賈云爾.'"라고 되어 있다.
47) 오역(吳棫 : 약1100~1154) : 송나라 때 학자로 자가 재로(才老)이고, 서주(舒州) 사람이다.
48) 양화(陽貨) : 당시 계씨(季氏)의 가신 양화에게 보인 태도를 말한다. 『논어(論語)』「양화(陽貨)」에서 "양화가 공자를 뵈려고 하였으나 공자가 만나주지 않자 공자에게 삶은 돼지를 선물하여 공자도 양화가 집에 없는 사이에 사례하러 가다가 길에서 만났다. 공자에게 일러 말하였다. '이

한 사안과 같다."

朱註

尹氏曰:"君子之持身, 不可變也, 至於言, 則有時而不敢盡, 以避禍也. 然則爲國者, 使士言孫, 豈不殆哉?"

윤씨(尹氏 : 尹焞)[50]가 말하였다. "군자의 몸가짐은 변해서는 안 되며, 말에 이르러서는 때때로 감히 다하지 못함이 있어서 재앙을 피하는 것이다. 그렇다면 나라를 다스리는 사람이 선비에게 공손하게 하는 것이 어찌 위태로움이 되지 않겠는가?"

詳說

○ 危行.

'군자지지신, 불가변야(君子之持身, 不可變也 : 군자의 몸가짐은 변해서는 안 됨)'는 행실을 높게 함이다.

○ 慶源輔氏曰:"言以應物."[51]

리 오시오. 내가 그대와 더불어 말을 하려 하오. 훌륭한 보배를 품고서 나라를 혼란스럽게 한 것이 인(仁)하다고 할 수 있겠습니까?' 공자가 말하였다. '인(仁)하다고 할 수 없습니다.' 양화가 말하였다. '정사 보기를 좋아하면서 자주 시기를 놓치는 것을 지혜롭다고 할 수 있겠습니까?' 공자가 말하였다. '지혜롭다고 할 수 없습니다.' 양화가 말하였다. '세월이 흘러가기만 합니다. 세월은 나와 함께하지 않습니다.' 공자가 말하였다. '그렇습니다. 나는 장차 벼슬을 할 것입니다.'(陽貨欲見孔子, 孔子不見, 歸孔子豚, 孔子時其亡也而往拜之, 遇諸塗. 謂孔子曰:'來. 予與爾言.' 曰:'懷其寶而迷其邦, 可謂仁乎?' 曰:'不可. 好從事而亟失時, 可謂知乎?' 曰:'不可. 日月逝矣. 歲不我與.' 孔子曰:'諾. 吾將仕矣.')"라고 하였다.

49) 왕손가(王孫賈) : 당시 위령공(衛靈公)의 중신인 왕손가에게 단호한 입장을 보인 것을 말한다. 『논어(論語)』「팔일(八佾)」에서 "왕손가가 물었다. '집안 서남쪽 귀신에게 아첨하기보다는 차라리 부엌귀신에게 아첨하는 것이 낫다는 말은 무슨 뜻입니까?' 공자가 말하였다. '그렇지 않다. 하늘에 죄를 지으면 빌 곳이 없느니라.'(王孫賈問曰:'與其媚於奧, 寧媚於竈, 何謂也?' 子曰:'不然. 獲罪於天, 無所禱也.')"라고 하였다.

50) 윤돈(尹焞 : 1071~1142) : 북송 시대 사람으로 자가 언명(彦明) 또는 덕충(德充)이고, 하남(河南) 낙양(洛陽) 사람이며, 사호(賜號)가 화정처사(和靖處士)이다. 정자(程子 : 程頤)의 제자인데, 주희(朱熹)가 화정선생첩(和靖先生帖)을 얻어서 1180년에 백록동서원에 새겨 두었다고 한다. 저서로는 『화정선생집(和靖先生集)』·『논어해(論語解)』·『맹자해(孟子解)』 등이 있다.

51) 호광 편(胡廣 編), 『논어집주대전(論語集註大全)』「헌문(憲問)」의 내용은 다음과 같다. "慶源輔

'지어언(至於言 : 말에 이름)'에 대해, 경원 보씨(慶源輔氏 : 輔廣)가 말하였다. "말로써 외물에 응하는 것이다."

○ 邦無道時.

'유시(有時)'는 나라에 도(道)가 없을 때이다.

○ 釋畢.

'이피화야(以避禍也)'에서 경문의 풀이가 끝났다.

○ 此下則論也.

이 아래는 곧 경문의 의미를 설명하였다.

○ 雙峰饒氏曰 : "'危行', 所謂'不變塞, 至死不變'[52]; 言或孫, 所謂'其言足以興, 其黙足以容'[53]."[54]

쌍봉 요씨(雙峰饒氏 : 饒魯)가 말하였다. "행실을 높이 함은 이른바 통달하지 못함에도 변하지 않고 죽음에 이르더라도 변하지 않음이며, 말함에 때때로 간혹 낮춤이 있음은 이른바 나라에 도(道)가 있음에 그 말이 나라를 일으킬 수 있고 나라에 도(道)가 없음에 그 침묵이 용납될 수 있다는 뜻이다."

氏曰 : '行以持身, 則終無可變之理; 言以應物, 則或有當遜之時.'"

52) '不變塞, 至死不變' : 『中庸章句』 제10장에는 "故君子, 和而不流, 强哉矯! 中立而不倚, 强哉矯! 國有道, 不變塞焉, 强哉矯! 國無道, 至死不變, 强哉矯!"라 하였다.

53) '其言足以興, 其黙足以容' : 『中庸章句』 제27장에는 "是故, 居上不驕, 爲下不倍. 國有道, 其言足以興; 國無道, 其黙足以容, 詩曰: '旣明且哲, 以保其身', 其此之謂與."라 하였다.

54) 호광 편(胡廣 編), 『논어집주대전(論語集註大全)』「헌문(憲問)」의 내용은 다음과 같다. "雙峯饒氏曰 : '行無時而不危, 所謂國有道, 不變塞焉, 國無道, 至死不變; 言有時而或遜, 所謂國有道, 其言足以興國, 無道, 其黙足以容.'"

[14-5-1]

子曰:"有德者, 必有言; 有言者, 不必有德. 仁者, 必有勇; 勇者, 不必有仁."
공자가 말하였다. "덕이 있는 사람은 반드시 말을 두거니와, 말을 두는 사람은 반드시 덕이 있지 못하다. 어진 사람은 반드시 용감함이 있지만, 용감한 사람은 반드시 인(仁)이 있지는 못하다."

朱註

'有德者', 和順積中, 英華發外. 能言者, 或便佞口給而已. '仁者', 心無私累, 見義必爲. '勇者', 或血氣之强而已.

'덕이 있는 사람'은 조화롭게 순응함이 마음속에 쌓여서 아름다운 색채가 밖으로 드러난다. 말을 잘하는 사람은 간혹 교묘하게 말만 잘하여 말재간을 부릴 따름이다. '어진 사람'은 마음에 사사로운 폐단이 없어서 의(義)를 보면 반드시 행한다. '용감한 사람'은 간혹 혈기가 강할 따름이다.

詳說

○ 德.
'화순적중(和順積中 : 조화롭게 순응함이 마음속에 쌓임)'은 덕이다.

○ 言.
'영화발외(英華發外 : 아름다운 색채가 밖으로 드러남)'는 말이다.

○ 八字, 出『禮記』「禮運」.[55]
'화순적중, 영화발외(和順積中, 英華發外 : 조화롭게 순응함이 마음속에 쌓여서 아름다운 색채가 밖으로 드러난다)'의 여덟 자는 『예기』「예운(禮運)」에 나온다.

○ 平聲.[56]
'혹편녕구급이이(或便佞口給而已)'에서 '편(便)'자는 평성(平聲 : 말 잘함)이다.

○ '便佞', 見後篇; '口給', 見前篇.
'편녕(便佞)'은 뒷편에 보이고,[57] '구급(口給)'은 앞편에 보인다.[58]

---

55) 호광 편(胡廣 編), 『논어집주대전(論語集註大全)』「헌문(憲問)」에는 "八字, 出「樂記」."라고 하였다. 『예기』「악기(樂記)」에는 "情深而文明, 氣盛而化神. 和順積中, 而英華發外, 惟樂, 不可以爲僞."라 하였다.

56) 호광 편(胡廣 編), 『논어집주대전(論語集註大全)』「헌문(憲問)」.

○ 仁.

'심무사루(心無私累 : 마음에 사사로운 폐단이 없음)'는 인(仁)이다.

○ 勇.

'견의필위(見義必爲 : 의를 보면 반드시 행함)'는 용(勇)이다.

○ 二'或'字, 概二'不必'.

두 개의 '혹(或)'자는 두 개의 '불필(不必)'을 개괄한 것이다.

○ 有釋無訓.

경문의 풀이는 있으나 훈고는 없다.

朱註

尹氏曰 : "有德者, 必有言; 徒能言者, 未必有德也. 仁者, 志必勇; 徒能勇者, 未必有仁也."

윤씨(尹氏 : 尹焞)가 말하였다. "덕이 있는 사람은 반드시 말이 있고, 다만 말만 잘하는 사람은 반드시 덕이 있지 못하다. 어진 사람은 의지가 반드시 용감하고, 다만 용감하기만 한 사람은 반드시 인(仁)이 있지 못하다."

詳說

○ 『大全』曰 : "志能帥氣."[59]

'지필용(志必勇 : 의지가 반드시 용감함)'에 대해, 『논어집주대전』에서 말하였다. "의지가 능히 기개를 이끈다."

○ 兩'徒'字, 與圈上兩'而已'同.

두 개의 '도(徒)'자는 동그라미(○ : 圈) 위의 두 개의 '이이(而已)'[60]와 더불어 같다.

57) '편녕(便佞)'은 뒷편에 보이고 : 『논어(論語)』「계씨(季氏)」에서 "友便辟, 友善柔, 友便佞, 損矣."라고 하였다.

58) '구급(口給)'은 앞편에 보인다 : 『논어(論語)』「공야장(公冶長)」에서 "禦人以口給, 屢憎於人."라고 하였다.

59) 호광 편(胡廣 編), 『논어집주대전(論語集註大全)』「헌문(憲問)」.

60) 동그라미(○ : 圈) 위의 두 개의 '이이(而已)' : 동그라미(○ : 圈)는 위의 주석 '윤씨왈(尹氏曰)' 앞에 붙어 있고 [○ 尹氏曰], '이이(而已)'는 앞의 주석 '或便佞口給而已'와 '或血氣之强而已'를 말한다.

[14-6-1]

南宮适, 問於孔子曰 : "羿, 善射; 奡, 盪舟, 俱不得其死, 然禹稷, 躬稼而有天下." 夫子不答, 南宮适出, 子曰 : "君子哉. 若人! 尙德哉. 若人!"
남궁괄(南宮适)이 공자에게 물어 말하였다. "예(羿)는 활쏘기를 잘하고, 오(奡)는 배를 끌고 다녔으되 다 그 죽음을 얻지 못하였거늘, 그러나 우(禹)임금과 직(稷)은 몸소 농사를 하였는데 천하를 두었습니다." 공자가 대답하지 않더니 남궁괄이 나가거늘 공자가 말하였다. "군자로다. 이러한 사람이여! 덕을 숭상(崇尙)하는구나. 이러한 사람이여!"

朱註

'适', 古活反. '羿', 音詣. '奡', 五報反. '盪', 土浪反.61) '南宮适', 卽南容也. '羿', 有窮之君, 善射, 滅夏后相而簒其位, 其臣寒浞, 又殺羿而代之.

'남궁괄(南宮适)'에서 '괄(适)'은 '고(古)'와 '활(活)'의 반절(反切)이다. '예, 선사(羿, 善射)'에서 '예(羿)'자는 음이 예(詣)이다. '오, 탕주(奡, 盪舟)'에서 '오(奡)'는 '오(五)'와 '보(報)'의 반절(反切)이고, '탕(盪)'은 '토(土)'와 '랑(浪)'의 반절(反切)이다. '남궁괄(南宮适)'은 곧 남용(南容)이다. '예(羿)'는 유궁(有窮)의 임금으로 활쏘기를 잘하였는데, 하나라 임금 상(相)을 멸망시키고 그 자리를 빼앗았으며, 그의 신하 한착(寒浞)이 또 예(羿)를 죽이고 그 자리를 대신하였다.

詳說

○ 此章, 獨擧姓名, 且稱孔子, 豈『齊論』歟.
이 장에서는 유독 성명을 들었고 또 공자(孔子)라고 칭하였으니, 어찌 『제논어(齊論語)』이겠는가?

○ 侯國名.
'유궁(有窮)'은 제후국 이름이다.

○ 其射以力.
'선사(善射 : 활쏘기를 잘함)'는 힘으로써 활을 쏘는 것이다.

61) 『논어주소(論語注疏)』「음의」에는 "适, 古活反, 本又作括. 羿, 音詣. 奡, 五報反. 盪, 土浪反." 이라고 하였다.

○ 去聲.[62]

'멸하후상(滅夏后相)'에서 '상(相)'자는 거성(去聲 : 보다)이다.

○ 士角反.[63]

'기신한착(其臣寒浞)'에서 '착(浞)'은 '사(士)'와 '각(角)'의 반절(反切)이다.

○ 新安陳氏曰 : "羿 · 奡, 皆簒賊, 而殺 · 誅異辭者, 羿當誅, 然非浞所得誅, 故云'殺'."[64]

'살예(殺羿 : 예를 죽임)'에 대해, 신안 진씨(新安陳氏 : 陳櫟)가 말하였다. "예(羿)와 오(奡)는 모두 자리를 빼앗고 해친 사람인데, 살(殺)과 주(誅)로써 말을 다르게 한 것은 예(羿)는 마땅히 징계하여 다스려야 했으나, 한착(寒浞)이 징계하여 다스린 것이 아니기 때문에 죽었다고 말한 것이다."[65]

朱註

'奡', 『春秋傳』作'澆', 浞之子也. 力能陸地行舟, 後爲夏后少康所誅.

'오(奡)'는 『춘추전(春秋傳)』에 '요(澆)'로 썼으니 한착(寒浞)의 아들인데, 힘이 능히 육지로 배가 가게 할 수 있었으나, 뒤에 하나라 소강(少康)에게 주살(誅殺)되었다.

詳說

○ 五吊反.[66]

'『춘추전』작'요'(『春秋傳』作'澆')'에서 '요(澆)'는 '오(五)'와 '조(吊)'의 반절(反切)이다.

○ 『左』「襄」四年曰 : "浞因羿室, 生澆及豷."[67]

'착지자야(浞之子也 : 한착의 아들이다)'는 『춘추좌전(春秋左傳)』 「양공(襄公)」 4년 기사에서 말하였다. "한착(寒浞)이 예(羿)의 집에서 요(澆) 및 희(豷)를 낳았다."

62) 호광 편(胡廣 編), 『논어집주대전(論語集註大全)』「헌문(憲問)」.

63) 호광 편(胡廣 編), 『논어집주대전(論語集註大全)』「헌문(憲問)」.

64) 호광 편(胡廣 編), 『논어집주대전(論語集註大全)』「헌문(憲問)」의 내용은 다음과 같다. "新安陳氏曰 : '羿 · 奡, 皆簒賊, 而殺誅異辭者, 羿當誅, 然非浞所得誅也. 故云殺.'"

65) 『설문해자』에 의하면 "殺, 戮也."라 하고, "誅, 討也."라 하여 죽임과 징치(懲治)로 달리 풀이하였다.

66) 호광 편(胡廣 編), 『논어집주대전(論語集註大全)』「헌문(憲問)」.

67) 『춘추좌전(春秋左傳)』「양공(襄公)」 4년에 "靡奔有鬲氏, 浞因羿室, 生澆及豷."라 하였다.

○ 陸行舟曰'盪'.

'역능육지행주(力能陸地行舟 : 힘이 능히 육지로 배가 가게 함)'는 육지로 배를 가게 하는 것을 '탕(盪)'이라고 한다.

○ 去聲.[68]

'후위하후소강소주(後爲夏后少康所誅)'에서 '소(少)'자는 거성(去聲 : 어리다)이다.

○ 后相之子.[69]

'소강(少康)'은 하나라 임금 상(相)의 아들이다.

○ '然'字, 屬下句, 與行行章'然'字之屬上句者, 不同.

'후위하후소강소주(後爲夏后少康所誅)'의 경문에 '연(然)'자[70]는 아래 구절에 속하는 것이니, 행행장(行行章)의 '연(然)'자[71]와 더불어 같지 않다.

朱註

禹平水土, 暨稷播種, 身親稼穡之事, 禹受舜禪而有天下, 稷之後, 至周武王, 亦有天下.

우(禹)가 물과 토지를 다스리고, 직(稷)과 함께 씨앗을 뿌리면서 몸소 농사일을 하였는데, 우(禹)는 순(舜)의 선위(禪位)를 받아서 천하를 두었으며, 직(稷)의 후손도 주나라 무왕(武王) 때 이르러 또한 천하를 두었다.

詳說

○ 禹事重在平水土, 故先言之.

'우평수토(禹平水土 : 우가 물과 토지를 다스림)'는 우(禹)의 일 가운데 중요함이 물과 토지를 다스림에 있었기 때문에 먼저 말한 것이다.

○ 見『書』「舜典」及「益稷」.

'기직파종(暨稷播種 : 직과 함께 씨앗을 뿌림)'은 『서경(書經)』「순전(舜典)」 및 「익

---

68) 호광 편(胡廣 編), 『논어집주대전(論語集註大全)』「헌문(憲問)」.

69) 호광, 『논어집주대전』「헌문(憲問)」에는 "夏后相之子."라고 하였다.

70) '연(然)'자 : 위 경문의 "羿, 善射; 奡, 盪舟, 俱不得其死, 然禹稷, 躬稼而有天下."의 중간에 나오는 '然'자를 말한다.

71) 행행장(行行章)의 '연(然)'자 : 『논어(論語)』「선진(先進)」. "閔子侍側, 誾誾如也; 子路, 行行如也; 冉有子貢, 侃侃如也, 子樂. 若由也, 不得其死然." 경문 끝에 붙은 '然'자는 '~할 듯하다'는 뜻으로 쓰였다.

직(益稷)」에 보인다.[72]

○ 后稷教民稼穡, 容有身親之理, 至許行, 遂欲以幷耕作一義理. 故孟子所以闢之.

'신친가색지사(身親稼穡之事 : 몸소 농사일을 가까이하였음)'는 후직(后稷)이 백성들에게 농사일을 가르침에 몸소 하는 이치를 받아들였는데 허여하여 행함에 이르러서는 마침내 경작(耕作)을 함께 함에 한결같은 의리로써 하였다. 그러므로 맹자가 개발하여 다스렸던 것이다.[73]

○ 南軒張氏曰 : "言禹·稷之德, 而獨稱其躬稼者, 擧其見於行事之實也, 适亦知言哉."[74]

남헌 장씨(南軒張氏 : 張栻)[75]가 말하였다. "우(禹)와 직(稷)의 덕행을 말함에 오직 그 몸소 농사한 것을 일컬었으며, 그 일을 하는 실제에 드러난 것을 들었으니, 남궁괄(南宮适)도 또한 말을 안 것이로다."

○ 時戰反.[76]

'우수순선(禹受舜禪)'에서 '선(禪)'은 '시(時)'와 '전(戰)'의 반절(反切)이다.

○ 子孫有天下, 而上祀以天子之禮, 及乎稷, 故與禹, 槪云有天下.

'역유천하(亦有天下 : 또한 천하를 두었음)'는 자손들이 천하를 둠에 위로는 천자(天子)의 예(禮)로써 제사 지내고 직(稷)에 미쳤기 때문에 우(禹)와 더불어 대강 천하

---

72) '기직파종(曁稷播種 : 직과 함께 씨앗을 뿌림)'은 『서경(書經)』「순전(舜典)」 및 「익직(益稷)」에 보인다 : 『서경(書經)』「순전(舜典)」에서 "帝曰 : '棄! 黎民阻飢. 汝后稷, 播時百穀.'"라 하였고, 「익직(益稷)」에서 "曁稷, 播奏庶艱食鮮食."라고 하였다.

73) '신친가색지사(身親稼穡之事 : 몸소 농사일을 가까이하였음)'는 …… 맹자가 개발하여 다스렸던 것이다 : 『맹자(孟子)』「등문공상(滕文公上)」에서 "禹疏九河, 瀹濟漯而注諸海, 決汝漢, 排淮泗而注之江, 然後中國可得而食也. 當是時也, 禹八年於外, 三過其門而不入, 雖欲耕, 得乎? 后稷教民稼穡, 樹藝五穀, 五穀熟, 而民人育."라고 하였다.

74) 호광 편(胡廣 編), 『논어집주대전(論語集註大全)』「헌문(憲問)」의 내용은 다음과 같다. "南軒張氏曰 : '方是時天下以力相高, 而不知貴德, 南宮适之言, 謂强力不可恃而德之爲尊也. 夫子不答者, 以其有禹·稷之言答之, 則是己當之也, 而以其言之善, 則從而美之, 使學者, 知尙德之意也. 言禹·稷之德, 而獨稱其躬稼者, 擧其見於行事之實也, 南宮适亦知言哉.'"

75) 장식(張栻 : 1133~1180) : 남송 시대 학자로 자가 경부(敬夫)·흠부(欽夫)·낙재(樂齋)이고, 호가 남헌(南軒), 또는 남헌선생(南軒先生)이며, 한주(漢州) 사람이다. 시호가 '선(宣)'이라서 후세에 장선공(張宣公)으로도 불렸다. 학문의 일파를 이루어 주희(朱熹)·여조겸(呂祖謙)과 이름을 나란히 하여 '동남삼현(東南三賢)'으로 칭송되었다. 이종(理宗) 원년(1241)에 공자 사당에서 제사 지냈고, 이관(李寬)·한유(韓愈)·이사진(李士眞)·주돈이(周敦頤)·주희(朱熹)·황간(黃幹)과 함께 석고서원(石鼓書院) 칠현사(七賢祠)에서 제사 지내 '석고칠현(石鼓七賢)'이라고 일컬어졌다.

76) 호광 편(胡廣 編), 『논어집주대전(論語集註大全)』「헌문(憲問)」.

를 두었다고 말한 것이다.

○ 訓畢.

훈고가 끝났다.

朱註

适之意, 蓋以羿 · 奡比當世之有權力者, 而以禹 · 稷比孔子也. 故孔子不答.

남궁괄(南宮适)의 뜻은 대개 예(羿)와 오(奡)를 당대의 권력 있는 사람에 견주고, 우(禹)와 직(稷)으로써 공자(孔子)에 견주는 것이었다. 그러므로 공자가 대답하지 않았다.

詳說

○ 雙峰饒氏曰 : "指三家, 适是三家之子孫, 乃有此等見識, 尤所難得."[77)]

'당세지유권력자(當世之有權力者 : 당대의 권력 있는 사람)'에 대해, 쌍봉 요씨(雙峰饒氏 : 饒魯)가 말하였다. "삼가(三家 : 魯大夫 孟孫 · 叔孫 · 季孫之家)를 가리키니, 남궁괄(南宮适)이 삼가(三家)의 자손으로 바로 이들에 대한 견식이 있었으나 더욱 얻기 어려웠던 것이다."

○ 南軒張氏曰 : "謂力不足恃而, 德之爲尊也."[78)]

'이우 · 직비공자야(以禹 · 稷比孔子也 : 우와 직으로써 공자에 견주는 것)'에 대해, 남헌 장씨(南軒張氏 : 張栻)가 말하였다. "역량은 믿을 만한 것이 못되지만, 덕(德)은 우러러볼 만함이 되는 것이다."

○ '故孔子不答', 此二句, 本明道語.[79)]

'고공자부답(故孔子不答 : 그러므로 공자가 대답하지 않은 것)'의 이 두 구절은 본래 명도(明道 : 程顥)의 말이다.

---

77) 호광 편(胡廣 編), 『논어집주대전(論語集註大全)』「헌문(憲問)」의 내용은 다음과 같다. "雙峯饒氏曰 : '此章意味極深, 『集註』'權力'二字, 正指三家而言, 三家權力盛, 而有無君之心, 故以羿 · 奡比之; 夫子有德而無位, 故以禹 · 稷比之. 三家無君, 必至於亡, 夫子有德如此, 異日造物, 必有以處之, 而使之得位. 故微其辭以形容之, 孔子以其以禹 · 稷比己, 己難答. 又以羿 · 奡比三家, 愈難答, 所以不答. 适是孟懿子之兄, 亦是三家之子孫, 乃有此等見識, 尤所難得. 故夫子俟其出而嘆美之.'"

78) 호광 편(胡廣 編), 『논어집주대전(論語集註大全)』「헌문(憲問)」의 내용은 다음과 같다. "南軒張氏曰 : '方是時天下, 以力相高, 而不知貴德, 南宮适之言, 謂强力不可恃, 而德之爲尊也. ……'"

79) 주희(朱熹), 『논어정의(論語精義)』 권7 하에 의하면, "明道曰 : '南宮适, 以禹 · 稷比孔子. 故孔子不答.'"이라고 하였다.

○ **朱子曰**:"不欲承當, 故不答."[80]

주자(朱子 : 朱熹)가 말하였다. "받아들여 감당하고자 않았기 때문에 대답하지 않은 것이다."

朱註

然适之言如此, 可謂君子之人而有尙德之心矣, 不可以不與. 故俟其出而贊美之.
그러나 남궁괄의 말이 이와 같았는데, 군자다운 사람으로서 덕(德)을 숭상하는 마음이 있다고 이를 만하니, 허여하지 않아서는 안 되는 일이다. 그러므로 밖으로 나가기를 기다렸다가 찬미한 것이다.

詳說

○ **朱子曰**:"适意善而言拙, 擬人非其倫, 似說, 堯舜賢於桀紂; 仲尼賢於盜跖. 然意思却好."[81]

'가위군자지인이유상덕지심의(可謂君子之人而有尙德之心矣 : 군자다운 사람으로서 덕을 숭상하는 마음이 있다고 이를 만함)'에 대해, 주자(朱子 : 朱熹)가 말하였다. "남궁괄은 뜻이 착하고 말이 서툴렀는데 사람에 비교하여 견줄 바가 아니었으니, 흡사 요순(堯舜)이 걸주(桀紂)보다 어질고, 중니(仲尼)가 도척(盜跖)보다 어질다고 말함과 같다. 그러나 뜻이 도리어 좋다."

○ **慶源輔氏曰**:"适素號謹言, 而以此質於夫子. 其所以閔世悼俗, 尊尙聖人之意, 備見於書外."[82]

경원 보씨(慶源輔氏 : 輔廣)가 말하였다. "남궁괄은 본디 근언(謹言 : 말을 삼감)을 부르짖어 이것으로써 공자에게 질문하였던 것이다. 그 세상을 걱정하고 풍속을 슬퍼하며 성인을 존경하고 숭상하는 뜻은 책 이외에도 갖추어 드러난다."

---

80) 호광 편(胡廣 編), 『논어집주대전(論語集註大全)』「헌문(憲問)」의 내용은 다음과 같다. "問 : '夫子不答南宮适.' 朱子曰 : '适雖非問, 然其言可取, 則亦不應, 全然不答, 疑其實有貶當世, 而尊夫子之意, 夫子不欲承當, 故不答爾.'"

81) 『주자어류(朱子語類)』 권44의 내용은 다음과 같다. "問 : '如何見得以禹·稷比夫子?' 曰 : '舊說如此. 觀夫子不答, 恐有此意, 但問得鶻突. 蓋适意善而言拙, 擬人非其倫爾. 太史公亦以盜跖與伯夷並說. 伯夷傳乃史遷自道之意.'"

82) 호광 편(胡廣 編), 『논어집주대전(論語集註大全)』「헌문(憲問)」의 내용은 다음과 같다. "慶源輔氏曰 : '适素號能謹言, 而以此質於夫子, 其所以閔世悼俗, 尊尙聖人之意, 備見於言外. 夫子不答, 於出而美之可見, 聖人處事之審, 而取善之周矣.'"

○ 新安陳氏曰 : "君子尙德, 小人尙力."[83]

신안 진씨(新安陳氏 : 陳櫟)가 말하였다. "군자는 덕을 숭상하고, 소인은 힘을 숭상한다."

○ '不可以不與', 許也.

'불가이불여(不可以不與 : 허여하지 않아서는 안 됨)'는 허여함이다.

○ '俟其出而賛美之', 慶源輔氏曰 : "可見聖人處事之密, 而取善之周矣."[84]

'사기출이찬미지(俟其出而賛美之 : 밖으로 나가기를 기다렸다가 찬미한 것)'에 대해, 경원 보씨(慶源輔氏 : 輔廣)가 말하였다. "성인의 일처리가 세밀(細密)하고 선(善)을 취함에 주밀(周密)함을 볼 수 있다."

○ 釋畢.

경문의 풀이를 마쳤다.

---

83) 호광 편(胡廣 編), 『논어집주대전(論語集註大全)』「헌문(憲問)」의 내용은 다음과 같다. "新安陳氏曰 : '君子尙德, 小人尙力. 适戒羿 · 奡, 尊禹 · 稷, 是尙德不尙力也. 故許以君子.'"

84) 호광 편(胡廣 編), 『논어집주대전(論語集註大全)』「헌문(憲問)」의 내용은 다음과 같다. "慶源輔氏曰 : '…… 夫子不答, 於出而美之可見, 聖人處事之密, 而取善之周矣.'"

[14-7-1]

子曰 : "君子而不仁者, 有矣夫; 未有小人而仁者也."
공자가 말하였다. "군자이면서 어질지 못한 사람은 있거니와, 소인이면서 어진 사람은 있지 않는 것이다."

朱註

'夫', 音扶.[85] 謝氏曰 : "君子志於仁矣, 然毫忽之間, 心不在焉, 則未免爲不仁也."
'유의부(有矣夫)'에서 '부(夫)'자는 음이 부(扶)이다. 사씨(謝氏 : 謝良佐[86])가 말하였다. "군자는 인(仁)에 뜻이 있다. 그러나 아주 짧은 사이라도 마음을 두지 않으면 어질지 못함이 됨을 벗어나지 못한다."

詳說

○ 以時刻言.
'호홀지간(毫忽之間 : 아주 짧은 사이)'은 시각으로써 말한 것이다.

○ 出『大學』.
'심부재언(心不在焉)'은 『대학(大學)』에 나온다.[87]

○ 心失其德.
'미면위불인야(未免爲不仁也 : 어질지 못함이 됨을 벗어나지 못함)'는 마음에 그 덕을 잃은 것이다.

○ 吳氏曰 : "夫婉辭."[88]
오씨(吳氏 : 吳仲迂[89])가 말하였다. "무릇 완곡하게 한 말이다."

---

85) 『논어주소(論語注疏)』「음의(音義)」에는 "夫, 音符."라고 하였다.

86) 사량좌(謝良佐 : 1050~1103) : 북송 시대 학자로 자가 현도(顯道)이고, 호가 상채(上蔡)이며, 하남성 사람이다. 유초(游酢)·여대림(呂大臨)·양시(楊時)와 함께 정자(程子) 문하의 4대 제자로 불린다. 저서로는 『논어설(論語說)』·『상채어록(上蔡語錄)』 등이 있다.

87) '심부재언(心不在焉)'은 『대학(大學)』에 나온다 : 『대학장구(大學章句)』 전7장에서 "所謂修身, 在正其心者, 身有所忿懥則不得其正; 有所恐懼則不得其正; 有所好樂則不得其正; 有所憂患則不得其正. 心不在焉, 視而不見; 聽而不聞; 食而不知其味. 此謂修身, 在正其心."라고 하였다.

88) 호광 편(胡廣 編), 『논어집주대전(論語集註大全)』「헌문(憲問)」의 내용은 다음과 같다. "吳氏曰 : '夫婉辭. 仁非聖人, 不能盡. 小人中, 雖有天理滅未盡者, 亦不得以仁稱之. 云然者, 勉君子而懲小人也.'"

89) 오중우(吳仲迂) : 원나라 때 학자로 호가 가당(可堂)이고, 번양(番陽) 또는 부량(浮梁) 사람이라

○ 只釋上一半, 而無訓.

다만 위 경문의 절반을 풀이하였는데, 훈고는 없다.

고 한다. 박학(博學)하여 경전에 밝았으며, 벼슬을 하지 않고 은거하였다. 저서로는 『사서어록(四書語錄)』·『경전발명(經傳發明)』·『춘추기문(春秋紀聞)』·『어류차(語類次)』 등이 있다.

[14-8-1]

子曰："愛之, 能勿勞乎? 忠焉, 能勿誨乎?"
공자가 말하였다. "사랑한다고 해서 능히 수고롭게 하지 말랴? 충성스럽다고 해서 능히 가르치지 말랴?"

朱註

蘇氏曰："愛而勿勞, 禽犢之愛也; 忠而勿誨, 婦寺之忠也. 愛而知勞之, 則其爲愛也, 深矣; 忠而知誨之, 則其爲忠也, 大矣."

소씨(蘇氏 : 蘇軾)[90]가 말하였다. "사랑하되 수고로움을 마니 새와 짐승의 새끼 사랑이며, 충성하되 가르침을 마니 궁중에서 가까이 모시는 여인네의 충성이다. 사랑하되 수고롭게 할 줄 알면 그 사랑함이 깊을 것이고, 충성하되 가르칠 줄 알면 그 충성됨이 클 것이다."

詳說

○ 猶不也.

'물(勿)'자는 불(不)과 뜻이 같다.

○ 『後漢書』「楊彪傳」曰："老牛舐犢之愛."[91]

'금독지애야(禽犢之愛也 : 새와 짐승의 새끼 사랑임)'에 대해, 『후한서』「양표전(楊彪傳)」에서 말하였다. "늙은 어미 소가 송아지를 핥아 주는 사랑이다."

○ 音蒔.[92]

'부시지충야(婦寺之忠也)'에서 '시(寺)'자는 음이 시(蒔)이다.

---

90) 소식(蘇軾 : 1037~1101) : 송나라 때 학자로 자가 자첨(子瞻)·화중(和仲)이고, 호가 철관도인(鐵冠道人)·동파거사(東坡居士)이며, 한족(漢族)으로 미주 미산(眉州眉山) 사람이다. 시부(詩賦) 등 문예와 학문에 뛰어난 재능을 보여 세상 사람들이 소동파(蘇東坡) 또는 소선(蘇仙)이라고 불렀으며, 한유(韓愈) 및 구양수(歐陽脩) 등과 함께 고문운동을 전개한 공헌이 크다. 저서로는 『동파집(東坡集)』·『동파역전(東坡易傳)』·『서전(書傳)』·『논어설(論語說)』 등이 있다.

91) 호광 편(胡廣 編), 『논어집주대전(論語集註大全)』「헌문(憲問)」의 내용은 다음과 같다. "東漢「楊彪傳」, 彪子修爲操所殺, 操見彪, 問曰 : '公何瘦之甚?' 對曰 : '愧無日磾讀作審低先見之明, 猶懷老牛舐神旨反犢之愛', 操爲之改容."

92) 호광 편(胡廣 編), 『논어집주대전(論語集註大全)』「헌문(憲問)」.

○ 『詩』「瞻卬」曰 : "匪誨, 時維婦寺."[93]

'부시지충야(婦寺之忠也 : 궁중에서 가까이 모시는 여인네의 충성임)'에 대해, 『시경(詩經)』「첨앙(瞻卬)」에서 말하였다. "가르치지 아니하니 이는 오직 궁중의 여인네로다."

○ 慶源輔氏曰 : "慈父之於子."[94]

'애(愛)'에 대해, 경원 보씨(慶源輔氏 : 輔廣)가 말하였다. "자애로운 부모가 자식에 대한 일이다."

○ 藝業使令.

'애이지노지(愛而知勞之 : 사랑하되 수고롭게 할 줄 알다)'는 기예(技藝)와 학업을 명령하여 시키는 것이다.

○ 慶源輔氏曰 : "忠臣之於君."[95]

'충(忠)'에 대해, 경원 보씨(慶源輔氏 : 輔廣)가 말하였다. "충성스런 신하가 임금에 대한 일이다."

○ 責難陳善.

'충이지회지(忠而知誨之)'는 어려운 일을 권면하고 착한 일을 가르쳐 보여주는 것이다.

○ 有釋無訓.

경문의 풀이는 있으나 훈고는 없다.

---

93) 호광 편(胡廣 編), 『논어집주대전(論語集註大全)』「헌문(憲問)」의 내용은 다음과 같다. "『詩』「大雅瞻卬篇」, '匪教匪誨, 時惟婦寺', 刺幽王嬖褒姒, 任奄人以致亂之詩. 寺, 奄人也." 『모전(毛傳)』에서는 "寺, 近也."라 하고, 공영달(孔穎達)은 "寺, 即侍也, 侍御者必近其傍, 故以寺爲近." 라고 주석하였다.

94) 호광 편(胡廣 編), 『논어집주대전(論語集註大全)』「헌문(憲問)」의 내용은 다음과 같다. "慶源輔氏曰 : '愛焉而自不能不勞以成之, 忠焉而自不能不誨以益之, 此天理人情之至, 莫之爲而爲者也. 觀慈父之於子, 忠臣之於君, 則可見矣. 蘇氏發兩知字, 尤有意味, 蓋人之私情, 往往不知勞之爲愛, 誨之爲忠. 故又言以明之.'"

95) 호광 편(胡廣 編), 『논어집주대전(論語集註大全)』「헌문(憲問)」의 내용에서 발췌하였다.

[14-9-1]

子曰："爲命, 裨諶草創之; 世叔討論之; 行人子羽修飾之; 東里子產潤色之."
공자가 말하였다. "사명(辭命)을 만듦에 비심(裨諶)이 초안을 시작하고, 세숙(世叔)이 토론하고, 행인(行人)인 자우(子羽)가 다듬고, 동리(東里)의 자산(子産)이 꾸민 것이다."

朱註

'裨', 婢之反. '諶', 時林反.[96]
'비심초창지(裨諶草創之)'에서 '비(裨)'는 '비(婢)'와 '지(之)'의 반절(反切)이고, '심(諶)'은 '시(時)'와 '림(林)'의 반절(反切)이다.

詳說

○ 四之字意, 實.
네 가지의 글자의 뜻은 실(實)이다.

朱註

裨諶以下四人, 皆鄭大夫. '草', 略也; '創', 造也, 謂造爲草藁也. '世叔', 游吉也, 『春秋傳』, 作'子大叔'. '討', 尋究也; '論', 講議也. '行人', 掌使之官. '子羽', 公孫揮也. '修飾', 謂增損之. '東里', 地名, 子産所居也. '潤色', 謂加以文采也.
비심 이하 네 사람은 모두 정나라 대부이다. '초(草)'는 간략함이고, '창(創)'은 만듦이니, 초고(草藁) 만듦을 이르는 것이다. '세숙(世叔)'은 유길(游吉)이니, 『춘추전(春秋傳)』에는 '자대숙(子大叔)'이라고 썼다. '토(討)'는 연구함이고, '논(論)'은 강의함이다. '행인(行人)'은 사신을 관장하는 벼슬이다. '자우(子羽)'는 공손휘(公孫揮)다. '수식(修飾)'은 보태고 덜어내는 것이다. '동리(東里)'는 땅이름이니, 자산(子産)이 살던 곳이다. '윤색(潤色)'은 문채를 더하는 것을 이른다.

詳說

○ 『諺』音誤.

---

96) 『논어주소(論語注疏)』「음의(音義)」에는 "裨, 婢之反. 諶, 時針反."이라고 하였다.

‘비심(裨諶)’은 『언해』본의 음이 잘못되었다.[97]

○ 見『左』「襄」三十一年.

‘정대부(鄭大夫)’는 『춘추좌전(春秋左傳)』「양공(襄公)」 31년 기사에 보인다.

○ 不云‘草藁造爲’, 而云‘造爲草藁’者, 便於文也.

‘위조위초고야(謂造爲草藁也)’에서 ‘초고조위(草藁造爲)’라고 하지 않고 ‘조위초고(造爲草藁)’라고 한 것은 문장에 편리해서이다.

○ 『左』「襄」三十一年.[98]

‘『춘추전(春秋傳)』’은 『춘추좌전(春秋左傳)』「양공(襄公)」 31년 기사이다.

○ 雙峰饒氏曰 : “裨諶想是善造謀, 世叔熟於典故.”[99]

쌍봉 요씨(雙峰饒氏 : 饒魯)가 말하였다. “비심(裨諶)은 생각함에 계략을 잘 만들었고, 세숙(世叔)은 전고(典故)에 익숙하였다.”

○ 去聲.[100]

‘장사지관(掌使之官)’에서 ‘사(使)’자는 거성(去聲 : 사신감)이다.

○ 訓畢.

훈고가 끝났다.

朱註

鄭國之爲辭命, 必更此四賢之手而成, 詳審精密, 各盡所長.

정나라가 사명(辭命)을 만듦에 반드시 이 네 명의 현명한 사람의 손을 거쳐서 이루어졌는데, 상세하고 정밀하게 각각 최선을 다하였다.

詳說

○ 補‘鄭國’字.

‘정국지위사명(鄭國之爲辭命 : 정나라가 사명을 만듦)’은 ‘정국(鄭國)’자를 보탠 것이다.

---

97) ‘비심(裨諶)’은 『언해』본의 음이 잘못되었다 : 『언해』본에는 ‘비침’으로 되어 있다.

98) 호광 편(胡廣 編), 『논어집주대전(論語集註大全)』「헌문(憲問)」에 그 내용이 실려 있다.

99) 호광 편(胡廣 編), 『논어집주대전(論語集註大全)』「헌문(憲問)」의 내용은 다음과 같다. “雙峯饒氏曰 : ‘裨諶想是素善造謀, 故使之草創; 世叔熟於典故, 故使之討論; 子羽行人之官熟於應對, 故又使之修飾. 當時子産當國事, 皆由之, 然不自用己見, 直待三子都了, 却潤色之, 合四子之長, 則全美矣.’”

100) 호광 편(胡廣 編), 『논어집주대전(論語集註大全)』「헌문(憲問)」.

○ 本文不言'鄭', 豈欲列國之皆效歟?

경문에서 '정(鄭)나라'를 말하지 않았거늘, 어찌 여러 나라가 모두 본받으려고 하였겠는가?

○ 平聲.[101]

'필경차사현지수이성(必更此四賢之手而成)'에서 '경(更)'자는 평성(平聲 : 거치다)이다.

○ 變人言'賢', 以陪出下文'善'字.

'필경차사현지수이성('必更此四賢之手而成 : 반드시 이 네 명의 현명한 사람의 손을 거쳐서 이룸)'은 '인(人)'자를 바꾸어 '현(賢)'을 말했는데, 아래 글에서 '선(善)'자로 불어나서 나온다.

○ 一作'其'.

'각진소(各盡所)'에서 '소(所)'자는 어떤 판본에는 '기(其)'로 썼다.

○ 釋畢.

경문의 풀이가 끝났다.

朱註

是以應對諸侯, 鮮有敗事, 孔子言此, 蓋善之也.

이 때문에 제후들을 응대함에 실패하는 일이 적었으니, 공자가 이를 말한 것은 대개 좋게 여긴 것이다.

詳說

○ 上聲.[102]

'선유패사(鮮有敗事)'에서 '선(鮮)'자는 상성(上聲 : 드물다)이다.

○ 二句, 亦出『左傳』.

'응대제후, 선유패사(應對諸侯, 鮮有敗事)' 두 구절은 또한 『춘추좌전(春秋左傳)』에 나온다.

○ 此論其效也.

이는 그 본받음을 논의한 것이다.

---

101) 호광 편(胡廣 編), 『논어집주대전(論語集註大全)』「헌문(憲問)」.

102) 호광 편(胡廣 編), 『논어집주대전(論語集註大全)』「헌문(憲問)」.

◯ 厚齋馮氏曰 : "子產爲卿, 歷簡·定·獻·成, 凡五十年, 用是三人交隣事大, 得免兵禍. 辭命之有爲人國, 如此."103)

후재 풍씨(厚齋馮氏 : 馮椅)가 말하였다. "자산(子產)이 경(卿)이 되어 간공(簡公)과 정공(定公)과 헌공(憲公)과 성공(成公)을 거치니 무릇 50년인데, 이 세 사람의 교린(交隣)과 사대(事大)를 사용하여 전쟁을 면할 수 있었다. 사명(辭命)이 사람과 나라를 위함이 있는 것이 이와 같다."

◯ 此則言外之意也.

이[공자언차, 개선지야(孔子言此, 蓋善之也)]는 곧 말 밖의 뜻이다.

◯ 朱子曰 : "春秋辭命, 猶說義理, 到戰國, 遊說只說利害."104)

주자(朱子 : 朱熹)가 말하였다. "춘추 시대의 사명(辭命)은 오히려 의리(義理)를 말하였고, 전국시대에 이르러 유세가 다만 이해(利害)를 말할 뿐이었다."

◯ 洪氏曰 : "古之賢者, 不有己也. 故世叔討論, 而裨諶不以爲歉; 子產潤色, 而子羽不以爲羞. 後世反是, 辭命所以有愧於古也."105)

홍씨(洪氏 : 洪興祖)가 말하였다. "옛날에 현명한 사람들은 자기를 두지 않았다. 그러므로 세숙(世叔)이 토론함에 비심(裨諶)이 뜻에 차지 않는다고 여기지 않았으며, 자산(子產)이 윤색함에 자우(子羽)가 부끄러움으로 여기지 않았다. 후세에는 이와 반대로 하여 사명(辭命)이 옛날에 비해 부끄러운 점이 있었던 것이다."

---

103) 호광 편(胡廣 編), 『논어집주대전(論語集註大全)』「헌문(憲問)」의 내용은 다음과 같다. "厚齋馮氏曰 : '鄭以小國介乎晉楚爭奪之衝, 自簡公十二年, 用子產爲卿; 又十年, 授之以政, 子產知辭命之不善, 無以交鄰事大解紛息爭也. 故用是三人者, 草創·討論·修飾之既成, 乃從而潤色之, 是以應對諸侯, 鮮有敗事. 歷定·獻·襄公, 凡五十年間, 得免兵禍, 辭命之有益於人國, 如此哉.'"

104) 호광 편(胡廣 編), 『논어집주대전(論語集註大全)』「헌문(憲問)」의 내용은 다음과 같다. "朱子曰 : '春秋之辭命, 猶是說義理, 到戰國遊說, 則只說利害而已.'"

105) 호광 편(胡廣 編), 『논어집주대전(論語集註大全)』「헌문(憲問)」의 내용은 다음과 같다. "洪氏曰 : '鄭國能慎重其辭命, 而信任於賢者如此. 爲天下者, 辭命宜益重也, 而反輕之; 討論潤色, 宜益衆也, 而獨任於一官何哉? 且古之賢者, 求辭命之善爾, 不有其己也. 故世叔討論, 而裨諶不以爲歉; 子產潤色, 而子羽不以爲羞. 後世爲命者, 反是, 此辭命, 所以有愧於古也.'"

[14-10-1]

或問子產, 子曰 : "惠人也."
어떤 사람이 자산(子產)을 물었는데, 공자가 말하였다. "은혜를 베푸는 사람이니라."

詳說

○ 蓋承上章而問也. 不然則類記之也.
대개 위의 장을 이어서 물었다. 그렇지 않다면 유추하여 기록한 것이다.

朱註

子產之政, 不專於寬, 然其心則一以愛人爲主. 故孔子以爲惠人, 蓋擧其重而言也.
자산(子產)의 정사가 관대함을 오로지 하지 않았으나, 그 마음은 한결같이 사람을 사랑하는 일을 으뜸으로 삼았다. 그러므로 공자가 은혜로운 사람이라고 여긴 것이니, 대개 그 중요한 사안을 들어서 말한 것이다.

詳說

○ 見『左』「昭」二十年.
'자산지정, 부전어관(子產之政, 不專於寬)'은 『춘추좌전(春秋左傳)』「소공(昭公)」 20년 기사에 보인다.

○ 朱子曰 : "以嚴濟寬."106)
'기심즉일이애인위주(其心則一以愛人爲主 : 그 마음은 한결같이 사람을 사랑하는 것을 으뜸으로 삼았다)'에 대해, 주자(朱子 : 朱熹)가 말하였다. "엄격함으로써 관대함을 구제한 것이다."

○ 以論釋之, 無訓.
경문의 의미 설명으로 풀이하였고, 훈고는 없다.

○ 雲峰胡氏曰 : "子產之惠, 夫子指其心而言, 『孟子』以'乘輿濟人'一事而言."107)

---

106) 호광 편(胡廣 編), 『논어집주대전(論語集註大全)』「헌문(憲問)」의 내용은 다음과 같다. "朱子曰 : '子產心主於寬, 雖說道, 政尙嚴猛, 其實乃是要用, 以濟寬爾, 所以爲惠人.'"
107) 호광 편(胡廣 編), 『논어집주대전(論語集註大全)』「헌문(憲問)」의 내용은 다음과 같다. "雲

운봉 호씨(雲峰胡氏 : 胡炳文)가 말하였다. “자산(子產)의 은혜로움은 공자가 그 마음을 가리켜서 말한 것이고, 『맹자(孟子)』에서는 ‘승여제인(乘輿濟人 : 수레에 태워 사람들을 구제함)’의 한 가지 일로써 말하였다.[108]

[14-10-2]

問子西, 曰 : “彼哉! 彼哉!”
자서(子西)를 물었는데, 공자가 말하였다. “저 사람! 저 사람!”

詳說

○ 因問子產, 而幷及子西·管仲.
자산(子產)에 대하여 물음에 말미암아 자서(子西)와 관중(管仲)에까지 아울러 미쳤다.

朱註

‘子西’, 楚公子申, 能遜楚國, 立昭王, 而改紀其政, 亦賢大夫也. 然不能革其僭王之號, 昭王欲用孔子, 又沮止之, 其後, 卒召白公, 以致禍亂, 則其爲人可知矣. ‘彼哉’者, 外之之辭[109].
‘자서(子西)’는 초(楚)나라 공자(公子) 신(申)으로, 능히 초나라를 사양하여 소왕(昭王)을 세웠으며, 그 정치를 고치고 실마리를 잡았으니 또한 현명한 대부이다. 그러나 그 멋대로 왕이라 부르는 것을 고칠 수 없었고, 소왕이 공자를 기용하려

峯胡氏曰 : ‘子產之惠, 夫子指其心而言之; 『孟子』所謂惠而不知, 爲政不過, 以其乘輿濟人之一事而言, 而其愛人之心, 固可知矣.’”

108) 『맹자(孟子)』에서는 ‘승여제인(乘輿濟人 : 수레에 태워 사람들을 구제함)’의 한 가지 일로써 말하였다 : 『맹자(孟子)』「이루하(離婁下)」에서 “子產聽鄭國之政, 以其乘輿, 濟人於溱·洧. 孟子曰 : ‘惠而不知爲政.’”이라 하였고, 그 『집주(集註)』에 의하면, “惠, 謂私恩小利; 政則有公平正大之體, 綱紀法度之施焉.”이라고 하였다.

109) 辭 : 『논어집주(論語集註)』에는 ‘辭’로 표기되어 있으나 『논어집주대전』에는 ‘詞’로 되어 있고, 조선 영조본에도 ‘詞’로 표기되어 있다.

고 함에 또 막아 못하게 하였으며, 그 뒤에 마침내 백공(白公)을 불러서 화란(禍亂)에 이르게 하였으니, 그 사람됨을 알 수 있다. '피재(彼哉)'라는 것은 그를 배척하는 말이다.

詳說

○ 吳氏曰："當時有三子西, 鄭駟夏未嘗當國; 楚宜申謀亂誅; 獨公子申, 與孔子同時."110)
'초공자신(楚公子申)'에 대해, 오씨(吳氏 : 吳仲迂)가 말하였다. "당시에 세 사람의 자서(子西)가 있었는데, 정나라 사하(駟夏)는 일찍이 나랏일을 맡지 못하였고, 초나라 의신(宜申)은 반란을 도모하여 주살되었고, 오직 공자 신(申)만이 공자와 더불어 때를 같이 하였다."

○ 見『左』「昭」二十六年.
'입소왕(立昭王 : 소왕을 세움)'은 『춘추좌전(春秋左傳)』「소공(昭公)」 26년 기사에 보인다.

○ 見「定」六年.
'개기기정(改紀其政 : 그 정치를 고치고 실마리를 잡음)'은 『춘추좌전(春秋左傳)』「정공(定公)」 6년 기사에 보인다.

○ 照子產而言'亦'.
'역현대부야(亦賢大夫也 : 또한 현명한 대부이다)'는 자산(子產)에 비추어서 '역(亦)' 자를 말하였다.

○ 一.
'불능혁기참왕지호(不能革其僭王之號) : 멋대로 왕이라고 부르는 것을 고칠 수 없었다)'는 첫 번째이다.

○ 以子文之忠而不許其仁, 亦以僭王耳. 然則楚之臣, 何從有全人乎?
자문의 충성으로써 그 인함을 허여하지 않는데, 또한 멋대로 왕이라 불렀을 뿐이다. 그렇다면 초나라의 신하가 어찌 온전한 사람이 있어 따르겠는가?

○ 上聲.111)
'우저지지(又沮止之)'에서 '저(沮)'자는 상성(上聲 : 막다)이다.

---

110) 호광 편(胡廣 編), 『논어집주대전(論語集註大全)』「헌문(憲問)」의 내용은 다음과 같다. "吳氏曰 : '當時有三子西, 鄭駟夏楚宜申公子申也. 駟夏未嘗當國, 無大可稱; 宜申謀亂被誅, 相去又遠, 宜皆所不論者, 獨公子申, 與孔子同時.'"

111) 호광 편(胡廣 編), 『논어집주대전(論語集註大全)』「헌문(憲問)」에는 "沮, 在呂反."이라고 하였다.

○ 二.

'우저지지(又沮止之 : 또 막아 못하게 하였음)'는 두 번째이다.

○ 新安陳氏曰 : "夫子非以私外之『註』, 提此, 以見其不知人, 不能爲國進人才耳."112)

신안 진씨(新安陳氏 : 陳櫟)가 말하였다. "공자가 사사로이 배척하는 『논어집주(論語集註)』로써 이 말을 제시한 것이 아니라, 그 사람을 알지 못하면 능히 나라를 다스리는 데 인재로 추천할 수 없음을 보였을 뿐이다."

○ 『集註』此說, 蓋以餘意及之, 如晏嬰沮景公, 而夫子不沒其善; 與人交, 申苟有一善可稱, 則必不以此而褒也.

『논어집주(論語集註)』의 이 해설은 대개 나머지 뜻으로 미친 것이니, 안영(晏嬰)이 경공(景公)을 저지한 것과 같지만 공자는 그 착함을 숨기지 않았으며, 사람들과 더불어 사귐에 공자 신(申)에게도 진실로 칭찬할 만한 하나의 착함이 있지만 반드시 이를 드러내서 기리지는 않은 것이다.

○ 三.

'이치화란(以致禍亂 : 화란에 이르게 함)'은 세 번째이다.

○ 見『左』「哀」十六年.113)

『춘추좌전(春秋左傳)』「애공(哀公)」 16년 기사에 보인다.

○ 再書者, 外之之甚也.

'피재자, 외지지사(彼哉者, 外之之辭 : 피재라는 것은 그를 배척하는 말임)'에서 두 번 쓴 것은 그를 배척함이 심한 것이다.

○ 訓間論, 而釋在其中.

훈고 사이에 경문의 의미를 설명하였는데, 경문의 풀이가 그 가운데 들어 있다.

---

112) 호광 편(胡廣 編), 『논어집주대전(論語集註大全)』「헌문(憲問)」에는 "新安陳氏曰 : '夫子非以私外之『集註』, 提此, 見其不知人, 不能爲國進人才耳.'"로 되어 있다.

113) 호광 편(胡廣 編), 『논어집주대전(論語集註大全)』「헌문(憲問)」에는 "事見『大學或問』「止至善章」內."라고 하였다.

[14-10-3]

問管仲, 曰 : "人也奪伯氏駢邑三百, 飯疏食, 沒齒無怨言."
관중(管仲)을 물었는데, 공자가 말하였다. "이 사람이 백씨(伯氏)의 병읍(駢邑) 3백 호를 빼앗었거늘, 백씨는 거친 밥을 먹으면서도 몸을 마치도록 원망하는 말이 없었다."

朱註

'人也', 猶言'此人'也. '伯氏', 齊大夫. '駢邑', 地名. '齒', 年也.
'인야(人也)'는 '차인(此人 : 이 사람)'이라는 말과 같다. '백씨(伯氏)'는 제(齊)나라 대부이다. '병읍(駢邑)'은 땅이름이다. '치(齒)'는 나이이다.

詳說

○ 朱子曰 : "猶『詩』所謂'伊人', 『莊子』所謂'之人'也. 范·楊, 皆以爲盡人道; 管仲也, 未盡得人道."114)

'인야, 유언차인야(人也, 猶言此人也 : 인야는 이 사람이라는 말과 같다)'에 대해, 주자(朱子 : 朱熹)가 말하였다. "『시경(詩經)』에 이른바 '이인(伊人)'과 같으며, 『장자

114) 호광 편(胡廣 編), 『논어집주대전(論語集註大全)』「헌문(憲問)」의 내용은 다음과 같다. "問 : '管仲曰人也, 范·楊皆以爲盡人道; 『集註』以爲猶云此人也, 如何?' 朱子曰 : '古本如此說, 猶『詩』所謂伊人, 『莊子』所謂之人也. 若作盡人道, 說除管仲是箇人, 他人便都不是人, 更管仲也未盡得人道.'" 『주자어류(朱子語類)』 권44, 「논어26(論語二十六)」, 33조목에는 다음과 같이 되어 있다. "'問管仲, 曰 : '人也.'' 范楊皆以爲盡人道, 『集注』以爲'猶云, 此人也', 如何?' 曰 : '古本如此說, 猶詩所謂'伊人,' 莊子所謂'之人也.' 若作盡人道說, 除管仲是箇人, 他人便都不是人! 更管仲也未盡得人道在, '奪伯氏駢邑,' 正謂奪爲己有.' 問 : 『集注』言管仲子產之才德. 使二人從事於聖人之學, 則才德可以兼全否?' 曰 : '若工夫做到極處, 也會兼全.'(관중에 대해 물으니 '이 사람'이라고 하였는데 범씨와 양씨는 모두 인도를 극진하게 했다고 여겼고, 『논어집주(論語集註)』에서는 '이 사람이라고 말한 것과 같다.'라고 하였으니, 어떻게 된 것입니까? 주희가 말하였다. '옛 판본에서는 이렇게 말했는데, 『시경』에서 말한 '이인(伊人)'과 『장자』에서 말한 '지인(之人)'과 같다. 만약 인도를 극진하게 말했다고 한다면 관중 개인을 제외하고 다른 사람은 곧 모두 이런 사람이 아니란 말인가! 더욱이 관중은 인도를 극진하게 한 것이 아니라 '백씨의 병읍을 빼앗았다.'라고 하였으니, 바로 자신이 소유하기 위해서 빼앗은 것이기 때문이다.' 물었다. '『논어집주(論語集註)』에서 관중과 자산의 재주와 덕망을 말했습니다. 두 사람에게 성인의 학문에 종사하게 한다면 재주와 덕망이 모두 온전해질 수 있지 않겠습니까?' 주희가 말하였다. '만약 공부해서 지극한 경지에 이르면 또한 모두 온전해질 수 있을 것이다.')"

(莊子)』에 이른바 '지인(之人)'이다. 범씨(范氏)와 양씨(楊氏) 모두 사람의 도리를 다한 것으로 여겼으나, 관중은 사람의 도리를 다 얻지 못하였다."

○ 猶孟氏.
'백씨(伯氏)'는 맹씨(孟氏)와 같다.

○ 厚齋馮氏曰 : "食邑三百家."115)
'병읍, 지명(騈邑, 地名)'에 대해, 후재 풍씨(厚齋馮氏 : 馮椅)가 말하였다. "식읍이니 삼백 집이다."

○ 訓畢.
훈고가 끝났다.

朱註

蓋桓公奪伯氏之邑, 以與管仲, 伯氏自知己罪而心服管仲之功. 故窮約以終身, 而無怨言.
대개 환공(桓公)이 백씨의 식읍을 빼앗아 관중(管仲)에게 주었는데도, 백씨가 스스로 자기의 죄를 알고 마음속으로 관중의 공을 받아들였다. 그러므로 어렵고 가난하게 몸을 마치도록 원망하는 말이 없었다.

詳說

○ 本文言'人也奪', 必是仲, 言其罪於公而奪, 如漢世以罪奪侯.
'개환공탈백씨지읍(蓋桓公奪伯氏之邑 : 대개 환공(桓公)이 백씨의 식읍을 빼앗음)'은 경문에서 '인야탈(人也奪)'이라고 말한 것이니, 반드시 관중(管仲)이다. 그 공에게 죄를 지으면서 빼앗음을 말한 것으로, 한나라 때 죄 때문에 제후에게 빼앗은 것과 같다.

○ 如漢世以功益封.
'이여관중(以與管仲 : 관중에게 줌)'은 한나라 때 공으로써 봉토를 더해 준 것과 같다.

○ 九合一匡之功.
'백씨자지기죄이심복관중지공(伯氏自知己罪而心服管仲之功 : 백씨가 스스로 자기의

115) 호광 편(胡廣 編), 『논어집주대전(論語集註大全)』「헌문(憲問)」의 내용은 다음과 같다. "厚齋馮氏曰 : '騈邑三百, 伯氏食邑, 三百家也.'"

죄를 알고 마음속으로 관중의 공로를 받아들임)'은 제후들을 모아서 한번 세상을 바로잡은 공이다.

○ 疏食.

'궁약(窮約 : 어렵고 가난함)'은 소사(蔬食 : 거친 밥)이다.

○ 沒齒.

'종신(終身)'은 나이를 다하는 일이다.

○ 夫子蓋予仲也.

'무원언(無怨言 : 원망하는 말이 없음)'은 부자(夫子)가 관중을 허여한 것이다.

○ 釋畢.

경문의 풀이가 끝났다.

○ 此下又證其事.

이 아래에서 또 그 일을 증명하였다.

朱註

荀卿, 所謂'與之書社三百, 而富人莫之敢拒者', 即此事也.

순경(荀卿)이 이른바 '서사(書社 : 25家 名簿) 삼백을 주는데 부유한 사람 가운데 감히 거절하는 사람이 없었다.'라는 것이 곧 이 일이다.

詳說

○ 『大全』曰 : "名況, 戰國時, 趙人."116)

'순경(荀卿)'에 대해, 『논어집주대전』에서 말하였다. "이름은 황(況)이고, 전국 시대 조나라 사람이다."

○ 著『荀子』.

『순자(荀子)』를 지었다.

○ 雲峰胡氏曰 : "三百社."117)

'여지서사삼백(與之書社三百)'에 대해, 운봉 호씨(雲峰胡氏 : 胡炳文)가 말하였다. "삼백 서사(書社)이다."

---

116) 호광 편(胡廣 編), 『논어집주대전(論語集註大全)』「헌문(憲問)」에는 이 내용이 보이지 않는다.

117) 호광 편(胡廣 編), 『논어집주대전(論語集註大全)』「헌문(憲問)」의 내용은 다음과 같다. "雲峯胡氏曰 : '『周禮』, 二十五家爲社, 書社, 謂以社之戶口, 書於版圖者, 凡三百社.'"

○ 社, 卽里也, 此書, 做'書社七百里'118)之說, 而與上馮說不同.

사(社)는 곧 마을이고, 이 서(書)는 '서사(書社) 칠백 리'의 말에 의거한 것으로, 위의 풍의(馮椅)의 설명119)과 같지 않다.

○ 見『荀子』「仲尼」篇.

'부인막지감거자(富人莫之敢拒者)'는 『순자』「중니(仲尼)」에 보인다.

○ 『大全』曰 : "'拒', 敵也, 言齊之富人, 莫有敢敵仲者."120)

『논어집주대전』에서 말하였다. "'거(拒)'는 대적함이니, 제나라의 부유한 사람들이 감히 관중에 대적하는 사람이 있지 않음을 말한 것이다."

○ 或云 : "'富人', 指伯氏, 蓋本以駢而富."

어떤 사람이 말하였다. "'부인(富人)'은 백씨를 가리킴이니, 대개 병읍(駢邑)에 근본하여 부유해진 것이다."

○ 雙峰饒氏曰 : "夫子每護仲, 孟子抑之, 皆是救時而然. 夫子時, 人不知有王, 仲尊王, 是有功. 孟子時, 人皆尊伯術賤王道, 功利之說熾故也."121)

쌍봉 요씨(雙峰饒氏 : 饒魯)가 말하였다. "부자는 매양 관중을 감쌌으나 맹자(孟子)는 물리쳤으니, 모두 시대를 구원하려고 그런 것이다. 부자의 시대에는 사람들이 임금이 있음을 알지 못하였는데 관중은 임금을 존중하였으니, 이것이 공이 있는 것이다. 맹자의 시대에는 사람들이 모두 패자(霸者)의 권모술수(權謀術數)를 존중하고 왕도(王道)를 천대하였으며, 공명(功名)과 이욕의 말이 성대해졌기 때문이다."

---

118) '書社七百里' : 『논어집주대전』「논어집주서설」에서 "『史記』云 : '書社地七百里.'"라고 하였다.

119) 위의 풍의(馮椅)의 설명 : 위에 나오는 "厚齋馮氏曰 : '食邑三百家.'"를 말한다.

120) 호광 편(胡廣 編), 『논어집주대전(論語集註大全)』「헌문(憲問)」의 내용은 다음과 같다. "『荀子』「仲尼」篇, 齊桓公, 見管仲之能足以託國也, 是天下之大智也; 遂立以爲仲父, 是天下之大決也. 立爲仲父, 而貴戚莫之敢妬也, 與高·國之位, 而本朝之臣, 莫之敢惡也, 高氏·國氏, 齊世卿也. 與之書社三百, 而富人莫之敢距也, 距, 敵也, 言齊之富人, 莫有敢敵管仲者, 貴賤少長, 莫不秩秩. 然從桓公而貴敬之, 是天下之大節也."

121) 호광 편(胡廣 編), 『논어집주대전(論語集註大全)』「헌문(憲問)」의 내용은 다음과 같다. "雙峯饒氏曰 : '此篇凡說管仲, 夫子每護之, 孟子排管仲, 皆是救時而然. 夫子之時, 人不知有王. 仲尊王, 亦是有功, 夫子所以護之. 孟子之時, 天下之人, 皆知尊伯術而賤王道, 孟子恐功利之說熾. 故於桓·文·管·晏, 一切抑之.'"

朱註

或問:"管仲·子産, 孰優?" 曰:"管仲之德, 不勝其才; 子産之才, 不勝其德. 然於聖人之學, 則槪乎其未有聞也."

어떤 사람이 물었다. "관중(管仲)과 자산(子產) 중에 누가 낫습니까?" 말하였다. "관중의 덕은 그 재주보다 낫지 못하고, 자산의 재주는 그 덕보다 낫지 못하다. 그러나 성인의 학문에서는 대체로 견문이 있지 않다."

詳說

○ 足與本入之或問, 相表裏, 前篇不佞章[122]下註之類, 皆是也.

'혹문(或問)'은 본래 들어있는 혹문(或問)과 서로 겉과 속이 되기에 충분하니, 앞편의 불녕장(不佞章) 아래 『집주(集註)』[123]의 따위가 모두 이것이다.

○ 外之者, 不須論.

'관중·자산, 숙우?(管仲·子産, 孰優?: 관중과 자산 중에 누가 낫습니까?)'에서 볼 때 배척한 사람은 모름지기 논변하지 않는다.

○ 慶源輔氏曰:"皆以資質言."[124]

'관중지덕, 불승기재; 자산지재, 불승기덕(管仲之德, 不勝其才; 子産之才, 不勝其德: 관중의 덕은 그 재주보다 낫지 못하고, 자산의 재주는 그 덕보다 낫지 못하다)'에 대해, 경원 보씨(慶源輔氏: 輔廣)가 말하였다. "모두 자질로써 말한 것이다."

○ 新安陳氏曰:"'槪', 平斗斛之物, 謂二人平等."[125]

---

122) 「不佞章」:『논어(論語)』「공야장(公冶長)」에서 "或曰:'雍也, 仁而不佞.' 子曰:'焉用佞? 禦人以口給, 屢憎於人, 不知其仁, 焉用佞?'"이라 하였다.

123) 불녕장(不佞章) 아래 『집주(集註)』: 불녕장(不佞章)은 『논어(論語)』「공야장(公冶長)」의 "或曰:'雍也, 仁而不佞.' 子曰:'焉用佞? 禦人以口給, 屢憎於人, 不知其仁, 焉用佞?'"라는 구절을 말한다. 그 『집주(集註)』에서 "或疑, '仲弓之賢, 而夫子不許其仁, 何也?' 曰:'仁道至大, 非全體而不息者, 不足以當之, 如顏子亞聖, 猶不能無違於三月之後, 況仲弓. 雖賢, 未及顏子, 聖人固不得而輕許之也.'"라고 하였다.

124) 호광 편(胡廣 編), 『논어집주대전(論語集註大全)』「헌문(憲問)」의 내용은 다음과 같다. "慶源輔氏曰:'管仲德不勝才; 子産才不勝德, 皆以資質言也. 故其事業, 亦各隨其資以爲之, 使其知聖賢大學之道, 循序而漸進, 成己以成物, 則子産之徒, 當與顏·閔同科, 而仲之才, 當與伊·呂, 並駕矣.'"

125) 호광 편(胡廣 編), 『논어집주대전(論語集註大全)』「헌문(憲問)」의 내용은 다음과 같다. "新安陳氏曰:'槪, 平斗斛之物, 謂二人平等, 皆未有聞於聖學也.'"

신안 진씨(新安陳氏 : 陳櫟)가 말하였다. "'개(槪)'는 말이나 휘를 평평하게 하는 물건이니, 두 사람이 평등함을 이른다."

○ **陳氏曰 : "須有『大學』規模, 乃爲王佐才, 伊 · 呂[126] · 周 · 召, 是也."[127]**

진씨(陳氏 : 陳淳)[128]가 말하였다. "모름지기 『대학(大學)』의 규모가 있어서 바로 임금을 보좌하는 인재가 되니, 상(商)나라의 이윤(伊尹)과 주(周)나라의 여상(呂尙)과 주공(周公)과 소공(召公)이 이들이다."

○ **朱子曰 : "武侯, 雖未純, 却是王者之心."[129]**

주자(朱子 : 朱熹)가 말하였다. "무후(武侯 : 諸葛亮)가 비록 순수하지 않았으나, 도리어 이는 임금의 마음이었다."

---

126) 呂 : 진순(陳淳), 『북계대전집(北溪大全集)』 권39에는 '傅'로 표기되어 있다. 곧 여상(呂尙)이 아니라, 부열(傅說)이라고 표기한 것이다.

127) 호광 편(胡廣 編), 『논어집주대전(論語集註大全)』「헌문(憲問)」의 내용은 다음과 같다. "陳氏曰 : '二子皆無大學規模, 須是有大學規模, 乃爲王佐才, 而伊 · 呂 · 周 · 召, 其人也." 진순(陳淳), 『북계대전집(北溪大全集)』 권39, 「답문(答問) · 문집주관중자산재덕(問集註管仲子産才德)」에는 "二子皆無大學規模, 須是大學規模, 乃爲王佐才, 而伊 · 傅 · 周 · 召, 其人也."라 하였다.

128) 진순(陳淳 : 1159~1223) : 남송 시대 학자로 자가 안경(安卿)이고, 호가 북계(北溪) 또는 북계선생(北溪先生)이라고 부르며, 장주 용계(漳州龍溪) 사람이다. 주자의 제자로서 주자의 『사서집주』와 『근사록』을 중시하여 공부한 이학(理學) 사상의 중요 계승자 가운데 한 명이다. 저서로는 『북계전집(北溪全集)』 외에 『엄릉강의(嚴陵講義)』 · 『사서성리자의(四書性理字義)』 등이 있다.

129) 『주자어류(朱子語類)』 권44, 「논어26(論語二十六)」, 34조목의 내용은 다음과 같다. "問 : '孔子所稱管仲奪伯氏邑, 沒齒無怨言, 此最難, 恐不但是威力做得.' 曰 : '固是. 雖然, 亦只是霸者事.' 問 : '武侯於廖立李平是如何?' 曰 : '看武侯事跡, 儘有駁雜去處; 然事雖未純, 卻是王者之心. 管仲連那心都不好. 程先生稱武侯有王佐之才, 亦卽其心而言之, 事跡間有不純也. 然其要分兵攻魏, 先主將一軍入斜谷, 關羽將荊州之衆北向, 則魏首尾必不相應, 事必集矣. 蜀人材難得, 都是武侯逐旋招致許多人, 不似高祖光武時雲合響應也.'"

[14-11-1]

子曰:"貧而無怨, 難; 富而無驕, 易."
공자가 말하였다. "가난하면서 원망함이 없음은 어렵고, 부유하면서 교만함이 없음은 쉬운 것이다."

朱註

'易', 去聲.130) 處貧難, 處富易, 人之常情.
'이(易)'자는 거성(去聲 : 쉬움)이다. 가남함에 살기가 어렵고, 부유함에 살기가 쉬움은 사람의 일반적인 감정이다.

詳說

○ 上聲, 下同.131)
'처빈난(處貧難)'에서 '처(處)'자는 상성(上聲 : 살다)이니, 아래도 같다.

○ 朱子曰:"其勢如此."132)
'처빈난, 처부이(處貧難, 處富易)'에 대해, 주자(朱子 : 朱熹)가 말하였다. "그 기세가 이와 같다."

○ 以貧富, 相與而言.
가난함과 부유함으로써 서로 더불어서 말하였다.

○ 有釋無訓.
경문의 풀이는 있으나 훈고는 없다.

○ 此下, 論言外之意.
이 아래에서는 말 밖의 뜻을 논변하였다.

朱註

然人當勉其難, 而不可忽其易也.

---

130) 『논어주소(論語注疏)』「음의」에는 "難, 乃旦反. 易, 以豉反."이라고 하였다.
131) 호광 편(胡廣 編), 『논어집주대전(論語集註大全)』「헌문(憲問)」.
132) 호광 편(胡廣 編), 『논어집주대전(論語集註大全)』「헌문(憲問)」의 내용은 다음과 같다. "朱子曰:'貧則無衣可著, 無飯可喫, 存活不得, 所以無怨難; 富則自有衣著, 自有飯喫, 但若知義理, 稍能守分, 便是無驕, 所以易, 二者其勢, 如此.'"

그러나 사람이 마땅히 그 어려움을 힘써야 하고, 그 쉬움을 소홀히 해서는 안 되는 것이다.

詳說

○ 雙峰饒氏曰 : "安於義命則無怨."[133]

'인당면기난(人當勉其難 : 사람이 마땅히 그 어려움을 힘써야 함)'에 대해, 쌍봉 요씨(雙峰饒氏 : 饒魯)가 말하였다. "의(義)와 명(命)에 편안하면 원망함이 없다."

○ 無怨, 當足'不怨天'始.

원망함이 없으면 마땅히 '불원천(不怨天)'[134]을 시작할 수 있다.

○ 此爲中人以下而設.

이는 중인(中人) 이하를 위하여 설정한 것이다.

○ 朱子曰 : "無諂易, 無怨難, 非內有所守者, 不能也. 無怨, 則漸進於樂矣."[135]

주자(朱子 : 朱熹)가 말하였다. "아첨함이 없기는 쉬우나 원망함이 없기는 어려우니, 안으로 지키는 것이 있는 사람이 아니면 능할 수 없다. 원망함이 없으면 점차 즐거움으로 나아가는 것이다."

○ 華陽范氏曰 : "爲伯氏而言也."[136]

화양 범씨(華陽范氏 : 范祖禹)[137]가 말하였다. "백씨를 위하여 말한 것이다."

---

133) 호광 편(胡廣 編), 『논어집주대전(論語集註大全)』「헌문(憲問)」의 내용은 다음과 같다. "問 : '貧而無怨, 即貧而樂否?' 雙峯饒氏曰 : '能安於義命, 則能無怨. 若樂則心廣體胖, 非意誠心正身修者, 不能及. 此觀子貢以無驕對無諂, 而夫子以樂對好禮, 淺深可見.'"

134) 불원천(不怨天) : 『논어(論語)』「헌문(憲問)」에서 "子曰 : '不怨天, 不尤人, 下學而上達, 知我者其天乎?'"라고 하였다.

135) 호광 편(胡廣 編), 『논어집주대전(論語集註大全)』「헌문(憲問)」의 내용은 다음과 같다. "敬夫說, 亦佳, 富而無驕, 不矜於外物者, 能之; 貧而無怨, 非內有所守者, 不能也. 或謂 : '世有處貧賤而無失, 一旦處富貴, 則失其本心, 難易之論, 其不然耶?' 此蓋未知無怨之味也. 所謂處貧賤而無失者, 特未見失於外耳. 又烏保其中之無怨耶? 蓋一毫有所不平於中, 皆爲怨也. 故貧而無諂易; 貧而無怨難, 無怨則漸進於樂矣."

136) 주자, 『논어정의』 권7 하의 내용은 다음과 같다. "范曰 : '此爲伯氏而言也. 唯君子能安於貧, 自非君子, 其不怨者鮮矣. 處富易, 處貧難, 天下之情, 一也.'"

137) 범조우(范祖禹 : 1041~1098) : 송나라 때 학자로 자가 순보(淳甫) · 순부(淳夫) · 순부(純父), 또는 몽득(夢得)이고, 성도 화양(成都華陽) 사람이다. 정자(程子)를 사사(師事)하였으며, 사마광(司馬光)을 추종하였다. 저서로는 『시해(詩解)』 · 『고문효경설(古文孝經說)』 · 『제의(祭儀)』 · 『경서요언(經書要言)』 등이 있다.

[14-12-1]

子曰：“孟公綽, 爲趙·魏老則優, 不可以爲滕·薛大夫.”
공자가 말하였다. “맹공작은 조씨와 위씨의 가로(家老)가 되면 넉넉하려니와 등나라와 설나라의 대부(大夫)가 되어서는 안 된다.”

朱註

‘公綽’, 魯大夫. ‘趙’·‘魏’, 晉卿之家. ‘老’, 家臣之長. 大家, 勢重而無諸侯之事. 家老, 望尊而無官守之責. ‘優’, 有餘也. ‘滕’·‘薛’, 二國名. ‘大夫’, 任國政者. ‘滕’·‘薛’, 國小政繁. ‘大夫’, 位高責重.

‘공작(公綽)’은 노(魯)나라 대부이다. ‘조(趙)’와 ‘위(魏)’는 진(晉)나라 경(卿)의 집안이다. ‘노(老)’는 가신(家臣)의 수장(首長)이다. 큰 집안은 권세가 대단하나 제후의 일이 없다. 가신의 수장은 명망이 높으나 관리의 직책이 없다. ‘우(優)’는 남음이 있는 것이다. ‘등(滕)’과 ‘설(薛)’은 두 나라의 이름이다. ‘대부(大夫)’는 나라의 정사를 맡은 사람이다. ‘등(滕)’과 ‘설(薛)’은 나라가 작으나 정사가 많다. ‘대부’는 지위가 높고 직책이 중요하다.

詳說

○ 不擧‘孟’字者, 偶爾耳.
‘공작(公綽)’에서 ‘맹(孟)’자를 거론하지 않은 것은 우연일 뿐이다.

○ 趙氏·魏氏.
‘조·위(趙·魏)’는 조씨(趙氏)와 위씨(魏氏)이다.

○ 上聲.[138]
‘가신지장(家臣之長)’에서 ‘장(長)’자는 상성(上聲 : 수장)이다.

○ 出『孟子』「公孫丑」.
‘관수(官守)’는 『맹자(孟子)』「공손추(公孫丑)」에 나온다.[139]

---

138) 호광 편(胡廣 編), 『논어집주대전(論語集註大全)』「헌문(憲問)」.

139) ‘관수(官守)’는 『맹자(孟子)』「공손추(公孫丑)」에 나온다 : 『맹자(孟子)』「공손추하(公孫丑下)」에서 “曰 : ‘吾聞之也. 有官守者, 不得其職則去; 有言責者, 不得其言則去. 我無官守, 我無言責也, 則吾進退, 豈不綽綽然有餘裕哉?’”라 하였고, 그 『집주(集註)』에서 “官守, 以官爲守者; 言責, 以言爲責者.”라고 하였다. 『춘추좌전(春秋左傳)』「소공(昭公)」 23년 기사에서도 “親其民

○ 『孟子』「滕文公」曰 : "滕折長補短, 將五十里."

'등 · 설, 국소(滕 · 薛, 國小)'는 『맹자(孟子)』「등문공(滕文公)」에서 말하였다. "등나라는 긴 것을 자르고 짧은 것을 보태면 장차 50리쯤 되겠다."[140]

○ 雙峰饒氏曰 : "困於事大, 朝聘 · 會盟 · 征伐 · 貢賦之類, 應接不暇."[141]

'정번(政繁 : 정사가 많음)'에 대해, 쌍봉 요씨(雙峰饒氏 : 饒魯)가 말하였다. "큰 나라를 섬김에 피곤하며, 조빙(朝聘)과 회맹(會盟)과 정벌(征伐)과 공부(貢賦)의 따위에 손님맞이 대접에 겨를이 없는 것이다."

○ 訓畢.

훈고가 끝났다.

朱註

然則公綽, 蓋廉靜寡欲, 而短於才者也.

그렇다면 공작(公綽)은 대개 청렴하고 차분하여 욕심이 적으나 재주에 부족한 사람인 것이다.

詳說

○ 新安陳氏曰 : "下章之'不欲'也, 所以優爲老."[142]

'개염정과욕(蓋廉靜寡欲 : 대개 청렴하고 차분하여 욕심이 적음)'에 대해, 신안 진씨(新安陳氏 : 陳櫟)가 말하였다. "아래 장의 '불욕(不欲)'이니, 넉넉함으로써 가로(家老)로 삼은 까닭이다."

人, 明其伍候, 信其鄰國, 愼其官守."라고 하였다.

140) 등나라는 긴 것을 자르고 짧은 것을 보태면 장차 50리쯤 되겠다 : 『맹자(孟子)』「등문공상(滕文公上)」에서 "이제 등나라는 긴 것을 자르고 짧은 것을 보태면 장차 50리쯤 되겠지만, 오히려 착한 나라를 만들 수 있습니다. 『서경(書經)』에서 말하였습니다. '만약 약이 눈을 캄캄하게 하고 정신을 아찔하게 하지 않는다면 그 병은 낫지 않을 것이다.'(今滕絶長補短, 將五十里也. 猶可以爲善國, 『書』曰: '若藥不瞑眩, 厥疾不瘳.')"라 하였고, 그 『집주(集註)』에서 "絶, 猶截也."라고 하였다.

141) 호광 편(胡廣 編), 『논어집주대전(論語集註大全)』「헌문(憲問)」의 내용은 다음과 같다. "雙峯饒氏曰 : '公綽爲魯大夫, 想不稱職. 故聖人謂止可爲趙魏老.' 問: '國小如何政繁?' 曰 : '困於事大國, 如朝聘 · 會盟 · 征伐 · 貢賦之類, 應接不暇.' 問: '何爲如此?' 曰: '上無王綱, 大陵小, 强役弱, 故至此.'"

142) 호광 편(胡廣 編), 『논어집주대전(論語集註大全)』「헌문(憲問)」의 내용은 다음과 같다. "新安陳氏曰 : '下章公綽之不欲, 廉則不貪欲也; 靜則恬淡不躁也. 惟其廉靜寡欲, 所以優爲趙魏老, 惟其短於才, 所以不可爲滕薛大夫.'"

○ 新安陳氏曰:"所以不可爲大夫."143)

'단어재자야(短於才者也: 재주에 부족한 사람임)'에 대해, 신안 진씨(新安陳氏: 陳櫟)가 말하였다. "대부가 되어서는 안 되는 까닭이다."

○ 以論釋之.

경문의 의미 설명으로 풀이하였다.

○ 雙峰饒氏曰:"公綽爲大夫, 想不稱職, 故聖人謂止於爲老."144)

쌍봉 요씨(雙峰饒氏: 饒魯)가 말하였다. "공작(公綽)이 대부가 됨에 직책에 맞지 않는다고 생각했기 때문에 성인이 가로(家老)가 됨에 멈춰야 한다고 이른 것이다."

朱註

楊氏曰:"知之不豫, 枉其才而用之, 則爲棄人矣. 此君子所以患不知人也. 言此則孔子之用人, 可知矣."

양씨(楊氏: 楊時)145)가 말하였다. "알아줌을 미리하지 못하여 그 재주를 바르지 않게 쓰면 사람을 버리는 것이 된다. 이는 군자가 남을 알아주지 못함을 근심하는 근거이다. 이를 말했으면 공자(孔子)가 사람 쓰는 것을 알 수 있다."

詳說

○ 早也.

'예(豫)'는 일찍이다.

○ 新安陳氏曰:"違其所長, 而納之於其所短."146)

'왕기재이용지(枉其才而用之: 그 재주를 바르지 않게 씀)'에 대해, 신안 진씨(新安陳

143) 호광 편(胡廣 編), 『논어집주대전(論語集註大全)』「헌문(憲問)」의 내용에서 발췌하였다.

144) 호광 편(胡廣 編), 『논어집주대전(論語集註大全)』「헌문(憲問)」의 내용은 다음과 같다. "雙峯饒氏曰:'公綽爲魯大夫, 想不稱職, 故聖人謂止可爲趙魏老. ……'"

145) 양시(楊時: 1053~1135): 북송 시대 사람으로 자는 중립(中立)이고, 호는 구산(龜山)이다. 먼저 정호(程顥)와 정이(程頤)에게 배워서 유작(游酢)·여대림(呂大臨)·사양좌(謝良佐)와 함께 '정문사대제자(程門四大弟子)'라고 불렀으며, 나종언(羅從彦)·이동(李侗)과 함께 '남검삼선생(南劍三先生)'이라고도 불려졌다. 만면에 구산(龜山)에 은거하여 학자들이 '구산선생'이라고 하였다. 저서로는 『구산집(龜山集)』·『구산어록』·『이정수언(二程粹言)』 등이 있다.

146) 호광 편(胡廣 編), 『논어집주대전(論語集註大全)』「헌문(憲問)」의 내용은 다음과 같다. "新安陳氏曰:'用違其才之所長, 而納之於其所短, 是之謂枉.'"

氏 : 陳櫟)가 말하였다. "그 장점을 멀리하고, 그 단점을 받아들이는 것이다."

○ **此句, 見首篇.**

이[차군자소이환부지인야(此君子所以患不知人也 : 이는 군자가 남을 알아주지 못함을 근심하는 것임)] 구절은 머리 편에 보인다.[147]

○ **南軒張氏曰 : "處之, 得其當而已."**[148]

'공자지용인, 가지의(孔子之用人, 可知矣 : 공자가 사람 씀을 알 수 있다)'에 대해, 남헌 장씨(南軒張氏 : 張栻)가 말하였다. "자리함에 그 마땅함을 얻게 할 따름이다."

○ **齊氏曰 : "孔子嘗曰: '君子不器.'" 又曰: "使人也器之, 公綽器也, 而孔子器之者歟?"**[149]

제씨(齊氏 : 齊夢龍)[150]가 말하였다. "공자가 일찍이 말하였다. '군자는 하나의 그릇 노릇을 하지 않는다.'[151]" 또 말하였다. "사람에게 그릇 노릇을 하게 하였는데, 공작(公綽)이 그릇으로 여긴 것이지, 공자(孔子)가 그를 그릇으로 여긴 것이겠는가?"

---

147) 이 구절은 머리 편에 보인다 : 『논어(論語)』「학이(學而)」에서 "子曰 : '不患人之不己知, 患不知人也.'"라고 하였다.

148) 호광 편(胡廣 編), 『논어집주대전(論語集註大全)』「헌문(憲問)」의 내용은 다음과 같다. "南軒張氏曰 : '用人之方貴, 於處之, 得其當而已.'"

149) 호광 편(胡廣 編), 『논어집주대전(論語集註大全)』「헌문(憲問)」의 내용은 다음과 같다. "齊氏曰 : '孔子嘗曰: 君子不器.'" 又曰 : "其使人也器之, 則公綽亦器也, 而孔子器之者歟?"

150) 제몽룡(齊夢龍, 생몰년 미상) : 북송 시대 학자로 자가 절초(節初)이고 심양(番陽) 사람이다. 『주역(周易)』에 밝았으며, 소옹(邵雍)의 학문에 전심(專心)하였다. 저서로는 『논어해(論語解)』 등이 있다.

151) 군자는 하나의 그릇 노릇을 하지 않는다 : 『논어(論語)』「위정(爲政)」에서 "子曰 : '君子不器.'"라고 하였다.

[14-13-1]

子路問成人, 子曰 : "若臧武仲之知, 公綽之不欲, 卞莊子之勇, 冉求之藝, 文之以禮樂, 亦可以爲成人矣."
자로(子路)가 성인(成人)에 대해 물었는데, 공자가 말하였다. "장무중(臧武仲)의 지혜로움과 맹공작(孟公綽)의 욕심내지 않음과 변장자(卞莊子)의 용맹함과 염구(冉求)의 기예(技藝) 있음에 문채내기를 예악(禮樂)으로써 한다면 성인이 될 수 있도다."

朱註

'知', 去聲.152)
'약장무중지지(若臧武仲之知)'에서 '지(知)'자는 거성(去聲 : 지혜)이다.

詳說

○ '公綽'不擧'孟'字者, 蒙上章而省之.
'공작(公綽)'에게 '맹(孟)'자를 거론하지 않은 것은 위의 장을 이어서 생략한 것이다.

朱註

'成人', 猶言全人. '武仲', 魯大夫, 名紇. '莊子', 魯卞邑大夫.
'성인(成人)'은 전인(全人)이라고 말하는 것과 같다. '무중(武仲)'은 노나라 대부이니, 이름이 흘(紇)이다. '장자(莊子)'는 노나라 하읍(卞邑 : 國都以外城邑)의 대부이다.

詳說

○ 龜山楊氏曰 : "具體者也."153)
'전인(全人)'에 대해, 구산 양씨(龜山楊氏 : 楊時)154)가 말하였다. "본체를 갖춘 사

152) 『논어주소(論語注疏)』「음의」에는 "知, 音智."라고 하였다.
153) 주희(朱熹), 『논어정의(論語精義)』 권7 하의 내용은 다음과 같다. "楊曰 : '得其一體, 不可爲成人, 成人其具體者也. 故有四子之才, 而文之以禮樂, 則亦可爲成人而已, 尙非其至也. 今之成人, 何必然? 則所與又下矣. 見利思義, 則不欲者斯能之; 見危授命, 則勇者斯能之. 久要不忘平生之言, 則忠信者斯能之, 雖未能文之以禮樂, 亦可以爲成人矣. 蓋世道衰微, 而責人以備, 則人將自絕於成人之列, 非所以與人爲善也. 與文王之爲文, 敏而好學, 不恥下問, 亦謂文同意.'"
154) 양시(楊時 : 1053~1135) : 북송 시대 사람으로 자는 중립(中立)이고, 호는 구산(龜山)이다. 면

람이다."

○ 下沒反.[155]

'명흘(名紇)'에서 '흘(紇)'은 '하(下)'와 '몰(沒)'의 반절(反切)이다.

○ 朱子曰:"武仲, 左氏詳矣, 公綽前章外, 他無所見."[156]

주자(朱子:朱熹)가 말하였다. "무중(武仲)은 좌씨(左氏:『左傳』)에 상세하고, 공작(公綽)은 앞장 외에 다른 곳에서 보이는 것이 없다."

○ 『新序』曰:"莊子養母, 戰而三北, 母死, 赴齊師而死."[157]

'장자, 노하읍대부(莊子, 魯下邑大夫)'에 대해, 유향(劉向)의 『신서(新序)』에서 말하였다. "장자(莊子)는 어머니를 봉양할 적에는 전투에 나아가서 세 번 달아났으나 어머니가 죽자 제나라 군사에게로 달려 나가서 죽었다."

○ 訓畢.

훈고가 끝났다.

朱註

言兼此四子之長, 則知足以窮理, 廉足以養心, 勇足以力行, 藝足以汎[158]應.

이 네 사람의 장점을 아우르면 지혜는 충분히 이치를 궁구할 수 있으며, 청렴함은 충분히 마음을 기를 수 있으며, 용맹함은 충분히 힘껏 행할 수 있으며, 재예(才藝)는 충분히 두루 응할 수 있다.

詳說

○ '養心', 『孟子』「盡心」曰:"養心, 莫善於寡欲."[159]

저 정호(程顥)와 정이(程頤)에게 배워서 유작(游酢)·여대림(呂大臨)·사양좌(謝良佐)와 함께 '정문사대제자(程門四大弟子)'라고 불렀으며, 나종언(羅從彦)·이동(李侗)과 함께 '남검삼선생(南劍三先生)'이라고도 불려졌다. 만면에 구산(龜山)에 은거하여 학자들이 '구산선생'이라고 하였다. 저서로는 『구산집(龜山集)』·『구산어록』·『이정수언(二程粹言)』 등이 있다.

155) 호광 편(胡廣 編), 『논어집주대전(論語集註大全)』「헌문(憲問)」.

156) 호광 편(胡廣 編), 『논어집주대전(論語集註大全)』「헌문(憲問)」의 내용은 다음과 같다. "問:'四子之事.' 朱子曰:'武仲, 左氏詳矣; 公綽, 前章外, 他無所見; 卞莊子, 事見『新序』, 曰: 莊子養母, 戰而三北, 及母死, 齊伐魯, 莊子赴鬪, 三獲甲首以獻, 曰: 此塞三北, 遂赴齊師, 殺十人而死. 冉求之藝, 則夫子固嘗稱之矣.'"

157) 호광 편(胡廣 編), 『논어집주대전(論語集註大全)』「헌문(憲問)」의 내용에서 발췌하였다.

158) 汎:『논어집주(論語集註)』 및 『논어집주대전』에는 '泛'자로 표기되어 있다.

'양심(養心)'에 대해, 『맹자(孟子)』「진심(盡心)」에서 말하였다. "마음을 수양함은 욕심을 적게 갖는 것보다 좋은 것이 없다."

○ '藝足以汎應', 應務.

'예족이범응(藝足以汎應 : 재예는 족히 두루 응할 수 있음)'은 응대(應對)하는 일이다.

朱註

而又節之以禮, 和之以樂, 使德成於内而文見乎外, 則材全德備, 渾然不見一善成名之迹,

그런데 또 예의(禮儀)로써 절제하고 음악으로써 화해하여 덕이 안에서 이루어지고 문채가 밖으로 나타나게 한다면 재주가 온전하고 덕이 갖추어져서 순수하게 한 가지의 선(善)으로 이름을 이룬 자취를 볼 수 없을 것이며,

詳說

○ 音現.[160]

'문현호외(文見乎外)에서 '현(見)'자는 음이 현(現)이다.

○ 上聲.[161]

'혼연불견일선(渾然不見一善)'에서 '혼(渾)'자는 상성(上聲 : 순수함)이다.

○ 『大全』曰 : "兼四子之長而然."[162]

'혼연불견일선성명지적(渾然不見一善成名之迹 : 순수하게 한 가지의 선(善)으로 이름을 이룬 자취를 볼 수 없을 것)'에 대해, 『논어집주대전』에서 말하였다. "네 사람의 장점을 아울러서 그러한 것이다."

朱註

中正和樂, 粹然無復偏倚駁雜之蔽, 而其爲人也, 亦成矣.

중정(中正)하고 화락(和樂)하여 깨끗하게 치우치고 뒤섞이는 폐단을 다시 함이 없어져서 그 사람됨이 또한 이루어짐을 말한 것이다.

---

159) 『맹자(孟子)』「진심하(盡心下)」에 "孟子曰 : '養心, 莫善於寡欲, ……'"라 하였다.

160) 호광 편(胡廣 編), 『논어집주대전(論語集註大全)』「헌문(憲問)」에는 "見, 形甸反."이라고 하였다.

161) 호광 편(胡廣 編), 『논어집주대전(論語集註大全)』「헌문(憲問)」.

162) 호광 편(胡廣 編), 『논어집주대전(論語集註大全)』「헌문(憲問)」.

詳說

○ **音洛.**[163]

'중정화락(中正和樂)'에서 '락(樂)'자는 음이 락(洛)이다.

○ **去聲.**[164]

'수연무부편의박잡지폐(粹然無復偏倚駁雜之蔽)'에서 '부(復)'자는 거성(去聲 : 다시 함)이다.

○ **新安陳氏曰 : "節以禮則中正而無偏倚; 和以樂則和樂而無駁雜."**[165]

'수연무부편의박잡지폐(粹然無復偏倚駁雜之蔽 : 깨끗하게 치우치고 뒤섞이는 폐단을 다시 함이 없어짐)'에 대해, 신안 진씨(新安陳氏 : 陳櫟)가 말하였다. "예로써 절제하면 중정하여 치우침이 없고, 음악으로써 화해하면 화락하여 뒤섞임이 없다."

○ **朱子曰 : "文之以禮樂, 如能取四子之所長, 而去四子之所短."**[166]

주자(朱子 : 朱熹)가 말하였다. "예악(禮樂)으로써 문채 있게 함은 능히 네 사람의 장점을 취하고, 네 사람의 단점을 없앨 수 있는 것과 같다."

○ **雲峰胡氏曰 : "公綽只是德而才不備; 三子只是才而德未全, 皆有一善成名之迹. 武仲要君, 公綽不可爲大夫, 莊子輕死敵而不終於孝, 冉有聚斂, 皆有偏倚駁雜之蔽."**[167]

운봉 호씨(雲峰胡氏 : 胡炳文)가 말하였다. "공작(公綽)은 다만 덕일 뿐이고 재주가 갖추어지지 못하였으며, 세 사람은 다만 재주일 뿐이고 덕이 온전하지 못하였으니, 모두 한 가지의 선(善)으로 이름을 이룬 자취가 있는 것이다. 무중(武仲)은 임금을 협박하였고, 공작은 대부가 되어서는 안 되며, 장자는 경솔하게 죽을 각오로 싸워 효도를 마치지 못하였고, 염유(冉有)는 세금을 거둠에 각박하였으니,[168] 모

---

163) 호광 편(胡廣 編), 『논어집주대전(論語集註大全)』「헌문(憲問)」.

164) 호광 편(胡廣 編), 『논어집주대전(論語集註大全)』「헌문(憲問)」에는 "復, 扶又反."이라고 하였다.

165) 호광 편(胡廣 編), 『논어집주대전(論語集註大全)』「헌문(憲問)」.

166) 호광 편(胡廣 編), 『논어집주대전(論語集註大全)』「헌문(憲問)」의 내용은 다음과 같다. "知而不能不欲, 則無以守其知; 不欲而不能勇, 則無以決其爲知, 不欲且勇矣, 而於藝不足, 則於天下之事, 有不能者矣. 然而有是四者, 而又文之以禮樂, 始能取四子之所長, 去四子之所短. 然此聖人方以爲, 亦可以爲成人, 則猶未至於踐形之域也. 問 : '若聖人之盡人道, 則何以加此?' 曰 : '聖人天理渾全, 不待如此, 逐項說矣.'"

167) 호광 편(胡廣 編), 『논어집주대전(論語集註大全)』「헌문(憲問)」의 내용은 다음과 같다. "雲峯胡氏曰 : '公綽之不欲, 只是德而其才未備; 武仲之知, 卞莊子之勇, 冉求之藝, 只是才而其德未全, 皆有一善成名之迹. 至於武仲之要君, 公綽之不可爲滕薛大夫; 莊子輕死敵而不終於孝; 冉有爲季氏聚斂, 皆有偏倚駁雜之蔽, 非文之以禮樂, 固未見其渾然粹然也.'"

두 치우치고 어긋난 폐단이 있었다."

○ 釋畢.

경문의 풀이가 끝났다.

朱註

然'亦'之爲言, 非其至者, 皆就子路之所可及而語之也. 若論其至, 則非聖人之盡人道, 不足以語此.

그러나 '역(亦)'이라는 말은 그 지극한 것이 아니니, 모두 자로(子路)가 미칠 수 있는 사안에 대해서 말해준 것이다. 만약 그 지극함을 말한다면 성인의 사람도리를 다함이 아니면 이[성인]를 말하기에 부족할 것이다.

詳說

○ 去聲.[169]

'소가급이어지(所可及而語之 : 미칠 수 있는 사안에 대해서 말해준 것)'에서 '어(語)' 자는 거성(去聲 : 말해줌)이다.

○ 洪氏曰 : "四子, 皆魯人, 而莊子與子路, 皆卞人; 冉求又朋友也, 其近而易知者爾."[170]

'개취자로지소가급이어지야(皆就子路之所可及而語之也 : 모두 자로가 미칠 수 있는 사안에 대해서 말해준 것)'에 대해, 홍씨(洪氏 : 洪興祖)가 말하였다. "네 사람은 모두 노나라 사람인데 장자(莊子)와 자로(子路)는 모두 변읍(卞邑) 사람이며, 염구(冉求)는 또 친구이니, 그 가까워서 알기 쉬운 사람일 뿐이다."

○ 胡氏曰 : "言莊子以況子路耳."[171]

호씨(胡氏 : 胡泳)가 말하였다. "장자를 말하여 자로에게 비교하였을 뿐이다."

○ 如字.

'부족이어(不足以語 : 말하기에 부족할 것)'에서 '어(語)'는 본래의 음으로 읽는다.

---

168) 염유(冉有)는 세금을 거둠에 각박하였으니 : 『논어(論語)』「선진(先進)」에서 "季氏富於周公, 而求也爲之聚斂而附益之."라고 하였다.

169) 호광 편(胡廣 編), 『논어집주대전(論語集註大全)』「헌문(憲問)」에는 "語, 音御."라고 하였다.

170) 호광 편(胡廣 編), 『논어집주대전(論語集註大全)』「헌문(憲問)」의 내용은 다음과 같다. "洪氏以爲特以四子爲言者, 四子皆魯人, 而莊子與子路皆卞人; 冉求又朋友也, 其近而易知者爾. 胡氏以爲言卞莊子, 蓋以況子路爾. 言有是一能而不能兼, 衆子之長, 與成於禮樂焉, 則亦不足以爲成人矣."

171) 호광 편(胡廣 編), 『논어집주대전(論語集註大全)』「헌문(憲問)」의 내용에서 발췌하였다.

○ 新安陳氏曰: "'此', 就'亦'字, 推夫子言外之意."172)

'어차(語此 : 이를 말함)'에 대해, 신안 진씨(新安陳氏 : 陳櫟)가 말하였다. "'이는 '역(亦)'자에서 공자의 말 밖의 뜻을 유추한 것이다."

○ 朱子曰: "聖人天理渾全, 不待如此逐項說."173)

주자(朱子 : 朱熹)가 말하였다. "성인은 천리(天理)가 온통 완전하여 이와 같이 항목을 좇는 설명을 기다리지 않는다."

[14-13-2]

曰: "今之成人者, 何必然? 見利思義; 見危授命; 久要, 不忘平生之言, 亦可以爲成人矣."

공자(孔子)가 말하였다. "지금의 성인(成人)은 어찌 반드시 그러하겠는가? 이익을 보고 의리를 생각하며, 위태함을 보고 목숨을 내주며, 옛 언약에 평생 말을 잊지 않으면 또한 성인이 될 수 있을 것이다."

---

172) 호광 편(胡廣 編), 『논어집주대전(論語集註大全)』「헌문(憲問)」에는 "新安陳氏曰 : '此就亦字上, 推夫子言外之意.'"로 되어 있다.

173) 호광 편(胡廣 編), 『논어집주대전(論語集註大全)』「헌문(憲問)」의 내용은 다음과 같다. "知而不能不欲, 則無以守其知; 不欲而不能勇, 則無以決其爲知. 不欲且勇矣, 而於藝不足, 則於天下之事, 有不能者矣. 然而有是四者, 而又文之以禮樂, 始能取四子之所長, 去四子之所短. 然此聖人方以爲亦可以爲成人, 則猶未至於踐形之域也. 問 : '若聖人之盡人道, 則何以加此?' 曰 : '聖人天理渾全, 不待如此逐項說矣.'" 『주자어류(朱子語類)』 권44, 「논어26(論語二十六)」, 39조목의 내용은 다음과 같다. "至之問'子路問成人'一章. 曰 : '有知而不能不欲, 則無以守其知; 能不欲而不能勇, 則無以決其爲知. 不欲且勇矣, 而於藝不足, 則於天下之事, 有不能者矣. 然有是四者, 而又文之以禮樂, 玆其所以爲成人也.' 又問 : '若聖人之盡人道, 則何以加此?' 曰 : '聖人天理渾全, 不待如此逐項說矣.'(양지가 '자로가 완성된 사람에 대해 질문한 장'에 대해서 물었다. 주희가 말하였다. '지혜가 있는데 탐욕이 있으면 그 지혜를 지킬 수 없고, 탐욕이 없으면서 용기도 없으면 결단하여 지혜롭게 될 수 없다. 탐욕하지 않고 용기가 있으면서 재능이 부족하면 천하의 일에 대해 능숙하지 못한 것이 있게 될 것이다. 그러나 이 네 가지가 있는데 또한 예악으로 문채를 내면 이에 완성된 사람이 될 수 있다.' 양지가 물었다. '만약 성인이 인도를 극진하게 했다면 무엇으로 여기에 더하는 것입니까?' 주희가 말하였다. '성인의 천리는 아주 완벽하여 이와 같이 한 조목씩 말할 필요가 없다.')"

朱註

復加'曰'字者, 旣答而復言也. '授命', 言不愛其生, 持以與人也. '久要', 舊約也. '平生', 平日也.

다시 '왈(曰)'자를 더한 것은 이미 대답하고 다시 말한 것이다. '수명(授命)'은 그 생명을 아끼지 않고 유지하여 남에게 주는 것을 말한다. '구요(久要)'는 옛날의 약속이다. '평생(平生)'은 평상시이다.

詳說

○ 去聲, 下幷同.[174]

'부가'왈'자자(復加'曰'字者)'에서 '부(復)'자는 거성(去聲 : 다시)이니, 아래도 아울러 같다.

○ 若作子路之言, 則'曰'字自順.

'부가왈자자, 기답이부언야(復加曰字者, 旣答而復言也 : 다시 왈(曰)자를 더한 것은 이미 대답하고 다시 말한 것)'의 경우, 만약 자로(子路)가 지은 말이라면 '왈(曰)'자가 저절로 따랐을 것이다.

○ 此二句, 與「子張」篇首二句, 同. 又'思義', 與於'九思'之一, 乃知, 此爲孔門所常講耳.

'불애기생, 지이여인야(不愛其生, 持以與人也 : 아끼지 않고 유지하여 남에게 주는 것)'의 이 두 구절은 「자장(子張)」편 머리장의 두 구절[175]과 같다. 또 '사의(思義)'[176]는 '구사(九思)'[177] 가운데 하나에 해당함을 이에 알 수 있으니, 이는 공자(孔子) 문하에서 항상 익히던 것이 될 뿐이다.

○ 如字.[178]

'구요(久要)'에서 '요(要)'는 본래의 음으로 읽는다.

---

174) 호광 편(胡廣 編), 『논어집주대전(論語集註大全)』「헌문(憲問)」에는 "復, 扶又反, 下同."이라고 하였다.

175) 「자장(子張)」편 머리장의 두 구절 : 『논어(論語)』「자장(子張)」의 "子張曰 : '士, 見危致命; 見得思義; 祭思敬; 喪思哀, 其可已矣.'"라는 구절에서 '士, 見危致命'의 두 구절을 말하며, 『집주(集註)』에서 "'致命', 謂委致其命, 猶言授命也."라고 하였다.

176) 사의(思義) : 위 경문의 '見利思義'를 말한다.

177) 구사(九思) : 『논어(論語)』「계씨(季氏)」에서 "子曰 : '君子有九思, 視思明; 聽思聰; 色思溫; 貌思恭; 言思忠; 事思敬; 疑思問; 忿思難; 見得思義.'"라고 하였다.

178) 호광 편(胡廣 編), 『논어집주대전(論語集註大全)』「헌문(憲問)」.

○ 卽平生之言也.

'구요(久要)'는 곧 평상시의 말이다.

○ 訓畢.

훈고가 끝났다.

朱註

有是忠信之實, 則雖其才知禮樂, 有所未備, 亦可以爲成人之次也.

이 충신(忠信)의 실질이 있으면 비록 그 재지(才智)와 예악(禮樂)에 갖추어지지 못한 부분이 있더라도 또한 성인(成人)의 다음이 될 수 있는 것이다.

詳說

○ 雙峰饒氏曰: "似遺了'思義'一句, 蓋取與'不苟', 亦非忠信者, 不能."[179)]

'유시충신지실(有是忠信之實: 이 충신의 실질이 있음)'에 대해, 쌍봉 요씨(雙峰饒氏: 饒魯)가 말하였다. "흡사 '사의(思義)' 한 구절을 빠뜨린 것 같으나, 대개 '구차하지 않음'[180)]과 더불어 취하였으니, 또한 충신(忠信)의 사람이 아니면 할 수 없다."

○ 去聲.[181)]

'칙수기재지례악(則雖其才知禮樂)'에서 '지(知)'자는 거성(去聲: 지혜)이다.

○ 上下節不異, 故註添'次'字以別之.

'역가이위성인의(亦可以爲成人矣: 또한 성인이 될 수 있을 것이다)'는 위와 아래의 구절이 다르지 않기 때문에 주석에서 '차(次)'자를 보태어 구별한 것이다.

○ 南軒張氏曰: "此亦思'狂狷'之意耳."[182)]

남헌 장씨(南軒張氏: 張栻)가 말하였다. "이 또한 '광견(狂狷)'[183)]의 뜻을 생각하

179) 호광 편(胡廣 編), 『논어집주대전(論語集註大全)』「헌문(憲問)」의 내용은 다음과 같다. "雙峯饒氏曰: '忠, 指授命; 信, 指久要. 似遺了思義一句, 蓋取與不苟, 亦非忠信者, 不能."

180) 구차하지 않음: 『논어(論語)』「계씨(季氏)」의 『집주(集註)』에서 "思問則疑不蓄; 思難則忿必懲; 思義則得不苟."라고 하였다.

181) 호광 편(胡廣 編), 『논어집주대전(論語集註大全)』「헌문(憲問)」.

182) 호광 편(胡廣 編), 『논어집주대전(論語集註大全)』「헌문(憲問)」의 내용은 다음과 같다. "南軒張氏曰: '見利思義, 無苟得也; 見危授命, 無苟避也. 久要不忘平生之言, 不食其言也, 是雖未有過人之才, 而亦敦篤忠信之人. 故在今日論之, 亦可以爲成人, 此亦思狂狷之意耳."

183) 광견(狂狷): 『논어(論語)』「자로(子路)」의 "子曰: '不得中行而與之, 必也狂狷乎! 狂者進取, 狷者有

였을 뿐이다."

○ '見利思義', 不欲也; '見危授命', 勇也. 餘外則只有信, 而無知藝, 且無禮樂, 所以僅得爲其次耳.

'견리사의(見利思義)'는 욕심내지 않음이고, '견위수명(見危授命)'은 용맹함이다. 이 밖에 다만 신(信)이 있고 지예(知藝)가 없으며, 또 예악(禮樂)이 없으면 겨우 그 다음이 될 뿐이다.

朱註

程子曰: "知之明, 信之篤, 行之果, 天下之達德也, 若孔子所謂'成人', 亦不出此三者. 武仲, 知也; 公綽, 仁也; 卞莊子, 勇也; 冉求, 藝也. 須是合此四人之能, 文之以禮樂, 亦可以爲成人矣. 然而論其大成, 則不止於此. 若今之成人, 有忠信而不及於禮樂, 則又其次者也.

정자(程子)가 말하였다. "지혜의 밝음과 믿음의 돈독함과 행실의 과단함은 천하의 사람들이 마땅히 지녀야 할 덕이니, 공자가 이른바 '성인(成人)'과 같음도 또한 이 세 가지를 벗어나지 않는 것이다. 장무중(臧武仲)은 지혜롭고, 맹공작(孟公綽)은 인자하고, 변장자(卞莊子)는 용맹하고, 염구(冉求)는 기예(技藝) 있다. 모름지기 이 네 사람의 재능을 합하여 예악(禮樂)으로써 문채 나게 하면 또한 성인(成人)이 될 수 있을 것이다. 그래서 그 크게 성취함을 말한다면 여기에 멈추지 않는다. 지금의 성인 같으면 충신(忠信)은 있으나 예악에는 미치지 못하였으니, 또 그 버금인 것이다."

詳說

○ '程子', '藝也'以上伯子, '於此'以上叔子, '若'以下伯子.

'정자(程子)'가 말한 부분을 보면, '예야(藝也)' 위로는 형 정호(程顥)의 말이고,[184)]

所不爲也.'"라는 구절에 대해, 하안(何晏)의 『논어집해』에서 포함(包咸)의 주석을 인용하여 "中行, 行能得其中者, 言不得中行, 則欲得狂狷者. 狂者, 進取於善道; 狷者, 守節無爲."라고 하였다.

184) '예야(藝也)' 위로는 형 정호(程顥)이고: '예야(藝也)' 위로는 『논어집주(論語集註)』의 "知之明, 信之篤, 行之果, 天下之達德也, 若孔子所謂'成人', 亦不出此三者. 武仲, 知也; 公綽, 仁也; 卞莊子, 勇也; 冉求, 藝也."라는 구절을 말한다. 주희(朱熹), 『논어정의(論語精義)』 권7하에는 정이천(程伊川: 程頤)의 해설로 되어 있다. 그 내용은 다음과 같다. "伊川曰: '知之明, 信之篤, 行之果, 知仁勇, 若孔子以謂成人, 不出此三者. 武仲智也, 公綽仁也, 卞莊子勇也.'"

'어차(於此)' 위로는 동생 정이(程頤)의 말이며,185) '약(若)' 아래로는 형 정호의 말이다.186)

○ 以仁之守言.

'신지독(信之篤 : 믿음의 돈독함)'은 인(仁)으로써 말을 지키는 것이다.

○ 出『中庸』.187)

'천하지달덕야(天下之達德也 : 천하의 사람들이 마땅히 지녀야 할 덕)'는 『중용(中庸)』에 나온다.

○ 去聲, 下同.

'무중, 지야(武仲, 知也)'에서 '지(知)'자는 거성(去聲 : 지혜)이니, 아래도 같다.

○ 廉是仁之一事.

'인야(仁也)'에서 청렴(淸廉)은 인(仁)의 한 가지 일이다.

○ 『精義』無此四字.188) 蓋以上文則當無; 以下文則當有.

'무중지야; 공작인야; 변장자용야; 염구예야(武仲知也; 公綽仁也; 卞莊子勇也; 冉求藝也)'에 대해, 『논어정의』에는 이 네 글자[知·仁·勇·藝]가 없다. 대개 위의 문장은 마땅히 없어야 하고, 아래의 문장은 마땅히 있어야 한다.

○ 二字, 出『孟子』「萬章」.

'대성(大成 : 크게 성취함)'의 두 글자는 『맹자(孟子)』「만장(萬章)」에 나온다.189)

---

185) '어차(於此)' 위로는 동생 정이(程頤)이고 : '어차(於此)' 위로는 "須是合此四人之能, 文之以禮樂, 亦可以爲成人矣. 然而論其大成, 則不止於此." 구절을 말한다. 주희(朱熹), 『논어정의(論語精義)』 권7하의 내용은 다음과 같다. "伊川曰 : …… 又曰 : '須是合此四人之能, 文之以禮樂, 亦可以爲成人矣. 然而論其大成, 則不止於此. 若今之成人, 則又其次也.'"

186) '약(若)' 아래로는 형 정호이다 : '약(若)' 아래로는 "若今之成人, 有忠信而不及於禮樂, 則又其次者也."라는 구절을 말한다. 주희(朱熹), 『논어정의(論語精義)』 권7하의 내용은 다음과 같다. "明道曰 : '兼此數人之所長, 而文之以禮樂, 亦可以爲成人矣, 言成人之難也. 武仲之知, 非正也, 若文之以禮樂, 則無不正矣. 今之成人者, 見利思義, 見危授命, 謂忠也; 久要不忘平生之言, 謂信也. 有忠信, 而不及於禮樂, 亦可以爲成人, 又其次者也.'"

187) 『중용(中庸)』 제20장에 "天下之達道, 五, 所以行之者, 三, 曰: '君臣也·父子也·夫婦也·昆弟也·朋友之交也' 五者, 天下之達道也; 知·仁·勇三者, 天下之達德也, 所以行之者, 一也."라고 하였다.

188) 주희(朱熹), 『논어정의(論語精義)』 권7 하의 내용은 다음과 같다. "伊川曰 : '知之明, 信之篤, 行之果, 知仁勇, 若孔子以謂成人, 不出此三者. 武仲智也, 公綽仁也, 卞莊子勇也.'"

189) '대성(大成 : 크게 성취함)'의 두 글자는 『맹자(孟子)』「만장(萬章)」에 나온다 : 『맹자(孟子)』「만장하(萬章下)」에서 "孔子之謂集大成. 集大成也者, 金聲而玉振之也."라고 하였다.

○ 聖人之盡人道.

'부지어차(不止於此 : 여기에 멈추지 않음)'는 성인(聖人)이 사람도리를 다하는 것이다.

○ 此, 依本文論之.

이는 경문의 의거하여 논의한 것이다.

朱註

又曰 : "臧武仲之知, 非正也, 若文之以禮樂, 則無不正矣."

정자(程子 : 程顥)가 또 말하였다. "장무중(臧武仲)의 지혜로움은 바른 것이 아니니, 만일 예악(禮樂)으로써 문채를 낸다면 바르지 않음이 없을 것이다."

詳說

○ 伯子.190)

'우(又)'는 형 정호(程顥)이다.

○ 慶源輔氏曰 : "此亦擧要君一事, 以例其餘耳."191)

'장무중지지, 비정야(臧武仲之知, 非正也 : 장무중의 지혜로움은 바른 것이 아님)'에 대해, 경원 보씨(慶源輔氏 : 輔廣)가 말하였다. "이 또한 임금을 협박한 하나의 일을 들어서 그 나머지를 예로 들었을 뿐이다."

○ 此摘出武仲而別言者, 爲其最有疵耳.

이[약문지이예악, 즉무부정의(若文之以禮樂, 則無不正矣 : 만일 예악으로써 문채를 낸다면 바르지 않음이 없을 것이다)]는 장무중을 들추어내서 별도로 말한 것이니, 가장 결함이 있는 사안이 될 뿐이다.

朱註

又曰 : "語成人之名, 非聖人, 孰能之? 孟子曰: '唯聖人然後, 可以踐形', 如此,

---

190) 주희(朱熹), 『논어정의(論語精義)』 권7 하의 내용은 다음과 같다. "明道曰 : '兼此數人之所長, 而文之以禮樂, 亦可以爲成人矣, 言成人之難也. 武仲之知, 非正也, 若文之以禮樂, 則無不正矣. ……'"

191) 호광 편(胡廣 編), 『논어집주대전(論語集註大全)』「헌문(憲問)」의 내용은 다음과 같다. "慶源輔氏曰 : '此亦擧武仲要君一事, 以例其餘耳. 人之資禀, 雖善, 然亦不能無偏, 須學以成之然後, 協于中正而無庇也.'"

方可以稱成人之名."

정자(程子 : 程頤)가 또 말하였다. "성인(成人)의 이름을 말함에 성인(聖人)이 아니면 누가 능할 수 있겠는가? 맹자(孟子)가 말하기를, '오직 성인(聖人)인 뒤라야 타고난 바의 본연을 체현할 수 있다.'고 하였으니, 이와 같아야 바야흐로 성인(成人)의 이름에 맞을 수 있다."

詳說

○ 伯子.

'우(又)'는 형 정호(程顥)이다.192)

○ 欲議於成人之名, 非聖人, 孰能當之?

'숙능지(孰能之)'에서 볼 때, 성인(成人)의 이름을 의론하고자 함에 성인(聖人)이 아니면 누가 능히 감당할 수 있겠는가?

○ 「盡心」.

'맹자(孟子)'는 『맹자(孟子)』「진심(盡心)」이다.193)

○ 去聲.194)

'방가이칭성인지명(方可以稱成人之名)'에서 '칭(稱)'자는 거성(去聲 : 부합함)이다.

○ 此則申上文'大成'二字.

'방가이칭성인지명(方可以稱成人之名 : 바야흐로 성인의 이름에 맞을 수 있다)'의 경우, 이는 곧 윗글의 '대성(大成)' 두 글자를 되풀이한 것이다.

朱註

胡氏曰 : "今之成人以下, 乃子路之言, 蓋不復聞斯行之之勇, 而有終身誦之之固矣, 未詳是否."

호씨(胡氏 : 胡寅)195)가 말하였다. "지금의 성인(成人) 이하는 바로 자로(子路)의

192) '우(又)'는 형 정호(程顥)이다 : 주희(朱熹), 『논어정의(論語精義)』 권7 하에는 정이(程頤)의 해설로 되어 있다. 그 내용은 다음과 같다. "伊川曰 : …… 又曰 : '語今之成人者, 只是語忠信也, 忠信者, 實也; 禮樂者, 文也. 語成人之名, 自非聖人, 孰能之? 孟子曰: 唯聖人然後, 可以踐形, 如此, 方可以稱成人之名.'"

193) '맹자(孟子)'는 「진심(盡心)」이다 : 『맹자(孟子)』「진심상(盡心上)」에서 "形色, 天性也, 惟聖人然後, 可以踐形."라고 하였다.

194) 호광 편(胡廣 編), 『논어집주대전(論語集註大全)』「헌문(憲問)」.

말이니, 대개 옳은 것을 들으면 실행하는 용기를 다시하지 못하여 몸을 마치도록 외우는 고루함이 있었다고 하는데 그런지 아닌지 자세하지는 않다."

詳說

○ 見「先進」.

'개불부문사행지지용(蓋不復聞斯行之之勇 : 대개 옳은 것을 들으면 실행하는 용기를 다시하지 못함)'은 『논어(論語)』「선진(先進)」에 보인다.[196]

○ 見「子罕」.

'유종신송지지고의(有終身誦之之固矣 : 몸을 마치도록 외우는 고루함이 있었음)'는 『논어(論語)』「자한(子罕)」에 보인다.[197]

○ 言不求爲上節夫子所言之成人, 而以此節自己所能之成人爲足也.

위 구절의 공자가 말한 성인(成人)이 되는 것을 구하지 못하고 이 구절의 자기가 능한 성인으로써 만족함을 삼는 것을 말한다.

○ 朱子曰 : "做子路說方順, 此言亦似子路模樣."[198]

주자(朱子 : 朱熹)가 말하였다. "자로(子路)가 말한 것을 바야흐로 따라서 이 말도 또한 자로의 모양과 비슷하다."

---

195) 호인(胡寅 : 1098~1156) : 북송 시대 학자로, 자가 명중(明仲)이고, 호가 치당(致堂)이라서 학자들이 치당선생(致堂先生)이라고 불렀으며, 건주숭안(建州崇安) 사람이다. 호안국(胡安国)의 동생 호순(胡淳)의 아들인데 어머니의 명을 받들어 자기 아들처럼 여겼다고 한다. 저서로는 『논어상설』·『독사관견(讀史管見)』·『주서천자문(注叙古千文)』·『비연집(斐然集)』 등이 있다.

196) 「선진(先進)」에 보인다 : 『논어(論語)』「선진(先進)」에서 "子路問 : '聞斯行諸?' 子曰 : '有父兄, 在, 如之何其聞斯行之?' 冉有問 : '聞斯行諸?' 子曰 : '聞斯行之.' 公西華曰 : '由也問聞斯行諸, 子曰: 有父兄在; 求也問聞斯行諸, 子曰: 聞斯行之, 赤也惑, 敢問.' 子曰 : '求也, 退故, 進之; 由也, 兼人故, 退之.'"라고 하였다.

197) 「자한(子罕)」에 보인다 : 『논어(論語)』「자한(子罕)」에서 "子路終身誦之, 子曰 : '是道也, 何足以臧?'"라고 하였다.

198) 『주자어류(朱子語類)』 권44, 「논어26(論語二十六)」, 42조목의 내용은 다음과 같다. "楊尹叔問 : '今之成人以下, 是孔子言, 抑子路言?' 曰 : '做子路說方順, 此言亦似子路模樣. 然子路因甚如此說? 畢竟亦未見得.' 又問 : '公綽不欲等, 可以事證否?' 曰 : '亦不必證. 此只是集衆善而爲之, 兼體用·本末而言.'(물었다. '금지성인(今之成人) 이하는 공자의 말씀입니까 아니면 자로의 말입니까?' 주희가 말하였다. '자로가 한 말이라고 해야 비로소 순리에 맞다. 이 말은 자로의 모습과 흡사하다. 그러나 자로가 무엇 때문에 이렇게 말했는지는 알 수 없다. 물었다. '공작이 탐욕스럽지 않다.'라는 말은 증명할 수 있는 일입니까?' 주희가 말하였다. '증명할 필요가 없다. 이는 많은 선함을 모아서 한 것이고, 본체와 작용을 겸하고 본과 말을 겸해서 한 말이다.')"

○ 趙氏曰 : "'何必然'三字, 似以前說爲疑."199)

조씨(趙氏 : 趙順孫)200)가 말하였다. "'하필연(何必然)' 세 글자201)는 앞의 말로써 의심을 한 것 같다."

○ 胡氏曰 : "夫子方進子路, 於成人之域, 豈又取其己能者而重奬之."202)

호씨(胡氏 : 胡寅)가 말하였다. "공자가 바야흐로 자로(子路)에게 성인(成人)의 경계를 말함에 어찌 또 자기가 능한 것을 취하여 거듭 권장했겠는가?"

○ 厚齋馮氏曰 : "成人之道, 非盡於是也, 子路猶以爲此古之成人之道, 居今之世, 有不必盡然者, 雖無禮樂, 亦云可矣, 是三者, 子路之所自許也."203)

후재 풍씨(厚齋馮氏 : 馮椅)가 말하였다. "성인(成人)의 도를 여기서 다한 것이 아니다. 자로는 오히려 옛날 성인의 도가 지금 세상을 살아감에 반드시 다 그렇지 않은 것이 있다고 여겼으며, 비록 예악(禮樂)이 없더라도 또한 괜찮다고 하였으니, 이 세 가지를 자로가 스스로 허여하였던 것이다."

○ 新安陳氏曰 : "胡氏以後一節爲子路之言, 極是."204)

신안 진씨(新安陳氏 : 陳櫟)가 말하였다. "호씨(胡氏 : 胡寅)가 뒤의 한 구절을 자로의 말로 여긴 것은 매우 옳다."

---

199) 호광 편(胡廣 編), 『논어집주대전(論語集註大全)』「헌문(憲問)」의 내용은 다음과 같다. "趙氏曰 : '何必然三字, 似以前說爲疑, 三者皆子路之所能. 故胡氏疑其爲子路之言.'"

200) 조순손(趙順孫 : 1215~1277) : 남송 시대 사람으로 자가 화중(和仲)이고, 호가 격암(格庵)이며, 진운운당(縉雲雲塘) 사람이다. 저서로는 『주초(奏草)』·『사서찬소(四書纂疏)』·『근사록(近思錄)』 등이 있다.

201) '하필연(何必然)' 세 글자 : 위 경문의 "今之成人者, 何必然?"을 말한다.

202) 호광 편(胡廣 編), 『논어집주대전(論語集註大全)』「헌문(憲問)」의 내용은 다음과 같다. "胡氏曰 : '此子路所己能, 夫子方進子路於成人之域, 豈又取其己能者而重奬之.'"

203) 호광 편(胡廣 編), 『논어집주대전(論語集註大全)』「헌문(憲問)」의 내용은 다음과 같다. "厚齋馮氏曰 : '子路成人之問, 夫子蓋以子路之所知者, 使之捨短集長, 增益其所未至爾, 非謂成人之道, 盡於是也. 子路猶以爲此古之成人之道, 居今之世, 有不必盡然者, 謂誠能見利思義, 見危授命, 久要不忘平生之言, 雖無禮樂, 亦可矣. 是三者, 蓋子路之所優爲, 抑以自許也, 唯其自許如此. 故臺下之役, 卒以身殉, 終不能明君臣之大義, 以正衛國之難, 則亦不足以爲成人矣, 行行如也, 若不得其死, 然則以未能文之以禮樂故也.'"

204) 호광 편(胡廣 編), 『논어집주대전(論語集註大全)』「헌문(憲問)」의 내용은 다음과 같다. "新安陳氏曰 : '使子路能行夫子之言, 始於智以知此理, 終合於禮中樂和之理, 豈至死於一決之勇, 而不足以言義乎? 胡氏以後一節爲子路之言, 極是.'"

○ 以'今之成人者何必然'之語意, 與'久要不忘平生之言'之辭氣, 求之, 蓋於子路之言, 爲近之. 『集註』旣一從程子意釋之, 至末乃取胡氏說, 此備餘意也, 而又以'未詳是否'終之, 蓋不以胡氏說爲非也, 當參以『語類』, 而以此爲定論.

'금지성인자하필연(今之成人者何必然)'의 말뜻과 '구요불망평생지언(久要不忘平生之言)'의 어투로 구한다면 대개 자로의 말에 가까운 것이 된다. 『논어집주(論語集註)』에서는 이미 한결같이 정자(程子)의 뜻으로 풀이하다가 끝에 이르러 호씨(胡氏 : 胡寅)의 해설을 취하였고, 여기서는 나머지 뜻을 갖추었는데, 또 '미상시부(未詳是否)'로 마쳤으니, 대개 호씨의 해설이 그릇된 것은 아니지만, 마땅히 『주자어류(朱子語類)』를 참조하여 이것으로써 정론으로 삼아야 한다.

○ 上節本以'今之成人'言, 而子路將下此一等爲說, 故曰'何必然', 所以反夫子之語也. 蓋其初問時, 已有此節三事, 掛著胸中耳.

위의 구절에서는 본래 '금지성인(今之成人)'으로 말하였는데, 자로가 아래의 이 한 가지를 가지고 말을 하였기 때문에 '하필연(何必然)'이라고 하였으니, 공자의 말에 반대로 하였기 때문이다. 대개 그 처음 물었을 때도 이미 이 구절의 세 가지 일이 가슴속에 걸려 있었을 뿐이다.

○ 夫子嘗以不得其死憂子路, 今於此必不以'見危授命'導之耳.

공자가 일찍이 그 죽음을 얻지 못한 것으로써 자로를 슬퍼하였고, 이제 여기서도 반드시 '견위수명(見危授命)'으로써 이끌지 못하였을 뿐이다.

○ 此節, 若是夫子之言, 則語雖似奬, 而意實含譏, 如'賜也賢乎哉'云.

이 구절이 만약 공자의 말이라면 말이 비록 장려하는 것 같더라도 뜻에는 실로 나무람이 포함되었으니, '사야현호재(賜也賢乎哉 : 사는 현명하느냐?)'[205]라고 이른 것과 같다.

○ '成人', 此章之題目.

'성인(成人 : 사람을 이루다)'이 이 장의 제목이다.

---

205) 사야현호재(賜也賢乎哉 : 사는 현명하느냐?) : 『논어(論語)』「헌문(憲問)」에서 "子貢方人, 子曰 : '賜也, 賢乎哉? 夫我則不暇.'"라고 하였다.

[14-14-1]

子問公叔文子於公明賈曰："信乎夫子不言·不笑·不取乎?"
공자가 공숙문자(公叔文子)에 대해 공명가(公明賈)에게 물었다. "진실로 부자(夫子)가 말하지 아니하며, 웃지 아니하며, 취하지 아니하였느냐?"

朱註

公叔文子, 衛大夫公孫枝也. '公明', 姓; '賈', 名, 亦衛人.
'공숙문자(公叔文子)'는 위나라 대부 공손지(公孫枝)이다. '공명(公明)'은 성이고, '가(賈)'는 이름이니, 또한 위나라 사람이다.

詳說

○ 沙溪曰："'枝', 『左傳』·『禮記』, 皆作'拔'."[206]
'공손지(公孫枝)'에 대해, 사계(沙溪 : 金長生)[207]가 말하였다. "'지(枝)'는 『춘추좌전(春秋左傳)』과 『예기』에 모두 '발(拔)'로 썼다.

○ 傳寫時, 失於字, 相似且因晉有其人, 而致誤也.
옮겨 베낄 때 자(字)을 잃어버렸는데, 서로 진나라에 그 사람이 있다는 것으로 말미암아 잘못 부른 것 같다.

○ 南軒張氏曰："文子之門人."[208]

---

206) 권상하(權尚夏)의 『논어집의(論語輯疑)』에서도 "沙溪曰 : '枝, 『左傳』及『禮記』, 皆作拔.'"이라고 하였다.

207) 김장생(金長生 : 1548~1631) : 조선 중기 학자로 자가 희원(希元)이고, 호가 사계(沙溪)이고 시호가 문원(文元)이며, 본관이 광산(光山)이다. 아버지는 대사헌 김계휘(金繼輝)이며, 아들은 김집(金集)이다. 송익필(宋翼弼)로부터 사서(四書)와 『근사록(近思錄)』 등을 배웠고, 20세 무렵에 이이(李珥)의 문하에 들어갔다. 1578년(선조11)에 학행(學行)으로 천거되어 정계에 입문하였다. 학문적으로 예학(禮學)을 깊이 연구하여 아들 김집에게 계승시켜 조선 예학의 태두가 되었다. 저서로는 『상례비요(喪禮備要)』·『가례집람(家禮輯覽)』·『전례문답(典禮問答)』·『의례문해(疑禮問解)』, 『근사록석의(近思錄釋疑)』·『경서변의(經書辨疑)』·『사계선생전서(沙溪先生全書)』 등이 있다.

208) 진덕수(眞德秀), 『논어집편(論語集編)』 권7의 내용은 다음과 같다. "南軒曰 : '公叔文子, 意者簡默厚重之士. 故人稱之如此, 聖人質之於其門人, 將以察其然也, 公明賈之言善矣. 然非文子之所及也, 蓋如所言, 非和順積中發而中節者, 莫能不直, 謂不然而爲之, 疑辭曰: 其然豈其然乎? 聖人之亂氣含洪忠厚如此.'"

'공명가(公明賈)'에 대해, 남헌 장씨(南軒張氏 : 張栻)가 말하였다. "문자(文子)의 문인이다."

○ 或其家臣也, 蓋夫子居衛時問也.

어떤 사람은 그의 가신(家臣)이라고 하니, 대개 공자가 위나라에 있을 때 물은 것이다.

○ 訓畢.

훈고가 끝났다.

朱註

文子爲人, 其詳不可知, 然必廉靜之士. 故當時, 以三者稱之.

문자(文子)의 사람됨은 그 상세함을 알 수는 없으나, 반드시 청렴하고 차분한 선비였을 것이다. 그러므로 당시에 세 가지로써 칭찬했던 것이다.

詳說

○ 後章同升事, 『禮記』易名事, 『左傳』勿追魯師, 請享靈公[209]及季札, 謂君子事, 皆略見.

'문자위인, 기상불가지(文子爲人, 其詳不可知 : 문자의 사람됨은 그 상세함을 알 수 없음)'는 뒷장에 대부 선(僎)과 함께 공조(公朝)에 오른 일,[210] 『예기』에 이름을 정혜문자(貞惠文子)로 바꾼 일,[211] 『춘추좌전(春秋左傳)』에서 노나라 군사를 좇지 말고 영공(靈公) 및 계찰(季札)에게 제사지냄을 청한 것이 군자의 일이라고 말한 데서 모두 대략 보인다.

○ 新安陳氏曰 : "不言笑, '靜'; 不取, '廉'."[212]

'염정지사(廉靜之士)'에 대해, 신안 진씨(新安陳氏 : 陳櫟)가 말하였다. "말하지도

209) 『춘추좌전(春秋左傳)』 권56에 "初衛公叔文子朝, 而請享靈公."이라 하였다.

210) 뒷장에 대부 선(僎)과 함께 공조(公朝)에 오른 일 : 『논어(論語)』 「헌문(憲問)」에 "公叔文子之臣大夫僎, 與文子, 同升諸公, 子聞之, 曰 : '可以爲文矣.'"라는 구절에서 보인다.

211) 『예기』에 이름을 정혜문자(貞惠文子)로 바꾼 일 : 『예기(禮記)』 「단궁 하(檀弓下)」에서 "公叔文子卒, 其子戍, 請諡于君曰 : '日月有時, 將葬矣. 請所以易其名者.' 君曰 : '昔者, 衛國凶饑, 夫子爲粥, 與國之餓者, 是不亦惠乎? 昔者, 衛國有難, 夫子以其死, 衛寡人, 不亦貞乎? 夫子聽衛國之政, 脩其班制, 以與四鄰交, 衛國之社稷, 不辱, 不亦文乎? 故謂夫子, 貞惠文子.'"라고 하였다.

212) 호광 편(胡廣 編), 『논어집주대전(論語集註大全)』 「헌문(憲問)」의 내용은 다음과 같다. "新安陳氏曰 : '不言笑, 見其靜; 不取, 見其廉.'"

않고 웃지도 않음이 '정(靜 : 차분함)'이고, 취하지 않음이 '렴(廉 : 청렴함)'이다."

○ 以'信乎'二字, 而知其然.

'이삼자칭지(以三者稱之)'는 '신호(信乎)' 두 글자로써 그러함을 알 수 있다.

○ 釋畢.

경문의 풀이가 끝났다.

[14-14-2]

公明賈對曰 : "以告者過也. 夫子時然後言, 人不厭其言; 樂然後笑, 人不厭其笑; 義然後取, 人不厭其取." 子曰 : "其然? 豈其然乎?"

공명가(公明賈)가 대답하여 말하였다. "말해준 사람이 지나쳤습니다. 부자(夫子)는 때가 된 뒤에 말하였기에 사람들이 그 말을 싫어하지 않았으며, 즐거운 뒤에 웃었기에 사람들이 그 웃음을 싫어하지 않았으며, 의로운 뒤에 취하였기에 사람들이 그 취함을 싫어하지 않았습니다." 공자가 말하였다. "그가 그랬는가? 어찌 그가 그랬는가?"

詳說

○ '樂', 音洛.

'락연후소(樂然後笑)'에서 '락(樂)'자는 음이 락(洛)이다.

○ '以告', 謂以此而告.

'이고(以告)'는 이것으로써 말해줌을 이른다.

朱註

'厭'者, 苦其多而惡之之辭. 事適其可, 則人不厭而不覺其有是矣. 是以稱之或過, 而以爲不言·不笑·不取也.

'염(厭)'이라는 것은 그 많은 것을 괴로워하고 꺼리어 싫어한다는 말이다. 일이 그 옳음에 맞으면 사람들은 싫어하지 않아서 이것들이 있음을 깨닫지 못한다. 이 때문에 칭찬함이 간혹 지나치게 되면 말하지 않고 웃지 않고 취하지 않음으로 삼은 것이다.

詳說

○ 去聲.[213]

'고기다이오지지사(苦其多而惡之之辭)'에서 '오(惡)'자는 거성(去聲 : 꺼리고 싫어하다)이다.

○ 訓.

'염자, 고기다이오지지사(厭者, 苦其多而惡之之辭 : 염이라는 것은 그 많은 것을 괴로워하고 꺼리어 싫어한다는 말임)'는 훈고이다.

○ 襯三'然後'.

'사적기가(事適其可 : 일이 그 옳음에 맞음)'는 세 개의 '연후(然後)'[214]에 가까운 것이다.

○ 此句, 襯上節三'不'字.

'인불염이불각기유시의(人不厭而不覺其有是矣 : 사람들은 싫어하지 않아서 이것들이 있음을 깨닫지 못함)'라는 이 구절은 위 구절의 세 개의 '불(不)'자[215]에 가깝다.

○ 當云'不妄言, 不妄笑, 不妄取也.'

'이위불언불소불취야(以爲不言不笑不取也 : 말하지 않고 웃지 않고 취하지 않음으로 삼은 것임)'는 마땅히 '망령되이 말하지 않고, 망령되이 웃지 않고, 망령되이 취하지 않음'을 이르는 것이다.

朱註

然此言也, 非禮義充溢於中, 得時措之宜者, 不能, 文子雖賢, 疑未及此. 但君子與人爲善, 不欲正言其非也. 故曰 : "其然? 豈其然乎?" 蓋疑之也.

그러나 이 말은 예의가 마음속에 가득차고 넘쳐서 때 맞게 씀이 마땅함을 얻은 사람이 아니면 능할 수 없으니, 문자(文子)가 비록 현명하나 여기에는 미치지 못했으리라 의심한 것이다. 다만 군자는 다른 사람들이 선(善)을 행하기를 바라지

213) 호광 편(胡廣 編), 『논어집주대전(論語集註大全)』「헌문(憲問)」.

214) 세 개의 '연후(然後)' : 위 경문의 "夫子時然後言. 人不厭其言; 樂然後笑. 人不厭其笑; 義然後取, 人不厭其取."에 나오는 세 개의 '然後'를 말한다.

215) 세 개의 '불(不)'자 : 위 경문의 "夫子時然後言. 人不厭其言; 樂然後笑. 人不厭其笑; 義然後取, 人不厭其取."에 나오는 세 개의 '不'자를 말한다.

만, 그 그릇됨을 바르게 말하려고 하지 않는다. 그러므로 말하기를 "그가 그러했는가? 어찌 그가 그렇게 하였는가?"라고 하였으니, 대개 그를 의심한 것이다.

詳說

○ 指三'然後'句.

'차언야(此言也 : 이 말은)'는 세 개의 '연후(然後)' 구절[216]을 가리킨다.

○ 此句, 見『中庸』.

'득시조지의자(得時措之宜者 : 때 맞게 씀이 마땅함을 얻은 사람)'라는 이 구절은 『중용(中庸)』에 보인다.[217]

○ 朱子曰 : "不言·不笑·不取, 一偏之行, 如賈所言'時中之行'也."[218]

'득시조지의자, 불능(得時措之宜者, 不能 : 때 맞게 씀이 마땅함을 얻은 사람이 아니면 능할 수 없음)'에 대해, 주자(朱子 : 朱熹)가 말하였다. "말하지 않고 웃지 않고 취하지 않음은 한쪽으로 치우친 행실이니, 공명가(公明賈)가 말한 '때 맞는 행실'인 것이다."

○ 許也.

'단군자여(但君子與)'에서 '여(與)'자는 '허(許 : 期望함)'이다.

○ 此句, 出『孟子』「公孫丑」.

'단군자여인위선(但君子與人爲善 : 다만 군자는 다른 사람들이 선(善)을 행하기를 바람)'이라는 이 구절은 『맹자(孟子)』「공손추(公孫丑)」에 나온다.[219]

---

216) 세 개의 '연후(然後)' 구절 : 위 경문의 "夫子時然後言. 人不厭其言; 樂然後笑. 人不厭其笑; 義然後取, 人不厭其取."를 말한다.

217) 이 구절은 『중용(中庸)』에 보인다 : 『중용장구(中庸章句)』 제25장에서 "誠者, 自成也; 而道, 自道也. 誠者, 物之終始, 不誠, 無物. 是故君子, 誠之爲貴. 誠者, 非自成己而已也, 所以成物也, 成己, 仁也; 成物, 知也, 性之德也. 合內外之道也, 故時措之宜也."라고 하였다.

218) 호광 편(胡廣 編), 『논어집주대전(論語集註大全)』「헌문(憲問)」의 내용은 다음과 같다. "不言·不笑·不取, 似乎小却難, 若真能如此, 只是一偏之行, 然公明賈却說時然後言; 樂然後笑; 義然後取, 似乎易却說得大了. 蓋能如此, 則是時中之行也."

219) 이 구절은 『맹자(孟子)』「공손추(公孫丑)」에 나온다 : 『맹자(孟子)』「공손추상(公孫丑上)」에서 "孟子曰 : '子路人告之以有過則喜; 禹聞善言則拜. 大舜有大焉, 善與人同, 舍己從人, 樂取於人, 以爲善. 自耕稼陶漁, 以至爲帝, 無非取於人者. 取諸人以爲善, 是與人爲善者也. 故君子莫大乎與人爲善.'"라고 하였고, 그 『집주(集註)』에서 "與, 猶許也, 助也, 取彼之善而爲之於我, 則彼益勸於爲善矣, 是我助其爲善也."라고 하였다.

○ 不然.

'불욕정언기비(不欲正言其非 : 그 그릇됨을 바르게 말하려고 하지 않음)'는 그렇지 않음이다.

○ 『大全』曰 : "微疑."220)

'기연(其然 : 그가 그랬는가?)'에 대해, 『논어집주대전』에서 말하였다. "약간 의심하는 것이다."

○ 『大全』曰 : "深疑."221)

'기기연호(豈其然乎 : 어찌 그가 그랬는가?)'에 대해, 『논어집주대전』에서 말하였다. "깊이 의심하는 것이다."

○ 朱子曰 : "時人稱之, 已適賈所言, 又愈甚, 故夫子不信."222)

주자(朱子 : 朱熹)가 말하였다. "당시 사람들이 그를 칭찬함에 이미 공명가(公明賈)가 말한 바에 맞았거늘, 또 더욱 심하였기 때문에 공자가 믿지 않은 것이다."

○ 釋畢.

경문의 풀이가 끝났다.

○ 吳氏曰 : "稱其主曰'夫子', 猶對伯玉使者, 然賈盛稱文子之賢, 反以疑之. 伯玉使者, 但爲謙辭, 蓋彰其主之美, 爲辭令者, 亦可以觀矣."223)

오씨(吳氏 : 吳仲迂)가 말하였다. "그 주군을 일컬어서 '부자(夫子)'라고 한 것은 거백옥(蘧伯玉)의 사신을 대하는 것과 같다.224) 그러나 공명가는 공숙문자(公叔文

---

220) 호광 편(胡廣 編), 『논어집주대전(論語集註大全)』「헌문(憲問)」에는 "微疑之."로 되어 있다.

221) 호광 편(胡廣 編), 『논어집주대전(論語集註大全)』「헌문(憲問)」에는 "深疑之."로 되어 있다.

222) 호광 편(胡廣 編), 『논어집주대전(論語集註大全)』「헌문(憲問)」의 내용은 다음과 같다. "惟其人不厭之, 所以有不言不笑不取之稱也, 蓋其言合節拍, 所以雖言而人不厭之; 雖言而實若不言也. 這不厭字, 意正如『孟子』所謂文王之囿, 方七十里, 民猶以爲小, 相似公叔文子. 當時人稱之, 已過, 及夫子問之, 而賈所言又愈甚, 故夫子不信."

223) 호광 편(胡廣 編), 『논어집주대전(論語集註大全)』「헌문(憲問)」의 내용은 다음과 같다. "吳氏曰 : '稱其主曰夫子, 意猶對蘧伯玉使者, 然公明盛稱文子之賢, 人反得以疑之. 蘧伯玉使者, 但爲謙辭以對, 益以彰其主之美, 爲辭令者, 亦可以觀矣.'"

224) 그 주군을 일컬어서 '부자(夫子)'라고 한 것은 거백옥(蘧伯玉)의 사신을 대하는 것과 같다 : 『논어(論語)』「헌문(憲問)」에서 "거백옥이 사람을 공자에게 보냈거늘, 공자가 그와 더불어 앉아서 물었다. '부자는 무엇을 하시는가?' 대답하여 말하였다. '부자는 그 허물을 적게 하려고 하나 능히 하지 못합니다.' 심부름 온 사람이 나가자 공자가 말하였다. '심부름 온 사람이여! 심부름 온 사람이여!(蘧伯玉, 使人於孔子, 孔子與之坐而問焉曰 : '夫子, 何爲?' 對曰 : '夫子欲寡其

子)의 현명함을 성대하게 칭찬하여 도리어 의심을 받았으나, 거백옥의 사신은 다만 겸손한 말을 하고, 대개 그 주군의 아름다움을 드러내어 사령(辭令)을 삼을 것을 또한 볼 수 있다."

過而未能也.' 使者出, 子曰 : '使乎! 使乎!')"라고 하였다.

[14-15-1]

子曰 : "臧武仲, 以防, 求爲後於魯, 雖曰: '不要君', 吾不信也."
공자가 말하였다. "장무중(臧武仲)이 방읍(防邑)으로써 후사(後嗣) 삼을 것을 노나라에 요구함에 비록 말하기를 '임금을 강요하지 않았다.'라고 하지만 나는 믿지 않는다."

朱註

'要', 平聲.
'불요군(不要君)'에서 '요(要)'자는 평성(平聲 : 요청함)이다.

詳說

○ '以'字, 已含'要'字意, '求爲後於魯', 謂求立臧氏後於魯君也.
'이(以)'자에 이미 '요(要)'자의 뜻이 포함되었으니, '구위후어노(求爲後於魯 : 후사 삼을 것을 노나라에 요구함)'는 장씨(臧氏 : 臧武仲)의 후계자를 노나라 임금에 세워줄 것을 요구함을 이른다.

朱註

'防', 地名, 武仲所封邑也. '要', 有挾而求也.
'방(防)'은 땅이름이니, 장무중(臧武仲)이 봉해진 고을인 것이다. '요(要)'는 무언가를 가지고 요구하는 것이다.

詳說

○ 僖·哀·文·宣以來, 必世有封邑, 而未必皆在於防也.
희공(僖公)과 애공(哀公)과 문공(文公)과 선공(宣公) 이래로 반드시 대대로 봉읍(封邑)이 있었으나, 반드시 모두 방읍(防邑)에 있지는 않았다.

○ 挾邑求後.
'유협이구야(有挾而求也 : 무언가를 가지고서 요구하는 것)'는 봉읍(封邑)을 가지고서 후사(後嗣)를 구하는 일이다.

○ 訓畢.
훈고가 끝났다.

朱註

武仲得罪奔邾, 自邾如防, 使請立後而避邑, 以示若不得請, 則將據邑以叛, 是要君也.

장무중(臧武仲)이 죄를 얻어 주읍(邾邑)으로 달아났다가 주읍으로부터 방읍(防邑)으로 가서 후사(後嗣)를 세워줌에 방읍을 떠날 것을 청하도록 하고, 만약 청을 들어주지 않으면 장차 방읍을 웅거(雄據)하여 반란할 것임을 보였으니, 이것이 '요군(要君 : 임금을 협박함)'이다.

詳說

○ 得罪於孟氏.

'무중득죄(武仲得罪 : 장무중이 죄를 얻음)'는 맹씨(孟氏 : 孟孫氏)에 죄를 얻은 것이다.

○ 往也.

'여(如)'는 감이다.

○ 立兄臧爲守先祀.

'입후(立後 : 후사를 세움)'는 형 장위(臧爲)를 세워서 선조의 사당을 지키려는 뜻이다.

○ 立後, 未必復封於防.

후사를 세우면 반드시 다시 방읍(防邑)에 봉해지지 않는다는 말이다.

○ 奔齊.

'피읍(避邑)'은 제나라로 달아남이다.

○ 見『左』「襄」二十三年.[225]

『춘추좌전(春秋左傳)』「양공(襄公)」 23년 기사에 보인다.

○ 雖曰不信, 所以明其決然也.

'시요군야(是要君也 : 이것이 임금을 협박함이다.)'는 비록 믿지 못한다고 하더라도 그 결연함을 밝힌 것이다.

○ 華陽范氏曰 : "時人以其存先祀爲賢, 故正之."[226]

---

225) 호광 편(胡廣 編), 『논어집주대전(論語集註大全)』「헌문(憲問)」에 관련 내용이 실려 있다.

226) 주희(朱熹), 『논어정의(論語精義)』 권7 하의 내용은 다음과 같다. "范曰 : '要君者, 無上, 罪之大者也. 武仲之邑, 受之於君, 得罪出奔, 則立後在君, 非己所得專也, 而據邑以請, 見利而不顧

화양 범씨(華陽范氏: 范祖禹)[227]가 말하였다. "당시 사람들이 선조 사당을 보존하는 것으로써 현명함이라고 여긴 까닭에 그 내용을 바로잡은 것이다."

○ 釋畢.

경문의 풀이가 끝났다.

朱註

范氏曰: "'要君'者, 無上, 罪之大者也. 武仲之邑, 受之於君, 得罪出奔, 則立後在君, 非己所得專也, 而據邑以請, 由其好知而不好學也." 楊氏曰: "武仲卑辭請後, 其迹, 非要君者, 而意實要之. 夫子之言, 亦『春秋』'誅意之法'也."

범씨(范氏 : 范祖禹)가 말하였다. "'요군(要君)'이라는 것은 눈앞에 높은 어른이 없음이니, 죄 가운데 큰 것이다. 장무중(臧武仲)의 봉읍(封邑)은 임금에게 받아서 죄를 얻어 도망하여 달아나면 후사를 세우는 일은 임금에게 달려 있어서 자기가 마음대로 할 수 있는 것이 아닌데 봉읍에 웅거하여 청하였으니, 그 지혜를 좋아하되 배우기를 좋아하지 않는 데 말미암는다." 양씨(楊氏 : 楊時)[228]가 말하였다. "장무중이 말을 겸손하게 하여 후사를 청하였으니, 그 자취가 임금을 협박한 것이 아니나 뜻만은 실로 협박한 것이다. 공자의 말에, 또한 『춘추(春秋)』의 '뜻을 주살(誅殺)하는 방법'[229]이라는 것이다."

詳說

○ 出『孝經』.[230]

義. 是以陷於大罪, 此由其好知不好學也. 時人或以武仲存其先祀爲賢, 故夫子正之.'"

227) 범조우(范祖禹 : 1041~1098) : 송나라 때 학자로 자가 순보(淳甫)·순부(淳夫)·순부(純父), 또는 몽득(夢得)이고, 성도 화양(成都華陽) 사람이다. 정자(程子)를 사사(師事)하였으며, 사마광(司馬光)을 추종하였다. 저서로는 『시해(詩解)』·『고문효경설(古文孝經說)』·『제의(祭儀)』·『경서요언(經書要言)』 등이 있다.

228) 양시(楊時 : 1053~1135) : 북송 시대 사람으로 자는 중립(中立)이고, 호는 구산(龜山)이다. 먼저 정호(程顥)와 정이(程頤)에게 배워서 유작(游酢)·여대림(呂大臨)·사양좌(謝良佐)와 함께 '정문사대제자(程門四大弟子)'라고 불렀으며, 나종언(羅從彦)·이동(李侗)과 함께 '남검삼선생(南劍三先生)'이라고도 불려졌다. 만면에 구산(龜山)에 은거하여 학자들이 '구산선생'이라고 하였다. 저서로는 『구산집(龜山集)』·『구산어록』·『이정수언(二程粹言)』 등이 있다.

229) 『춘추(春秋)』의 '뜻을 주살(誅殺)하는 방법' : 청(淸)나라 때 기윤(紀昀)의 『열미초당필기(閱微草堂筆記)』에는 "『春秋』有誅意之法, 是不可縱也."라고 하였다.

‘무상(無上)’은 『효경(孝經)』에 나온다.

○ 無君.

‘무상(無上)’은 임금이 없음을 말한다.

○ 似以立後, 爲復封於防也.

‘입후(立後 : 후사를 세움)’는 후사를 세움으로써 다시 방읍에 봉해짐으로 삼는 것 같다.

○ 幷去聲.231)

‘유기호지이불호학야(由其好知而不好學也)’에서 ‘호지(好知 : 지혜를 좋아함)’는 모두 거성(去聲 : 좋아하다, 지혜)이다.

○ 此句, 見「陽貨」.

‘기호지이불호학야(其好知而不好學也 : 그 지혜를 좋아하되 배우기를 좋아하지 아니함)’라는 이 구절은 「양화(陽貨)」에 보인다. 232)

○ 慶源輔氏曰 : “不鑿以爲私, 必蕩而失正.”233)

경원 보씨(慶源輔氏 : 輔廣)가 말하였다. “천착하지 않음으로써 사사로움을 삼으면 반드시 방탕하여 바름을 잃는 것이다.”

○ 雙峰饒氏曰 : “武仲只當請後, 不當據邑, 夫子不罪其請, 罪其據邑也. 使以防爲言, 則要君之迹, 彰而易見; 唯不以防爲言, 則要君之心, 隱而難知. 旣用智以要, 又以欺也.”234)

쌍봉 요씨(雙峰饒氏 : 饒魯)가 말하였다. “장무중이 다만 마땅히 후사를 청함에 마

---

230) 『효경(孝經)』「오형(五刑)」에는 “要君者, 無上, 非聖人者, 無法, 非孝者, 無親.”이라고 하였다.

231) 호광 편(胡廣 編), 『논어집주대전(論語集註大全)』「헌문(憲問)」.

232) 이 구절은 「양화(陽貨)」에 보인다 : 『논어(論語)』「양화(陽貨)」에서 “子曰 : ‘由也! 女聞六言六蔽矣乎?’ 對曰 : ‘未也.’ ‘居. 吾語女. 好仁不好學, 其蔽也愚; 好知不好學, 其蔽也蕩; 好信不好學, 其蔽也賊; 好直不好學, 其蔽也絞; 好勇不好學, 其蔽也亂; 好剛不好學, 其蔽也狂.’”라고 하였다. 곧 장무중(臧武仲)의 폐단은 ‘탕(蕩)’에 해당하는 것이다.

233) 호광 편(胡廣 編), 『논어집주대전(論語集註大全)』「헌문(憲問)」의 내용은 다음과 같다. “慶源輔氏曰 : ‘凡人溺於智而不知學, 不鑿以爲私, 則必蕩而失正. 武仲二病, 皆有之. 且意萌於中, 迹著於外, 雖欲欺人而人之視己, 如見其肺肝. 然武仲之智, 而不足以知此, 則亦以好智而不好學之故也.’”

234) 호광 편(胡廣 編), 『논어집주대전(論語集註大全)』「헌문(憲問)」의 내용은 다음과 같다. “雙峯饒氏曰 : ‘武仲只當請後, 不當據邑, 夫子不罪其請, 罪其據邑也. 使武仲請後, 果以防爲言, 則要君之迹, 彰而易見; 唯不以防爲言, 則要君之心, 隱而難知. 旣用智以要君, 又欲逃罪以欺世, 此夫子之言, 所以爲『春秋』誅意之法也.’”

땅히 봉읍을 웅거하지 않았어야 했으니, 공자는 그 후사 청함을 죄로 여기지 않았으되, 그 봉읍을 웅거한 것을 죄로 여겼다. 방읍으로써 말하게 한다면 임금을 협박한 자취가 뚜렷하게 드러나 보기가 쉬울 것이고, 오직 방읍으로써 말을 하지 않는다면 임금을 협박한 마음이 감춰져서 알기가 어려웠을 것이다. 이미 지혜를 써서 협박하였고 또 속인 것이다."

○ **'要君', 此章之題目.**

'요군(要君 : 임금을 협박함)'이 이 장의 제목이다.

[14-16-1]

子曰 : "晉文公, 譎而不正; 齊桓公, 正而不譎."
공자가 말하였다. "진나라 문공(文公)은 속이고 바르지 않았으며, 제나라 환공(桓公)은 바르고 속이지 않았다."

朱註

'譎', 古穴反. '晉文公', 名重耳. '齊桓公', 名小白. '譎', 詭也.
'휼이부정(譎而不正)'에서 '휼(譎)'은 '고(古)'와 '혈(穴)'의 반절(反切)이다. '진문공(晉文公)'은 이름이 중이(重耳)이다. '제환공(齊桓公)'은 이름이 소백(小白)이다. '휼(譎)'은 속임이다.

詳說

○ 平聲.[235]
'명중이(名重耳)'에서 '중(重)'자는 평성(平聲 : 중첩하다)이다.

○ 『諺』音誤.
'휼(譎)'은 『언해』본의 음이 잘못되었다.[236]

○ 訓畢.
훈고가 끝났다.

朱註

二公, 皆諸侯盟主, 攘夷狄以尊周室者也. 雖其以力假仁, 心皆不正, 然桓公伐楚, 仗義執言, 不由詭道, 猶爲彼善於此. 文公則伐衛以致楚, 而陰謀以取勝, 其譎甚矣. 二君他事, 亦多類此. 故夫子言此, 以發其隱.
두 공은 모두 제후의 맹주이니, 오랑캐들을 물리쳐서 주나라 왕실을 높인 사람들이다. 비록 무력으로써 인(仁)을 가장(假裝)하여 마음이 모두 바르지 않았으나, 환공(桓公)은 초(楚)나라를 정벌할 때 의(義)에 의거하여 주장하고 속임수에 말미

235) 호광 편(胡廣 編), 『논어집주대전(論語集註大全)』「헌문(憲問)」.
236) '휼(譎)'은 『언해』본의 음이 잘못되었다 : 『언해』본에 '휼'이라고 한 부분을 지적한 것인데, 본래의 음이 '古穴反'인 '결'이라는 것이다.

암지 않았으니, 오히려 저 환공(桓公)이 이 문공(文公)보다 착함이 된다. 문공은 곧 위나라를 정벌함에 초나라를 끌어들이고 음모로써 승리를 취득하였으니, 그 속임이 심한 것이다. 두 임금의 다른 일도 또한 대부분 이와 같다. 그러므로 공자가 이를 말하여 그 숨겨진 사안을 드러낸 것이다.

詳說

○ 音明.[237]

'개제후명주(皆諸侯盟主)'에서 '명(盟)'자는 음이 명(明)이다.

○ 齊氏曰:"二公之伯, 皆以勝楚."[238]

'양이적(攘夷狄 : 오랑캐들을 물리침)'에 대해, 제씨(齊氏 : 齊夢龍)가 말하였다. "두 공의 우두머리가 모두 초나라를 이겼다."

○ 四字, 出『孟子』「公孫丑」.

'이력가인(以力假仁 : 무력으로써 인을 가장함)'이라는 네 글자는 『맹자(孟子)』「공손추(公孫丑)」에 나온다.[239]

○ 桓·文, 一體之人, 而此章所記, 有若'周比'·'和同'之相反, 必是記者, 得其語而失其意者. 故『註』先以'不正'二字, 槪而斷之. 此下乃略依本文之意, 取二公本事而釋之, 以還諸夫子之本語, 蓋以心則皆不正, 以事則有譎正耳. 雖然, 桓公行事, 終是譎多, 故只以'彼善於此'言之. 『註』中凡如此處, 皆所以正記者之失也, 記者得於傳聞, 容有出入記語之難. 古今何異哉?

'심개부정(心皆不正 : 마음이 모두 바르지 않음)'은 환공(桓公)과 문공(文公)은 한 몸의 사람인데, 이 장에 기록한 것에는 '주비(周比 : 두루 미침과 치우침)'[240]와 '화동

237) 『광운(廣韻)』에는 '武兵切'이라 하고, 『집운(集韻)』에는 '眉兵切'이라고 하였으므로 '명'으로 소리난다는 말이다.

238) 호광 편(胡廣 編), 『논어집주대전(論語集註大全)』「헌문(憲問)」의 내용은 다음과 같다. "齊氏曰二公之伯皆以勝楚楚罪莫大於僭王猾夏孔子於春秋書齊曰侵蔡蔡潰遂伐楚而於晉僅書曰及楚戰於城濮則晉之有歉於聲罪致討也亦已著矣

239) '이력가인(以力假仁 : 무력으로써 인을 가장함)'이라는 네 글자는 『맹자(孟子)』「공손추(公孫丑)」에 나온다 : 『맹자(孟子)』「공손추(公孫丑)」에서 "孟子曰 : '以力假仁者, 霸, 霸必有大國; 以德行仁者, 王, 王不待大. 湯以七十里, 文王以百里. 以力服人者, 非心服也, 力不贍也; 以德服人者, 中心悅而誠服也, 如七十子之服孔子也. 詩云: 自西自東, 自南自北, 無思不服, 此之謂也.'"라고 하였고, 그 『집주(集註)』에서 "力, 謂土地甲兵之力. 假仁者, 本無是心而借其事, 以爲功者也. 霸, 若齊桓·晉文, 是也. 以德行仁, 則自吾之得於心者, 推之, 無適而非仁也."라고 하였다.

(和同 : 화합함과 뇌동함)'[241]처럼 서로 반대되는 것이 있으니, 반드시 기록한 사람이 그 말을 얻음에 그 뜻을 잃어버린 것이다. 그러므로 『논어집주(論語集註)』에서 먼저 '부정(不正)'의 두 글자로써 개괄하여 단정한 것이다. 이 아래에는 바로 대략 본문의 뜻에 의거하여 두 공(公)의 본사(本事)를 취하여 풀이하면서 공자의 본래 말로 돌아갔으니, 대개 마음은 곧 바르지 않고, 일도 곧 바름을 속임이 있었을 뿐이기 때문이다. 비록 그러하나 환공은 일을 행함에 끝내 속임이 많았기 때문에 '피선어차(彼善於此)'로써 말한 것이다. 『집주(集註)』 가운데 무릇 이와 같은 곳에서 모두 기록한 사람의 실수를 바로잡았으니, 기록한 사람이 전해들은 것을 얻음에 마땅히 나가고 들어오며 말을 기록하는 어려움이 있었을 것이다. 예나 지금이나 어찌 다르겠는가?

○ 見『左』「僖」四年.[242]

'환공벌초(桓公伐楚 : 환공이 초나라를 정벌함)'는 『춘추좌전(春秋左傳)』「희공(僖公)」 4년 기사에 보인다.

○ 責楚包茅不貢[243]于王.

'장의집언(仗義執言 : 의에 의거하여 주장함)'은 초나라 포아(包茅 : 제사 때 사용하는 술 거르는 菁茅)를 임금에게 바치지 않은 사안을 문책한 것이다.

○ 四字, 出『孟子』「盡心」.

'피선어차(彼善於此)'라는 네 글자는 『맹자(孟子)』「진심(盡心)」에 나온다.[244]

○ 非相反也.

서로 반대가 아니다.

○ 見『左』「僖」二十八年.[245]

---

240) 주비(周比 : 두루 미침과 치우침) : 『논어(論語)』「위정(爲政)」에서 "子曰 : '君子周而不比, 小人比而不周.'"라고 하였다.

241) 화동(和同 : 화합함과 뇌동함) : 『논어(論語)』「자로(子路)」에서 "子曰 : '君子和而不同, 小人同而不和.'"라고 하였다.

242) 호광 편(胡廣 編), 『논어집주대전(論語集註大全)』「헌문(憲問)」에 관련 내용이 실려 있다.

243) 호광 편(胡廣 編), 『논어집주대전(論語集註大全)』「헌문(憲問)」에서 "慶源輔氏曰 : '桓公, 責楚以包茅不貢.'"이라고 하였다.

244) '피선어차(彼善於此)'라는 네 글자는 『맹자(孟子)』「진심(盡心)」에 나온다 : 『맹자(孟子)』「진심하(盡心下)」에서 "孟子曰 : '春秋, 無義戰, 彼善於此, 則有之矣. 征者, 上伐下也, 敵國, 不相征也.'"라고 하였다.

245) 호광 편(胡廣 編), 『논어집주대전(論語集註大全)』「헌문(憲問)」에 관련 내용이 실려 있다.

'음모이취승(陰謀以取勝 : 음모로써 승리를 취득함)'은 『춘추좌전(春秋左傳)』「희공(僖公)」 28년 기사에 보인다.

○ 朱子曰 : "晉文用兵, 便是戰國孫·吳氣習."[246)]

주자(朱子 : 朱熹)가 말하였다. "진(晉)나라 문공이 군사를 부림이 곧 전국 시대 손무(孫武)와 오기(吳起)의 기풍에 해당한다.

○ 朱子曰 : "桓公雖譎, 其譎易知; 晉文, 都是藏頭沒尾."[247)]

'기휼심의(其譎甚矣 : 그 속임이 심함)'에 대해, 주자(朱子 : 朱熹)가 말하였다. "환공은 비록 속였더라도 그 속임을 알기가 쉬운데, 진나라 문공은 모두 머리를 감추고 꼬리를 숨겼다."

○ 譎中之正, 譎中之譎, 亦非所反也.

속이는 가운데 바름과 속이는 가운데 속임이니, 또한 반대되는 것이 아니다.

○ 新安陳氏曰 : "上二事, 以著其實, 此以推其餘."[248)]

'이군타사, 역다유차(二君他事, 亦多類此 : 두 임금의 다른 일도 또한 대부분 이와 같다)'에 대해, 신안 진씨(新安陳氏 : 陳櫟)가 말하였다. "위에서는 두 가지 일[249)]로써 그 사실을 드러냈고, 여기서는 그 나머지를 유추한 것이다."

---

246) 『주자어류(朱子語類)』 권44, 「논어26(論語二十六)」, 48조목의 내용은 다음과 같다. "晉文'譎而不正', 諸家多把召王爲晉文之譎. 『集注』謂'伐衛以致楚師, 而陰謀以取勝', 這說爲通." 曰 : "晉文擧事, 多是恁地, 不肯就正做去. 呂伯恭『博議』論此一段甚好, 然其說忒巧. 逐節看來, 卻都是如此. 晉文用兵, 便是戰國孫·吳氣習.(진문공은 '속이고 바르지 않다.'라는 것에 대해 여러 학자들은 대부분 왕을 부른 것이 진문공의 속임이라고 합니다. 『논어집주(論語集註)』에서 '위나라를 정벌하여 초나라를 싸움에 끌어들이고 음모로 승리를 취하였다.'라고 하였는데 이 말이 통하는 것입니다. 주희가 말하였다. '진문공이 하는 일은 대부분 이와 같아서 바른 것에 나가서 하려고 하지 않았다. 여백공이 『박의』에서 이 단락을 좋다고 논했지만 그의 말은 잘못된 것이다. 절목을 쫓아가서 본다면 모두 이와 같다. 진문공의 용병술은 곧 전국시대의 손자나 오기의 기풍과 같다.')"

247) 『주자어류(朱子語類)』 권44, 「논어26(論語二十六)」, 49조목의 내용은 다음과 같다. "『東萊博議』中, 論桓·文正譎甚詳, 然說亦有過處. 又曰 : '桓公雖譎, 卻是直拔行將去, 其譎易知. 如晉·文, 都是藏頭沒尾, 也是蹺蹊.'(『동래박의』에서 제환공과 진문공의 정직함과 속임수에 대해 상세하게 논했는데, 그 말이 또한 지나친 곳이 있다. 또 말하기를 환공은 비록 속이지만 도리어 직접 행하기 때문에 속이는 것을 쉽게 알 수 있다. 진문공 같은 사람은 머리를 감추고 꼬리는 없애버려서 또한 도리를 벗어난 것이다.')"

248) 호광 편(胡廣 編), 『논어집주대전(論語集註大全)』「헌문(憲問)」의 내용은 다음과 같다. "新安陳氏曰 : '上引二事, 以著其實; 此即二事, 以推其餘.'"

249) 두 가지 일 : 진나라 문공(文公)과 제나라 환공(桓公)의 일을 말한다.

○ 釋畢.

경문의 풀이가 끝났다.

○ 慶源輔氏曰 : "就伯者中論之, 則文譎而桓正; 若較之王者, 粹然出於正者, 固不可同年而語矣."[250]

경원 보씨(慶源輔氏 : 輔廣)가 말하였다. "우두머리 가운데 놓고서 논한다면 문공은 속였으나 환공은 발랐으며, 만약 임금 노릇하는 사람과 비교한다면 말끔하게 바른 사람보다 뛰어나서 진실로 같이 놓고 말해서는 안 되는 것이다."

○ 華陽范氏曰 : "召王, 心正而行譎; 伐楚, 心譎而行正."[251]

화양 범씨(華陽范氏 : 范祖禹)[252]가 말하였다. "임금을 부를 적에는 마음이 발랐고 행실은 속였으며, 초나라를 정벌할 적에는 마음은 속였고 행실이 발랐다.

250) 호광 편(胡廣 編), 『논어집주대전(論語集註大全)』「헌문(憲問)」의 내용은 다음과 같다. "慶源輔氏曰 : '桓公, 責楚以包茅不貢, 及昭王不復二事, 進次而不遂戰, 既服而與之盟, 是仗義執言, 不由詭道也. 文公始則伐曹衛, 以致楚師之救, 終則復曹衛以攜二國之交, 是伐衛以致楚, 而陰謀以取勝也. 就霸者之中, 論桓·文之事, 則文譎而不正; 桓正而不譎, 若較之王者, 表裏無疵, 粹然一出於正者, 固不可同年而語矣.'"

251) 주희(朱熹), 『논어정의(論語精義)』 권7 하의 내용은 다음과 같다. "范曰 : '此爲春秋而言也, 晉文公心正而行譎, 召王是也. 故終之以譎. 齊桓公心譎而行正, 伐楚是也. 故終之以正. 夫苟有善心, 必行正事, 行不正而曰: 我心善未之聞也, 晉文公心非不善也, 而所行不正. 是以爲譎, 初雖不善, 其後能改者, 聖人貴之. 故周公稱祖甲, 列於三宗. 齊桓公心非不譎也, 而所行復正. 是以爲正, 考桓文之事, 人君可不愼其所行也.'"

252) 범조우(范祖禹 : 1041~1098) : 송나라 때 학자로 자가 순보(淳甫)·순부(淳夫)·순부(純父), 또는 몽득(夢得)이고, 성도 화양(成都華陽) 사람이다. 정자(程子)를 사사(師事)하였으며, 사마광(司馬光)을 추종하였다. 저서로는 『시해(詩解)』·『고문효경설(古文孝經說)』·『제의(祭儀)』·『경서요언(經書要言)』 등이 있다.

[14-17-1]

子路曰："桓公殺公子糾, 召忽死之, 管仲不死, 曰未仁乎."
자로(子路)가 말하였다. "환공(桓公)이 공자(公子) 규(糾)를 죽였거늘, 소홀(召忽)은 죽고 관중(管仲)은 죽지 않았으니, 어질지 못함이라고 하였습니다."

朱註

'糾', 居黝反. '召', 音邵. 按『春秋傳』, 齊襄公無道, 鮑叔牙奉公子小白奔莒, 及無知弑襄公, 管夷吾·召忽, 奉公子糾奔魯, 魯人納之未克, 而小白入, 是爲桓公. 使魯殺子糾, 而請管召, 召忽死之, 管仲請囚, 鮑叔牙言於桓公, 以爲相.
'환공살공자규(桓公殺公子糾)'에서 '규(糾)'자는 '거(居)'와 '유(黝)'의 반절(反切)이다. '소홀사지(召忽死之)'에서 '소(召)'자는 음이 소(邵)이다. 살펴보건대, 『춘추전(春秋傳)』에 제나라 양공(襄公)이 바른 도를 행하자 않자 포숙아(鮑叔牙)가 공자(公子) 소백(小白)을 모시고 거읍(莒邑)으로 도망하였으며, 장공(莊公)의 손자 무지(無知)가 양공(襄公)을 시해하자 관이오(管夷吾)와 소홀(召忽)이 공자(公子) 규(糾)를 모시고 노나라 땅으로 도망하였다. 이에 노나라 사람들이 공자 규를 도와 제(齊)나라로 들였는데 싸움에서 이기지 못하였고, 소백이 먼저 들어가서 이에 환공(桓公)이 되었다. 환공이 노나라에게 공자 규를 죽이고 관이오와 소홀을 보내도록 청하니, 공자 규가 죽음에 소홀이 뒤따라서 죽고 관중(管仲 : 管夷吾)은 감옥에 갇히기를 청하였는데, 포숙아가 환공에게 말하여 재상으로 삼았다.

詳說

○ 『左』「莊」八年·九年.[253]
'『춘추전(春秋傳)』'은 『춘추좌전(春秋左傳)』「장공(莊公)」 8년·9년 기사이다.

○ 音擧.[254]
'포숙아봉공자소백분거(鮑叔牙奉公子小白奔莒)'에서 '거(莒)'자는 음이 거(擧)이다.

○ 莊公之孫.
'무지(無知)'는 장공(莊公)의 손자이다.

---

253) 호광 편(胡廣 編), 『논어집주대전(論語集註大全)』「헌문(憲問)」에 관련 내용이 실려 있다.
254) 호광 편(胡廣 編), 『논어집주대전(論語集註大全)』「헌문(憲問)」.

○ 敗於齊.

'노인납지미극(魯人納之未克 : 노나라 사람들이 공자 규를 도와 제나라로 들였는데 싸움에서 이기지 못하였음)'은 제(齊)나라 군사에게 패한 것이다.

○ 先入而立.

'소백입(小白入)'은 먼저 제나라로 들어가서 임금 자리에 오름이다.

○ 雙峰饒氏曰 : "『春秋』, 於糾, 一無'子'字, 一有'子'字, 始以納之爲非, 故去子; 終以殺之爲非, 故稱子."[255]

'사노살자규(使魯殺子糾 : 노나라에게 공자 규를 죽이게 함)'에 대해, 쌍봉 요씨(雙峰饒氏 : 饒魯)가 말하였다. "『춘추(春秋)』에는 규(糾)에 대하여 한편으로는 '자(子)'자가 없고, 한편으로는 '자(子)'자가 있으니, 처음에 그를 들여보낸 것이 잘못되었기 때문에 '자(子)'를 없앴고, 마침내 그를 죽인 것이 잘못되었기 때문에 '자(子)'를 칭한 것이다."

○ 爲之死.

'소홀사지(召忽死之 : 소홀이 뒤따라서 죽음)'는 그[공자 규]를 위해 죽은 것이다.

○ 程子曰 : "忽之死, 正也, 仲之不死, 權其宜也."[256]

'관중청수(管仲請囚 : 관중은 감옥에 갇히기를 청하였음)'에 대해, 정자(程子)가 말하였다. "소홀의 죽음은 바른 것이고, 관중이 죽지 않음은 그 마땅함을 저울질한 것이다."

○ 朱子曰 : "仲之意, 未必不出於求生."[257]

---

255) 호광 편(胡廣 編), 『논어집주대전(論語集註大全)』「헌문(憲問)」의 내용은 다음과 같다. "問 : '『春秋』, 於糾上, 一無子字, 一有子字, 何也?' 雙峯饒氏曰 : '始以納之爲非, 故去子以明其不當納; 終以殺之爲非, 故又稱子以明其不當殺.'"

256) 주희(朱熹), 『논어정의(論語精義)』 권7 하의 내용은 다음과 같다. "又曰 : '仲尼謂管仲如其仁, 蓋言其有仁之功; 管仲其初事子糾, 所事非正. 『春秋書』, 公伐齊納糾而不稱子, 不當立者也. 不當立而事之, 失於初也, 及其敗也, 可以死, 可以無死, 與人同事, 而死之理也, 知始事之爲非, 而改之義也. 召忽之死, 正也; 管仲之不死, 權其宜, 可以無死也, 故仲尼稱之曰: 如其仁, 謂其有仁之功也.'"

257) 호광 편(胡廣 編), 『논어집주대전(論語集註大全)』「헌문(憲問)」의 내용은 다음과 같다. "問 : '仲始同糾謀, 雖有可死之道, 而桓兄當立, 則無不可事之理, 蓋仲雖糾之傅, 然非糾之臣, 乃齊臣也. 桓公當立, 則桓乃吾君所當事也. 但仲之罪, 乃在不能諫糾之爭, 而反輔糾以爭耳, 是其不死, 殆知前之爭爲不義, 而非求爭之比也. 故夫子答子路未仁之問曰: 如其仁, 以爲不死之未仁, 不如九合之仁也. 答子貢非仁之問則曰: 豈若匹夫匹婦之爲諒, 自經於溝瀆而莫之知, 豈若云者, 是以

주자(朱子 : 朱熹)가 말하였다. "관중의 뜻이 반드시 살 길을 도모하는 데서 벗어나지 못한 것은 아니다."

○ 去聲.[258]

'이위상(以爲相)'에서 '상(相)'자는 거성(去聲 : 재상)이다.

○ 訓本事.

본래의 일을 훈고하였다.

朱註

子路疑管仲忘君事讎, 忍心害理, 不得爲仁也.

자로(子路)는 관중(管仲)이 임금을 잊고 원수를 섬겨서 마음에 잔인(殘忍)함이 있고 천리(天理)를 위배하였으므로 인(仁)이 되지 못한다고 의심하였다.

詳說

○ '未'字有疑, 而未定之意.

'자로의(子路疑)'는 '미(未)'자에 의심하여 아직 정하지 못한 뜻이 있는 것이다.

○ 奉之將以爲君, 故原其心而以君稱之.

'관중망군(管仲忘君 : 관중이 임금을 잊음)'은 받들어서 장차 임금으로 삼았기 때문에 그 마음에 근원하여 임금으로 칭하는 것이다.

○ 朱子曰 : "傷其惻隱之心."[259]

仲之不死, 過於死也. 故嘗以程子之說爲正, 而以召忽之死爲守節. 仲之不死, 爲改過曰: 此論甚善, 但仲之意, 未必不出於求生. 然其時義, 尙有可生之道, 未至於害仁耳.'"

258) 호광 편(胡廣 編), 『논어집주대전(論語集註大全)』「헌문(憲問)」.

259) 『주자어류(朱子語類)』 권44, 「논어26(論語二十六)」, 55조목의 내용은 다음과 같다. "問 : '『集注』說, 子路疑管仲忘君事讎, 忍心害理, 不得爲仁. 此忍心之忍, 是殘忍之忍否? 方天理流行時, 遽遏絶之使不得行, 便是忍心害理矣.' 曰 : '傷其惻隱之心, 便是忍心, 如所謂無求生以害仁, 害仁便是忍心也. 故謝子說三仁云: 三子之行, 同出於至誠惻怛之意. 此說甚好.'(물었다. 『논어집주(論語集註)』에서 '자로는 관중이 임금을 잊고 원수를 섬겼으니, 잔인한 마음으로 이치를 해쳐서 인이 될 수 없다고 의심한 것이다.'라고 했는데, 여기서 '인심(忍心: 잔인한 마음)'의 인은 잔인(殘忍)의 인이 아닙니까? 천리가 유행할 때 갑자기 그것이 유행하지 못하도록 가로막는다면 이것이 바로 잔인한 마음으로 이치를 해치는 일입니다.' 주희가 말하였다. '측은지심을 상하게 하는 것이 곧 인심(忍心)이다. 이른바 '삶을 구하기 위해 인을 해치지 않아야 한다.'라고 하면 인을 해치는 것이 바로 잔인한 마음이다. 그러므로 사씨가 '삼인(三仁)'이라 말하였고, '세 사람의 행실은 지극히 정성스럽고 간절한 마음에서 나왔다.'라고 하였는데, 이 학설이

'인심(忍心 : 마음에 잔인함이 있음)'에 대해, 주자(朱子 : 朱熹)가 말하였다. "그 측은한 마음을 다치는 것이다."

○ 復擧'曰'字者, 旣引本事而表出已說之辭.

다시 '왈(曰)'자를 든 것은 이미 본래의 일을 인용함에 이미 설명한 말을 표출함이다.

○ 有釋無訓.

경문의 풀이는 있으나 훈고는 없다.

[14-17-2]

子曰 : "桓公九合諸侯, 不以兵車, 管仲之力也, 如其仁? 如其仁?"
공자가 말하였다. "환공(桓公)이 제후를 규합함에 병거(兵車)로써 하지 않음은 관중(管仲)의 힘이니, 누가 그 인(仁)과 같으리오? 누가 그 인(仁)과 같으리오?"

朱註

'九', 『春秋傳』作糾, 督也, 古字通用.
'구(九)'는 『춘추전(春秋傳)』에 '규(糾)'로 썼으니 감독함이며, 옛날에는 글자를 통용하였다.

詳說

○ 『左』「僖」二十六年.[260)]

'『춘추전(春秋傳)』'은 『춘추좌전(春秋左傳)』「희공(僖公) 26년 기사이다.

○ 朱子曰 : "'糾', 合, 宗族之類, 亦其證也. 桓公之會, 不止於九. 說者曰: '衣裳之會, 九; 餘則兵車之會也', 『公』·『穀』以來, 皆鑿矣.'"[261)]

매우 좋다.')"

260) 호광 편(胡廣 編), 『논어집주대전(論語集註大全)』「헌문(憲問)」에 관련 내용이 실려 있다.

261) 호광 편(胡廣 編), 『논어집주대전(論語集註大全)』「헌문(憲問)」의 내용은 다음과 같다. "朱子曰 : '九之爲糾, 展喜之詞, 而糾, 合宗族之類, 亦其證也. 說者不考其然, 乃直以爲九, 會諸侯至

주자(朱子 : 朱熹)가 말하였다. "'규(糾)'는 합침이니, 종족(宗族) 따위가 또한 그 증거이다. 환공(桓公)이 회맹(會盟)함은 아홉 번에 그치지 않았다. 설명하는 사람이 말하기를 '의상(衣裳)의 회맹[262]이 아홉 번이고, 나머지는 병거(兵車)의 회맹[263]이다.'라고 하였는데, 『춘추공양전(春秋公羊傳)』과 『춘추곡량전(春秋穀梁傳)』[264] 이래로 모두 천착한 것이다."

○ 訓.

훈고이다.

朱註

'不以兵車', 言不假威力也. '如其仁', 言誰如其仁者, 又再言以深許之.

'불이병거(不以兵車 : 병거로써 하지 않음)'는 위세와 무력을 빌리지 않음을 말한다. '여기인(如其仁 : 누가 그 인과 같으리오)'은 누가 그 인(仁)과 같을 것인가를 말함이니, 또 두 번 말하여 깊이 허여한 것이다.

詳說

○ 蔡氏曰 : "子路以忽爲殺身成仁, 仲爲未仁, 夫子答以忽, 豈能如仲之仁乎? 是以忽·仲, 比而言之, 非汎許仲以仁也."[265]

數. 桓公之會, 不止於九, 則又因不以兵車之文而爲之. 說曰: 衣裳之會, 九; 餘則兵車之會也, 公·穀以来, 皆爲是說, 可謂鑿矣.'" 또한 『사서혹문(四書或問)』 권19, 「논어·헌문(憲問)제14·혹문관중불사지설(或問管仲不死之說)」에 실려 있는 내용은 다음과 같다. "曰 : '九之爲糾, 何也?' 曰 : '『春秋傳』, 展喜犒師之詞云爾, 而糾, 合, 宗族之類, 若此者, 亦甚衆也. 說者不考其然, 乃直以爲九會諸侯至數, 桓公之會, 不止於九, 則又因不以兵車之文而爲之. 說曰: 衣裳之會九爾, 其餘則兵車之會也. 自公·穀以來, 皆爲是說, 亦可謂鑿之甚矣.'"

262) 의상(衣裳)의 회맹 : 나라와 나라 사이에 예로써 사귀는 회맹(會盟)이니, 병거지회(兵車之會)와 서로 반대가 된다.

263) 병거(兵車)의 회맹 : 정벌하는 일로 인하여 회맹(會盟)한 제후를 말한다.

264) 『춘추공양전(春秋公羊傳)』과 『춘추곡량전(春秋穀梁傳)』 : 형병(邢昺)의 『논어주소(論語注疏)』에 의하면, "言九合者, 『史記』云: '兵車之會三, 乘車之會六'; 『穀梁傳』云: '衣裳之會十有一.'"이라 하였고, 앞에서 본 주자의 『논어집주(論語集註)』에는 "九, 『春秋傳』作'糾', 督也, 古字通用."이라고 하였다.

265) 호광 편(胡廣 編), 『논어집주대전(論語集註大全)』「헌문(憲問)」의 내용은 다음과 같다. "蔡氏曰 : '子路擧忽之死·仲之不死, 是以忽爲殺身成仁; 仲爲未仁, 夫子答以仲有仁之功如此, 忽豈能如仲之仁乎? 是以忽·仲比而言之, 非泛許仲以仁也. 下章匹夫婦之諒, 亦指忽而言.'"

'언수여기인자(言誰如其仁者 : 누가 그 인과 같을 것인가를 말함)'에 대해, 채씨(蔡氏 : 蔡模)[266]가 말하였다. "자로(子路)가 소홀(召忽)로써 살신성인(殺身成仁)으로 여기고, 관중(管仲)으로써 어질지 못함으로 여겼으나, 공자가 소홀로써 대답하였다고 해서 어찌 관중의 인(仁)과 같을 수 있겠는가? 이 때문에 소홀과 관중으로써 비교하여 말하였지만, 관중을 인(仁)으로써 두루 허여한 것은 아니다."

○ 朱子曰 : "夫子以不死之未仁, 不如九合之仁也."[267]

주자(朱子 : 朱熹)가 말하였다. "공자는 관중의 죽지 않은 어질지 못함이 환공의 구합(九合)의 인(仁)만 같지 못하다고 여겼다."

○ 釋畢.

경문의 풀이가 끝났다.

○ 此下, 又以論申釋.

이 아래에서 또 경문의 의미 설명으로 거듭 풀이하였다.

朱註

蓋管仲雖未得爲仁人, 而其利澤及人, 則有仁之功矣.

대개 관중(管仲)이 비록 어진 사람이 되지는 못하지만, 그 이로운 혜택이 사람들에게 미쳤으니, 곧 인(仁)의 공로가 있는 것이다.

詳說

○ 全體之仁.

'인인(仁人 : 어진 사람)'은 전체의 인이다.

○ 慶源輔氏曰 : "無所殺傷."[268]

---

266) 채모(蔡模 : 1188~1246) : 남송 시대 학자로 자가 중각(仲覺)이고, 호가 각헌(覺軒)이어서 학자들이 각헌선생(覺軒先生)이라고 불렀으며, 각헌 채씨(覺軒蔡氏) 또는 건안 채씨(建安蔡氏)라고도 일컬었다. 주자의 사위인 채침(蔡沈)의 큰 아들이다. 저서로는 『대학연설(大學演說)』·『논어집소(論語集疏)』·『맹자집소(孟子集疏)』·『역전집해(易傳集解)』·『속근사록(續近思錄)』·『하락탐신(河洛探頣)』 등이 있다.

267) 주희, 『회암집(晦庵集)』 권50, 「서(書)·답반공숙(答潘恭叔)」에 "夫子答子路爲未仁之問, 則稱九合之功. 曰: '如其仁', 以爲不死之未仁, 不如九合之仁也. 夫以九合之仁, 過於不死之未仁, 則夫子之意, 未真以不死爲非, 可知矣. 真, 一本作直."으로 되어 있다.

268) 호광 편(胡廣 編), 『논어집주대전(論語集註大全)』「헌문(憲問)」의 내용은 다음과 같다. "慶源輔氏曰 : '仁者存無一物之不體, 管仲之於德, 其違闕者多矣. 顧何足以語此? 然使桓公糾合諸侯,

‘이택급인(利澤及人 : 이로운 혜택이 사람들에게 미침)’에 대해, 경원 보씨(慶源輔氏 : 輔廣)가 말하였다. “죽이거나 다치게 한 것이 없다.”

○ 添‘之功’二字, 以輕其仁, 蓋仁之一事.

‘유인지공의(有仁之功矣 : 인의 공로가 있는 것)’는 ‘지공(之功)’ 두 글자를 보태서 그 인(仁)을 가볍게 한 것이니, 대개 인(仁)의 한 가지 일이다.

○ 朱子曰 : “漢高祖 · 唐太宗, 豈非仁者之功耶? 仲之功, 亦猶是也, 非予[269]仲之生而貶忽之死也.”[270]

주자(朱子 : 朱熹)가 말하였다. “한나라 고조(高祖)와 당나라 태종(太宗)이 어찌 어진 사람의 공로가 아니겠는가? 관중의 공로도 또한 이와 같으니, 관중이 산 것을 허여하고 소홀이 죽은 것을 폄하함은 아니다.”

○ 夫子不直以不死爲仁, 只以九合, 不以兵爲仁, 其不死之有遜於忽之成仁者, 則固自若耳.

공자는 다만 죽지 않은 것을 인(仁)으로 여긴 것이 아니며, 다만 구합(九合)함에 병거로써 하지 않은 것을 인(仁)으로 여긴 것이다. 그 죽지 않은 것이 소홀이 인(仁)을 이룬 것보다 손색(遜色)이 있으니, 곧 진실로 스스로 다름이 없을 뿐이다.

攘夷狄尊周室, 不假威力, 無所殺傷, 則利澤及人, 是亦仁者之功效矣.’”

269) 予 : 『사서혹문(四書或問)』에는 ‘與’자로 표기되어 있다.

270) 『주자어류(朱子語類)』 권44, 「논어26(論語二十六)」, 53조목의 내용은 다음과 같다. “亞夫問 : ‘管仲之心, 旣已不仁, 何以有仁者之功?’ 曰 : ‘如漢高祖 · 唐太宗, 未可謂之仁人. 然自周室之衰, 更春秋戰國以至暴秦, 其禍極矣! 高祖一旦出來平定天下, 至文 · 景時, 幾致刑措. 自東漢以下, 更六朝五胡以至於隋, 雖曰統一, 然煬帝繼之, 殘虐尤甚, 太宗一旦埽除, 以致貞觀之治. 此二君者, 豈非是仁者之功耶! 若以其心言之, 本自做不得這箇功業. 然謂之非仁者之功, 可乎? 管仲之功, 亦猶是也.(아부가 물었다. ‘관중의 마음은 이미 불인한데 무엇 때문에 인자의 공로가 있습니까?’ 주희가 말하였다. ‘한고조, 당태종 같은 사람들은 어진 사람이라 말하는 것이 옳지 않다. 그러나 주 왕실이 쇠퇴하고 춘추전국시대를 지나 포악한 진나라에 이르자 재앙이 극도에 달하였다. 고조가 어느 날 아침에 천하를 평정하려고 나왔고, 문제와 경제 때 이르러서는 거의 형벌을 멈추게 되었다. 동한 이래로 다시 육조와 오호시대를 지나 수나라에 이르러 통일되었다고는 하지만 양제가 이것을 이어 잔학함이 더욱 심해졌는데, 당나라 태종이 단번에 일소하고 ‘정관의 통치’를 이루었다. 이 두 군주는 어찌 인자의 공로가 아니겠는가? 만약 그 마음을 가지고 말한다면 본래 이 공업을 이루었다고 할 수 없다. 그러나 인자의 공이 아니라고 말하면 되겠는가? 관중의 공로도 이와 같은 것이다.’)” 『사서혹문(四書或問)』 권19, 「논어 · 헌문(憲問)제14 · 혹문관중불사지설(或問管仲不死之說)」에는 “夫子特以忽之功無足稱, 而其死不爲過仲之不死未害義, 而其功有足褒爾, 固非與仲之生而貶忽之死也.”라고 하였다.

[14-18-1]

子貢曰 : "管仲, 非仁者與. 桓公殺公子糾, 不能死, 又相之."
자공(子貢)이 말하였다. "관중(管仲)은 어진 사람이 아닌 것이다. 환공(桓公)이 공자(公子) 규(糾)를 죽였거늘 능히 죽지 못하고, 또 환공을 도왔구나."

朱註

'與', 平聲. '相', 去聲. 子貢意不死猶可, 相之則已甚矣.

'비인자여(非仁者與)'에서 '여(與)'자는 평성(平聲 : 의문어조사)이다. '우상지(又相之)'에서 '상(相)'자는 거성(去聲 : 돕다)이다. 자공(子貢)은 관중(管仲)이 죽지 않은 것은 오히려 괜찮으나, 환공(桓公)을 도운 것이 곧 너무 심한 일이라고 생각하였다.

詳說

○ '非'字, 是斷以己意之辭.
'자공의(子貢意)'는 '비인자여(非仁者與)'의 '비(非)'자가 자기 생각으로 추단한 일이다.

○ 幷其相桓而言, 故斷以爲非仁. 歸重之意, 在相之, 故不擧召忽之死.
'상지즉이심의(相之則已甚矣 : 도운 것이 곧 너무 심하였음)'는 그 환공(桓公)을 도운 것을 아울러서 말하였기 때문에 추단하여 인(仁)이 아니라고 여겼다. 중요하게 여기는 뜻이 도운 것에 있기 때문에 소홀(召忽)의 죽음을 거론하지 않았다.

○ 有釋無訓.
경문의 풀이는 있으나 훈고는 없다.

○ 慶源輔氏曰 : "子路勇者故, 以不死爲未仁; 子貢智者故, 以相桓爲非仁."271)
경원 보씨(慶源輔氏 : 輔廣)가 말하였다. "자로(子路)는 용맹한 사람이기 때문에 죽지 않음으로써 인(仁)이 되지 않는다고 하였으며, 자공(子貢)은 지혜로운 사람이기 때문에 환공을 도운 것으로써 인(仁)이 아니라고 한 것이다."

○ 按子路曰: '未仁', 以殿於後者, 主其事而言也; 子貢曰: '非仁'者, 以冠於上者, 主其人而言也.

---

271) 호광 편(胡廣 編), 『논어집주대전(論語集註大全)』「헌문(憲問)」의 내용은 다음과 같다. "慶源輔氏曰 : '子路勇者也, 故有取於召忽之死, 而以管仲之不死爲未仁; 子貢智者也, 故以仲之不死爲猶可, 而以其相桓爲已甚而非仁.'"

살펴보건대, 자로(子路)가 말하기를 '인(仁)이 되지 않는다.'를 뒤에 둔 것은 그 일을 중심으로 말한 것이고, 자공이 말하기를 '인(仁)이 아니다.'라고 한 것을 위에 머리로 둔 것은 그 사람을 중심으로 말한 것이다.

[14-18-2]

子曰 : "管仲相桓公霸諸侯, 一匡天下, 民到于今, 受其賜, 微管仲, 吾其被髮左衽矣.
공자가 말하였다. "관중(管仲)이 환공(桓公)을 도와서 제후의 으뜸이 되어 천하를 한 번 바로잡았으므로 백성들이 이제껏 그 준 것을 받고 있나니, 관중이 없었으면 우리가 그 머리털을 풀어헤치고 옷깃을 왼편으로 여미었을 것이다.

朱註

'被', 皮寄反. '衽', 而審反. '霸', 與'伯'同, 長也. '匡', 正也, 尊周室; 攘夷狄, 皆所以正天下也. '微', 無也. '衽', 衣衿也, '被髮左衽', 夷狄之俗也.
'오기피발좌임의(吾其被髮左衽矣)'에서 '피(被)'는 '피(皮)'와 '기(寄)'의 반절(反切)이고, '임(衽)'은 '이(而)'와 '심(審)'의 반절(反切)이다. '패(霸)'는 '백(伯)'과 같으니, 우두머리이다. '광(匡)'은 바로잡음이니, 주나라 왕실을 높이고 오랑캐들을 물리침이 모두 천하를 바로잡는 일이다. '미(微)'는 없음이다. '임(衽)'은 옷깃이니, '피발좌임(被髮左衽 : 머리털을 풀어헤치고 옷깃을 왼편으로 여밈)'은 오랑캐들의 풍속이다.

詳說

○ 義則從伯, 音則從霸也. 雖然, 伯亦有霸音.
'패, 여백동(霸, 與伯同 : 패는 백과 같음)'의 경우, 뜻은 백(伯)을 좇고, 음은 패(霸)를 좇는다. 비록 그렇지만 백(伯)에도 또한 패(霸)의 음이 있다.

○ 上聲.[272]

272) 호광 편(胡廣 編), 『논어집주대전(論語集註大全)』「헌문(憲問)」.

'장야(長也)'에서 '장(長)'자는 상성(上聲 : 우두머리)이다.

○ 受賜, 即免爲夷狄也.

'소이정천하야(所以正天下也 : 천하를 바로잡는 것이다)'는 그 준 것을 받으면 곧 오랑캐가 됨을 면하는 것이다.

○ 吾猶言吾人也.

'미, 무야(微, 無也 : 미는 없음이다)'는 내가 우리라고 말함과 같다.

○ 交衿也.

'임, 의금야(衽, 衣衿也 : 임은 옷깃이다)'는 양쪽 옷깃이다.

○ 訓兼釋.

훈고에 경문의 풀이를 겸하였다.

○ 朱子曰 : "時楚勢, 駸駸可畏, 治之少緩, 則中國皆爲夷狄."[273)]

주자(朱子 : 朱熹)가 말하였다. "당시에 초나라의 위세가 성대하여 두려워할 만하였으니, 다스림이 조금이라도 늦었다면 나라의 중심부까지 모두 오랑캐가 되었을 것이다."

○ 雲峰胡氏曰 : "此答子貢, 又相之."

운봉 호씨(雲峰胡氏 : 胡炳文)가 말하였다. "이는 자공(子貢)에게 대답하고, 또 그를 도와준 것이다."

○ 子路先擧不死, 後及未仁, 故夫子答其仁; 子貢先擧非仁, 後及相之, 故夫子答其相, 而仁之功, 在其中矣.

자로(子路)는 먼저 죽지 않은 것을 들고 뒤에 어질지 못함에 미쳤기 때문에 공자가 그 인(仁)으로 대답하였으며, 자공(子貢)은 먼저 인(仁)이 아닌 것을 들고 뒤에 환공(桓公)을 도운 것에 미쳤기 때문에 공자가 그 도운 것으로 대답하였는데, 인(仁)의 공로는 그 가운데 들어 있다.

○ 南軒張氏曰 : "若二子問: '管仲仁乎?' 則所以告之者, 異矣."[274)]

---

273) 호광 편(胡廣 編), 『논어집주대전(論語集註大全)』「헌문(憲問)」의 내용은 다음과 같다. "問 : '令尹子文, 陳文子之事, 則原其心而不與其仁, 至管仲則以其功而許其仁, 若有可疑者.' 朱子曰 : '管仲之功, 自不可泯沒, 聖人自許其仁者之功. 且聖人論人功過, 自不相掩功, 自還功過, 自還過, 所謂彼善於此, 則有之矣. 若以管仲比伊, 周固不可同日語, 若以當時大夫比之, 則在所當取. 當是之時, 楚之勢駸駸可畏, 治之少緩, 則中國皆爲夷狄. 故曰: 微管仲, 吾其被髮左衽矣.'"

274) 호광 편(胡廣 編), 『논어집주대전(論語集註大全)』「헌문(憲問)」의 내용은 다음과 같다. "南軒張氏曰 : '只爲子路疑其未仁, 子貢疑其非仁. 故擧其功以告之, 若二子問: 管仲仁乎, 則所以告之者, 異矣.'"

남헌 장씨(南軒張氏 : 張栻)가 말하였다. "만약 두 사람이 묻기를, '관중(管仲)이 인자합니까?'라고 하였다면 말해준 사안이 달랐을 것이다."

○ 朱子曰 : "南軒此說, 却當."

주자(朱子 : 朱熹)가 말하였다. "남헌(南軒)의 이 말은 도리어 마땅하다."

○ 論其人則器小, 論其世則功大.

그 사람을 논하면 기량(器量)이 작고, 그 세상을 논하면 공로(功勞)가 크다.

[14-18-3]

豈若匹夫匹婦之爲諒也, 自經於溝瀆而莫之知也?"

어찌 필부필부(匹夫匹婦)가 하찮은 의리를 위하여, 스스로 개천이나 도랑에서 목매어 죽어 사람들이 알아주지 못하는 것처럼 하겠는가?"

朱註

'諒', 小信也. '經', 縊也. '莫之知', 人不知也. 『後漢書』引此文, '莫'字上有'人'字.

'량(諒)'은 작은 믿음이다. '경(經)'은 목맴이다. '막지지(莫之知)'는 사람들이 알아주지 못함이다. 『후한서(後漢書)』에 이 문장을 인용하였는데, '막(莫)'자 위에 '인(人)'자가 있다.

詳說

○ 是'不諒'之諒, 非'友諒'之諒.

'량, 소신야(諒, 小信也 : 량은 작은 믿음이다)'는 '작은 믿음'[275]이라는 뜻의 량(諒)이고, '신실한 사람을 벗함'[276]이라는 뜻의 량(諒)이 아니다.

---

275) 작은 믿음 : 원문의 '不諒'에 대해, 『논어(論語)』「위령공(衛靈公)」에서 "子曰 : '君子貞而不諒.'"이라 하였고, 공안국(孔安國)이 "君子之人, 正其道耳, 言不必小信."이라고 해석하였다.

276) 신실한 사람을 벗함 : 원문의 '友諒'에 대해, 『논어(論語)』「계씨(季氏)」에서 "孔子曰 : '益者三友, 損者三友. 友直; 友諒; 友多聞, 益矣. 友便辟; 友善柔; 友便佞, 損矣.'"라 하였고, 그 『집주(集註)』에는 "友諒, 則進於誠."이라고 하였다.

○ 蔡氏曰："匹夫之諒, 指召忽."

채씨(蔡氏：蔡模)가 말하였다. "필부필부(匹夫匹婦)의 작은 믿음은 소홀(召忽)을 가리킨다."

○ 農巖曰："只汎指人."

농암(農巖：金昌協)[277]이 말하였다. "다만 두루 사람들을 가리키는 것이다."

○ 子貢之問, 本不及忽. 故謂之'汎指'. 雖然, 應劭亦已云然耳.

자공(子貢)의 물음은 본래 소홀(召忽)에게 미치지 않았다. 그러므로 '범지(汎指)'라고 이른 것이다. 비록 그러하나 응소(應劭)도 또한 이미 그렇다고 말하였을 뿐이다.

○ 音意.

''경', 의야('經', 縊也)'에서 '의(縊)'자는 음이 의(意)이다.

○ 宋范曄所撰.

'『후한서』'는 송나라 범엽(范曄)이 지은 것이다.

○ 「應劭傳」曰："召忽親死子糾之難, 而孔子曰: '經於溝瀆, 人莫之知.'"[278]

「응소전(應劭傳)」에서 말하였다. "소홀(召忽)이 직접 공자 규(糾)를 죽인 난리인데, 공자가 말하기를 '개천이나 도랑에서 목매어 죽어 사람들이 알아주지 못하는 것이다.'라고 하였다."

○ 有訓而無釋.

훈고는 있는데 경문의 풀이는 없다.

○ 雲峰胡氏曰："此答子貢, 不能死."[279]

---

277) 김창협(金昌協：1651~1708)：조선 숙종 때 학자로 자가 중화(仲和)이고, 호가 농암(農巖) 또는 삼주(三洲)이며, 본관이 안동(安東)이다. 좌의정을 지낸 김상헌(金尚憲)의 증손자이고, 영의정을 지낸 김수항(金壽恒)의 아들이며, 또한 영의정을 지낸 김창집(金昌集)의 아우이다. 1669년(현종10)에 진사시에 합격하고, 1682년(숙종8)에 증광 문과에서 장원으로 급제한 뒤 벼슬길에 올라 대사간까지 역임하고 기사환국(己巳換局) 때 부친이 죽은 이후로 포천에 은거하면서 학문에 몰두하였다. 저서로는 『주자대전차의문목(朱子大全箚疑問目)』·『논어상설(論語詳說)』·『오자수언(五子粹言)』·『이가시선(二家詩選)』·『농암집(農巖集)』 등이 있다.

278) 호광 편(胡廣 編), 『논어집주대전(論語集註大全)』「헌문(憲問)」의 내용은 다음과 같다. "後漢應劭, 字仲遠, 獻帝時, 奏議曰：'昔召忽親死子糾之難, 而孔子曰：'經於溝瀆, 人莫之知'."

279) 호광 편(胡廣 編), 『논어집주대전(論語集註大全)』「헌문(憲問)」의 내용은 다음과 같다. "雲峯胡氏曰：'管仲相桓公以下, 答子貢, 所謂又相之; 豈若匹夫以下, 答子貢, 所謂不能死. 蓋死則於子糾, 未有君臣之分, 當時未足以見其義, 相則爲天下正華夷之分, 而天下後世, 皆得以被其仁,

운봉 호씨(雲峰胡氏 : 胡炳文)가 말하였다. "이는 자공(子貢)에게 대답한 것이니, 잘 죽지 못한 것이다."

○ '若'字, 釋於'諒'下, 豈義貫至'知'下? 此與『孟子』尹士章文勢同.

'약(若)'자를 '량(諒)' 아래에서 풀이한다면 어찌 뜻이 관통하여 '지(知)' 아래에 이르겠는가? 이는 『맹자(孟子)』 윤사장(尹士章)280)의 문장 형세와 같다.

朱註

程子曰 : "桓公, 兄也; 子糾, 弟也. 仲, 私於所事, 輔之以爭國, 非義也. 桓公, 殺之雖過, 而糾之死實當. 仲, 始與之同謀, 遂與之同死, 可也. 知輔之爭爲不義, 將自免以圖後功, 亦可也. 故聖人不責其死, 而稱其功. 若使桓弟而糾兄, 管仲所輔者正, 桓奪其國而殺之, 則管仲之與桓, 不可同世之讎也.

정자(程子 : 程頤)가 말하였다. "환공(桓公)은 형이고, 공자 규(糾)는 아우이다. 관중(管仲)이 섬기는 사람을 사사로이 도와서 나라를 다투게 하였으니, 도의(道義)가 아니다. 환공이 공자 규를 죽인 것이 비록 지나쳤더라도 규의 죽임은 실로 마땅하였다. 관중이 비로소 공자 규와 함께 도모하였으니, 마침내 그와 함께 죽는 것이 옳았다. 환공을 도와 나라를 다툼이 의롭지 못함이 됨을 알아서 장차 스스로 벗어나 뒷날의 공을 도모한 것도 또한 옳았다. 그러므로 성인(聖人)이 그 죽음을 책망하지 않고 그 공로를 칭찬한 것이다. 만약 환공이 아우이고 규가 형이니 관중이 도운 것이 바른 일이지만, 환공이 그 나라를 빼앗고 죽였다면 관중은 환공에 대해서 세상을 같이할 수 없는 원수인 것이다.

詳說

○ 叔子.

仲蓋有以處此矣.'"

280) 『맹자(孟子)』 윤사장(尹士章) : 『맹자(孟子)』「공손추하(公孫丑下)」에서 "孟子去齊, 尹士語人曰 : '不識王之不可以爲湯 · 武, 則是不明也; 識其不可, 然且至, 則是干澤也. 千里而見王, 不遇故去, 三宿而後, 出晝, 是何濡滯也? 士則茲不悅.' 高子以告, 曰 : '夫尹士, 惡知予哉? 千里而見王, 是予所欲也. 不遇故去, 豈予所欲哉? 予不得已也. 予三宿而出晝, 於予心, 猶以爲速, 王庶幾改之, 王如改諸, 則必反予. 夫出晝而王不予追也, 予然後, 浩然有歸志. 予雖然, 豈舍王哉? 王由足用爲善, 王如用予, 則豈徒齊民安? 天下之民擧安. 王庶幾改之, 予日望之. 予豈若是小丈夫然哉? 諫於其君而不受則怒, 悻悻然見於其面, 去則窮日之力而後宿哉?' 尹士聞之曰 : '士誠小人也.'"라고 하였다.

'정자(程子)'는 동생 정이(程頤)이다.

○ 『漢書』「淮南王傳」曰 : "齊桓殺其弟, 以反國."281)

'환공, 형야; 자규, 제야(桓公, 兄也; 子糾, 弟也)'는 『한서(漢書)』「회남왕전(淮南王傳)」에서 말하였다. "제나라 환공(桓公)이 그 아우를 죽이고 나라로 돌아왔다."

○ 去聲.282)

'이규지사실당(而糾之死實當)'에서 '당(當)'자는 거성(去聲 : 마땅함)이다.

○ 朱子曰 : "亦是可."

'수여지동사, 가야(遂與之同死, 可也 : 마침내 그와 함께 죽는 것이 옳았다)'에 대해, 주자(朱子 : 朱熹)가 말하였다. "또한 옳은 일이다."

○ 朱子曰 : "可之大者也, 孟子曰: '可以死, 可以無死'283), 始見其可死, 又細思之, 見其可以無死, 即是此意."284)

'지보지쟁위불의, 장자면이도후공, 역가야(知輔之爭爲不義, 將自免以圖後功, 亦可也 : 환공을 도와 나라를 다툼이 의롭지 못함이 됨을 알아서 장차 스스로 벗어나 뒷날의 공을 도모한 것도 또한 옳았다)'에 대해, 주자(朱子 : 朱熹)가 말하였다. "옳음의 큰 것이니, 맹자(孟子)가 말하기를, '죽을 만하고 죽지 않을 만하다.'라는 것은 비로소 그 죽을 만한 것을 보이고, 또 세밀하게 생각함에 죽지 않을 만함을 보였으니, 곧 이 뜻이다."

○ 按 或曰 : "'可也', 爲第一義; '亦可也', 爲第二義." 恐非夫子本文 · 程子本說之意. 此'亦'字, 不必泥於文勢. 雖然, 以程子正權之云, 朱子予貶之云, 思之或說, 亦似有理.

살펴보건대, 어떤 사람이 말하기를 "'가야(可也 : 옳음)'는 제일의(第一義)가 되고, '역가야(亦可也 : 또한 옳음)'는 제이의(第二義)가 된다."라고 하였는데, 아마도 공자의 경문과 정자(程子)의 본설의 뜻은 아닐 것이다. 이 '역(亦)'자는 반드시 글의 형세를 흐린다. 비록 그러하나 정자는 정확한 표준으로써 말하였고, 주자는 허여하고 폄하함으로써 말하였으며, 어떤 사람의 해설을 생각해 보면 또한 일리가 있

---

281) 호광 편(胡廣 編), 『논어집주대전(論語集註大全)』「헌문(憲問)」에 관련 내용이 실려 있다.

282) 호광 편(胡廣 編), 『논어집주대전(論語集註大全)』「헌문(憲問)」.

283) 『맹자(孟子)』「이루하(離婁下)」에서 "孟子曰 : '可以取, 可以無取, 取傷廉; 可以與, 可以無與, 與傷惠; 可以死, 可以無死, 死傷勇.'"이라 하였다.

284) 호광 편(胡廣 編), 『논어집주대전(論語集註大全)』「헌문(憲問)」의 내용은 다음과 같다. "問 : '程子可也 · 亦可也二說.' 朱子曰 : '前說亦是可, 但自勉以圖功, 則可之大者.' 又問 : '孟子可以死 · 可以無死, 始見其可死; 後細思之, 又見其可以無死, 則前之可者, 爲不可矣.' 曰 : '便即是此意.'"

는 것 같다.

○ 朱子曰 : "召忽之死, 爲守節; 仲之不死, 爲改過."[285]

주자(朱子 : 朱熹)가 말하였다. "소홀(召忽)의 죽음은 절개를 지킨 일이 되고, 관중(管仲)의 죽지 않음은 허물을 고침이 된다."

○ 又曰 : "仲, 糾之傅, 非糾之臣, 乃齊臣也. 桓公當立, 則桓乃吾君, 所當事也."[286]

주자(朱子 : 朱熹)가 또 말하였다. "관중은 공자 규의 스승이고 규의 신하가 아니니, 바로 제나라 사람이다. 환공이 마땅히 등극해야 하니, 곧 환공이 바로 나의 임금이고, 마땅히 섬겨야 할 사람이었다."

朱註

若計其後功而與其事桓, 聖人之言, 無乃害義之甚, 啓萬世反覆不忠之亂乎? 如唐之王珪, 魏徵, 不死建成之難, 而從太宗, 可謂害於義矣. 後雖有功, 何足贖哉?"

만약 공자가 그 뒷날의 공을 헤아려서 환공을 섬김을 허여하였다면, 성인의 말은 바로 도의를 해침이 심하여 오랜 세월 동안 뒤집어 엎어지고 충성스럽지 못한 반란을 열었음이 없었겠는가? 당나라의 왕규(王珪)와 위징(魏徵)은 태종(太宗 : 李世民)의 형인 건성(建成)의 난리에 죽지 않고 태종(太宗)을 좇았으니, 도의를 해쳤다고 이를 수 있다. 뒷날에 비록 공이 있어도 어찌 속죄할 수 있겠는가?

詳說

○ '與', 許也.

'약계기후공이여(若計其後功而與)'에서 '여(與)'는 허여함이다.

---

285) 호광 편(胡廣 編), 『논어집주대전(論語集註大全)』「헌문(憲問)」의 내용은 다음과 같다. "問 : '仲始同糾謀, 雖有可死之道, 而桓兄當立, 則無不可事之理. 蓋仲雖糾之傅, 然非糾之臣, 乃齊臣也. 桓公當立, 則桓乃吾君, 所當事也. 但仲之罪, 乃在不能諫糾之爭, 而反輔糾以爭耳. 是其不死, 殆知前之爭爲不義, 而非求爭之比也. 故夫子答子路未仁之問, 曰: 如其仁以爲不死之未仁, 不如九合之仁也; 答子貢非仁之問, 則曰: 豈若匹夫匹婦之爲諒, 自經於溝瀆而莫之知, 豈若云者. 是以仲之不死過於死也. 故嘗以程子之說爲正, 而以召忽之死爲守節; 仲之不死爲改過.' 曰 : '此論甚善, 但仲之意, 未必不出於求生, 然其時義尚有可生之道, 未至於害仁耳.'"

286) 호광 편(胡廣 編), 『논어집주대전(論語集註大全)』「헌문(憲問)」의 내용에서 발췌하였다.

○ 音福.

‘계만세반복불충지란호(啓萬世反覆不忠之亂乎)’에서 ‘복(覆)’자는 음이 복(福)이다.

○ ‘若使’以下, 假設之言.

‘약사(若使)’ 아래[287]는 가설적인 말이다.

○ 以起下文王·魏之事.

‘반복불충(反覆不忠 : 뒤집어엎어지고 충성스럽지 못함)’은 아랫글의 왕규(王珪)와 위징(魏徵)의 일을 일으킨 것이다.

○ ‘王珪’, 太子中允.

‘왕규(王珪)’는 태자 중윤(中允)이다.

○ ‘魏徵’, 太子洗馬.

‘위징(魏徵)’은 태자의 세마(洗馬 : 先馬. 官名)였다.

○ ‘建成’, 太子兄也.

‘건성(建成)’은 태자(太子 : 李世民)의 형이다.

○ 去聲.

‘불사건성지난(不死建成之難)’에서 ‘난(難)’자는 거성(去聲 : 난리)이다.

○ 事也.

‘이종태종(而從太宗)’에서 ‘종(從)’자는 섬김이다.

○ 秦王弟也.

‘태종(太宗)’은 진(秦)나라 왕의 아우이다.

○『大全』曰 : “輔太宗, 致太平.”[288]

‘후수유공(後雖有功 : 뒤에 비록 공이 있더라도)’에 대해, 『논어집주대전』에서 말하였다. “태종을 보좌하여 태성성대를 이룬다.”

○ ‘何足贖哉?’, 贖事讐之罪.

‘하족속재?(何足贖哉? : 어찌 속죄할 수 있겠는가?)’는 원수를 섬긴 죄를 갚는 일이다.

---

287) ‘약사(若使)’ 아래 : “若使桓弟而糾兄, …… 聖人之言, 無乃害義之甚, 啓萬世反覆不忠之亂乎?”를 말한다.

288) 호광 편(胡廣 編), 『논어집주대전(論語集註大全)』「헌문(憲問)」.

○ 按 程子說以天倫斷之.

살펴보건대, 정자(程子)의 해설은 천륜(天倫)으로써 단언한 것이다.

朱註

愚謂, 管仲, 有功而無罪, 故聖人獨稱其功; 王·魏, 先有罪而後有功, 則不以相掩, 可也.

나는 생각하건대, 관중은 공이 있고 죄가 없기 때문에 성인(聖人)이 오직 그 공을 칭찬하였으며, 왕규와 위징은 먼저 죄가 있고 뒤에 공이 있었으니, 곧 서로 덮어 주지 않는 것이 옳다.

詳說

○ 旣不能以罪而掩功, 況可以功而掩罪乎

'불이상엄(不以相掩 : 서로 덮어 주지 않는 것)'에서 볼 때, 이미 지은 죄로써 공을 가릴 수가 없거늘, 공으로써 죄를 가릴 수 있겠는가?

○ 此申程子說, 末二句功罪之論.

이는 정자(程子)의 해설과 끝 두 구절의 공(功)과 죄(罪)의 논변을 거듭 펼친 것이다.

[14-19-1]

公叔文子之臣大夫僎, 與文子, 同升諸公.
공숙문자(公叔文子)의 가신 대부 선(僎)이 문자(文子)와 더불어 같이 공당(公堂) 조정에 올랐다.

朱註

'僎', 士免反. '臣', 家臣. '公', 公朝,
'대부선(大夫僎)'에서 '선(僎)'은 '사(士)'와 '면(免)'의 반절(反切)이다. '신(臣)'은 가신이다. '공(公)'은 공당(公堂)의 조정이니,

詳說

○ 音潮.289)
'공조(公朝)'에서 '조(朝)'자는 음이 조(潮)이다.

○ 訓畢.
훈고가 끝났다.

朱註

謂薦之, 與己同進, 爲公朝之臣也.
그를 천거하여 자기와 함께 나아가서 공당 조정의 신하가 됨을 이른 것이다.

詳說

○ '薦之', 文子薦僎也, 驟看本文, 有似於主僎而言. 故註添此二字, 以見其主文子言耳.
'천지(薦之)'는 문자(文子)가 선(僎)을 천거함이니, 갑자기 본문을 보면 선(僎)을 중심으로 하여 말한 것 같다. 그러므로 주석에 이 두 글자를 보태서 문자(文子)를 중심으로 하여 말하였을 뿐임을 보였다.

○ 釋.
경문의 풀이다.

○ 起自家臣至大夫者, 固多矣, 而其所事大夫, 薦而同升, 則蓋鮮矣.
가신(家臣)으로부터 몸을 일으켜서 대부에 이른 사람은 진실로 많으나, 섬기는 대

---

289) 호광 편(胡廣 編), 『논어집주대전(論語集註大全)』「헌문(憲問)」.

부가 천거하여 함께 공당 조정에 오른 것은 대개 드물다.

[14-19-2]

子聞之曰 : "可以爲文矣."
공자가 그것을 듣고 말하였다. "문(文)이라고 할 만하도다."

詳說

○ 新安陳氏曰 : "於其旣謚之後, 聞其嘗有此事, 謂無愧於文謚耳."[290]
신안 진씨(新安陳氏 : 陳櫟)가 말하였다. "이미 시호(謚號)를 지어준 뒤에 일찍이 이 일이 있음을 들었으니, 문(文)이라는 시호에 부끄러움이 없다고 이를 뿐이다."

朱註

'文'者, 順理而成章之謂, 謚法, 亦有所謂'錫民爵位曰文'者.
'문(文)'이라는 것은 도리에 순종하여 문채(文彩)를 이룬 것을 이르니, 시호 짓는 법에 또한 이른바 '백성에게 벼슬과 지위를 내려 줌을 문(文)이라고 한다.'라는 것이 있다.

詳說

○ 胡氏曰 : "薦才德, 順理也; 與之同列, 成章也."[291]
'문자, 순리이성장지위(文者, 順理而成章之謂 : 문이라는 것은 도리에 순종하여 문채를 이룬 것을 이름)'에 대해, 호씨(胡氏 : 胡泳)가 말하였다. "재덕(才德) 있는 사람

---

290) 호광 편(胡廣 編), 『논어집주대전(論語集註大全)』「헌문(憲問)」의 내용은 다음과 같다. "新安陳氏曰 : '說者, 以文子得謚之, 故見諸「檀弓」. 夫子聞其與家臣同升諸公, 則是文子薦僎之時, 非身後也. 謚法, 錫民爵位曰文, 蓋後人用孔子之意, 以爲謚爾, 此過論也. 蓋孔子於其旣謚之後, 聞其嘗有此薦賢之美事, 故稱此一事, 而謂可以無愧於文之謚耳, 豈可於其人之身存而預議其謚哉?'"

291) 호광 편(胡廣 編), 『논어집주대전(論語集註大全)』「헌문(憲問)」의 내용은 다음과 같다. "胡氏曰 : '其才德, 足以爲大夫, 而薦之爲大夫, 順理也; 以家臣之賤, 而與之同列, 無慊焉, 成章也. 彼錫民爵位, 特其迹爾.'"

을 천거함이 순리(順理)이고, 그와 함께 조정에 서는 것이 성장(成章)이다."

○ 賤稱.

'석민(錫民 : 백성에게 내려줌)'에서 '민(民)'은 천하게 일컬은 것이다.

○ 訓而兼釋.

훈고하면서 경문의 풀이를 겸하였다.

○ 孔文子章, 謂字主他人而言, 故專以謚法釋之; 此章, 爲字主其人而言, 故先言其順理成章之德然後, 以餘意及謚法.

공문자장(孔文子章)[292]에서는 자(字)가 다른 사람을 중심으로 말하였기 때문에 오로지 시법(謚法)으로 풀이하였고, 이 장에서는 자(字)가 그 사람을 중심으로 말하였기 때문에 먼저 그 도리에 순응하고 문채를 이룬 덕을 말한 뒤에 나머지 뜻으로 시법에 미친 것이다.

朱註

○ 洪氏曰 : "家臣之賤而引之, 使與己, 幷有三善焉, 知人一也, 忘己二也, 事君三也."

홍씨(洪氏 : 洪興祖)가 말하였다. "가신(家臣)이 천한데도 이끌어서 자기와 함께 하도록 한 것에는 세 가지의 선(善)을 아우르고 있으니, 사람을 알아본 것이 첫 번째이고, 자기를 잊은 것이 두 번째이고, 임금을 섬긴 것이 세 번째이다."

詳說

○ 慶源輔氏曰 : "有是知·公·忠三者, 則理順章成, 粲然可觀矣. 然文王之文, 擧全體而言; 此與孔文子之文, 取一事而言."[293]

경원 보씨(慶源輔氏 : 輔廣)가 말하였다. "이 지(知)와 공(公)과 충(忠)의 세 가지가 있는 것은 도리에 순응하고 문채를 이룸이 찬연하여 볼만하다. 그러나 문왕(文王)

---

292) 공문자장(孔文子章) : 『논어(論語)』「공야장(公冶長)」에서 "子貢問曰 : '孔文子, 何以謂之文也?' 子曰 : '敏而好學, 不恥下問. 是以謂之文也.'"라 하였고, 그 『집주(集註)』에서 "孔文子, 衛大夫, 名圉. 凡人性敏者, 多不好學; 位高者, 多恥下問. 故謚法, 有以勤學好問, 爲文者, 蓋亦人所難也. 孔圉得謚爲文, 以此而已."라고 하였다.

293) 호광 편(胡廣 編), 『논어집주대전(論語集註大全)』「헌문(憲問)」의 내용은 다음과 같다. "慶源輔氏曰 : '知人, 智也; 忘己, 公也; 事君, 忠也, 有是三者, 則理順章成, 而粲然可觀矣. 安得不謂之文哉? 然文王之文, 擧全體而言; 此與孔文子之文, 取一事而言.'"

의 문(文)은 전체를 들어서 말하였고, 이는 공문자(孔文子)의 문(文)과 더불어 한 가지 일을 취하여 말하였다."

○ '同升', 此章之題目.

'동승(同升 : 같이 오르다)'이 이 장의 제목이다.

[14-20-1]

子言衛靈公之無道也, 康子曰 : "夫如是, 奚而不喪?"
공자가 위나라 영공(靈公)의 도리에 어긋남을 말하였더니, 강자(康子)가 말하였다. "대저 이와 같은데도 어찌하여 지위를 잃지 않는 것입니까?"

朱註

'夫', 音扶. '喪', 去聲, 下同. '喪', 失位也.
'부여시(夫如是)'에서 '부(夫)'자는 음이 부(扶)이다. '해이불상(奚而不喪)'에서 '상(喪)'자는 거성(去聲 : 상실하다)이니, 아래도 같다. '상(喪)'은 지위를 잃음이다.

詳說

◯ 有訓而無釋.
훈고는 있는데 경문의 풀이는 없다.

◯ 猶言'何故'也.
'해(奚)'는 '하고(何故)'라고 말함과 같다.

◯ 對康子而言靈公無道者, 蓋以發康子之問, 而欲其用賢才耳.
강자(康子)를 대함에 영공(靈公)이 도리에 어긋남을 말한 것이니, 대개 강자의 물음을 드러내서 그 현명하고 재주 있는 사람을 등용하고자 하였을 뿐이다.

[14-20-2]

孔子曰 : "仲叔圉, 治賓客; 祝鮀, 治宗廟; 王孫賈, 治軍旅, 夫如是, 奚其喪?"
공자가 말하였다. "중숙어(仲叔圉)는 빈객을 다스리고, 축타(祝鮀)는 종묘를 다스리고, 왕손가(王孫賈)는 군대를 다스리니, 대저 이와 같거늘 어찌 그 지위를 잃겠는가?"

詳說

◯ 上云'子'者, 記者之辭, 此云'孔子'者外, 康子之辭. '治', 猶掌也.

위에서 '자(子)'라고 이른 것은 기록한 사람의 말이고, 여기서 '공자(孔子)'라고 이른 것 외는 강자(康子)의 말이다. '치(治)'는 장(掌 : 管掌함)과 같다.

朱註

仲叔圉, 卽孔文子也.
중숙어(仲叔圉)는 곧 공문자(孔文子)이다.

詳說

○ 訓.
훈고이다.

朱註

三人, 皆衛臣, 雖未必賢, 而其才可用, 靈公用之, 又各當其才.
세 사람은 모두 위나라 신하이니, 비록 반드시 현명하지 못하였으나 그 재주는 쓸 만하여 영공(靈公)이 이들을 씀에 또 각각 그 재주에 맞추었다.

詳說

○ 以德言.
'현(賢)'은 덕으로써 말한 것이다.

○ 去聲.294)
'우각당기재(又各當其才)'에서 '당(當)'자는 거성(去聲 : 맞추다)이다.

○ 雙峰饒氏曰 : "朝聘無失禮, 緩急有備, 神人胥悅, 三者國之大本, 故得其人, 亦可以無喪."295)
'각당기재(各當其才 : 각각 그 재주에 맞추었음)'에 대해, 쌍봉 요씨(雙峰饒氏 : 饒魯)가 말하였다. "조빙(朝聘)에 실례함이 없으며, 일의 완급(緩急)에 대비함이 있으며, 귀신과 사람이 서로 기뻐하니, 세 가지의 것은 나라의 큰 근본이기 때문에 그

---

294) 호광 편(胡廣 編), 『논어집주대전(論語集註大全)』「헌문(憲問)」.

295) 호광 편(胡廣 編), 『논어집주대전(論語集註大全)』「헌문(憲問)」의 내용은 다음과 같다. "雙峯饒氏曰 : '治賓客, 得其人, 則朝聘往来之際, 無失禮於鄰國, 而不至於啓釁召禍; 治軍旅, 得其人, 則緩急有備, 而敵國不敢窺; 治宗廟, 得其人, 則籩豆靜嘉, 牲牷肥腯, 神人胥悅, 尤繫屬人心之本也. 三者皆國之大本, 故得其人, 亦可以無喪.'"

인재를 얻으면 또한 잃음이 없게 되는 것이다."

○ 釋畢.

경문의 풀이가 끝났다.

○ 胡氏曰:"圉卽敏學好問者; 賈卽問奧竈者; 鮀卽佞者. 然事神治軍, 各有所處."[296]

호씨(胡氏:胡泳)가 말하였다. "중숙어(仲叔圉)는 곧 민첩하면서도 배우고 묻기를 좋아한 사람이며,[297] 왕손가(王孫賈)는 아랫목 귀신과 부엌 귀신을 물은 사람이며,[298] 축타(祝鮀)는 곧 말재주 있는 사람이다.[299] 그러나 귀신을 섬기고 군대를 다스리는 데 각각 자리함이 있었다."

○ 鄭氏舜擧曰:"子適衛者五, 蓋以靈公善用人, 庶有爲耳."[300]

정순거(鄭舜擧:鄭汝諧[301])가 말하였다. "공자(孔子)가 위나라에 간 것이 다섯 번이니, 대개 영공(靈公)이 사람을 잘 등용한 것은 거의 재주가 있었기 때문일 뿐이다."

---

296) 호광 편(胡廣 編), 『논어집주대전(論語集註大全)』「헌문(憲問)」의 내용은 다음과 같다. "胡氏曰:'圉卽敏學好問者; 賈卽問奧竈者; 鮀卽以佞免於今世者. 如圉幾矣, 賈之竊權, 鮀之善佞, 治世之罪人也. 然事神治軍, 各有所長, 而用之使各得, 以盡其所長耳.'"

297) 중숙어(仲叔圉)는 곧 민첩하면서도 배우고 묻기를 좋아한 사람이며:『논어(論語)』「공야장(公冶長)」에서 "자공이 물었다. '공문자는 어찌하여 문이라고 이르셨습니까?' 공자가 말하였다. '민첩하면서 배우기를 좋아하며, 아랫사람에게 묻기를 부끄러워하지 않았다. 이 때문에 문이라고 이른 것이다.'(子貢問曰:'孔文子, 何以謂之文也?' 子曰:'敏而好學, 不恥下問. 是以謂之文也.')"라고 하였다.

298) 왕손가(王孫賈)는 아랫목 귀신과 부엌 귀신을 물은 사람이며:『논어(論語)』「팔일(八佾)」에서 "왕손가가 물었다. '아랫목 귀신에게 잘 보이기보다는 차라리 부엌 귀신에게 잘 보이는 편이 낫다고 하였으니, 무엇을 이른 것입니까?' 공자가 말하였다. '아랫목 귀신이나 부엌 귀신에게 아첨하는 것은 옳지 않다. 하늘의 죄를 얻으면 빌 곳이 없도다.'(王孫賈問曰:'與其媚於奧, 寧媚於竈, 何謂也?' 子曰:'不然. 獲罪於天, 無所禱.')"라고 하였다.

299) 축타(祝鮀)는 곧 말재주 있는 사람이다:『논어(論語)』「옹야(雍也)」에서 "공자가 말하였다. '축타의 말재주와 송조의 미모를 갖고 있지 않으면 지금 세상에서 환난을 면하기 어려울 것이다.'(子曰:'不有祝鮀之佞, 而有宋朝之美, 難乎免於今之世矣.')"라고 하였다.

300) 호광 편(胡廣 編), 『논어집주대전(論語集註大全)』「헌문(憲問)」의 내용은 다음과 같다. "鄭氏舜擧曰:'子適衛者五, 蓋有拳拳之意焉, 亦以靈公善用人, 庶或可以有爲爾.'"

301) 정여해(鄭汝諧:1126~1205):송나라 때의 학자로 자가 순거(舜擧) 또는 고괄(古括)이고, 호가 동곡(東谷) 또는 동곡거사(東谷居士)이며, 청전현성(青田縣城) 사람이다. 송나라 소흥(紹興) 27년(1157)에 진사에 급제하고, 건도(乾道) 4년(1168) 양절전운판관(兩浙轉運判官)에 임명되었는데, 절동(浙東) 일대에 연이어 가뭄과 기근(饑饉)이 들자 민간을 살피어 구휼하는 치적을 쌓았다. 저서로는 『동곡역익전(東谷易翼傳)』·『논어의원(論語意源)』·『동곡집(東谷集)』 등이 있다.

朱註

尹氏曰 : "衛靈公之無道, 宜喪也, 而能用此三人, 猶足以保其國, 而況有道之君, 能用天下之賢才者乎? 『詩』曰 : '無競維人, 四方其訓之.'"

윤씨(尹氏 : 尹焞)가 말하였다. "위나라 영공(靈公)의 도리에 어긋남은 마땅히 지위를 잃을 감인데, 능히 이 세 사람을 등용하여 오히려 그 나라를 보전할 수 있었거늘, 하물며 바른 도리를 펼치는 임금이 능히 천하의 뛰어난 재능을 가진 사람들을 등용함이겠는가? 『시경(詩經)』에서 말하였다. '견줄 수 없는 인재라면 사방에서 그를 본받으리라.'"

詳說

○ 「抑」.302)

'『시(詩)』'는 「억(抑)」이다.

○ 『大全』曰 : "莫強於用人, 則四方其以爲訓矣."303)

'무경유인, 사방기훈지(無競維人, 四方其訓之)'에 대해, 『논어집주대전』에서 말하였다. "사람을 등용함에 막강하면 사방에서 모범으로 삼을 것이다."

○ 猶法也.

'훈(訓)'은 법(法)과 같다.

○ '不喪', 此章之題目.

'불상(不喪 : 지위를 잃지 않다)'이 이 장의 제목이다.

---

302) 호광 편(胡廣 編), 『논어집주대전(論語集註大全)』「헌문(憲問)」에서 "『詩』「大雅 · 抑」之篇."이라 하였다. 『시경(詩經)』「대아(大雅) · 억(抑)」의 부분 내용은 다음과 같다. "無競維人, 四方其訓之; 有覺德行, 四國順之."

303) 호광 편(胡廣 編), 『논어집주대전(論語集註大全)』「헌문(憲問)」의 내용은 다음과 같다. "競, 强也, 言莫强於用人, 則四方其以爲訓矣."

[14-21-1]

子曰:"其言之不怍, 則爲之也, 難."
공자가 말하였다. "그 말함을 부끄러워하지 않으면 행하는 것이 어렵다."

朱註

大言不慚, 則無必爲之志, 而自不度其能否矣, 欲踐其言, 豈不難哉?
큰 소리를 부끄러워하지 않으면 반드시 행하려는 의지가 없어서 스스로 그 능함과 능하지 못함을 헤아리지 못할 것이니, 그 말을 실천하고자 해 봤자 어찌 어렵지 않겠는가?

詳說

○ 入聲.[304]
'이자불탁기능부의(而自不度其能否矣)'에서 '탁(度)'자는 입성(入聲 : 헤아리다)이다.

○ 襯爲字.
'천(踐)'은 '위(爲)'자에 가깝다.

○ 有釋而無訓.
경문의 풀이는 있으나 훈고는 없다.

○ 新安陳氏曰:"輕於言者, 必不力於行, 此必有爲而言."[305]
신안 진씨(新安陳氏 : 陳櫟)가 말하였다. "말을 가벼이 하는 사람은 반드시 행함에 힘쓰지 않으니, 이는 반드시 재주가 있어서 말하는 것이다."

○ '其'者, 指人之辭.
'기(其)'라는 것은 사람을 가리키는 말이다.

304) 호광 편(胡廣 編), 『논어집주대전(論語集註大全)』「헌문(憲問)」에는 "度, 音鐸."이라고 하였다.
305) 호광 편(胡廣 編), 『논어집주대전(論語集註大全)』「헌문(憲問)」.

[14-22-1]

陳成子, 弑簡公,
진성자(陳成子)가 간공(簡公)을 시해하였거늘[306)]

朱註

'成子', 齊大夫, 名恒. '簡公', 齊君, 名壬.
'성자(成子)'는 제나라 대부이니, 이름이 항(恒)이다. '간공(簡公)'은 제나라 임금이니, 이름이 임(壬)이다.

詳說

○ 下云'陳恆'者, 孔子討罪告君之辭; 此云'陳成子'者, 從時俗之恆稱, 猶云'崔子'也.
아래에서 '진항(陳恒)'이라고 이른 것은 공자가 죄를 따져 꾸짖고 임금에게 아뢰는 말이며, 여기서 '진성자(陳成子)'라고 이른 것은 세상 사람들의 진항(陳恒) 호칭을 좇은 것이니 '최자(崔子)'[307)]라고 이르는 것과 같다.

○ 訓畢.
경문의 풀이가 끝났다.

朱註

事在『春秋』「哀公」十四年.
일이 『춘추좌전(春秋左傳)』「애공(哀公)」 14년 기사에 들어 있다.

詳說

○ 是亦釋也.
이 또한 경문의 풀이이다.

306) 진성자(陳成子)가 간공(簡公)을 시해하였거늘 : 호광 등(胡廣 等), 『춘추대전(春秋大全)』 권28에 있는 내용은 다음과 같다. "陳恒弑簡公, 孔子沐浴而朝, 告於哀公, 請討之, 公曰 : '告夫三子者.' 子曰 : '以吾從大夫之後, 不敢不告也.' 之三子, 告, 不可, 子曰 : '以吾從大夫之後, 不敢不告也.'"

307) 최자(崔子) : 『논어(論語)』「공야장(公冶長)」에서 "'崔子弑齊君, 陳文子有馬十乘, 棄而違之, 至於他邦, 則曰 : 「猶吾大夫崔子也」, 違之, 之一邦, 則又曰 : 「猶吾大夫崔子也」, 違之, 何如?' 子曰 : '清矣.' 曰 : '仁矣乎?' 曰 : '未知. 焉得仁?'"라 하였고, 그 『집주(集註)』에서 "崔子, 齊大夫, 名杼."라고 하였다.

[14-22-2]

孔子沐浴而朝, 告於哀公曰 : "陳恒弑其君, 請討之."
공자가 목욕하고 조회하여 애공(哀公)에게 아뢰었다. "진항(陳恒)이 그 임금을 시해하였으니 청컨대 치소서."

朱註

'朝', 音潮. 是時, 孔子致仕居魯. 沐浴齊戒, 以告君, 重其事而不敢忽也. 臣弑其君, 人倫之大變, 天理所不容, 人人得而誅之, 況鄰國乎? 故夫子雖已告老, 而猶請哀公討之.

'공자목욕이조(孔子沐浴而朝)'에서 '조(朝)'자는 음이 조(潮)이다. 이때 공자(孔子)가 벼슬살이를 그만두고 노나라에서 살았다. 목욕재계하고 임금에게 아뢴 것은 그 일을 중요하게 여겨서 감히 소홀히 하지 못한 것이다. 신하가 그 임금을 시해하는 것은 인륜의 큰 사변(事變)으로 천리(天理)에 용납할 수 없는 것이며 사람마다 죽일 수 있는 것이거늘 하물며 이웃나라이겠는가? 그러므로 부자(夫子)가 비록 이미 벼슬살이를 그만둘 것을 아뢰었는데도 오히려 애공(哀公)에게 칠 것을 청한 것이다.

詳說

○ 以其對君, 且齊事, 故註稱'孔子'處多, '夫子'處少.
'시시공자(是時孔子)'는 그 임금을 대함에 장차 목욕재계하는 일로써 했기 때문에 주석에 일컫기를 '공자(孔子)'라고 한 곳은 많고, '부자(夫子)'라고 한 곳은 적다.

○ 夫子年七十一.
'치사거노(致仕居魯 : 벼슬살이를 그만두고 노나라에서 살았음)'는 공자의 나이 71세이다.

○ 音齋.[308]
'목욕재계(沐浴齊戒)'에서 '재(齊)'자는 음이 재(齋)이다.

○ 『左傳』曰 : "三日齊."[309]

---

308) 호광 편(胡廣 編), 『논어집주대전(論語集註大全)』「헌문(憲問)」에는 "齊, 側皆反."이라고 하였다.
309) 한강백(韓康伯)은 "洗心曰齊, 防患曰戒."라고 하였다.

'목욕재계(沐浴齊戒)'에 대해, 『춘추좌전(春秋左傳)』에서 말하였다. "3일 동안 목욕재계하는 것이다."

○ 去聲.

'중기사이불감홀야(重其事而不敢忽也)'에서 '중(重)'자는 거성(去聲 : 중요함)이다.

○ 朱子曰 : "敬其事, 以卜天意."[310)]

'중기사이불감홀야(重其事而不敢忽也 : 그 일을 중요하게 여겨서 감히 소홀히 하지 못한 것)'에 대해, 주자(朱子 : 朱熹)가 말하였다. "그 일을 공경스럽게 하여 하늘의 뜻을 점친 것이다."

○ 新安陳氏曰 : "蓋欲積誠以感君心也."[311)]

신안 진씨(新安陳氏 : 陳櫟)가 말하였다. "대개 정성을 쌓아서 임금을 감동시키려고 한 일이다."

○ 張子曰 : "此必因周制, 隣有弑逆諸侯, 當不請而討."[312)]

'유청애공토지(猶請哀公討之 : 오히려 애공에게 칠 것을 청한 것)'에 대해, 장자(張子 : 張載)가 말하였다. "이는 반드시 주나라 제도에 말미암았으니, 이웃 나라에 제후를 시해하거나 거역함이 있으면 마땅히 청하지 않아도 치는 것이다."

○ 以論釋之, 無訓.

경문의 의미 설명으로 풀이하였으며, 훈고는 없다.

○ 朱子曰 : "此天下之大義也, 斯事一定, 三綱可整, 天下事, 可次第擧矣."[313)]

---

310) 호광 편(胡廣 編), 『논어집주대전(論語集註大全)』「헌문(憲問)」의 내용은 다음과 같다. "春秋之時, 三綱淪矣, 孔子請討弑逆, 此天下之大幾也. 斯事一正, 三綱可整, 天下事, 可次第擧矣. 沐浴而朝, 敬其事, 以卜天意也." 장식(張栻), 『논어해(論語解)』 권7의 내용에서도 "…… 沐浴而朝, 敬其事以卜天意也."라고 하였다.

311) 호광 편(胡廣 編), 『논어집주대전(論語集註大全)』「헌문(憲問)」의 내용은 다음과 같다. "新安陳氏曰 : '沐浴而朝, 蓋欲齋戒積誠以感君心也. 獲麟, 在哀公十四年之春, 請討, 在是年之夏, 使此請聖人得遂其志, 則三綱復正, 周室復興, 春秋可不必作矣. 惟此請之不遂, 此春秋所以不得不作也, 春秋作而亂賊懼, 雖不得扶植當世之三綱, 而可以扶植萬世之三綱焉.'"

312) 호광 편(胡廣 編), 『논어집주대전(論語集註大全)』「헌문(憲問)」의 내용은 다음과 같다. "張子曰 : '天子討而不伐, 諸侯伐而不討. 故雖湯武之擧, 不謂之討而謂之伐. 陳恒弑其君, 孔子請討之, 此必因周制, 鄰有弑逆, 諸侯當不請而討.'"

313) 호광 편(胡廣 編), 『논어집주대전(論語集註大全)』「헌문(憲問)」의 내용은 다음과 같다. "春秋之時, 三綱淪矣, 孔子請討弑逆, 此天下之大幾也. 斯事一正, 三綱可整, 天下事, 可次第擧矣. 沐浴而朝, 敬其事, 以卜天意也." 장식(張栻), 『논어해(論語解)』 권7의 내용에서도 "孔子因陳恒之事, 而正討賊之擧, 此天下之大幾也, 斯事一正, 亂臣賊子, 無所容迹, 三綱可整, 九法可序, 而天

주자(朱子 : 朱熹)가 말하였다. "이는 천하의 큰 의리이니. 이 일이 한번 정해지면 삼강(三綱)이 정돈되어 천하의 일이 차례대로 거행될 수 있는 것이다."

[14-22-3]

公曰 : "告夫三子."
애공(哀公)이 말하였다. "저 세 집안의 대부에게 말해주어라."

詳說

○ 二告. '夫', 音扶.[314]

두 번째 고(告)이다. '고부삼자(告夫三子)'에서 '부(夫)'자는 음이 부(扶)이다.

朱註

'三子', 三家也, 時政在三家, 哀公不得自專. 故使孔子告之.

'삼자(三子)'는 삼가(三家 : 春秋魯大夫 孟孫氏 · 叔孫氏 · 季孫氏)이니, 당시의 정권이 삼가(三家)에게 달려 있어서 애공(哀公)이 스스로 마음대로 할 수가 없었다. 그러므로 공자에게 말해 주도록 한 것이다.

詳說

○ 訓.

'삼자, 삼가야(三子, 三家也)'는 훈고이다.

○ 釋.

'시정재삼가, 애공부득자전. 고사공자고지(時政在三家, 哀公不得自專. 故使孔子告之 : 당시의 정권이 삼가에게 달려 있어서 애공이 스스로 마음대로 할 수가 없었다. 그러므로 공자로 하여금 말해 주게 한 것)'는 경문의 풀이다.

下之事, 可以次第而擧矣. 沐浴而朝, 敬其事以卜天意也."라고 하였다.

314) 호광 편(胡廣 編), 『논어집주대전(論語集註大全)』「헌문(憲問)」에는 "夫, 音扶, 下告夫同."이라고 하였다.

○ 春秋世, 弑逆, 恬不知怪, 使公而自專, 亦必無, 必討之志矣.

춘추 시대에는 시역(弑逆)하는 일을 편안하게 대처하여 괴이하게 여기지 않았지만, 애공(哀公)에게 스스로 마음대로 하게 함이 또한 반드시 없게 하였던 것은 기필코 토벌한다는 뜻이다.

[14-22-4]

孔子曰 : "以吾從大夫之後, 不敢不告也, 君曰: '告夫三子者.'"

공자가 말하였다. "내가 대부(大夫)의 뒤를 좇았기 때문에 감히 말해 주지 않을 수 없었는데, 임금이 '저 세 대부(大夫)의 사람에게 말해 주라.'라고 하시는구나."

朱註

孔子出而自言如此, 意謂'弑君之賊, 法所必討, 大夫謀國, 義所當告, 君乃不能自命三子, 而使我告之耶[315].'

공자(孔子)가 밖으로 나와서 스스로 말한 것이 이와 같았으니, 마음속으로 '임금을 시해한 역적은 법으로 반드시 토벌해야 하는 것이고, 대부(大夫)가 나랏일을 도모하고 있어서 의리상 마땅히 말해 주어야 하는데 임금이 이에 스스로 세 사람에게 명하지 못하고 나에게 말해 주도록 하는구나.'라고 이른 것이다.

詳說

○ 以'吾'字而可知也, 然驟看本文, 有似於對君而言其非, 故註特先明之.

'공자출이자언여차(孔子出而自言如此 : 공자가 밖으로 나와서 스스로 말한 것이 이와 같았음)'는 '오(吾)'자로써 알 수 있으나, 경문을 갑자기 보면 임금을 대하여 그 그릇됨을 말한 것과 같음이 있기 때문에 주석에서 특별히 먼저 그것을 밝힌 것이다.

○ 謀國者也.

'대부모국(大夫謀國 : 대부가 나랏일을 도모함)'은 나라를 도모하는 것이다.

315) 耶 : 『논어집주(論語集註)』 및 『논어집주대전』에는 '邪'자로 표기되어 있다.

○ 有釋無訓.

경문의 풀이는 있으나 훈고는 없다.

[14-22-5]

之三子, 告, 不可, 孔子曰 : "以吾從大夫之後, 不敢不告也."

세 대부(大夫)에게 가서 말해 주었는데 옳지 않다고 하거늘 공자가 말하였다. "내가 대부의 뒤를 좇았기 때문에 감히 말해 주지 않을 수 없었다."

朱註

以君命, 往告, 而三子, 魯之強臣, 素有無君之心, 實與陳氏聲勢相倚. 故沮其謀, 而夫子復以此應之.

임금의 명령으로 가서 말해 주었는데, 세 사람은 노나라의 권력을 멋대로 부리는 대신(大臣)으로 본디 임금을 업신여기는 마음이 있었다. 실제로 진씨(陳氏)와 더불어 성망(聲望)과 권세(權勢)가 서로 의지했기 때문에 그 도모함을 막았는데 공자가 다시 이것으로써 응하였으니,

詳說

○ 卽告夫三子之命也.

'군명(君命)'은 곧 저 세 사람에게 말해 주라는 명령이다.

○ 之.

'왕(往)'은 감이다.

○ 上聲.[316]

'고저기모(故沮其謀)'에서 '저(沮)'자는 상성(上聲 : 막다)이다.

○ '不可'二字, 更無商量.

'저기모(沮其謀)'는 '불가(不可)'의 두 글자이니, 다시 헤아릴 것도 없다는 뜻이다.

○ 去聲, 下同.[317]

316) 호광 편(胡廣 編), 『논어집주대전(論語集註大全)』 「헌문(憲問)」에는 "沮, 在呂反."이라고 하였다.

'이부자부이차응지(而夫子復以此應之)'에서 '부(復)'자는 거성(去聲 : 다시)이니, 아래도 같다.

○ 指上文自言者.

'이차(以此)'는 위 글의 스스로 말한 것[318]을 가리킨다.

○ 此則對三子言之.

'응지(應之)'의 경우, 이는 곧 세 사람에 대하여 말하는 것이다.

○ 有釋無訓.

경문의 풀이는 있으나 훈고는 없다.

朱註

> 其所以警之者, 深矣.
>
> 그 경계한 사안이 깊은 것이다.

詳說

○ 此句, 論言外之意也.

이 구절은 말 밖의 뜻을 논변하였다.

○ 新安陳氏曰 : "吾已致仕, 尚激於義, 正爲卿大夫者, 當何如, 警之在此."[319]

신안 진씨(新安陳氏 : 陳櫟)가 말하였다. "내가 이미 벼슬살이를 그만두었지만, 정말 경대부가 된 사람이 마땅히 어떠해야 하겠는가 하였으니, 경계함이 여기에 있다."

○ 亦足以少折其無君之心.

또한 조금이나마 임금을 업신여기는 마음을 꺾을 수 있는 것이다.

朱註

> 程子曰 : "左氏記孔子之言曰: '陳恒弑其君, 民之不予者半, 以魯之衆, 加齊之半, 可克也', 此非孔子之言. 誠若此言, 是以力, 不以義也. 若孔子之志, 必將

---

317) 호광 편(胡廣 編), 『논어집주대전(論語集註大全)』「헌문(憲問)」에는 "復, 扶又反, 下同."이라고 하였다.

318) 위 글의 스스로 말한 것 : "孔子曰 : '以吾從大夫之後, 不敢不告也, 君曰: 告夫三子者.'"라는 구절을 말한다.

319) 호광 편(胡廣 編), 『논어집주대전(論語集註大全)』「헌문(憲問)」의 내용은 다음과 같다. "新安陳氏曰 : '以吾已致仕, 從大夫之後, 尚激於義, 不敢不告, 則正爲君, 卿大夫者, 當何如, 警之在此.'"

正名其罪, 上告天子, 下告方伯, 而率與國以討之, 至於所以勝齊者, 孔子之餘事也. 豈計魯人之衆寡哉? 當是時, 天下之亂極矣. 因是足以正之, 周室其復興乎. 魯之君臣, 終不從之, 可勝惜哉?"

정자(程子 : 程頤)가 말하였다. "좌씨(左氏 : 左丘明)가 공자(孔子)의 말을 기록하여 말하기를, '진항(陳恒)이 그 임금을 시해하자 백성들 가운데 찬허(贊許)하지 않는 사람이 절반이었으니, 노나라의 많은 백성에다 제나라의 백성 절반을 더하면 이길 수 있을 것입니다.'라고 하였는데, 이는 공자의 말이 아니다. 진실로 이 말과 같다면 이는 무력으로써 한 일이지 의리로써 한 일이 아니다. 공자의 뜻 같으면 반드시 장차 그 죄를 바로잡고 밝혀서 위로는 천자에게 아뢰고 아래로는 방백(方伯)에게 말해주어 동맹을 맺은 나라와 더불어 토벌하였을 것이니, 제나라를 이기는 방도에 이르는 것은 공자에게 그리 중요하지 않은 일일 것이다. 어찌 노나라 사람의 많고 적음을 헤아리겠는가? 이때 닥쳐서 천하의 난리가 매우 심하였다. 이로 인해 충분히 바로 잡았다면 주나라 왕실이 다시 흥성하였을 것이다. 노나라의 임금과 신하가 끝내 좇지 않았으니, 안타까움을 이루 다 감당할 수 있겠는가?"

詳說

○ 叔子.

'정자(程子)'는 동생 정이(程頤)이다.

○ 音與.[320]

'민지불여자반(民之不予者半)'에서 '여(予)'자는 음이 여(與)이다.

○ 朱子曰 : "以衆人之腹, 爲聖人之心耳."[321]

'차비공자지언(此非孔子之言 : 이는 공자의 말이 아니다)'에 대해, 주자(朱子 : 朱熹)

---

320) 호광 편(胡廣 編), 『논어집주대전(論語集註大全)』「헌문(憲問)」에는 "予, 與同."이라고 하였다.

321) 호광 편(胡廣 編), 『논어집주대전(論語集註大全)』「헌문(憲問)」의 내용은 다음과 같다. "問 : '程子以左氏所記, 爲非夫子之言, 然則夫子之戰, 將不復計其强弱, 而獨以大義驅之耶?' 朱子曰 : '程子之意, 以爲夫子告魯, 當明君臣之義, 以見弑逆大惡, 天下所不容, 人人得誅之, 況在鄰國而可以不討之乎? 而其爲計, 則必請其君, 以上告天子, 下告方伯, 擧天下之兵, 以誅之; 以天下之兵, 討天下之賊, 彼雖衆强, 奚以爲哉? 固不當區區獨較齊魯之强弱, 而以天下之公義, 爲一國之私也. 左氏所記, 蓋傳聞之謬, 以衆人之腹, 度聖人之心耳.'"

가 말하였다. "많은 사람들의 생각으로 성인의 마음으로 여겼을 뿐이다."

○ 以正而聲其罪.

'필장정명기죄(必將正名其罪)'는 그 죄를 바로잡고 성토함이다.

○ 程子曰: "須是子路, 使晉."322)

'상고천자, 하고방백(上告天子, 下告方伯)'에 대해, 정자(程子 : 程頤)가 말하였다. "모름지기 자로(子路)는 진(晉)나라로 사신 보냈다."

○ 和好之國.

'여국(與國)'은 사이가 좋고 친한 나라이다.

○ '率與國以討之', 朱子曰: "以天下之兵, 討天下之賊, 彼雖衆強, 奚以爲哉. 固不當區區獨較齊魯之強弱, 而以天下正義, 爲一國之私也."323)

'솔여국이토지(率與國以討之)'에 대해, 주자(朱子 : 朱熹)가 말하였다. "천하의 군대로써 천하의 역적을 토벌함이니, 저가 비록 많고 강하더라도 어찌하겠는가? 진실로 마땅히 자질구레하게 오직 제나라와 노나라의 강하고 약함을 견주어서 천하의 정의로써 한 나라의 사사로움으로 삼아서는 안 되는 것이다."

○ 平聲.324)

'지어소이승제자(至於所以勝齊者)'에서 '승(勝)'자는 평성(平聲 : 이루 다하다)이다.

○ 程子曰: "哀公能從其請, 孔子必有處置, 天下大計可立, 而遂臨老, 有此一件事好做."325)

---

322) 주희, 『논어정의(論語精義)』 권7 하의 내용은 다음과 같다. "又曰: '陳恒弑其君, 孔子沐浴而朝, 請討之. 左氏載孔子之言, 謂陳恒弑其君, 民之不與者半, 以魯之衆, 加齊之半, 可克也. 恁地是聖人, 以力角勝, 都不問義理也. 孔子請伐齊, 以弑君之事討之, 當時哀公, 能從其請, 孔子必有處置, 須是顏回, 使周; 子路使晉, 天下大計可立, 而遂孔子臨老, 有此一件事好做, 奈何哀公不從其請? 可惜.'"

323) 호광 편(胡廣 編), 『논어집주대전(論語集註大全)』「헌문(憲問)」의 내용은 다음과 같다. "…… 朱子曰: '程子之意, 以爲夫子告魯, 當明君臣之義, 以見弑逆大惡, 天下所不容, 人人得誅之, 況在鄰國而可以不討之乎? 而其爲計, 則必請其君, 以上告天子, 下告方伯, 擧天下之兵, 以誅之; 以天下之兵, 討天下之賊, 彼雖衆强, 奚以爲哉? 固不當區區獨較齊魯之强弱, 而以天下之公義, 爲一國之私也. ……'"

324) 호광 편(胡廣 編), 『논어집주대전(論語集註大全)』「헌문(憲問)」.

325) 주희, 『논어정의(論語精義)』 권7 하의 내용은 다음과 같다. "又曰: '陳恒弑其君, 孔子沐浴而朝, 請討之. …… 當時哀公, 能從其請, 孔子必有處置, 須是顏回, 使周; 子路使晉, 天下大計可立, 而遂孔子臨老, 有此一件事好做, 奈何哀公不從其請? 可惜.'"

정자(程子 : 程頤)가 말하였다. “애공(哀公)이 능히 그 청함을 좇았다면 공자가 반드시 처치함에 천하의 큰 계획을 세울 수 있었으며, 마침내 늙음에 임박하여 이 한 사건을 잘 처리했을 것이다.”

朱註

胡氏曰 : “『春秋』之法, 弑君之賊, 人得而討之, 仲尼此擧, 先發後聞, 可也.”

호씨(胡氏 : 胡寅)[326]가 말하였다. “『춘추(春秋)』의 법에 임금을 시해한 역적은 사람들이 능히 토벌할 수 있었으니, 중니(仲尼 : 孔子)의 이 거병(擧兵)은 먼저 행사하고 나중에 보고해도 괜찮다.”

詳說

○ ‘人得而討之’, 朱子曰 : “人人得而討之, 如漢所謂‘天下共誅之’.”[327]

‘인득이토지(人得而討之)’에 대해, 주자(朱子 : 朱熹)가 말하였다. “사람마다 능히

---

326) 호인(胡寅 : 1098~1156) : 북송 시대 학자로, 자가 명중(明仲)이고, 호가 치당(致堂)이라서 학자들이 치당선생(致堂先生)이라고 불렀으며, 건주숭안(建州崇安) 사람이다. 호안국(胡安国)의 동생 호순(胡淳)의 아들인데 어머니의 명을 받들어 자기 아들처럼 여겼다고 한다. 저서로는 『논어상설』·『독사관견(讀史管見)』·『주서천자문(注叙古千文)』·『비연집(斐然集)』 등이 있다.

327) 호광 편(胡廣 編), 『논어집주대전(論語集註大全)』「헌문(憲問)」의 내용은 다음과 같다. “問 : ‘程子以爲必告之天子, 胡氏乃以先發後聞之說, 何耶?’ 朱子曰 : ‘考之『春秋』, 先王之時, 疑必自有此法. 凡弑君者, 人人得而討之, 如漢所謂天下共誅之者. 然事非一槪告與不告, 又在乎時義之如何, 使其地近於天子, 而可告事未迫遽而得以告力之, 不足以敵, 而不得不告, 則告之而俟命以行, 甚則或不俟命, 而遂行皆可也, 使其地之相去也, 遠其事幾之来也, 不可少緩, 吾之力, 又足以制之, 而乃區區焉狥請命之小節, 忘逆賊之大罪, 使彼得以植其根, 固其黨或遂奔逸, 而不可以復得, 則任其事者, 亦不免乎. 『春秋』之責矣.’” 『사서혹문(四書或問)』 권19에 실려 있는 내용은 다음과 같다. “曰 : ‘程子以爲必告之天子, 楊氏發明其意, 且以孟子所謂天子討而不伐爲證, 而胡氏乃有先發後聞之說, 其相反, 若是何耶?’ 曰 : ‘孟子之言, 謂三不朝而六師移之之等耳, 胡氏乃特爲弑逆而言. 考之『春秋』, 先王之時, 疑必自有此法, 凡弑君者, 人人得而討之, 如漢所謂天下共誅之者. 晉李毅告王濬, 以爲弑君之賊爲惡尤大, 當不拘常制者, 則以當世本無此法而言爾. 然事非一槪告與不告. 又在乎時義之如何, 使其地近於天子而可以告也, 其事之未至乎迫據而得以告也. 其力之不足以敵而不得不告也, 則告之而俟命以行, 甚則或不俟命而遂行, 皆可也. 使其地之相去也, 遠其事機之來也, 不可以少緩, 而吾之力又自足以制之, 而乃區區焉徇請命之小節, 忘弑逆之大罪, 使彼得以植其根, 固其黨或遂奔逸而不可以復得, 則任其事者, 亦無以免乎. 『春秋』之責矣. 夫以魯之弱, 而欲討齊, 其請於天子, 理勢固有當然者, 但楊氏以討之一字, 而决其必請命焉, 則亦太拘滯矣.’”

그를 토벌할 수 있음이니, 한(漢)나라에서 이른바 '천하가 함께 그를 주살(誅殺)한다.'라고 한 것과 같다."

○ 間於天子.

'선발후문(先發後聞)'은 천자에게 떨어짐이다.

○ 雲峰胡氏曰 : "先發後聞, 謂魯也, 非謂孔子也. 程子謂上告天子者, 經也; 此謂先發後聞者, 權也."328)

운봉 호씨(雲峰胡氏 : 胡炳文)가 말하였다. "먼저 행사하고 나중에 보고함은 노나라를 말하는 것이지, 공자를 말하는 것이 아니다. 정자가 위로는 천자에게 아뢴다고 이른 것은 법도이고, 여기서 먼저 행사하고 나중에 보고한다고 이른 것은 권도(權道)이다."

○ 新安陳氏曰 : "獲麟, 在是年春; 請討, 在夏, 使此請得遂, 則『春秋』可不必作矣."329)

신안 진씨(新安陳氏 : 陳櫟)가 말하였다. "기린을 잡은 일이 이해 봄에 있었고, 토벌을 청한 것이 여름에 있었으니, 설사 이 청함을 이룰 수 있었다면 『춘추(春秋)』를 반드시 짓지 않았을 것이다."

○ '請討', 此章之題目.

'청토(請討 : 치기를 요청하다)'가 이 장의 제목이다.

---

328) 호광 편(胡廣 編), 『논어집주대전(論語集註大全)』「헌문(憲問)」의 내용은 다음과 같다. "雲峯胡氏曰 : '程子所謂上告天子者, 經也; 胡氏所謂先發後聞者, 權也. 然先發後聞, 謂魯也, 非謂孔子也.'"

329) 호광 편(胡廣 編), 『논어집주대전(論語集註大全)』「헌문(憲問)」의 내용은 다음과 같다. "新安陳氏曰 : '沐浴而朝, 蓋欲齋戒積誠, 以感君心也. 獲麟, 在哀公十四年之春, 請討, 在是年之夏, 使此請聖人得遂其志, 則三綱復正, 周室復興, 『春秋』可不必作矣. 惟此請之不遂, 此『春秋』所以不得不作也. 『春秋』作而亂賊懼, 雖不得扶植當世之三綱, 而可以扶植萬世之三綱焉.'"

[14-23-1]

子路問事君, 子曰:"勿欺也, 而犯之."
자로(子路)가 임금 섬김을 물었는데, 공자가 말하였다. "속이지 말고, 얼굴을 마주하고 간쟁(諫爭)을 하는 것이다."

朱註

'犯', 謂犯顔諫爭.

'범(犯)'은 얼굴을 마주하고 간쟁(諫爭)함을 이른다.

詳說

○ 去聲.
'쟁(爭)'자는 거성(去聲 : 간언함)이다.

○ 有訓無釋.
훈고는 있으나 경문의 풀이는 없다.

朱註

范氏曰:"犯, 非子路之所難也, 而以不欺爲難. 故夫子教以先勿欺而後犯也.

범씨(范氏 : 范祖禹)330)가 말하였다. "얼굴을 마주하고 간쟁하는 것은 자로에게 어려운 일이 아니고, 속이지 않는 것이 어려운 일이 되었다. 그러므로 공자가 먼저 속이지 말고 나중에 얼굴을 마주하고 간쟁을 해야 함을 가르친 것이다.

詳說

○ 強毅.
'비자로지소난야(非子路之所難也 : 자로에게 어려운 것이 아님)'는 굳세고 과감함이다.

330) 범조우(范祖禹 : 1041~1098) : 송나라 때 학자로 자가 순보(淳甫)·순부(淳夫)·순부(純父), 또는 몽득(夢得)이고, 성도 화양(成都華陽) 사람이다. 정자(程子)를 사사(師事)하였으며, 사마광(司馬光)을 추종하였다. 저서로는 『시해(詩解)』·『고문효경설(古文孝經說)』·『제의(祭儀)』·『경서요언(經書要言)』 등이 있다.

○ 朱子曰 : "以門人爲臣, 一事觀之, 恐未免於欺也."[331]

'이불기위난(以不欺爲難 : 속이지 않는 것이 어려운 일이 되었음)'에 대해, 주자(朱子 : 朱熹)가 말하였다. "문인으로 신하를 삼았으니, 이 한 가지 일로 보면 아마도 속이는 짓을 벗어나지 못할 것이다."

○ 一作'告'.

'교(教)'는 어떤 판본에는 '고(告)'로 썼다.[332]

○ 勉齋黃氏曰 : "欺與犯, 正相反."[333]

'부자교이선물기이후범야(夫子教以先勿欺而後犯也 : 공자가 먼저 속이지 말고 나중에 얼굴을 마주하고 간쟁을 해야 함을 가르친 것임)'에 대해, 면재 황씨(勉齋黃氏 : 黃幹)[334]가 말하였다. "속이는 일과 얼굴을 마주하고 간쟁하는 일은 완전히 서로 반대이다."

---

331) 호광 편(胡廣 編), 『논어집주대전(論語集註大全)』「헌문(憲問)」의 내용은 다음과 같다. "問 : '子路勇於義, 何難於不欺? 特其燭理之不明, 好强其不知以爲知, 是以陷於欺耳.' 朱子曰 : '以使門人爲臣, 一事觀之, 子路之好勇, 必勝, 恐未免於欺也.'"

332) '교(教)'는 어떤 판본에는 '고(告)'로 썼다 : 『논어집주(論語集註)』에는 '教'로 표기되어 있으나, 『논어집주대전』에는 '告'로 되어 있고, 조선 정조 때 간행된 내각본 『논어집주대전』에도 '告'로 표기되어 있다.

333) 호광 편(胡廣 編), 『논어집주대전(論語集註大全)』「헌문(憲問)」의 내용은 다음과 같다. "勉齋黃氏曰 : '僞言不直謂之欺, 直言無隱謂之犯, 欺與犯, 正相反也. 夫子告子路之辭, 推其本意, 乃是一戒一勸, 兩面平說之辭, 若反覆以觀, 則能無欺而不能犯, 則未免有回互之失, 能犯矣而不能勿欺, 則未免有矯飾之病, 此又不可不以爲戒也.'"

334) 황간(黃幹 : 1152~1221) : 송나라 때 학자로 자가 직경(直卿)이고, 호가 면재(勉齋)·삼산(三山)이고, 시호가 문숙(文肅)이며, 복주 민현(福州閩縣) 사람이다. 황우(黃瑀)의 넷째 아들로 어려서부터 총영(聰穎)하였고, 1175년에 유청지(劉清之)에게 배움을 청하였는데 기발한 재능을 본 유청지가 주자에게 학업을 배우도록 권하여 주자의 문하에 들어가서 공부하였으며, 뒤에 주자의 사위가 되었다. 주자의 학문을 지극하게 터득하여 주자의 4대 제자 가운데 한 명으로 추존되었다. 저서로는 『황면재문집(黃勉齋文集)』 외에 『논어통석(論語通釋)』·『맹자강의(孟子講義)』 등이 포함된 『오경강의(五經講義)』·『사서기문(四書紀聞)』 등이 있으며, 『주자행장(朱子行狀)』을 지었다.

[14-24-1]

子曰:"君子上達, 小人下達."
공자가 말하였다. "군자는 위로 통달하고, 소인은 아래로 통달한다."

朱註

君子循天理. 故日進乎高明; 小人徇人欲. 故日究乎汚下.
군자는 천리(天理)를 좇는다. 그러므로 날마다 고상하고 현명함에 나아가고, 소인은 사람의 욕심을 좇는다. 그러므로 날마다 더럽고 낮은 데에 이른다.

詳說

○ 一作'反'字.
'군자순천리(君子循天理)'에서 '순(循)'은 어떤 판본에는 '반(反)'자로 썼다.[335)]

○ 徇身之徇.
'소인순인욕(小人徇人欲)'에서 '순(徇)'은 순신(徇身)의 순(徇)이다.

○ 音烏.
'고일구호오하(故日究乎汚下)'에서 '오(汚)'자는 음이 오(烏)이다.

○ 本文概言'達', 而註於上言'進', 於下言'究', 有商量於其間, '循'·'徇'二字之異用, 亦此意耳.
경문에서는 개괄하여 '달(達)'을 말하였는데, 집주에서 위에서는 '진(進)'을 말하고, 아래에서는 '구(究)'를 말하여 그 사이에 헤아려 생각함이 있으며, '순(循)'과 '순(徇)' 두 글자의 달리 쓰임도 또한 이 뜻일 뿐이다.

○ 有釋無訓.
경문의 풀이는 있으나 훈고는 없다.

○ 南軒張氏曰:"上下皆云'達', 如義·利, 皆云喩也."[336)]
남헌 장씨(南軒張氏:張栻)가 말하였다. "위아래에서 모두 '달(達)'이라고 이른 것은 의(義)와 이(利)를 이른 것과 같으니, 모두 비유함을 말한다."

---

335) '군자순천리(君子循天理)'에서 '순(循)'은 어떤 판본에는 '반(反)'자로 썼다 : 조선 정조 때 간행된 내각본 『논어집주대전』에는 '反'으로 표기되어 있다.

336) 호광 편(胡廣 編), 『논어집주대전(論語集註大全)』「헌문(憲問)」의 내용은 다음과 같다. "南軒張氏曰:'上達者, 反本窮理也; 下達者, 趨末狥欲也, 皆云達者, 如喩義喩利, 皆云喩也.'"

○ **雲峰胡氏曰**：“下學上達, 天理·人事之貫; 上達下達, 天理·人欲之分也.”337)

운봉 호씨(雲峰胡氏 : 胡炳文)가 말하였다. “아래에서 배워 위에 이름은 천리(天理)와 인사(人事)의 관통함이고, 위에 이르고 아래에 이름은 천리와 인욕(人欲)의 구분함이다.”

---

337) 호광 편(胡廣 編), 『논어집주대전(論語集註大全)』「헌문(憲問)」의 내용은 다음과 같다. “雲峯胡氏曰 : ‘夫子嘗曰: 下學而上達, 其所謂上下者, 天理·人事之貫; 此所謂上達下達, 天理·人欲之分也.’”

[14-25-1]

> 子曰 : "古之學者, 爲己; 今之學者, 爲人."
> 공자가 말하였다. "옛날의 학자들은 자기 자신을 위하였고, 지금의 학자들은 다른 사람을 위한다."

朱註

'爲', 去聲. 程子曰 : "'爲己', 欲得之於己也; '爲人', 欲見知於人也.

'위(爲)'자는 거성(去聲 : 위하다)이다. 정자(程子 : 程頤)가 말하였다. "'위기(爲己)'는 자기 자신에게 도(道)를 터득하게 하려는 것이고, '위인(爲人)'은 다른 사람에게 알려짐을 보고자 하는 것이다.

詳說

○ 叔子.

'정자(程子)'는 동생 정이(程頤)이다.

○ '欲得之於己也', 慶源輔氏曰 : "收斂篤實."338)

'욕득지어기야(欲得之於己也 : 자기 자신에게 도(道)를 터득하게 하려는 것)'에 대해, 경원 보씨(慶源輔氏 : 輔廣)가 말하였다. "독실(篤實)함을 수렴(收斂)함이다."

○ '欲見知於人也', 慶源輔氏曰 : "輕浮淺露."339)

'욕견지어인야(欲見知於人也 : 다른 사람에게 알려짐을 보고자 하는 것)'에 대해, 경원 보씨(慶源輔氏 : 輔廣)가 말하였다. "언행이 가벼우며, 깊이가 얕아서 드러남이다."

○ 有釋無訓.

경문의 풀이는 있으나 훈고는 없다.

朱註

程子曰 : "古之學者, 爲己, 其終至於成物; 今之學者, 爲人, 其終至於喪己."

---

338) 호광 편(胡廣 編), 『논어집주대전(論語集註大全)』「헌문(憲問)」의 내용은 다음과 같다. "慶源輔氏曰 : '爲己爲人之學, 其差只在毫釐之間, 唯欲得之於己, 則不必見知於人; 纔欲見知於人, 則不必得之於己, 欲得於己者, 收斂篤實; 欲見知於人者, 輕浮淺露.'"

339) 호광 편(胡廣 編), 『논어집주대전(論語集註大全)』「헌문(憲問)」의 내용에서 발췌하였다.

정자(程子 : 程頤)가 말하였다. "옛날의 학자들은 자기 자신을 위해 학문을 이루고 마침내 일체를 성취하는 데 이르렀으나, 지금의 학자들은 다른 사람들이 알아줌을 위하다가 마침내 자기 자신을 상실하는 데 이른다."

詳說

○ 叔子.

'정자(程子)'는 동생 정이(程頤)이다.

○ 二字, 出『中庸』.

'성물(成物)'의 두 글자는 『중용(中庸)』에 나온다.340)

○ 去聲.341)

'기종지어상기(其終至於喪己)'에서 '상(喪)'자는 거성(去聲 : 상실함)이다.

○ 朱子曰 : "程子兩段不同, 前段是低底爲人; 後段是好底爲人."342)

주자(朱子 : 朱熹)가 말하였다. "정자의 두 단락이 같지 않으니, 앞 단락은 저급한 사람됨이고, 뒤 단락은 좋은 사람됨이다."

---

340) '성물(成物)'의 두 글자는 『중용(中庸)』에 나온다 : 『중용장구(中庸章句)』 제25장에서 "誠者, 非自成己而已也, 所以成物也. 成己, 仁也; 成物, 知也. 性之德也, 合外內之道也."라고 하였다.

341) 호광 편(胡廣 編), 『논어집주대전(論語集註大全)』「헌문(憲問)」.

342) 호광 편(胡廣 編), 『논어집주대전(論語集註大全)』「헌문(憲問)」의 내용은 다음과 같다. "問 : '程子兩段不同.' 朱子曰 : '前段是低底爲人, 只欲見知於人而已; 後段是好底爲人, 却是真箇要爲人. 然不曾先去自家身己上做得工夫, 非惟爲那人不得, 末後連已也喪了.'" 『주자어류(朱子語類)』 권44, 「논어26(論語二十六)」, 70조목의 내용은 다음과 같다. "問 : '伊川云: 爲己, 欲得之於己也; 爲人, 欲見知於人也. 後又云: 古之學者爲己, 其終至於成物; 今之學者爲人, 其終至於喪己. 兩說不同, 何也?' 曰 : '此兩段意思自別, 前段是低底爲人, 後段是好底爲人. 前爲人, 只是欲見知於人而已. 後爲人, 卻是眞箇要爲人. 然不曾先去自家身己上做得工夫, 非唯是爲那人不得, 末後和己也喪了!'(물었다. '정이천이 말하기를 '위기(爲己)는 자신에게 그것을 얻고자 한 것이고, 위인(爲人)은 타인에게 알려지고자 하는 것이다.'라고 하였고, 뒤에 또 '옛날의 학자는 자신을 위해 학문을 하다가 마침내 사물을 완성하는데 이른다. 오늘날의 학자는 남에게 보이기 위해 학문을 하는데 마침내는 자신을 잃어버리는데 이른다.'라고 하였습니다. 두 가지 말이 서로 다른데 어째서 입니까?' 주희가 말하였다. '이 두 단락의 의미는 다르다. 앞 단락은 안으로 남을 위하는 일이고, 뒷 단락은 남을 위해 좋게 하는 것이다. 앞의 '위인'은 다른 사람에게 알려지고자 할 뿐이다. 뒤의 '위인'은 진실로 남을 위하고자 하는 일이다. 그러나 먼저 자기 자신을 위해 공부하지 않으면 남을 위해서도 할 수 없을 뿐 아니라 끝에 가서는 자신을 잃게 된다.')"

朱註

愚按 聖賢論學者, 用心得失之際, 其說多矣. 然未有如此言之切而要者, 於此, 明辨而日省之, 則庶乎其不昧於所從矣.

내가 살펴보건대, 성현들이 학자를 논함에 마음을 쓰는 잘잘못의 사이에서 말한 것이 많았다. 그러나 이 말처럼 절실하고 긴요한 것은 있지 않았으니, 이에 밝게 분별하고 성찰한다면 거의 추종하는 일에 어둡지 않게 될 것이다.

詳說

○ 一作辯.

'명변이일성지(明辨而日省之)'에서 '변(辨)'자는 어떤 판본에는 '변(辯)'으로 썼다.[343]

○ 悉井反.[344]

'명변이일성지(明辨而日省之)'에서 '성(省)'은 '실(悉)'과 '정(井)'의 반절(反切)이다.

343) '명변이일성지(明辨而日省之)'에서 '변(辨)'자는 어떤 판본에는 '변(辯)'으로 썼다 : 『논어집주(論語集註)』에는 '辨'으로 표기되어 있으나 『논어집주대전』에는 '辯'으로 되어 있고, 조선시대 내각본에서도 '辯'으로 표기하였다.

344) 호광 편(胡廣 編), 『논어집주대전(論語集註大全)』「헌문(憲問)」에는 "省, 悉井反, 下章同."이라고 하였다.

[14-26-1]

蘧伯玉, 使人於孔子,

거백옥이 사람을 공자에게 심부름 보냈거늘

朱註

'使', 去聲, 下同. '蘧伯玉', 衛大夫, 名瑗.

'사인어공자(使人於孔子)'에서 '사(使)'자는 거성(去聲 : 심부름 보냄)이니, 아래도 같다. '거백옥(蘧伯玉)'은 위나라 대부이니, 이름이 원(瑗)이다.

詳說

○ 音渠.

'거백옥(蘧伯玉)'에서 '거(蘧)'자는 음이 거(渠)이다.

○ 音院.345)

'명원(名瑗)'에서 '원(瑗)'자는 음이 원(院)이다.

○ 訓.

훈고이다.

朱註

孔子居衛, 嘗主於其家, 旣而反魯. 故伯玉使人來也.

공자(孔子)가 위나라에서 지낼 적에 일찍이 그 집에 주로 있다가 이윽고 노나라로 돌아왔기 때문에 거백옥(蘧伯玉)이 사람을 심부름 보내서 안부를 물은 것이다.

詳說

○ 以稱夫子者觀之, 必不與於門人之列. 故亦稱'孔子'.

'공자(孔子)'는 부자(夫子)를 일컬은 것으로 보면 반드시 문인(門人)의 서열에 들지 못한 것이다. 그러므로 또한 '공자(孔子)'라고 일컬은 것이다.

345) 호광 편(胡廣 編), 『논어집주대전(論語集註大全)』「헌문(憲問)」에는 "瑗, 于眷反."이라고 하였다.

○ 問安否也.

'래(來)'는 안부를 물은 것이다.

○ 釋.

경문의 풀이다.

[14-26-2]

孔子與之坐, 而問焉曰 : "夫子何爲?" 對曰 : "夫子欲寡其過, 而未能也." 使者出, 子曰 : "使乎使乎!"

공자(孔子)가 그와 더불어 앉아서 물어 말하였다. "부자(夫子)는 무엇을 하시는가?" 대답하여 말하였다. "부자는 그 허물을 적게 하려고 하는데 아직 능하지 못합니다." 심부름 온 사람이 밖으로 나가자 공자가 말하였다. "심부름꾼이여! 심부름꾼이여!"

朱註

'與之坐', 敬其主以及其使也. '夫子', 指伯玉也. 言其但欲寡過而猶未能, 則其省身克己, 常若不及之意, 可見矣. 使者之言, 愈自卑約, 而其主之賢益彰, 亦可謂深知君子之心而善於辭[346]令者矣. 故夫子再言'使乎', 以重美之.

'여지좌(與之坐 : 그와 더불어 앉음)'는 그 주인을 공경하여 그 심부름꾼에게 미친 것이다. '부자(夫子)'는 거백옥(蘧伯玉)을 가리킨다. 그 다만 허물을 적게 하려고 하는데 오히려 능하지 못함을 말했으니, 곧 그 자신을 성찰하고 자기를 극복함에 항상 미치지 못하는 것 같이 여기는 뜻을 볼 수 있다. 심부름꾼의 말이 더욱 스스로 겸양하여 그 주인의 현명함이 더욱 드러났으니, 또한 군자의 마음을 깊이 알고 응대하는 말을 잘하는 사람이라고 말할 수 있는 것이다. 그러므로 공자가 재차 '사호(使乎 : 심부름꾼이여)'를 말하여 거듭 아름답게 여긴 것이다.

346) 辭 : 『논어집주(論語集註)』에는 '辭'로 표기되어 있고, 『논어집주대전』에는 '詞'로 표기되어 있다. 조선조 내각본에도 '詞'로 표기되어 있다.

詳說

○ 幷坐.

'여지좌(與之坐 : 그와 더불어 앉음)'는 함께 앉음이다.

○ 使者未必僮僕也.

'경기주이급기사야(敬其主以及其使也 : 그 주인을 공경하여 그 심부름꾼에게 미친 것임)'는 심부름 온 사람을 반드시 노비로 여기지 않은 것이다.

○ 釋.

경문의 풀이다.

○ 訓.

'부자, 지백옥야(夫子, 指伯玉也)'는 훈고이다.

○ 悉井反.347)

'즉기성신극기(則其省身克己)'에서 '성(省)'은 '실(悉)'과 '정(井)'의 반절(反切)이다.

○ 雙峰饒氏曰 : "'寡過'一句, 意味深長, 乃進德之本."348)

쌍봉 요씨(雙峰饒氏 : 饒魯)가 말하였다. "'과과(寡過)'의 한 구절은 의미가 심장하니, 바로 덕에 나아가는 근본이다."

○ 謙約之約.

'약(約)'은 겸약(謙約)의 약(約)이다.

○ 伯玉.

'군자(君子)'는 거백옥(蘧伯玉)이다.

○ 去聲.349)

'이중미지(以重美之)'에서 '중(重)'자는 거성(去聲 : 거듭)이다.

○ 釋畢.

경문의 풀이가 끝났다.

○ 此下, 又證以其他事而申論之.

---

347) 호광 편(胡廣 編), 『논어집주대전(論語集註大全)』「헌문(憲問)」에서 "省, 悉井反, 下章同."이라고 하였다.

348) 호광 편(胡廣 編), 『논어집주대전(論語集註大全)』「헌문(憲問)」의 내용은 다음과 같다. "雙峯饒氏曰 : '欲寡其過而未能一句, 意味深長, 學者常存此心, 乃進德之本也.'"

349) 호광 편(胡廣 編), 『논어집주대전(論語集註大全)』「헌문(憲問)」에는 "重, 直用反."이라고 하였다.

이 아래에서는 또 그 다른 일로써 증명하며 거듭 경문의 의미를 설명하였다.

朱註

按 莊周稱 : "伯玉行年五十, 而知四十九年之非", 又曰 : "伯玉行年六十而六十化", 蓋其進德之功, 老而不倦. 是以, 踐履篤實, 光輝宣著, 不惟使者知之, 而夫子亦信之也.

살펴보건대, 장주(莊周)가 일컫기를 "거백옥(蘧伯玉)은 당시 나이 50에 49년의 인생이 그릇됨을 알았다."라고 하였으며, 또 말하기를 "거백옥은 당시 나이 60에 60번 변화하였다."라고 하였으니, 대개 그 덕에 나아가는 공력이 늙어서도 게을리하지 않았던 것이다. 이 때문에 실천하고 이행함이 독실하고, 아름답게 빛나는 덕이 밖으로 드러남을 오직 심부름꾼만 안 것이 아니라, 공자도 또한 그것을 믿은 것이다.

詳說

○ 『大全』曰 : "『淮南子』."350)

'안장주(按莊周)'에 대해, 『논어집주대전』에서 말하였다. "『회남자(淮南子)』이다."

○ 『莊子』「則陽」篇.351)

'우(又)'는 『장자』「칙양(則陽)」이다.

○ 朱子曰 : "氣質變化一年, 勝似一年."352)

'백옥행년육십이육십화(伯玉行年六十而六十化 : 거백옥은 당시 나이 60에 60번 변화하였다)'에 대해, 주자(朱子 : 朱熹)가 말하였다. "기질이 1년 변화하려면 1년을 초

350) 호광 편(胡廣 編), 『논어집주대전(論語集註大全)』「헌문(憲問)」에 "『淮南子』曰 : '蘧伯玉行年五十, 而知四十九年非.'"로 되어 있다.

351) 호광 편(胡廣 編), 『논어집주대전(論語集註大全)』「헌문(憲問)」에 "『莊子』「則陽」篇, '蘧伯玉行年六十而六十化, 未嘗不始於是之, 而卒詘與屈同之以非也.'"로 되어 있다.

352) 호광 편(胡廣 編), 『논어집주대전(論語集註大全)』「헌문(憲問)」에는 "朱子曰 : '化是舊事都消融, 了無固滯.'"라고 하였을 뿐, 이 내용은 실려 있지 않다. 호병문(胡炳文), 『논어통』 권7에 의하면, "饒氏曰 : '行年五十而知四十九之非非, 是至五十歲, 頓然有悟也. 化者, 變化之謂, 言氣質變化一年, 勝似一年. 至於行年六十, 而猶變化不已, 蓋其進德之功, 老而不倦也.' 又曰 : '欲寡其過而未能一句, 意味深長, 學者常存此心, 乃進德之本也.'"라고 한 요로(饒魯)의 해설 내용 안에 주자(朱子 : 朱熹)가 말한 내용이 들어 있다.

과해야 한다."

○ 言六十當變化也.

'육십화(六十化)'는 60번 변화함을 말한다.

○ 總上二事.

'개기진덕지공, 노이불권(蓋其進德之功, 老而不倦 : 대개 그 덕에 나아가는 공력이 늙어서도 게을리하지 않았다)'은 위의 두 가지 일을 총괄한 것이다.353)

○ 入此章本事說.

'천리독실, 광휘선저(踐履篤實, 光輝宣著 : 실천하고 이행함이 독실하고, 아름답게 빛나는 덕이 밖으로 드러남)'는 이 장의 근본적인 일에 들어가는 말이다.

○ 吳氏曰 : "『語』中, 俟出而稱之者二, 南宮适·伯玉使者, 是也. '俟出而斥之'者二, 宰我·樊遲, 是也. 陽舒陰慘, 無非敎也."354)

오씨(吳氏 : 吳仲迂)가 말하였다. "『논어(論語)』 가운데는 나가기를 기다렸다가 칭찬한 것이 두 곳이니, 남궁괄(南宮适)355)과 거백옥(蘧伯玉)의 심부름꾼이 이것이고, 나가기를 기다렸다가 지적한 것이 두 곳이니, 재아(宰我)356)와 번지(樊遲)357)가 이것이다. 양(陽)이 펴지고 음(陰)이 슬퍼지는 네 계절의 변화에 가르침이 아닌 것이 없다."

○ '欲寡其過', 此章之題目.

'욕과기과(欲寡其過 : 그 허물을 적게 하려고 하다)'가 이 장의 제목이다.

---

353) 위의 두 가지 일을 총괄한 것이다 : 두 가지 일은 "거백옥은 당시 나이 50에 49년의 인생이 그릇됨을 알았다.(伯玉行年五十, 而知四十九年之非.)"라는 것과, "거백옥은 당시 나이 60에 60번 변화하였다.(伯玉行年六十而六十化.)"라는 것을 말한다.

354) 호광 편(胡廣 編), 『논어집주대전(論語集註大全)』「헌문(憲問)」의 내용은 다음과 같다. "吳氏曰 : '『論語』中, 夫子俟其出而稱之者二, 南宮适出·伯玉使者出, 是也. 俟其出而斥之者二, 宰我出·樊遲出, 是也. 聖人氣象從容, 如天地之生物, 陽舒陰慘, 無非敎也, 千載而下, 猶可想見之.'"

355) 남궁괄(南宮适) : 『논어(論語)』「헌문(憲問)」에서 "南宮适問於孔子曰 : '羿善射, 奡盪舟, 俱不得其死, 然禹稷, 躬稼而有天下.' 夫子不答, 南宮适出, 子曰 : '君子哉. 若人! 尙德哉. 若人!'"라고 하였다.

356) 재아(宰我) : 『논어(論語)』「양화(陽貨)」에서 "宰我問 : '三年之喪, 期已久矣. 君子, 三年不爲禮, 禮必壞; 三年不爲樂, 樂必崩. 舊穀旣沒, 新穀旣升, 鑽燧改火, 期可已矣.' 子曰 : '食夫稻, 衣夫錦, 於女, 安乎?' 曰 : '安.' '女安則爲之. 夫君子之居喪, 食旨不甘, 聞樂不樂, 居處不安故, 不爲也, 今女安則爲之.' 宰我出, 子曰 : '予之不仁也! 子生三年然後, 免於父母之懷, 夫三年之喪, 天下之通喪也, 予也, 有三年之愛於其父母乎.'"라고 하였다.

357) 번지(樊遲) : 『논어(論語)』「자로(子路)」에서 "樊遲請學稼, 子曰 : '吾不如老農.' 請學爲圃, 曰 : '吾不如老圃.' 樊遲出, 子曰 : '小人哉. 樊須也! 上好禮, 則民莫敢不敬; 上好義, 則民莫敢不服; 上好信, 則民莫敢不用情, 夫如是則四方之民, 襁負其子而至矣, 焉用稼?'"라고 하였다.

[14-27-1]

子曰:"不在其位, 不謀其政."
공자가 말하였다. "그 지위에 있지 않아서는 그 정사를 꾀하지 않아야 할 것이다."

朱註

重出.
거듭해서 나왔다.

詳說

○ 平聲.
'중(重)'자는 평성(平聲 : 거듭함)이다.

○ 無訓釋.
훈고와 경문의 풀이가 없다.

○ 『大全』曰:"已見「泰伯」篇."[358]
『논어집주대전』에서 말하였다. "이미 「태백(泰伯)」에 보였다.

○ 『語』中重出, 多矣, 其不動一字, 全章重出, 惟此及巧令章而已.
『논어(論語)』 가운데 거듭해서 나온 것이 많은데, 그 가운데 한 글자도 변동되지 않고 온전한 문장이 거듭해서 나온 것은 오직 이 구절과 교령장(巧令章)[359]뿐이다.

---

358) 호광 편(胡廣 編), 『논어집주대전(論語集註大全)』「헌문(憲問)」.

359) 교령장(巧令章) : 『논어(論語)』「학이(學而)」와 「양화(陽貨)」에 중복해서 나오는 "子曰 : '巧言令色, 鮮矣仁.'"을 말한다.

[14-28-1]

曾子曰 : "君子, 思不出其位."
증자가 말하였다. "군자는 생각이 그 지위에서 나가지 않는다."

朱註

此, 「艮卦」之象辭也.
이는 「간괘(艮卦)」의 상사(象辭)이다.

詳說

○ 蒙前篇『註』, 而省『易』字.
'「간괘(艮卦)」'는 전편의 『논어집주(論語集註)』360)를 이어받아서 『역(易)』자를 생략하였다.

○ 訓也. 無釋.
훈고이다. 경문의 풀이가 없다.

○ 此下則論也.
이 아래는 곧 경문의 의미로 설명하였다.

朱註

曾子, 蓋嘗稱之, 記者, 因上章之語, 而類記之也.
증자(曾子)가 대개 일찍이 이른 것인데, 기록하는 사람이 위의 장에서 한 말에 말미암아 유추하여 기록한 것이다.

詳說

○ 於'十翼'中, 尤味此語.361)
'개상칭지(蓋嘗稱之)'는 '십익(十翼)'362) 가운데서 더욱 이 말을 음미하였다.

---

360) 전편의 『집주(集註)』 : 『논어(論語)』「자로(子路)」의 "子曰 : '南人有言曰: 人而無恒, 不可以作巫醫, 善夫. 不恒其德, 或承之羞.'"에서 '不恒其德, 或承之羞'에 대한 『집주(集註)』에 "此, 『易』「恒卦」九三爻辭."라고 한 것을 말한다.

361) 호광 편(胡廣 編), 『논어집주대전(論語集註大全)』「헌문(憲問)」에서 "『易』「艮卦」大象傳辭曰 : '兼山艮, 君子以, 思不出其位.'"라고 하였다.

362) 십익(十翼) : 『역경(易經)』 가운데 공자가 지었다고 하는 열 개의 전(傳)으로 역(易)의 뜻을

○ 雙峰饒氏曰 : "上章, 爲謀政者言, '位', 指職位也. 此章, 汎言君子, '位'字說得闊."363)
쌍봉 요씨(雙峰饒氏 : 饒魯)가 말하였다. "윗장에서는 정사를 도모하는 사람을 위하여 말하였으니, '위(位)'는 직위를 가리킨다. 이 장에서는 두루 군자를 말하였으니, '위(位)'자는 보다 넓게 말한 것이다."

朱註

范氏曰 : "物各止其所, 而天下之理得矣. 故君子所思不出其位, 而君臣上下大小, 皆得其職也."
범씨(范氏 : 范祖禹)364)가 말하였다. "사물이 각각 그 곳에 머무르면 천하의 이치를 얻는 것이다. 그러므로 군자의 생각하는 것이 그 지위를 벗어나지 않으며, 임금과 신하, 윗사람과 아랫사람, 대인과 소인이 모두 그 직위를 얻는 것이다."

詳說

○ 雲峰胡氏曰 : "艮, 止也."365)
'물각지기소(物各止其所 : 사물이 각각 그 곳에 머무름)'에 대해, 운봉 호씨(雲峰胡氏 : 胡炳文)가 말하였다. "간(艮)은 그침이다."

○ 先汎言, 此下乃入本事說.
'천하지리득의(天下之理得矣 : 천하의 이치를 얻는 것)'는 먼저 두루 말한 것이고, 이 아래는 바로 근본적인 일에 들어가는 논변이다.

알기 쉽게 설명한 저술이다. 육십사괘(六十四卦)의 본문을 「경(經)」이라고 하고 이를 이해하는 데 도와주는 날개 역할을 한다는 의미에서 십익(十翼)이라고 하였다. 십익은 「단전(彖傳)」(상·하), 「상전(象傳)」(상·하), 「계사전(繫辭傳)」(상·하), 「문언전(文言傳)」, 「서괘전(序卦傳)」, 「설괘전(說卦傳)」, 「잡괘전(雜卦傳)」 등 7종 10편이다.

363) 호광 편(胡廣 編), 『논어집주대전(論語集註大全)』「헌문(憲問)」의 내용은 다음과 같다. "雙峯饒氏曰 : '上章, 爲謀政者言, 不在其位之位, 指職位而言也. 此章, 泛言君子之所思不出其位, 位字比上章, 又說得濶, 如爲人子則思孝; 爲人臣則思忠, 素富貴則思所以行富貴; 素貧賤則思所以行乎貧賤, 皆是也.'"

364) 범조우(范祖禹 : 1041~1098) : 송나라 때 학자로 자가 순보(淳甫)·순부(淳夫)·순부(純父), 또는 몽득(夢得)이고, 성도 화양(成都華陽) 사람이다. 정자(程子)를 사사(師事)하였으며, 사마광(司馬光)을 추종하였다. 저서로는 『시해(詩解)』·『고문효경설(古文孝經說)』·『제의(祭儀)』·『경서요언(經書要言)』 등이 있다.

365) 호광 편(胡廣 編), 『논어집주대전(論語集註大全)』「헌문(憲問)」의 내용은 다음과 같다. "雲峯胡氏曰 : '艮, 止也, 思不出其位. 身之所處, 止其所; 心之所思, 亦止其所也.'"

○ 南軒張氏曰:"當其時與其地, 皆位也."366)

'군자소사불출기위(君子所思不出其位 : 군자의 생각하는 것이 그 지위를 벗어나지 않음)'에 대해, 남헌 장씨(南軒張氏 : 張栻)가 말하였다. "때와 지위에 당한 것이 모두 지위이다."

○ 勉齋黃氏曰:"身所處之地也."367)

면재 황씨(勉齋黃氏 : 黃幹)가 말하였다. "몸이 처한 곳이다."

○ 雲峰胡氏曰:"身之所處, 止其所, 心之所思, 亦止其所."368)

운봉 호씨(雲峰胡氏 : 胡炳文)가 말하였다. "몸이 거처하는 곳 그 자리에 멈추고, 마음이 생각하는 곳 또한 그 자리에 멈추는 것이다."

○ 猶分也.

'직(職)'은 분(分)과 같다.

○ 以功效言, 與上文'理得', 相照應.

'득직(得職 : 직위를 얻음)'은 공효로써 말한 것이니, 위 문장의 '이득(理得 : 이치를 얻음)'과 더불어 서로 짝이 된다.

○ '位'字, 此章之題目.

'위(位 : 지위)'자가 이 장의 제목이다.

---

366) 호광 편(胡廣 編), 『논어집주대전(論語集註大全)』「헌문(憲問)」의 내용은 다음과 같다. "南軒張氏曰:'位, 非獨職位, 大而君臣父子, 微而一事一物, 當其時與其地, 所思止而不越, 皆不出其位也, 非有主於中其能然乎.'"

367) 호광 편(胡廣 編), 『논어집주대전(論語集註大全)』「헌문(憲問)」의 내용은 다음과 같다. "勉齋黃氏曰:'位, 身所處之地也, 爲君則思君道; 爲臣則思臣道, 此位也. 當食則思食; 當寢則思寢, 此亦位也. 越所處而思, 則爲出其位矣.'"

368) 호광 편(胡廣 編), 『논어집주대전(論語集註大全)』「헌문(憲問)」의 내용은 다음과 같다. "雲峯胡氏曰:'艮, 止也, 思不出其位. 身之所處, 止其所; 心之所思, 亦止其所也.'"

[14-29-1]

子曰 : "君子, 恥其言而過其行."
공자가 말하였다. "군자는 그 말을 부끄러워하되 그 행함을 넉넉하게 하고자 한다."

朱註

'行', 去聲. '恥'者, 不敢盡之意; '過'者, 欲有餘之辭.

'과기행(過其行)'에서 '행(行)'자는 거성(去聲 : 행위)이다. '치(恥)'라는 것은 감히 다하지 않는 뜻이고, '과(過)'라는 것은 남음이 있고자 하는 말이다.

詳說

○ 有訓無釋.
훈고는 있으나 경문의 풀이는 없다.

○ 朱子曰 : "'過', 猶『易』'喪過乎哀, 用過乎儉'之'過'."369)
주자(朱子 : 朱熹)가 말하였다. "'과(過)'는 『주역(周易)』의 '상과호애, 용과호검(喪過乎哀, 用過乎儉)'370)에서 '과(過)'와 같다."

○ 胡氏曰 : "或謂'恥其言之過於行', 固通. 必如『集註』釋爲兩事, 斯得夫子立言之大意."371)
호씨(胡氏 : 胡泳)가 말하였다. "어떤 사람이 이르기를 '그 말이 행동보다 지나침을 부끄러워함이다.'라고 하니 진실로 통한다. 반드시 『논어집주(論語集註)』에서 두 가지를 해석한 것과 같으니, 이는 공자가 논의한 대의를 얻은 것이다."

---

369) 호광 편(胡廣 編), 『논어집주대전(論語集註大全)』「헌문(憲問)」의 내용은 다음과 같다. "朱子曰 : '過, 猶『易』喪過乎哀 · 用過乎儉之過, 謂力行也.'"

370) 상과호애, 용과호검(喪過乎哀, 用過乎儉) : 『주역(周易)』「소과괘(小過卦)」 상사(象辭)에 "상사는 슬퍼함에 지나치고, 비용은 검약함에 지나친다.(喪過乎哀, 用過乎儉.)"라고 하였다.

371) 호광 편(胡廣 編), 『논어집주대전(論語集註大全)』「헌문(憲問)」.

[14-30-1]

子曰："君子道者三，我無能焉，仁者不憂；知者不惑；勇者不懼."
공자가 말하였다. "군자의 도(道)라고 하는 것 세 가지에서 나는 잘하는 것이 없으니, 어진 사람은 근심하지 않고, 지혜로운 사람은 미혹하지 않고, 용감한 사람은 두려워하지 않는다."

朱註

'知', 去聲.372)
'지자불혹(知者不惑)'에서 '지(知)'자는 거성(去聲 : 지혜)이다.

詳說

○ 『大全』曰："解見「子罕」篇."373)
『논어집주대전』에서 말하였다. "해석이 「자한(子罕)」에 보인다."

朱註

自責以勉人也.
스스로 꾸짖어서 다른 사람을 권면(勸勉)한 것이다.

詳說

○ 釋也. 無訓.
'자책(自責)'은 경문의 풀이고, 훈고는 없다.

○ 蓋此上一半是「子罕」篇所無. 故以此二字釋其意, 此下四字, 則論其言外之正意者也.
대개 위의 절반은 『논어(論語)』「자한(子罕)」에 없는 것이다. 그러므로 이 두 글자로써 그 뜻을 풀이하였고, 이 아래 네 글자는 곧 그 말 밖의 진정한 뜻을 논의한 것이다.

---

372) 호광 편(胡廣 編), 『논어집주대전(論語集註大全)』「헌문(憲問)」.

373) 호광 편(胡廣 編), 『논어집주대전(論語集註大全)』「헌문(憲問)」에는 "三句解, 見「子罕」篇."이라고 하였다. 『논어(論語)』「자한(子罕)」에는 "子曰：'知者不惑, 仁者不憂, 勇者不懼.'"라 하였는데, 주석에서 "明足以燭理, 故不惑; 理足以勝私, 故不憂; 氣足以配道義, 故不懼, 此學之序也."라고 한 것을 말한다.

○ 此與『中庸』'君子之道四未能一', 爲同意.

이는 『중용(中庸)』의 '군자지도사미능일(君子之道四未能一 : 군자의 도 네 가지에 하나도 능하지 못함)'[374]과 더불어 같은 뜻이 된다.

○ 蓋以之勉子貢耳.

'이면인야(以勉人也 : 다른 사람을 권면한 것)'는 대개 그것으로써 자공(子貢)에게 권면한 것일 뿐이다.

[14-30-2]

子貢曰 : "夫子自道也."
자공이 말하였다. "공자 스스로 말씀하신 것이다."

朱註

'道', 言也, '自道', 猶云'謙辭'.
'도(道)'는 말함이니, '자도(自道)'는 '겸사(謙辭)'라고 하는 것과 같다.

詳說

○ 訓.

'도, 언야(道, 言也 : 도는 말함이다)'는 훈고이다.

○ 釋.

'자도, 유운겸사(自道, 猶云謙辭 : 자도는 겸사라고 하는 것과 같다)'는 경문의 풀이다.

○ 子貢聞夫子此言, 卽以自道仰對, 蓋已悟聖人之自謙, 所以誨己也.

자공(子貢)이 공자의 이 말을 듣고 곧바로 '자도(自道)'로써 우러러 대답하였으니, 대개 이미 성인이 스스로 겸손하게 말한 것이 자기를 가르치는 것임을 깨달은 것이다.

---

374) 군자지도사미능일(君子之道四未能一 : 군자의 도 네 가지에 하나도 능하지 못함) : 『중용장구(中庸章句)』 제13장에서 "君子之道四, 丘未能一焉, 所求乎子, 以事父, 未能也; 所求乎臣, 以事君, 未能也; 所求乎弟, 以事兄, 未能也; 所求乎朋友, 先施之, 未能也. 庸德之行, 庸言之謹, 有所不足, 不敢不勉, 有餘, 不敢盡, 言顧行, 行顧言, 君子胡不慥慥爾?"라고 하였다.

○ 南塘曰 : "朱子「答張敬夫」論'自道', 與『集註』不同."[375]

남당(南塘 : 韓元震)[376]이 말하였다. "주자(朱子)의 「답장경부(答張敬夫)」에서 '자도(自道)'를 논한 것[377]이 『논어집주(論語集註)』와 같지 않다."

朱註

尹氏曰 : "成德, 以仁爲先; 進學, 以知爲先. 故夫子之言, 其序有不同者, 以此."[378]

윤씨(尹氏 : 尹焞)가 말하였다. "덕(德)을 이루는 사람은 인(仁)을 먼저 할 일로 삼고, 배움에 나아가는 사람은 지(知)를 먼저 할 일로 삼는다. 그러므로 공자의 말에 그 차례가 같지 않음이 있는 것은 이 때문이다."

詳說

○ 君子.

'성덕(成德)'은 군자이다.

○ 龜山楊氏曰 : "三者備, 蓋聖之事."[379]

---

375) 한원진(韓元震), 『주자언론동이고(朱子言論同異考)』「논어 · 헌문」에는 "「答張敬夫」, 論夫子'自道', 與『集註』不同."이라고 하였다.

376) 한원진(韓元震 : 1682~1751) : 조선 후기의 학자로 자가 덕소(德昭)이고, 호가 남당(南塘)이며, 본관은 청주이다. 권상하(權尙夏)의 문인으로 강문팔학사(江門八學士) 가운데 한 사람이며, 호락논쟁(湖洛論爭)에서 호론(湖論)인 인물성이론(人物性異論)을 주장하였다. 저서로는 『남당집』 외에 『임시취고(臨時取考)』 · 『경의기문록(經義記聞錄)』 · 『의례경전통해보(儀禮經傳通解補)』 · 『심경부주차기(心經附註箚記)』 · 『춘추별전(春秋別傳)』 · 『근사록주설(近思錄註說)』 · 『이락연원록(伊洛淵源錄)』 · 『가례소의의록(家禮疏擬疑錄)』 · 『가례원류의록(家禮源流疑錄)』 · 『고사편람(古事便覽)』 등이 있다.

377) 주자(朱子)의 「답장경부(答張敬夫)」에서 '자도(自道)'를 논한 것 : 『주자대전』 권32, 「답장경부(答張敬夫)」에서 "지 · 인 · 용은 성인의 전체가 모두 이것이나, 성인이 허여할 수 있는 사안이 아니다. 그러므로 말하기를 '공자가 겸손하게 말하였다.'라고 한 것이다.(知 · 仁 · 勇, 聖人全體, 皆是, 非聖人所得與焉. 故曰 : '夫子自道也.')"라고 하였다.

378) 주희, 『논어정의(論語精義)』 권7 하에 의하면 그 내용이 다음과 같다. "尹曰 : '我無能焉, 自責以勉人也. 故子貢曰: 此乃夫子之事也. 成德者, 以仁爲先, 故先之以仁者不憂, 若夫進學者, 則以知爲先, 夫子之言, 其序有不同.'"

379) 주희, 『논어정의(論語精義)』 권7 하의 내용에서 발췌한 것이다. "楊曰 : '三者備, 蓋聖人之事. 孔子所不居, 故曰: 我無能焉, 子貢曰: 夫子自道也, 蓋言其所自者道, 則仁知勇之名, 亦泯矣.'"

구산 양씨(龜山楊氏 : 楊時)380)가 말하였다. "세 가지가 갖추어짐은 대개 성인(聖人)의 일이다."

○ 此章.

'성덕, 이인위선(成德, 以仁爲先 : 덕을 이루는 사람은 인을 먼저 할 일로 삼음)'은 이 장이다.

○ 程子曰 : "德之序也."381)

정자(程子 : 程頤)가 말하였다. "덕의 차례이다."

○ 「子罕」.

'진학, 이지위선(進學, 以知爲先 : 배움에 나아가는 사람은 지를 먼저 할 일로 삼음)'은 『논어(論語)』「자한(子罕)」이다.382)

○ 二章當參看.

두 장은 마땅히 참조하여 보아야 한다.

---

380) 양시(楊時 : 1053~1135) : 북송 시대 사람으로 자는 중립(中立)이고, 호는 구산(龜山)이다. 먼저 정호(程顥)와 정이(程頤)에게 배워서 유작(游酢) · 여대림(呂大臨) · 사양좌(謝良佐)와 함께 '정문사대제자(程門四大弟子)'라고 불렀으며, 나종언(羅從彦) · 이동(李侗)과 함께 '남검삼선생(南劍三先生)'이라고도 불려졌다. 만면에 구산(龜山)에 은거하여 학자들이 '구산선생'이라고 하였다. 저서로는 『구산집(龜山集)』 · 『구산어록』 · 『이정수언(二程粹言)』 등이 있다.

381) 주희, 『논어정의(論語精義)』 권5 상의 내용에서 발췌한 것이다. "伊川曰 : '仁者不憂, 智者不惑, 勇者不懼, 德之序也. 智者不惑, 仁者不憂, 勇者不懼, 學之序也. 知以知之, 仁以守之, 勇以行之.'" 주희, 『논어정의(論語精義)』 권7 하에 실려 있는 범조우(范祖禹)의 논변은 다음과 같다. "范曰 : '聖人責己, 所以勉人也. 仁者樂天, 故不憂; 知者窮理, 故不惑; 勇者獨立, 故不懼. 『中庸』曰: 好學近乎知, 力行近乎仁, 知恥近乎勇. 知仁勇者, 入德之序也; 仁知勇, 成德之序也.'"

382) '진학, 이지위선(進學, 以知爲先 : 배움에 나아가는 사람은 지를 먼저 할 일로 삼음)'은 「자한(子罕)」이다 : 『논어(論語)』「자한(子罕)」에서 "子曰 : '知者不惑, 仁者不憂, 勇者不懼.'"라고 한 것을 말한다.

[14-31-1]

子貢方人, 子曰 : "賜也, 賢乎哉. 夫我則不暇."
자공이 사람을 비교하였더니, 공자가 말하였다. "사(賜 : 자공)는 어질더냐? 무릇 나는 그럴 겨를이 없노라."

朱註

'夫', 音扶.[383] '方', 比也. '乎哉', 疑辭.
'부아칙불가(夫我則不暇)'에서 '부(夫)'자는 음이 부(扶)이다. '방(方)'은 비교함이다. '호재(乎哉)'는 의문사이다.

詳說

○ 訓畢.
훈고가 끝났다.

朱註

比方人物而較其短長, 雖亦窮理之事, 然專務爲此, 則心馳於外, 而所以自治者踈矣. 故褒之而疑其辭, 復自貶以深抑之.
인물을 비교하여 그 단점과 장점을 견주는 것도 비록 또한 이치를 궁구하는 일이지만, 그러나 오로지 이것을 함에 힘쓰면 마음이 밖으로 내달려서 스스로 다스리는 일에 소홀해지는 것이다. 그러므로 자공을 기리면서 그 말을 의문스럽게 하고, 다시 스스로 낮추면서 자공을 깊이 억제한 것이다.

詳說

○ 與「公冶長」篇題, 當參互看.
'비방인물이교기단장, 수역궁리지사(比方人物而較其短長, 雖亦窮理之事 : 인물을 비교하여 그 단점과 장점을 견주는 것도 비록 또한 이치를 궁구하는 일이지만)'는 「공야장(公冶長)」의 편제(篇題)와 더불어 마땅히 참조하여 서로 보아야 한다.[384]

---

383) 『논어주소(論語注疏)』「음의」에는 "夫, 音符."라고 하였다.
384) 「공야장(公冶長)」의 편제(篇題)와 더불어 마땅히 참조하여 서로 보아야 한다 : 『논어집주(論語集註)』「공야장(公冶長)」, 편제(篇題)에서 "이 편은 모두 고금 인물의 어질고 어질지 못하며,

○ 身外.

'심치어외(心馳於外 : 마음이 밖으로 내달림)'는 몸 밖이다.

○ 賢.

'포지(褒之 : 자공을 기림)'는 어질게 여긴 것이다.

○ 乎哉.

'의기사(疑其辭)'는 호재(乎哉)이다.

○ 去聲.[385]

'부자폄이심억지(復自貶以深抑之)'에서 '부(復)'자는 거성(去聲 : 다시)이다.

○ 我則不暇.

'자폄(自貶)'은 '아즉불가(我則不暇 : 나는 그럴 겨를이 없었다)'이다.

○ 釋畢.

경문의 풀이가 끝났다.

○ 此則言外之正意.

이는 곧 말 밖의 진정한 뜻이다.

朱註

謝氏曰 : "聖人責人, 辭不迫切而意已獨至, 如此."

사씨(謝氏 : 謝良佐)가 말하였다. "성인이 사람을 책망함에는 말이 박절하지 않고, 뜻이 이미 유독 지극함이 이와 같다."

詳說

○ 厚齋馮氏曰 : "子貢自視, 能爲夫子所不暇爲耶."[386]

후재 풍씨(厚齋馮氏 : 馮椅)가 말하였다. "자공(子貢)이 스스로 견주어보는 것은 능히 공자가 그럴 겨를이 없는 것이 되었도다."

잘하고 잘하지 못한 것을 논하였으니, 대개 격물과 궁리의 하나의 부분이다. 모두 27장이다. 호씨가 생각하기를, '의심컨대 자공의 무리들이 기록한 것이 많은 듯하다.'라고 하였다.(此篇, 皆論古今人物賢否得失, 蓋格物窮理之一端也. 凡二十七章. 胡氏以爲'疑多子貢之徒所記'云.)"라고 한 내용을 참조하여 보아야 함을 말한 것이다.

385) 호광 편(胡廣 編), 『논어집주대전(論語集註大全)』「헌문(憲問)」에는 "復, 扶又反."이라고 하였다.

386) 호광 편(胡廣 編), 『논어집주대전(論語集註大全)』「헌문(憲問)」의 내용은 다음과 같다. "厚齋馮氏曰 : '子貢自視, 與夫子孰賢? 而能爲夫子之所不暇爲耶.'"

○ 『語』中, 於子貢賢子辭, 惟'貨殖'·'方人'二事, 是其不足處耳.

『논어(論語)』 가운데 자공을 현능한 사람이라고 한 말은 오직 '화식(貨殖)'[387]과 '방인(方人)'의 두 가지 일이나, 마음에 허여하기엔 부족할 뿐이다.

○ '方人', 此章之題目.

'방인(方人 : 사람을 비교하다)'이 이 장의 제목이다.

387) 화식(貨殖) : 『논어(論語)』「선진(先進)」에서 "子曰 : '回也, 其庶乎, 屢空. 賜, 不受命, 而貨殖焉, 億則屢中.'"라고 하였다. 『논어(論語)』「학이(學而)」에서도 "子貢曰 : '貧而無諂, 富而無驕, 何如?' 子曰 : '可也, 未若貧而樂, 富而好禮者也.'"라 하였는데, 그 집주에서 "子貢貨殖, 蓋先貧後富, 而嘗用力於自守者. 故以此爲問, 而夫子答之如此, 蓋許其所已能, 而勉其所未至也."라고 하였다.

[14-32-1]

子曰："不患人之不己知，患其不能也."
공자가 말하였다. "남이 나를 알지 못함을 근심하지 말고, 자기가 능하지 못함을 근심해야 할 것이다."

詳說

○ '其', 指己.
'기(其)'는 자기를 가리킨다.

○ 無訓釋, 只有論.
훈고와 경문의 풀이가 없고, 다만 경문의 의미 설명만 있다.

朱註

凡章, 指同而文不異者, 一言而重出也, 文小異者, 屢言而各出也. 此章, 凡四見而文皆有異, 則聖人於此一事, 蓋屢言之, 其丁寧之意, 亦可見矣.
모든 장에 대강의 뜻이 같고 문장이 다르지 않은 것은 한번 말하여 거듭 나온 것이고, 문장이 조금 다른 것은 여러 차례 말하면서 각각 나온 것이다. 이 장에서는 무릇 네 번 보이는데, 문장이 모두 다름이 있다면 성인이 이 한 가지 일에 대해서 대개 여러 차례 말한 것이니, 그 친절한 뜻을 또한 볼 수 있다.

詳說

○ 大指.
'지(指)'는 대지(大指 : 대강의 뜻)이다.

○ 平聲.[388]
'일언이중출야(一言而重出也)'에서 '중(重)'자는 평성(平聲 : 거듭)이다.

○ 『註』彌重出者, 皆是也.
'일언이중출야(一言而重出也 : 한번 말하여 거듭 나온 것)'는 『논어집주(論語集註)』에서 더욱 거듭 나온 것이 모두 이것임을 뜻한다.

388) 호광 편(胡廣 編), 『논어집주대전(論語集註大全)』「헌문(憲問)」.

○ 亦蒙章指同.

'문소이자(文小異者)'는 또한 장의 뜻을 이어받은 것이 같다.

○ '文小異者, 屢言而各出也', 此章之類.

'문소이자, 누언이각출야(文小異者, 屢言而各出也 : 문장이 조금 다른 것은 여러 차례 말하면서 각각 나온 것)'는 이 장의 부류이다.

○ 音現.389)

'범사현이문개유이(凡四見而文皆有異)'에서 '현(見)'자는 음이 현(現)이다.

○ 雲峰胡氏曰 : "「學而」篇, 重在'知人', 「里仁」篇 · 「衛靈公」篇, 與此章, 重在'能'字, 求爲可知者, 求諸我之能而已."390)

'차장, 범사현(此章, 凡四見)'에 대해, 운봉 호씨(雲峰胡氏 : 胡炳文)가 말하였다. "「학이(學而)」는 중점이 '지인(知人)'에 있고,391) 「이인(里仁)」 · 「위령공(衛靈公)」은 이 장과 더불어 중점이 '능(能)'자에 있으니,392) 남이 알 수 있게 됨을 구하는 일은 나의 능함에서 구할 따름이다."

---

389) 호광 편(胡廣 編), 『논어집주대전(論語集註大全)』「헌문(憲問)」에는 "見, 形甸反."이라고 하였다.

390) 호광 편(胡廣 編), 『논어집주대전(論語集註大全)』「헌문(憲問)」의 내용은 다음과 같다. "雲峯胡氏曰 : '四見之中, 「學而篇」, 是一意, 重在知人; 餘三見, 共是一意, 重在能字, 所以求爲可知者, 求諸我之能而已.'"

391) 「학이(學而)」는 중점이 '지인(知人)'에 있고 : 『논어(論語)』「학이(學而)」에서 "子曰 : '不患人之不己知, 患不知人也.'"라 하였고, 그 『집주(集註)』에서 "尹氏曰 : '君子, 求在我者. 故不患人之不己知, 不知人, 則是非邪正, 或不能辨. 故以爲患也.'"라고 하였다.

392) 「이인(里仁)」 · 「위령공(衛靈公)」은 이 장과 더불어 중점이 '능(能)'자에 있으니 : 『논어(論語)』「이인(里仁)」에서 "子曰 : '不患無位, 患所以立; 不患莫己知, 求爲可知也.'"라 하였고, 그 『집주(集註)』에서 "所以立, 謂所以立乎其位者. 可知, 謂可以見知之實. 程子曰 : '君子, 求其在己者而已矣.'"라고 하였다. 또 『논어(論語)』「위령공(衛靈公)」에는 "子曰 : '君子, 病無能焉, 不病人之不己知也.'"라고 하였다.

[14-33-1]

子曰 : "不逆詐, 不億不信, 抑亦先覺者, 是賢乎."
공자가 말하였다. "사기(詐欺)칠까 예측하지 않으며, 신임(信任)하지 않을까 미리 헤아리지 않을 것이나, 또한 먼저 깨닫는 것이 현명함이로다."

朱註

'逆', 未至而迎之也; '億', 未見而意之也. '詐', 謂人欺己; '不信', 謂人疑己. '抑', 反語辭.
'역(逆)'은 이르지도 않았는데 헤아리는 것이고, '억(億)'은 나타나지도 않았는데 생각하는 것이다. '사(詐)'는 다른 사람이 자기를 속임을 이르고, '불신(不信)'은 다른 사람이 자기를 의심함을 이른다. '억(抑)'은 반어사이다.

詳說

○ 以類錯擧, 訓之.
'역, 미지이영지야. 억, 미견이의지야(逆, 未至而迎之也. 億, 未見而意之也 : 역은 이르지도 않았는데 헤아리는 것이고, 억은 나타나지도 않았는데 생각하는 것이다)'는 같은 유형끼리 서로 섞어서 열거해 놓고 새긴 것이다.

○ 朱子曰 : "凡抑字, 皆略反上文之意."393)
주자(朱子 : 朱熹)가 말하였다. "무릇 '억(抑)'자는 모두 대략 윗글의 뜻을 뒤집는 것이다.

○ 訓畢.
훈고가 끝났다.

朱註

言雖不逆不億, 而於人之情僞, 自然先覺, 乃爲賢也.
비록 예측(豫測)하지도 않고 미리 헤아리지도 않더라도 다른 사람의 실정과 작위(作爲)에 대하여 자연스럽게 먼저 깨닫는 일이 이에 현명함이 됨을 말한 것이다.

---

393) 호광 편(胡廣 編), 『논어집주대전(論語集註大全)』「헌문(憲問)」.

詳說

○ 襯'抑'字.

'이(而)'는 '억(抑)'자와 밀접하다.

○ 則非逆·億.

'자연(自然)'은 곧 예측(豫測)이나 미리 헤아림이 아니다.

○ 先事而覺也, 與『孟子』'先人而覺', 微不同.

'선각(先覺)'은 일에 앞서서 깨닫는 것이니, 『맹자(孟子)』의 '선인이각(先人而覺 : 사람에 앞서서 깨달음)'394)과는 조금도 같지 않다.

○ 朱子曰 : "理395)明故也, 如漢昭帝知霍光不反."396)

주자(朱子 : 朱熹)가 말하였다. "이치에 밝기 때문이니, 한(漢)나라 소제(昭帝)가 곽광(霍光)이 반역하지 않을 것을 안 일과 같다."

○ 釋畢.

경문의 풀이가 끝났다.

---

394) 『맹자(孟子)』의 '선인이각(先人而覺 : 사람에 앞서서 깨달음)' : 『맹자(孟子)』「만장상(萬章上)」에 나오는 "하늘이 이 백성들을 냄에 먼저 아는 사람에게 뒤에 아는 사람을 깨닫게 하고, 먼저 깨달은 사람에게 뒤에 깨닫는 사람을 깨닫게 하였으니, 나는 하늘이 낸 백성 가운데 먼저 깨달은 사람이니 내가 장차 이 도로써 이 백성들을 깨닫게 할 것이다. 내가 깨닫게 하지 않으면 누가 하겠는가?(天之生此民也, 使先知, 覺後知; 使先覺, 覺後覺也, 予, 天民之先覺者也, 予將以斯道, 覺斯民也, 非予覺之, 而誰也?)"의 내용을 가리킨다.

395) 理 : '聰'자의 오기인 듯하다.

396) 『주자어류(朱子語類)』 권44, 「논어26(論語二十六)」, 76조목의 내용은 다음과 같다. "或問 : '不逆詐, 不億不信, 如何又以先覺爲賢?' 曰 : '聰明底人, 便自覺得. 如目動言肆, 便見得是將誘我. 燕王告霍光反, 漢昭帝便知得霍光不反. 燕在遠, 如何知得? 便是它聰明見得, 豈非賢乎! 若當時便將霍光殺了, 安得爲賢!'(어떤 이가 물었다. '남이 나를 속일 것을 미리 짐작하지 않고, 남이 믿지 않을 것을 억측하지 않는다.'라고 했는데, 어떻게 하는 것이 먼저 깨닫는 것을 어질다고 여기는 것입니까?' 주희가 말하였다. '총명한 사람은 스스로 깨닫는다. 눈동자가 움직이고 말을 제멋대로 하면 곧 나를 속이려고 하는 것을 알 수 있다. 연왕은 곽광에게 돌아가도록 말했는데, 한 소제는 곽광이 돌아가지 않을 것을 알았다. 연이 멀리 있는데 어떻게 알았는가? 이것은 그가 총명하여 깨달은 것이니, 어찌 현명한 것이 아니겠는가? 만약 당시에 곽광을 죽였더라면 어찌 현명함이 될 수 있겠는가?')"

朱註

楊氏曰："君子一於誠而已. 然未有誠而不明者. 故雖不逆詐不億不信, 而常先覺也. 若夫不逆不億, 而卒爲小人所罔焉, 斯亦不足觀也已."

양씨(楊氏 : 楊時)[397]가 말하였다. "군자는 성(誠)에 한결같을 따름이다. 그러나 정성스러우면서 밝지 않은 사람이 있지 않기 때문에 비록 사기칠까 예측하지 않으며, 신임하지 않을까 미리 헤아리지 않더라도 항상 먼저 깨닫는 것이다. 만약 예측하지 않고 미리 헤아리지 않아서 마침내 소인에게 속은 사람이 된다면 이 또한 충분히 볼 게 못 된다."

詳說

○ 不逆不億.

'군자일어성이이(君子一於誠而已 : 군자는 성에 한결같을 따름이다)'는 예측하지도 않고 미리 헤아리지도 않음이다.

○ 覺.

'명(明)'은 깨달음이다.

○ 『中庸』曰："誠則明矣."[398]

'미유성이불명자(未有誠而不明者 : 정성스러우면서 밝지 않은 사람이 있지 않음)'에 대해, 『중용(中庸)』에서 말하였다. "성실하면 밝아진다."

○ 雙峰饒氏曰："億逆, 是有心; 先覺, 是無心."[399]

'상선각야(常先覺也 : 항상 먼저 깨닫는 것이다)'에 대해, 쌍봉 요씨(雙峰饒氏 : 饒魯)가 말하였다. "미리 헤아림과 예측(豫測)은 마음이 있는 것이고, 먼저 깨달음은 마음이 없는 것이다."

---

397) 양시(楊時 : 1053~1135) : 북송 시대 사람으로 자는 중립(中立)이고, 호는 구산(龜山)이다. 먼저 정호(程顥)와 정이(程頤)에게 배워서 유작(游酢)·여대림(呂大臨)·사양좌(謝良佐)와 함께 '정문사대제자(程門四大弟子)'라고 불렀으며, 나종언(羅從彦)·이동(李侗)과 함께 '남검삼선생(南劍三先生)'이라고도 불려졌다. 만면에 구산(龜山)에 은거하여 학자들이 '구산선생'이라고 하였다. 저서로는 『구산집(龜山集)』·『구산어록』·『이정수언(二程粹言)』 등이 있다.

398) 『중용장구(中庸章句)』 제21장에는 "自誠明, 謂之性; 自明誠, 謂之教, 誠則明矣; 明則誠矣."라 하였다.

399) 호광 편(胡廣 編), 『논어집주대전(論語集註大全)』「헌문(憲問)」의 내용은 다음과 같다. "雙峯饒氏曰 : '不逆不億, 待物之誠也, 先覺, 燭理之明也. 逆億, 是有心; 先覺, 是無心.'"

○ 雲峰胡氏曰: "億逆, 以意見推之; 先覺, 以義理照之."[400]

운봉 호씨(雲峰胡氏 : 胡炳文)가 말하였다. "미리 헤아림과 예측은 의견으로써 추측하는 일이고, 먼저 깨달음은 의리로써 조명하는 것이다."

○ 音扶.[401]

'약부불역불억(若夫不逆不億)'에서 '부(夫)'자는 음이 부(扶)이다.

○ 欺也.

'망(罔)'은 속임이다.

○ 其人無足觀.

'사역부족관야이(斯亦不足觀也已 : 이 또한 충분히 볼 게 못된다)'는 그 사람이 충분히 볼 게 없다는 뜻이다.

○ '先覺', 此章之題目.

'선각(先覺 : 먼저 깨달음)'이 이 장의 제목이다.

---

400) 호광 편(胡廣 編), 『논어집주대전(論語集註大全)』「헌문(憲問)」.

401) 호광 편(胡廣 編), 『논어집주대전(論語集註大全)』「헌문(憲問)」.

[14-34-1]

微生畝, 謂孔子曰 : "丘何爲是栖栖者與? 無乃爲佞乎?"
미생무가 공자에게 일러 말하였다. "구(丘)가 어쩌다가 불안한 사람이 되었는가? 말재주를 부린 것은 아닌가?"

朱註

'與', 平聲. '微生', 姓, '畝', 名也. 畝名呼夫子, 而辭甚倨, 蓋有齒德而隱者. '栖栖', 依依也. '爲佞', 言其務爲口給以悅人也.

'구하위시서서자여(丘何爲是栖栖者與)'에서 '여(與)'자는 평성(平聲 : 의문어조사)이다. '미생(微生)'은 성이고, '무(畝)'는 이름이다. 미생무가 공자에게 이름을 불러서 말이 심히 거만하니, 대개 나이와 덕이 있으면서 은둔한 사람인 것이다. '서서(栖栖)'는 의의(依依 : 불안함)이다. '위녕(爲佞)'은 말재주를 부림에 힘써 사람들을 기쁘게 하는 것을 말한다.

詳說

○ 以稱'栖栖者'觀之, 畝必非魯人.
'무, 명야(畝, 名也)'는 '서서자(栖栖者)'를 칭한 것으로써 보면 미생무(微生畝)는 반드시 노나라 사람이 아니다.

○ 『語』中一人而已.
'무명호부자(畝名呼夫子)'의 경우, 이름으로써 공자를 부른 것은 『논어(論語)』 가운데 한 사람일 뿐이다.

○ 居御反.402)
'이사심거(而辭甚倨)'에서 '거(倨)'는 '거(居)'와 '어(御)'의 반절(反切)이다.

○ 不安也. 爲是'栖栖者', 言爲此栖栖之事, 指歷聘也.
'서서, 의의야(栖栖, 依依也)'는 불안함이다. '서서자(栖栖者)'라고 한 것은 이 불안한 일을 하였음을 말함이니, 두루 다니면서 예를 갖추어 사람을 맞이하여 씀을 가리킨다.

402) 호광 편(胡廣 編), 『논어집주대전(論語集註大全)』「헌문(憲問)」.

○ 二字, 見「公冶長」.

'구급(口給)'이라는 두 글자는 「공야장(公冶長)」에 보인다.[403)]

○ 訓兼釋.

훈고에 경문의 풀이를 겸하였다.

○ 雙峰饒氏曰 : "見孔子歷聘, 疑其以口給取悅."[404)]

쌍봉 요씨(雙峰饒氏 : 饒魯)가 말하였다. "공자(孔子)가 두루 다니면서 예를 갖추어 사람을 맞이하여 쓴 일을 봄에, 그 말재주로써 사람들을 기쁘게 하였나 의심한 것이다."

[14-34-2]

孔子曰 : "非敢爲佞也, 疾固也."

공자가 말하였다. "감히 말재주를 부린 것이 아니라, 고루한 것을 미워한 것이니라."

朱註

'疾', 惡也. '固', 執一而不通也.

'질(疾)'은 미워함이다. '고(固)'는 하나를 고집하여 소통하지 못함이다.

詳說

○ 去聲.

"'질', 오야('疾', 惡也)'에서 '오(惡)'자는 거성(去聲 : 미워함)이다.

○ 二字, 出『孟子』「盡心」.

'집일(執一)'이라는 두 글자는 『맹자(孟子)』「진심(盡心)」에 나온다.[405)]

---

403) '구급(口給)'이라는 두 글자는 「공야장(公冶長)」에 보인다 : 『논어(論語)』「공야장(公冶長)」에서 "子曰 : '焉用佞? 禦人以口給, 屢憎於人, 不知其仁, 焉用佞?'"라고 하였다.

404) 호광 편(胡廣 編), 『논어집주대전(論語集註大全)』「헌문(憲問)」의 내용은 다음과 같다. "雙峯饒氏曰 : '栖栖, 如鳥之栖栖而不去. 然畝方以退隱爲高, 見孔子歷聘, 疑其以口給取悅, 殊不知聖人可仕則仕, 可止則止, 如天地四時之變化, 豈若小丈夫之執一而不通耶?'"

○ 訓畢.

훈고가 끝났다.

朱註

聖人之於達尊, 禮恭而言直, 如此.

성인이 세상 사람들이 존경하는 어른에 대해 예의가 공손하고 말이 정직함이 이와 같았으니,

詳說

○ 二字, 出『孟子』「公孫丑」.

'달존(達尊)'이라는 두 글자는 『맹자(孟子)』「공손추(公孫丑)」에 나온다.[406]

○ 指齒·德.

'달존(達尊)'은 나이와 덕을 가리킨다.

○ 非敢爲佞.

'예공(禮恭)'은 감히 말재주를 부림이 아니다.

○ 疾固.

'언직(言直)'은 고루함을 미워함이다.

○ 釋畢.

경문의 풀이가 끝났다.

朱註

其警之, 亦深矣.

그 경계함이 또한 깊은 것이다.

---

405) '집일(執一)'이라는 두 글자는 『맹자(孟子)』「진심(盡心)」에 나온다 : 『맹자(孟子)』「진심상(盡心上)」에서 "孟子曰 : '楊子, 取爲我, 拔一毛利而天下, 不爲也. 墨子, 兼愛, 摩頂放踵, 利天下, 爲之. 子莫, 執中, 執中, 爲近之, 執中無權, 猶執一也. 所惡執一者, 爲其賊道也, 擧一而廢百也.'"라고 하였다.

406) '달존(達尊)'이라는 두 글자는 『맹자(孟子)』「공손추(公孫丑)」에 나온다 : 『맹자(孟子)』「공손추하(公孫丑下)」에서 "天下有達尊三, 爵一; 齒一; 德一. 朝廷莫如爵, 鄕黨莫如齒, 輔世長民莫如德, 惡得有其一, 以慢其二哉?"라고 하였다.

詳說

○ 此則言外之意也.

이는 곧 말 밖의 뜻이다.

○ 慶源輔氏曰 : "微生之言, 雖倨而疑; 夫子之言, 雖恭而決."[407]

경원 보씨(慶源輔氏 : 輔廣)가 말하였다. "미생무(微生畝)의 말은 비록 거만하더라도 의심하였고, 공자의 말은 비록 공손하더라도 결단하였다."

○ 新安陳氏曰 : "聖人自有中道, 不爲柔佞之不及, 亦不爲固執之太過."[408]

신안 진씨(新安陳氏 : 陳櫟)가 말하였다. "성인은 스스로 중도(中道)가 있어 위선(僞善)과 아첨이 미치지 못함을 하지 않으며, 또한 고집(固執)이 너무 지나침을 하지 않는다."

○ '疾固', 此章之題目.

'질고(疾固 : 고루한 것을 미워하다)'가 이 장의 제목이다.

---

407) 호광 편(胡廣 編), 『논어집주대전(論語集註大全)』「헌문(憲問)」의 내용은 다음과 같다. "慶源輔氏曰 : '爲佞以說人者, 失之不及; 執一而不通者, 失之過, 聖人只在中道上行. 微生之言, 雖倨而疑; 夫子之言, 雖恭而決.'"

408) 호광 편(胡廣 編), 『논어집주대전(論語集註大全)』「헌문(憲問)」의 내용은 다음과 같다. "新安陳氏曰 : '以夫子而尙謂其栖栖爲佞, 則畝之耿介固執可想矣. 故夫子因而箴之. 夫立身待人, 自有中道, 聖人萬不爲柔佞之不及, 亦不爲固執之太過也.'"

[14-35-1]

子曰 : "驥, 不稱其力, 稱其德也."

공자가 말하였다. "좋은 말은 그 힘을 일컬음이 아니라, 그 덕을 일컫는 것이다."

朱註

'驥', 善馬之名. '德', 謂調良也.

'기(驥)'는 좋은 말의 이름이다. '덕(德)'은 길들여지고 선량함을 이른다.

詳說

○ 胡氏曰 : "'調', 易控御; '良', 不踶齧."409)

호씨(胡氏 : 胡泳)가 말하였다. "'조(調)'는 부리기가 쉬운 것이고, '량(良)'은 발길질하거나 깨물지 않는 것이다."

○ 有訓無釋.

훈고는 있으나 경문의 풀이는 없다.

朱註

尹氏曰 : "驥雖有力, 其稱在德, 人有才而無德, 則亦奚足尙哉?"

윤씨(尹氏 : 尹焞)가 말하였다. "좋은 말은 비록 힘이 있더라도 그 일컬음은 덕에 달려 있으니, 사람이 재주가 있는데 덕이 없으면 또한 어찌 충분히 숭상하겠는가?"

詳說

○ 胡氏曰 : "任重致遠, 非力不可."410)

'기수유력(驥雖有力 : 좋은 말은 비록 힘이 있더라도)'에 대해, 호씨(胡氏 : 胡泳)가

---

409) 호광 편(胡廣 編), 『논어집주대전(論語集註大全)』「헌문(憲問)」의 내용은 다음과 같다. "胡氏曰 : '調者, 習熟而易控御也; 良者, 順服而不踶齧也.'"

410) 호광 편(胡廣 編), 『논어집주대전(論語集註大全)』「헌문(憲問)」의 내용은 다음과 같다. "胡氏曰 : '驥之任重致遠, 非力不可. 然有力者不足言, 必言其調良也. 故觀人者, 不當言其才而當言其德, 人亦不可徒恃其才, 而當以德爲主也.'"

말하였다. “무거운 짐을 지고 멀리까지 이르는 것은 힘이 아니면 할 수 없다.”

○ 本文爲比.

‘기칭재덕(其稱在德 : 그 일컬음은 덕에 달려 있음)’은 경문에서 비교한 것이다.

○ 言外者, 爲正意.

‘인유재이무덕, 즉역해족상재?(人有才而無德, 則亦奚足尙哉? : 사람이 재주가 있는데 덕이 없으면 또한 어찌 충분히 숭상하겠는가?)’는 말 밖의 것이 진정한 뜻이 된다.

○ 新安陳氏曰 : “此章, 如『詩』之比, 以馬比君子.”[411]

신안 진씨(新安陳氏 : 陳櫟)가 말하였다. “이 장은 『시경(詩經)』의 견줌과 같으니, 말[馬]로써 군자에 견준 것이다.”

○ 雙峰饒氏曰 : “君子之所以得名, 以德不以才.”[412]

쌍봉 요씨(雙峰饒氏 : 饒魯)가 말하였다. “군자가 명예를 얻는 근거는 덕으로써 하는 것이지, 재주로써 하는 것이 아니다.”

○ ‘德’字, 此章之題目.

‘덕(德 : 덕성)’자가 이 장의 제목이다.

---

411) 호광 편(胡廣 編), 『논어집주대전(論語集註大全)』「헌문(憲問)」의 내용은 다음과 같다. “新安陳氏曰 : ‘此章, 與「歲寒松栢章」, 皆如, 『詩』六義之比, 實以木與馬比君子, 非專言木馬也.’”

412) 호광 편(胡廣 編), 『논어집주대전(論語集註大全)』「헌문(憲問)」의 내용은 다음과 같다. “雙峯饒氏曰 : ‘驥者, 良馬之稱, 馬中之驥, 如人中之君子. 驥非無力, 然其所以得驥之名者, 以德不以力. 君子非無才, 然其所以得君子之名者, 以德不以才.’”

[14-36-1]

或曰："以德報怨, 何如?"
어떤 사람이 말하였다. "덕(德)으로써 원망(怨望)함을 갚음이 어떠하겠습니까?"

朱註

或人所稱, 今見『老子』書. '德', 謂恩惠也.
어떤 사람이 일컬은 것은 지금 『노자(老子)』의 책에 보인다. '덕(德)'은 은혜를 이른다.

詳說

○ 音現.[413]
'금현『노자』서(今見『老子』書)'에서 '현(見)'자는 음이 현(現)이다.

○ 老聃所著書.
'『노자』서(『老子』書)'는 노담(老聃)이 지은 책이다.

○ 『道德經』「恩始章」曰："報怨以德."[414]
'금현『노자』서(今見『老子』書)'에 대해, 『도덕경』 은시장(恩始章)에서 말하였다. "원망함을 갚는 데 덕으로써 한다."

○ 或人, 必是攻乎老氏之學者耳.
어떤 사람은 반드시 노씨(老氏 : 老聃)의 학문을 전공하는 사람일 뿐이다.

○ 有訓無釋.
훈고는 있으나 경문의 풀이는 없다.

---

413) 호광 편(胡廣 編), 『논어집주대전(論語集註大全)』「헌문(憲問)」에는 "見, 形甸反."이라고 하였다.

414) 『노자도덕경(老子道德經)』 권하, 「하상공장구(河上公章句)제3 · 은시장(恩始章)제63」에는 "爲無爲, 事無事, 味無味, 大小多少, 報怨以德. 圖難於其易, 爲大於其細. 天下難事, 必作於易; 天下大事, 必作於細. 是以聖人終不爲大. 故能成其大. 夫輕諾必寡信, 多易必多難. 是以聖人猶難之."로 되어 있다. 호광 편(胡廣 編), 『논어집주대전(論語集註大全)』「헌문(憲問)」에는 "『老子道德經』「恩始章」曰 : '大小多少, 報怨以德. 圖難於其易, 爲大於其細.'"라고 하였다.

[14-36-2]

> 子曰："何以報德?
> 공자가 말하였다. "무엇으로써 덕을 갚을까?

朱註

> 言於其所怨, 旣以德報之矣, 則人之有德於我者, 又將何以報之乎.
> 그 원망하는 사람에게 이미 덕으로써 그에게 갚으면 사람 중에 나에게 갚을 덕이 있는 사람은 또 장차 무엇으로써 갚을 것인가를 말하였다.

詳說

○ 承上章.

'기이덕보지의(旣以德報之矣 : 이미 덕으로써 그에게 갚음)'는 위의 장을 이은 것이다.

○ 有釋無訓.

경문의 풀이는 있으나 훈고는 없다.

○ 朱子曰 : "譬如人以千金與我, 我以千金酬之當然; 或有人盜我千金, 吾亦以千金與之, 是何理?"415)

주자(朱子 : 朱熹)가 말하였다. "비유하자면, 어떤 사람이 천금(千金)을 나에게 주면 나는 천금으로 보답하는 것이 당연하고, 어떤 사람이 나에게 천금을 훔쳐가더라도 나는 또한 천금을 주니, 이는 무슨 이치인가?"

---

415) 호광 편(胡廣 編), 『논어집주대전(論語集註大全)』「헌문(憲問)」의 내용은 다음과 같다. "朱子曰 : '以德報怨, 不是不好, 但上面更無一件可以報德. 譬如人以千金與我, 我以千金酬之, 便是當然. 或有人盜我千金, 而吾亦以千金與之, 却是何理? 視與千金者, 更無輕重, 斷然是行不得也.'" 『주자어류(朱子語類)』 권44, 「논어26(論語二十六)」, 80조목에 실려 있는 내용은 다음과 같다. "亞夫問'以德報怨章.' 曰 : '以德報怨, 不是不好, 但上面更無一件可以報德. 譬如人以千金與我, 我以千金酬之, 便是當然. 或有人盜我千金, 而吾亦以千金與之, 卻是何理! 視與千金者, 更無輕重, 斷然是行不得也!'(아부가 '덕으로 원한에 보답한다.'라고 한 장에 대해서 물었다. 주희가 말하였다. '덕으로 원한에 보답한다.'는 것은 좋지 않은 일이 아닌데, 다만 위에서 한 번도 덕으로 보답할 수 있다는 것이 없다. 비유하자면, 남이 나에게 천금을 주면 나도 천금으로 갚는 것이 당연하다. 어떤 사람이 내 천금을 훔쳐갔다면 나 또한 천금으로 갚아주어야 하는데, 이는 어떤 이치인가? 천금을 주는 것은 경중이 없지만 단연코 이를 행해서는 안 된다.')"

○ 又曰 : "呂晦叔, 乞寬賈昌朝之罪, 是以德報怨."416)

주자(朱子 : 朱熹)가 또 말하였다. "여회숙(呂晦叔 : 呂公著)417)이 가창조(賈昌朝 : 宋仁宗 때 사람)의 무례한 죄를 관대하게 해 줄 것을 빌었는데, 이것이 덕으로써 원망(怨望)을 갚는다는 뜻이다."

---

416) 『주자어류(朱子語類)』 권44, 「논어26(論語二十六)」, 83조목에 실려 있는 내용은 다음과 같다. "問'以德報德, 以直報怨'. 曰 : '以德報德, 蓋它有德於我, 自是著饒潤它些子. 所謂公法行於上, 私義伸於下也. 以直報怨, 當賞則賞之, 當罰則罰之, 當生則生之, 當死則死之, 怨無與焉. 不說自家與它有怨, 便增損於其間.' 問 : '如此, 所以怨有不讎, 德無不報.' 曰 : '然.' 又云 : '以德報怨, 是著意要饒他. 如呂晦叔爲賈昌朝無禮, 捕其家人坐獄. 後呂爲相, 適值朝廷治賈事, 呂乃乞寬賈之罪, 恐渠以爲臣與有私怨. 後賈竟以此得減其罪. 此以德報怨也. 然不濟事, 於大義都背了. 蓋賞罰出於朝廷之公, 豈可以己意行乎其間?' 又問 : '以德報怨, 寬身之仁也; 以怨報怨, 刑戮之民也. 此有病否?' 曰 : '此也似說得好. 以德報怨, 自家能饒人, 則免得人只管求怨自家, 故曰寬身之仁也. 如以怨報怨, 則日日相摧鬥打, 幾時是了? 故曰刑戮之民也.'('덕으로 덕에 보답하고 정직함으로 원한에 보답한다.'는 것에 대해 묻습니다. 주희가 말하였다. '덕으로 덕에 보답하는 것은 대개 나에게 덕이 있기 때문이니, 이로부터 조그마한 것을 풍요롭고 윤택하게 하는 일이다. 이른바 위로는 공적인 법을 행하고 아래로 사적인 의리를 펼친다는 말이다. '정직함으로 원한에 보답한다.'는 것은 마땅히 상줄 일이면 상을 주고, 벌을 줄 일이면 벌을 주며, 살려야 하면 살리고, 죽여야 하면 죽이는 것이니, 원한이 없을 것이다. 스스로 그에게 원한이 있다고 말하지 말고 그 사이에서 증감하는 뜻이다. 물었다. '이와 같기 때문에 원한이 있어도 원수가 되지 않고, 덕에도 보답하지 않음이 없게 됩니다.' 주희가 말하였다. '그렇다.' 또 말하였다. '덕으로 원한에 보답하는 것은 그에게 베풀려는 뜻이 있는 것이다. 여회숙은 가창조가 무례하자 그 집안 사람들을 잡아 하옥시켰다. 훗날 여회숙이 재상이 되었는데 마침 조정에서 가창조의 일을 다스리고 있었다. 여회숙이 가창조의 죄를 너그럽게 용서하며 '그를 신하로 여기는데 사사로운 원한이 있을까 두렵다.'라고 하였다. 훗날 가창조는 이 때문에 그 죄가 줄어들었다. 이것이 바로 '덕으로 원한에 보답하는 것'이다. 그러나 일을 제대로 처리하지 않았다면 대의에서 모두 어긋났을 것이다. 대개 상벌은 조정의 공론에서 나오는 것이니 어찌 자기의 뜻을 가지고 그 사이에서 행할 수 있겠는가?' 물었다. '덕으로 원한에 보답하는 것은 자신의 인을 넓히는 것이다. 원한으로 원한에 보답하는 것은 형벌로 백성을 죽이는 것이다.'라고 하였는데, 이것은 잘못된 것이 아닙니까?' 주희가 말하였다. '이것은 말이 좋은 것 같다. '덕으로 원한에 보답하는 것'은 자신이 남에게 베풀 수 있는 일이고, 남이 자신에게 원망을 구하는 것을 면하는 일이기 때문에 '자신의 인을 넓힌다.'라고 한 것이다. 원한으로 원한에 보답한다면 날마다 서로 싸울 텐데 언제 끝나겠는가? 그러므로 '형벌로 백성을 죽인다.'라고 한 것이다.')"

417) 여공저(呂公著 : 1018~1089) : 북송(北宋) 시대의 학자로 자가 회숙(晦叔)이고, 시호가 정헌(正獻)이며, 수주(壽州) 사람이다. 왕안석(王安石)·사마광(司馬光)과 가까이 지냈으며, 치심양성(治心養性)의 이학(理學)을 중시하였다. 저서로는 『정헌공집(正獻公集)』이 있다.

[14-36-3]

以直報怨, 以德報德."
공직(公直)함으로써 원망함을 갚고, 덕으로써 덕을 갚아야 할 것이다."

朱註

於其所怨者, 愛憎取舍[418], 一以至公而無私, 所謂'直'也. 於其所德者, 則必以德報之, 不可忘也.
원망하는 사람에 대해 사랑하고 미워하며 취하고 버림을 한결같이 지극히 공정하고 사사로움이 없음으로써 하는 것이 이른바 '직(直)'이다. 덕을 받은 사람에게는 곧 반드시 덕으로써 그것을 보답하여 잊어서는 안 된다.

詳說

○ 朱子曰: "當賞則賞之, 當罰則罰之; 當生則生之, 當死則死之. 怨無與焉, 不說自家與他有怨."[419]

'어기소원자, 애증취사, 일이지공이무사, 소위직야(於其所怨者, 愛憎取舍, 一以至公而無私, 所謂直也: 원망하는 사람에 대해 사랑하고 미워하며 취하고 버림을 한결같이 지극히 공정하고 사사로움이 없음으로써 하는 것이 이른바 직이다)'에 대해, 주자(朱子: 朱熹)가 말하였다. "마땅히 상 주어야 하면 상을 주고, 마땅히 벌주어야 하면 벌을 주어야 한다. 마땅히 살려야 하면 살리고, 마땅히 죽여야 하면 죽여야 한다. 원망함에는 함께할 이가 없으니, 자신과 다른 사람이 원망함이 있음을 말하지 않아야 한다."

○ 又曰: "怨有公私曲直之不同, 以直云者, 不以私害公, 不以曲勝直. 當報則報, 不必報則止. 『周禮』殺人而義者, 令無仇, 仇之則死, 此不當報者也; 『春秋傳』父不受誅, 子後仇, 可也, 此當報者也."[420]

---

418) 호광 편(胡廣 編), 『논어집주대전(論語集註大全)』「헌문(憲問)」에 "舍, 上聲."이라고 하였다.

419) 『주자어류(朱子語類)』 권44, 「논어26(論語二十六)」, 83조목에 실려 있는 내용은 다음과 같다. "問'以德報德, 以直報怨'. 曰: '以德報德, 蓋它有德於我, 自是著饒潤它些子. 所謂公法行於上, 私義伸於下也. 以直報怨, 當賞則賞之, 當罰則罰之; 當生則生之, 當死則死之, 怨無與焉. 不說自家與它有怨, 便增損於其間.'"

420) 호광 편(胡廣 編), 『논어집주대전(論語集註大全)』「헌문(憲問)」의 내용은 다음과 같다. "問: '以德報怨, 亦可謂忠且厚矣, 而夫子不之許, 何哉?' 朱子曰: '是亦私意所爲, 非天理之正也. 夫

주자(朱子 : 朱熹)가 또 말하였다. "원망함에는 공변되고 사사로우며 굽고 곧음의 같지 않음이 있으니, 곧음으로써 이른 것은 사사로움으로 공직(公直)함을 해쳐서는 안 되며, 굽음으로써 공직(公直)함을 이겨서도 안 된다. 마땅히 갚아야 할 것은 갚으며, 반드시 갚지 않을 것은 그만두어야 한다. 『주례』에 사람을 죽임에 의로운 것은 명령하여 원망하지 말도록 하는데 원망하여 죽이니, 이는 마땅히 갚아서는 안 되는 일이다.421) 『춘추전(春秋傳)』에 아버지가 죽임을 받지 않았지만 자식이 뒤에 복수하는 것은 괜찮다고 하니,422) 이는 마땅히 갚아야 하는 일이다."

○ 農巖曰 : "『或問』與『集註』, 終有不可強合者, 愛憎取舍, 至公無私, 乃君子待衆人之道, 『或問』得之."423)

有怨有德, 人情所不能忘, 而所以報之, 各有所當, 亦天理之不能已也. 顧德有大小, 皆所當報, 而怨則有公私曲直之不同. 故聖人教人, 以直報怨, 以德報德. 以直云者, 不以私害公, 不以曲勝直. 當報則報, 不必報則止, 一觀夫理之當然, 而不以己之私意加焉. 是則雖曰報怨, 而豈害其爲公平忠厚哉? 然而聖人終不使人忘怨, 而沒其報復之名者, 亦以見夫君父之仇有不得不報者, 而伸夫忠臣孝子之心耳. 若或人之言, 則以報怨爲薄, 而必矯焉, 以避其名. 故於其所怨, 而反報之以德. 若忠厚者, 而於所德, 又將何以報之? 以德之上, 無復可加. 若但如所謂報怨者而已, 則是所以報德者, 僅適其平, 而所以報怨者, 反厚於德. 且雖君父之仇, 亦將有時而忘之也, 是豈不反爲逆人情悖天理之甚哉?' 曰 : '君父之仇, 亦有當報不當報之別乎?' 曰 : '『周禮』有之, 殺人而義者, 令無仇, 仇之則死, 此不當報者也. 『春秋傳』曰: 父不受誅, 子復仇, 可也, 此當報者也. 當報而報, 不當報而止, 是卽所謂直也. 周公之法, 孔子之言, 若合符節, 於此可以見聖人之心矣.' 曰 : '然則楊氏所謂小加委曲, 如庾公之斯者, 如何?' 曰 : '此意善矣, 而亦有所未盡也. 蓋天下之事, 有公義有私恩, 二者常相得焉, 則盡其道而不爲私, 可也. 不幸而或至於相妨, 則權輕重而處之, 使公義行於上, 而私恩伸於下, 然後可耳. 若小加委曲, 而害天下之公, 則亦君子所不爲也.'"

421) 『주례』에 사람을 죽임에 의로운 것은 …… 이는 마땅히 갚아서는 안 되는 일이다 : 『주례』「지관사도(地官司徒)」에서 "凡殺人而義者, 不同, 國令勿讎, 讎之則死."라 하였다. 정약용의 『흠흠신서(欽欽新書)』에는 "『周禮』曰 : '殺人而義者, 令勿讎, 旣令勿讎, 則非當死, 非當死而殺之, 卽非王法.'"이라고 하였다.

422) 『춘추전(春秋傳)』에 아버지가 죽임을 받지 않았지만 자식이 뒤에 복수하는 것은 괜찮다고 하니 : 『춘추좌전(春秋左傳)』「정공(定公)」 4년 기사에 "父不受誅, 子復讐, 可也; 父受誅, 子復讐, 推刃之道也."라고 하였다.

423) 『농암집(農巖集)』 권20, 「서(書) · 답어유봉(答魚有鳳)」에는 "以直報怨之說, 『集註』·『或問』, 終似有不可强合者."라 하였고, 『농암집(農巖集)』 권33, 「잡지(雜識) · 내편(內篇)3 · 논어설(論語說)」에는 "「以德報怨章」『集註』, 於其所怨者, 愛憎取舍, 一以至公而無私, 所謂直也. 按此說, 似與『或問』之意異. 『或問』, 以當報則報, 不當報則不報爲直, 蓋人有怨於我, 而於義所當讎, 則吾必讎之, 此所謂報也. 於義不可讎, 則吾所以待之者, 只如常人一般, 所謂不報也. 『集註』, 却似只說下一節意思, 蓋善則愛之, 而惡則憎之; 才則取之, 而不才則舍之, 乃君子待衆人之道. 恐不能包當報則報意思在其中. 今若以憎與舍爲報, 而愛與取爲不報, 則又恐語意不近, 未知當何以通

농암(農巖 : 金昌協)이 말하였다. "『혹문』과 『집주(集註)』에 마침내 억지로 합쳐서는 안 되는 것이 있으니, 사랑하고 미워하며 취하고 버림에 지극히 공변되고 사사로움이 없음이 바로 군자가 많은 사람들을 대하는 도이니, 『혹문』에서 해득하였다."

○ **南塘曰 : "愛 · 憎二字, 包含無限義意, 憎卽是當報則報者, 而不當報而不報者, 亦包愛而取矣. 農巖說, 殊未可曉."**[424]

남당(南塘 : 韓元震)이 말하였다. "애(愛)와 증(憎), 이 두 글자에는 무한한 뜻이 포함되었으니, 증(憎)은 곧 마땅히 갚아야 하면 갚는 것이고, 마땅히 갚지 않아도 되면 갚지 않는 것에 또한 애(愛)를 포함하여 취하였으니, 농암(農巖)의 해설을 전혀 깨닫지 못하였다."

○ **按『語類』, 賞罰生死之說, 是處怨也, 非報怨也, 而『集註』, 於『語類』爲近之, 『或問』則專以報怨言之, 農巖云云, 蓋爲是耳.**

살펴보건대, 『주자어류(朱子語類)』에 상 주고 벌주며 살고 죽는 설명은 원망함에 대처한 것이고, 원망함을 갚음이 아닌데, 『논어집주(論語集註)』가 『주자어류(朱子語類)』에 가까움이 되고, 『혹문』은 오로지 원망함을 갚음으로써 말하였으니, 농암(農巖)이 말한 내용도 대개 이것이 될 뿐이다.

之, 當更思之. 又詳朱子之意, 或似謂怨之當報者, 固當報之; 其不當報者, 固當不報, 而至於隨其人之善惡才否而愛憎取舍之, 又當只如待常人之道也. 蓋所怨之人, 苟賢且才矣, 則吾之怨, 雖在所必報, 而在公義之愛與取, 則固不容廢. …… 但『或問』直以當報則報, 不當報則止, 一觀理之當然爲直. 此則無論報不報, 直以愛憎取舍, 一以至公無私爲直. 終覺不合. 人之處讎怨, 其道有四, 以德報之一也; 一切不報二也; 報其當報三也; 一切必報四也. 以德報之, 如韓信之類是也; 一切必報, 如范雎之類是也. 若『集註』之說, 則近於一切不報; 而『或問』之說, 乃是報其當報者, 竊疑夫子之意, 『或問』爲得之; 而『集註』說, 難以會通於此, 此不能無疑者耳."라고 하였다.

424) 『남당집(南塘集)』 권36, 「잡지(雜識) · 내편하(內篇下)」에는 "『論語』「以直報怨章」, 『集註』 · 『或問』說, 似異而實無不同也. 蓋人之於怨, 有當報而報者, 有不當報而不報者, 有不止於不報而愛而取之者, 其間曲折無窮, 而大概有是三等也. 『集註』說, 擧其愛憎兩端, 而中間不愛不憎, 止於不報者, 包在其中矣. 『或問』說, 擧其當報不當報兩端, 而其愛而取之者, 亦包在不報中矣. 蓋『集註』憎云者, 卽是『或問』當報則報者, 而『或問』不當報而不報者, 卽亦包『集註』愛云者矣, 此其似異而實無不同也. 農巖以『集註』 · 『或問』說, 謂不可會通, 而謂『集註』說, 只是君子待衆人之道, 而不能包當報則報意思在其中. 此語殊未可曉. 愛也有淺深, 憎也有淺深, 而又有不愛不憎者, 在愛憎之間, 此其愛 · 憎二字, 包含無限意義也. 無所怨而惡其不善者固是憎, 而有所怨而至於剚刀者, 亦只是憎, 何以謂憎與舍不能包得當報則報之意耶? 且當報不當報'報'字, 乃讐字之意, 與經文報怨之'報'字, 意不同. 蓋經文'報'字, 只如'待'字 · '答'字之意, 其當報而報, 不當報而不報, 皆所以報之者也. 乙巳."라고 하였다.

○ 所受德者.

'어기소덕자(於其所德者)'는 덕을 받은 사람이다.

○ 有釋無訓.

경문의 풀이는 있으나 훈고는 없다.

朱註

或人之言, 可謂厚矣. 然以聖人之言觀之, 則見其出於有意之私, 而怨德之報, 皆不得其平也, 必如夫子之言然後, 二者之報, 各得其所. 然怨有不讎, 而德無不報, 則又未嘗不厚也. 此章之言, 明白簡約, 而其指意曲折反覆, 如造化之簡易易知而微妙無窮, 學者所宜詳玩也.

어떤 사람의 말은 두텁다고 말할 만하다. 그러나 성인의 말로써 살펴보면 어떤 의도를 가진 사사로움에서 나와서 원망과 은덕의 갚음이 모두 그 공평함을 얻지 못한 것을 볼 수 있으니, 반드시 공자의 말씀과 같은 뒤라야 두 가지의 갚음이 각각 제자리를 얻는다. 그러나 원망함에 복수하지 않음이 있고, 은덕(恩德)에 보답하지 않음이 없었다면 일찍이 두텁지 않은 적이 없었을 것이다. 이 장의 말은 명백하고 간략하되 그 뜻이 곡절하고 반복하여, 마치 조화(造化)의 간이함을 알기는 쉬우나 미묘함이 무궁한 것과 같으니, 배우는 사람들이 마땅히 자세하게 완미해야 한다.

詳說

○ 德報本自平, 而以怨報之, 過厚. 故德報, 從而爲薄, 遂不平.

'원덕지보, 개부득기평야(怨德之報, 皆不得其平也 : 원망과 은덕의 갚음이 모두 그 공평함을 얻지 못함)'라는 구절을 보면, 은덕의 갚음은 스스로 공평함에 근본해야 하는데 원망함으로써 갚으니 두터움이 지나치다. 그러므로 은덕의 갚음이 좇아서 야박하게 되어 마침내 공평하지 못한 것이다.

○ 四字, 見「子罕」.

'각득기소(各得其所 : 각각 제자리를 얻음)'의 네 글자는 「자한(子罕)」에 보인다.[425]

425) '각득기소(各得其所 : 각각 제자리를 얻음)'의 네 글자는 「자한(子罕)」에 보인다 : 『논어(論語)』「자한(子罕)」에서 "子曰 : '吾自衛反魯然後, 樂正, 雅頌, 各得其所.'"라고 하였다.

○ 以直以德.

공직(公直)함으로써 하고 은덕으로써 함이다.

○ 新安陳氏曰 : "不必報者, 不以仇待之."[426)]

'원유불수(怨有不讎 : 원망함에 복수하지 않음이 있음)'에 대해, 신안 진씨(新安陳氏 : 陳櫟)가 말하였다. "반드시 보답하지 않아야 하는 것은 원망함으로써 대하지 않는 일이다."

○ 以大怨報小怨不可, 而以大德報小德則可矣. 故不云'以直報德'.

'덕무불보(德無不報 : 은덕에 보답하지 않음이 없었음)'의 경우, 큰 원망으로써 작은 원망을 갚는 것은 옳지 않고, 큰 은덕으로써 작은 은덕을 갚는 것은 옳은 것이다. 그러므로 '이직보덕(以直報德)'이라고 이르지 않았다.

○ 二者皆厚.

'원유불수, 이덕무불보, 즉우미상불후야(怨有不讎, 而德無不報, 則又未嘗不厚也 : 원망함에 복수하지 않음이 있고, 은덕(恩德)에 보답하지 않음이 없었다면 일찍이 두텁지 않은 적이 없었을 것이다)'는 두 가지가 모두 두터운 것이다.

○ 音福.[427)]

'이기지의곡절반복(而其指意曲折反覆)'에서 '복(覆)'자는 음이 복(福)이다.

○ 幷去聲.[428)]

'여조화지간이이지(如造化之簡易易知)'에서 '이(易)'자와 '이(易)'자는 모두 거성(去聲 : 쉽다)이다.

○ 朱子曰 : "『禮記』'以德報怨, 寬身之仁也; 以怨報怨, 刑戮之民也', 此似說得好. 自家能饒人, 則免得人怨自家. 故曰'寬身之仁'. 如日日相鬪打, 幾時是了? 故曰'刑戮之民'."[429)]

---

426) 호광 편(胡廣 編), 『논어집주대전(論語集註大全)』「헌문(憲問)」의 내용은 다음과 같다. "新安陳氏曰 : '讎, 仇也, 怨有不必報者, 不以仇待之也.'"

427) 호광 편(胡廣 編), 『논어집주대전(論語集註大全)』「헌문(憲問)」에는 "覆, 芳服反."이라고 하였다.

428) 호광 편(胡廣 編), 『논어집주대전(論語集註大全)』「헌문(憲問)」. '並'으로 표기되어 있다.

429) 『주자어류(朱子語類)』 권44, 「논어26(論語二十六)」, 83조목의 내용은 다음과 같다. "問'以直報怨, 以德報德.' 曰 : '聖人答得極好. 以德報怨, 怨乃過德. 以怨報德, 豈是人情? 以直報怨, 則於彼合爲則爲, 是無怨也, 與『孟子』三反及不校同. 『禮記』云: 以德報怨, 寬身之仁也. 言如此亦是寬身, 終不是中道.'" ; "又問 : '以德報怨, 寬身之仁也; 以怨報怨, 刑戮之民也, 此有病否?' 曰 : '此也似說得好. 以德報怨, 自家能饒人, 則免得人只管求怨自家, 故曰寬身之仁也. 如以怨報怨,

주자(朱子 : 朱熹)가 말하였다. "『예기』에서 '덕으로써 원망함을 갚음은 자신을 너그럽게 하는 인(仁)이고, 원망함으로써 원망함을 갚음은 형벌로 죽는 백성이다.' 라고 하였는데, 이는 매우 적절한 말인 것 같다. 자신이 다른 사람을 너그럽게 용납하면 다른 사람이 자신을 원망함을 면할 수 있다. 그러므로 말하기를, '자신을 너그럽게 하는 인(仁)'이라 하였다. 만일 날마다 서로 다투어 치고 박는다면 어느 때 그치겠는가? 그러므로 말하기를, '형벌로 죽는 백성'이라고 하였다."

○ 按『禮記』主止爭而言, 此章主報復而言, 語雖同而義實異. 故『語類』爲之伸彼而不以比同於此, 且於『集註』引『老子』證之, 而不引『禮記』者, 以此耳.

살펴보건대, 『예기』에서는 다툼을 그치는 데 주력하여 말하였고, 이 장에서는 되갚음에 주력하여 말하였는데, 말이 비록 같더라도 뜻이 실제로 다르다. 그러므로 『주자어류(朱子語類)』에서는 저것을 말하면서 이것을 견주어 같이하지 않았으니, 『논어집주(論語集註)』에서 『노자』를 인용하여 증명하면서도 『예기』를 인용하지 않은 것은 이 때문일 뿐이다.

○ '以直報怨', 此章之題目.

'이직보원(以直報怨 : 공직(公直)함으로써 원망함을 갚다)'이 이 장의 제목이다.

則日日相搥鬥打, 幾時是了? 故曰刑戮之民也.'"

[14-37-1]

子曰 : "莫我知也夫!"
공자가 말하였다. "나를 알아줌이 없구나!"

朱註

'夫', 音扶. 夫子自歎, 以發子貢之問也.
'막아지야부(莫我知也夫)'에서 '부(夫)'자는 음이 부(扶)이다. 공자가 스스로 탄식하면서 자공(子貢)의 물음을 꺼내게 한 것이다.

詳說

○ 不致人之知, 故人不我知, 語雖是歎, 而意實非歎也.
'부자자탄(夫子自歎 : 공자가 스스로 탄식함)'은 사람들이 앎을 이루지 못하였기 때문에 사람들이 나를 알아주지 못한 것이니, 말은 비록 탄식하였더라도 뜻은 실제로 탄식한 것이 아니다.

○ 發其問者, 將以敎之.
'이발자공지문야(以發子貢之問也 : 자공의 물음을 꺼냄)'는 그 물음을 꺼냈다는 것은 장차 그를 가르치려는 뜻이다.

○ 以論釋之, 無訓.
경문의 의미 설명으로 풀이하였으며, 훈고는 없다.

[14-37-2]

子貢曰 : "何爲其莫知子也?" 子曰 : "不怨天, 不尤人, 下學而上達, 知我者, 其天乎."
자공(子貢)이 말하였다. "어찌하여 부자(夫子)를 아는 사람이 없습니까?" 공자가 말하였다. "하늘을 원망하지 아니하며, 사람을 허물하지 아니하고, 아래로부터 배워서 위로 다다랐으니, 나를 아는 것은 그 하늘이로다."

朱註

不得於天而不怨天, 不合於人而不尤人, 但知下學而自然上達. 此但自言其反己自修, 循序漸進耳, 無以甚異於人, 而致其知也. 然深味其語意, 則見其中自有人不及知而天獨知之之妙.

천우신조(天佑神助)를 얻지 못해도 하늘을 원망하지 않으며, 사람들에게 영합(迎合)하지 못해도 사람들을 탓하지 않고, 다만 아래로부터 배워서 자연스럽게 위로 다다름만 알았다. 이는 다만 자기 자신을 반성하여 스스로 닦으며 차례를 좇아서 조금씩 나아갈 뿐이고, 사람들보다 무척 달리하여 그 앎을 이룸이 없음을 스스로 말하였다. 그러나 그 말뜻을 깊이 음미해보면 그 가운데 자연스럽게 사람들은 앎에 미치지 못하고, 하늘만이 오직 아는 묘미를 가지고 있음을 보여주었다.

詳說

○ 勉齋黃氏曰: "窮通, 天也; 用舍, 人也."[430]

'부득어천이불원천, 불합어인이불우인(不得於天而不怨天, 不合於人而不尤人: 천우신조를 얻지 못해도 하늘을 원망하지 않으며, 사람들에게 영합하지 못해도 사람들을 탓하지 않음)'에 대해, 면재 황씨(勉齋黃氏: 黃榦)가 말하였다. "빈곤함과 영달함은 하늘이고, 임용됨과 임용되지 못함은 사람이다."

○ 慶源輔氏曰: "與理爲一, 自然無所怨尤."[431]

경원 보씨(慶源輔氏: 輔廣)가 말하였다. "천리(天理)와 하나가 되면 자연스럽게 원망함과 탓함이 없다."

○ 朱子曰: "積累多, 便貫通."[432]

---

430) 호광 편(胡廣 編), 『논어집주대전(論語集註大全)』「헌문(憲問)」의 내용은 다음과 같다. "勉齋黃氏曰: '窮通榮辱, 天也; 用舍予奪, 人也. 常人之情, 置事於淺近, 索理於渺茫, 足以惑人之耳目, 而以爲能, 此所以人知之也. 聖人渾然天理, 窮通榮辱用舍予奪, 皆理之所不能無者, 順而受之, 又何怨尤之有? 人事之中, 便是天理, 又何必捨人事而求之於渺茫哉? 如是則泊然若不見其所長者. 然天理流行而聖人與之, 無間如此, 所以人不知而天知也.'"

431) 호광 편(胡廣 編), 『논어집주대전(論語集註大全)』「헌문(憲問)」의 내용은 다음과 같다. "慶源輔氏曰: '己與天人, 只是一理, 在己者既盡, 則天人無有不應者, 聖人與理爲一, 自然無所怨尤.'"

432) 호광 편(胡廣 編), 『논어집주대전(論語集註大全)』「헌문(憲問)」의 내용은 다음과 같다. "問: '有一節之上達, 有全體之上達否?' 曰: '不是全體. 只是這一件理會得透, 那一件又理會得透, 積

'단지하학이자연상달(但知下學而自然上達 : 다만 아래로부터 배워서 자연스럽게 위로 다다름만 안 것)'에 대해, 주자(朱子 : 朱熹)가 말하였다. "쌓임이 많아야 곧 관통한다."

○ 不怨不尤.

'반기자수(反己自修 : 자기 자신을 반성하고 스스로 닦음)'는 원망하지도 않고 탓하지도 않음이다.

○ 下學上達.

'순서점진이(循序漸進耳 : 차례를 좇아서 조금씩 나아갈 뿐임)'는 아래로부터 배워서 위로 다다름이다.

○ 朱子曰 : "不駭於俗."433)

'무이심이어인(無以甚異於人 : 사람들보다 무척 달리함이 없다)'에 대해, 주자(朱子 : 朱熹)가 말하였다. "세상 사람들을 놀라게 하지 않음이다."

○ 猶求也.

'치(致)'는 구함과 같다.

○ 添此一語, 以終上節'莫我知'之義, 而'知我者其天乎'之意, 亦已足矣. 蓋人旣不知, 則其知之者, 天而已, 人事豈有天不知者乎?

'무이심이어인, 이치기지야('無以甚異於人, 而致其知也 : 사람들보다 무척 달리하여 그 앎을 이룸이 없음)'의 경우, 이 한 가지 말을 보태서 위 구절의 '나를 알아줌이 없다.'라는 뜻을 마쳤는데, '나를 아는 것은 그 하늘이로다.'의 뜻도 또한 이미 충족되었다. 대개 사람들이 이미 알지 못하면 그 알아주는 것이 하늘일 따름이니, 사람의 일을 어찌 하늘이 알지 못하는 것이 있겠는가?

○ 天實未有知覺, 故下'然'字.

'연(然)'의 경우, 하늘이 실제로 지각함이 있지 않기 때문에 '연(然)'자를 놓았다.

累多, 便會貫通. 不是別有一箇大底上達, 又不是下學中便有上達. 須是下學, 方能上達. 今之學者, 於下學中便要求玄妙, 則不可.'" 『주자어류(朱子語類)』 권44, 「논어26(論語二十六)」, 98조목에도 이 내용이 실려 있다.

433) 호광 편(胡廣 編), 『논어집주대전(論語集註大全)』 「헌문(憲問)」의 내용은 다음과 같다. "朱子曰 : '不怨不尤, 則不責之人而責之己, 下學人事則不求之遠而求之近, 此固無與於人, 而不駭於俗矣. 人亦何自而知之也耶? 及其上達而與天爲一焉, 則又有非人之所及者, 此所以人莫之知, 而天獨知之也.'"

○ 朱子曰 : "上達而與天爲一, 則又有非人之所及者, 而天獨知之也, 孔子渾是天理."[434]
'기중자유인불급지이천독지지지묘(其中自有人不及知而天獨知之之妙 : 그 가운데 자연스럽게 사람들은 앎에 미치지 못하고, 하늘만이 오직 아는 묘미를 가지고 있음)'에 대해, 주자(朱子 : 朱熹)가 말하였다. "위로 다다름에 하늘과 더불어 하나가 되면 또 사람들이 미칠 바가 아닌 것이 있는데 하늘만이 홀로 그것을 아니, 공자(孔子)는 혼연히 천리(天理)인 것이다.

○ 天知, 卽自知也.
천지(天知)는 곧 스스로 아는 것이다.

○ 有釋無訓.
경문의 풀이는 있으나 훈고는 없다.

○ 此下則論也.
이 아래는 곧 경문의 의미로 설명하였다.

朱註

蓋在孔門, 惟子貢之智幾, 足以及此, 故特語以發之. 惜乎! 其猶有所未達也.
대개 공자 문하에서 오직 자공(子貢)의 기지(機智)만이 이에 충분히 미칠 수 있었기 때문에 특별히 말하여 펼친 것이다. 안타깝도다! 그도 오히려 다다르지 못한 부분이 있었다.

434) 호광 편(胡廣 編), 『논어집주대전(論語集註大全)』「헌문(憲問)」의 내용은 다음과 같다. "孔子當初, 嘆無有知我者, 子貢因問'何爲莫知子?' 夫子所答辭, 只是解'何爲莫知子'一句. 大凡不得乎天則怨天; 不得乎人則尤人, 我不得乎天, 亦不怨天; 不得乎人, 亦不尤人, 與世都不相干涉, 方其下學人事之卑, 衆人所共, 又無奇特聳動人處, 及其上達天理之妙, 忽然上達去人, 又捉摸不著, 如何能知得我, 知我者畢竟只是天理與我黙契爾, 以此見孔子渾是天理'." 『주자어류(朱子語類)』 권44, 「논어26(論語二十六)」, 87조목에 실려 있는 내용은 다음과 같다. "問 : '不怨天不尤人此二句, 體之於身, 覺見不尤人易, 不怨天難. 何以能不怨天?' 曰 : '此是就二句上生出意. 看了且未論恁地, 且先看孔子此段本意, 理會得本意便了. 此段最難看. 若須要解如何是不怨天, 如何是不尤人; 如何是下學, 如何是上達. …… 蓋孔子當初, 歎無有知我者, 子貢因問何爲莫知子, 夫子所答辭, 只是解何爲莫知子一句. 大凡不得乎天, 則怨天; 不得乎人, 則尤人. 我不得乎天, 亦不怨天; 不得乎人, 亦不尤人, 與世都不相干涉. 方其下學人事之卑, 與衆人所共, 又無奇特聳動人處. 及其上達天理之妙, 忽然上達去, 人又捉摸不著, 如何能知得我. 知我者, 畢竟只是天理與我黙契耳. 以此見孔子渾是天理.'"

詳說

○ 朱子曰："顏·曾以下，唯子貢儘曉得."[435]

'유자공지지기, 족이급차(惟子貢之智幾, 足以及此 : 오직 자공의 기지만이 이에 충분히 미칠 수 있었음)'에 대해, 주자(朱子 : 朱熹)가 말하였다. "안회(顏回)와 증삼(曾參) 아래로 오직 자공(子貢)만이 조금 깨달아 알았다."

○ 去聲.

'고특어이발지(故特語以發之)'에서 '어(語)'자는 거성(去聲 : 말해줌)이다.

○ 朱子曰："見夫子說, 便自住了, 如'予欲無言'·'一以貫之', 只如此住了, 不曾有所默契. 曾子聞一貫, 便曰'唯', 子貢無這處."[436]

'기유유소미달야(其猶有所未達也 : 그도 오히려 다다르지 못한 것이 있었다)'에 대해, 주자(朱子 : 朱熹)가 말하였다. "공자의 말은 곧 스스로 머물러 있음을 보인 것이니, '여욕무언(予欲無言)'[437]과 '일이관지(一以貫之)'[438] 같은 말은 다만 이처럼 머물러 있음이니, 일찍이 은연중에 계합(契合)한 적도 없었다. 증자(曾子)는 일관(一貫 : 一以貫之)을 듣고 곧바로 '예'라고 하였는데, 자공에게는 이런 곳이 없다."

○ 又曰："'不怨天'三句與'發憤忘食'三句, 似自貶, 又似自譽."[439]

---

435) 호광 편(胡廣 編), 『논어집주대전(論語集註大全)』「헌문(憲問)」의 내용은 다음과 같다. "朱子曰 : '聖門, 自顏·曾以下, 唯子貢儘曉得. 聖人多是將這般話與他說. 他若未曉, 聖人豈肯說與? 但他知得箇頭耳. 惜乎見夫子說, 便自住了, 如予欲無言·予一以貫之也, 只如此住了. 只是不曾有默契省悟, 觸動他那意思處, 他若有所默契, 須發露出來, 不但已也. 如曾子聞貫語, 便曰唯, 子貢便無這處.'" 『주자어류(朱子語類)』 권44, 「논어26(論語二十六)」, 87조목에 실려 있는 내용은 다음과 같다. "寓錄云 : '問: 『集注』言惜乎子貢猶有所未達也. 若子貢能達之, 如何?' 曰 : '他若達之, 必須有說, 惜乎見夫子如此說, 便自住了. 聖門自顏·曾以下, 惟子貢儘曉得, 聖人多是將這般話與子貢說. 他若未曉, 聖人豈肯說與? 但他只知得箇頭耳.'"

436) 호광 편(胡廣 編), 『논어집주대전(論語集註大全)』「헌문(憲問)」의 내용과 『주자어류(朱子語類)』 권44, 「논어26(論語二十六)」, 87조목에 실려 있는 내용은 다음과 같다. "曰 : '若曉得, 亦必有語. 如予欲無言·予一以貫之也, 只如此住了. 如曾子聞一貫語, 便曰唯. 是他曉得.' 童問 : '子貢後來聞性與天道, 如何?' 曰 : '亦只是方聞得, 畢竟也未見得透徹.'"

437) 여욕무언(予欲無言) : 『논어(論語)』「양화(陽貨)」에서 "子曰 : '予欲無言.' 子貢曰 : '子如不言, 則小子, 何述焉?' 子曰 : '天何言哉? 四時行焉, 百物生焉, 天何言哉?'"라고 하였다.

438) 일이관지(一以貫之) : 『논어(論語)』「이인(里仁)」에서 "子曰 : '參乎! 吾道, 一以貫之.' 曾子曰 : '唯.' 子出, 門人問曰 : '何謂也?' 曾子曰 : '夫子之道, 忠恕而已矣.'"라고 하였다.

439) 『주자어류(朱子語類)』 권44, 「논어26(論語二十六)」, 87조목에 실려 있는 내용은 다음과 같다. "又曰 : '「不怨天, 不尤人, 下學而上達」, 這三句, 與「發憤忘食, 樂以忘憂, 不知老之將至」三句,

주자(朱子 : 朱熹)가 또 말하였다. "'하늘을 원망하지 않는다.'라는 세 구절[440]과 '분발하면 먹는 것을 잊는다.'라는 세 구절[441]은 스스로 낮춘 것 같기도 하고, 또 스스로 기린 것 같기도 하다."

朱註

程子曰 : "'不怨天, 不尤人', 在理, 當如此."

정자(程子 : 程顥)가 말하였다. "'하늘을 원망하지 아니하며, 사람을 허물하지 아니함'은 도리에서 마땅히 이와 같아야 한다."

詳說

○ 伯子. 『精義』作'叔子'.[442]

'정자(程子)'는 형 정호(程顥)이다. 『논어정의』에는 동생 정이(程頤)라고 썼다.

○ 朱子曰 : "責之己."[443]

'재리, 당여차(在理, 當如此 : 도리에서 마땅히 이와 같아야 한다)'에 대해, 주자(朱子 : 朱熹)가 말하였다. "자기 자신을 책망하는 일이다."

朱註

又曰 : "'下學上達', 意在言表."

정자(程子 : 程顥)가 또 말하였다. "'아래로부터 배워서 위로 다다름'은 뜻이 말

以爲夫子自譽, 則又似自貶; 以爲自貶, 則又似自譽.'"

440) '하늘을 원망하지 않는다.'라는 세 구절 : 『논어(論語)』「헌문(憲問)」에서 "子貢曰 : '何爲其莫知子也?' 子曰 : '不怨天, 不尤人, 下學而上達, 知我者, 其天乎.'"라 하였는데, 여기서 '不怨天, 不尤人, 下學而上達'의 세 구절을 말한다.

441) '분발하면 먹는 것을 잊는다.'라는 세 구절 : 『논어(論語)』「술이(述而)」에서 "葉公, 問孔子於子路, 子路不對, 子曰 : '女奚不曰: 其爲人也, 發憤忘食, 樂以忘憂, 不知老之將至云爾?'"라 하였는데, 여기서 '發憤忘食, 樂以忘憂, 不知老之將至'의 세 구절을 말한다.

442) 주희(朱熹), 『논어정의(論語精義)』 권7 하에 의하면, "明道曰 : '下學而上達, 意在言表也.'" ; "伊川曰 : '學者, 須守下學上達之語, 乃學之要. 下學人事, 便是上達天理. …… 然卒異於衆人者, 以衆人習不致察, 不能上達耳.'" ; "又曰 : '不怨天, 不尤人, 在理, 當如此.'"라고 하였다.

443) 호광 편(胡廣 編), 『논어집주대전(論語集註大全)』「헌문(憲問)」의 내용은 다음과 같다. "朱子曰 : '不怨不尤, 則不責之人而責之己, 下學人事, 則不求之遠而求之近, 此固無與於人, 而不駭於俗矣. 人亦何自而知之也耶? 及其上達而與天爲一焉, 則又有非人之所及者, 此所以人莫之知而天獨知之也.'"

밖에 있다."

詳說

○ 伯子.

'우왈(又曰)'의 주체는 형 정호(程顥)이다.

○ 朱子曰: "下學, 只是下學, 如何便會上達? 自是言語形容不得."444)

'하학상달, 의재언표(下學上達, 意在言表: 아래로부터 배워서 위로 다다름은 뜻이 말 밖에 있다)'에 대해, 주자(朱子: 朱熹)가 말하였다. "하학(下學)은 단지 하학(下學)일 뿐인데 어찌 곧 상달(上達)하게 되는가? 말로는 형용할 수 없다."

朱註

又曰: "學者, 須守'下學上達'之語, 乃學之要. 蓋凡下學人事, 便是上達天理. 然習而不察, 則亦不能以上達矣."

정자(程子)가 또 말하였다. "배우는 사람은 모름지기 '아래로부터 배워서 위로 다다름'의 말을 지켜야 하니, 바로 배움의 요령이다. 대개 무릇 아래로부터 사람들 사이의 예절을 배워야 곧 위로 천리(天理)에 다다르게 된다. 그러나 익히면서 성찰하지 아니하면 또한 위로 다다를 수 없는 것이다."

詳說

○ '之要'以上, 伯子, '蓋凡'以下, 叔子.

'지요(之要)' 위로는 형 정호(程顥)의 말이고, '개범(蓋凡)' 아래로는 동생 정이(程頤)의 말이다.

444) 호광 편(胡廣 編), 『논어집주대전(論語集註大全)』「헌문(憲問)」의 내용은 다음과 같다. "問: '下學上達, 意在言表, 是如何?' 曰: '如下學只是下學, 如何便會上達, 自是言語形容不得. 下學上達, 雖是兩件理, 會得透廝合, 只是一件. 下學是事, 上達是理. 理在事中, 事不在理. 外一物之中, 皆具一理. 就那物中見得箇理, 便是上達, 如大而化之之謂聖, 聖而不可知之之謂神. 然亦不離乎人倫日用之中, 但恐人不能盡所謂學耳. 果能學, 安有不上達者!'" 『주자어류(朱子語類)』 권44, 「논어26(論語二十六)」, 106조목에 실려 있는 내용은 다음과 같다. "問: '明道言, 下學而上達, 意在言表.' 曰: '意在言表, 如下學只是下學, 如何便會上達? 自是言語形容不得. 下學上達, 雖是兩件理, 會得透徹冢合, 只一件. 下學是事, 上達是理. 理在事中, 事不在理外. 一物之中, 皆具一理. 就那物中見得箇理, 便是上達, 如大而化之之謂聖, 聖而不可知之之謂神. 然亦不離乎人倫日用之中, 但恐人不能盡所謂學耳. 果能學, 安有不能上達者!'"

○ 聖賢千言萬語, 不出此四字.

‘학자, 수수하학상달지어, 내학지요(學者, 須守下學上達之語, 乃學之要 : 배우는 사람은 모름지기 아래로부터 배워서 위로 다다름의 말을 지켜야 하니, 바로 배움의 요령이다)’로 볼 때, 성현의 수많은 말들이 이 네 글자[下學上達]를 벗어나지 않는다.

○ 朱子曰 : “學是事而通其理, 卽夫形而下者, 而得夫形而上者, 下學上達, 尤不相離.”445)

‘개범하학인사, 편시상달천리(蓋凡下學人事, 便是上達天理 : 대개 무릇 아래로부터 사람들 사이의 예절을 배워야 곧 위로 천리에 다다르게 된다)’에 대해, 주자(朱子 : 朱熹)가 말하였다. “이 일을 배워서 그 이치를 통달함은 곧 저 형이하(形而下)라는 것으로 저 형이상(形而上)이라는 것을 얻음이니, 아래로부터 배워서 위로 다다름은 더욱 서로 떼놓지 못한다.”

○ 此當與後篇灑掃應對章註參看, 而‘便是’二字, 不必深泥.

이는 마땅히 뒤편의 쇄소응대장(灑掃應對章)의 주석446)과 더불어 참조하여 보아야 하는데, ‘편시(便是)’ 두 글자는 깊이 구애될 필요가 없다.

---

445) 『주자어류(朱子語類)』 권44, 「논어26(論語二十六)」, 88조목에 실려 있는 내용은 다음과 같다. “問 : ‘不怨天, 不尤人, 下學而上達, 知我者其天乎! 知, 恐是與天契合, 不是眞有箇知覺否?’ 先生曰 : ‘又似知覺, 又不似知覺, 這裏也難說. 不怨天, 不尤人, 聖人都不與己相干. 聖人只是理會下學, 而自然上達. 下學是立脚只在這裏, 上達是見識自然超詣. 到得後來, 上達便只是這下學, 元不相離. 下學者, 下學此事; 上達者, 上達此理.’ 問 : ‘聖人亦有下學, 如何?’ 曰 : ‘聖人雖是生知, 亦何嘗不學? 如入太廟, 每事問, 吾十有五而志于學, 便是學也.’”

446) 쇄소응대장(灑掃應對章)의 주석 : 『논어(論語)』 「자장(子張)」에서 “子游曰 : ‘子夏之門人小子, 當灑掃應對進退則可矣, 抑末也, 本之則無, 如之何?’ 子夏聞之曰 : ‘噫! 言游過矣. 君子之道, 孰先傳焉, 孰後倦焉? 譬諸草木, 區以別矣, 君子之道, 焉可誣也? 有始有卒者, 其惟聖人乎.’”라 하였고, 그 『논어집주(論語集註)』의 내용은 다음과 같다. “子游, 譏子夏弟子於威儀容節之間則可矣, 然此, 小學之末耳, 推其本, 如『大學』‘正心誠意’之事則無有. 倦, 如誨人不倦之倦. 區, 猶類也, 言君子之道, 非以其末爲先而傳之, 非以其本爲後而倦敎. 但學者所至, 自有淺深, 如草木之有大小, 其類固有別矣. 若不量其淺深, 不問其生熟, 而槪以高且遠者, 强而語之, 則是誣之而已, 君子之道, 豈可如此? 若夫始終本末, 一以貫之, 則惟聖人爲然, 豈可責之門人小子乎? 程子曰 : ‘君子, 敎人有序, 先傳以小者近者而後, 敎以大者遠者, 非先傳以近小而後, 不敎以遠大也.’ 又曰 : ‘灑掃應對, 便是形而上者, 理無大小故也. 故君子, 只在謹獨.’ 又曰 : ‘聖人之道, 更無精粗, 從灑掃應對與精義入神, 貫通只一理. 雖灑掃應對, 只看所以然如何.’ 又曰 : ‘凡物有本末, 不可分本末爲兩段事. 灑掃應對, 是其然, 必有所以然.’ 又曰 : ‘自灑掃應對, 上, 便可到聖人事. 愚按 程子第一條說, 此章文意最爲詳盡; 其後四條, 皆以明精粗本末, 其分雖殊, 而理則一, 學者當循序而漸進, 不可厭末而求本. 蓋與第一條之意, 實相表裏, 非謂末卽是本, 但學其末, 而本便在此也.’”

○ 出『孟子』「盡心」.

'습이불찰(習而不察 : 익히면서 성찰하지 아니함)'은 『맹자(孟子)』「진심(盡心)」에 나온다.[447]

○ 謂習其事而不察其理.

그 일을 익히면서도 그 이치를 살피지 않음을 이른다.

○ 朱子曰 : "只緣下學得不是當, 若下學得是當, 亦有不能上達者."[448]

'역불능이상달의(亦不能以上達矣 : 또한 위로 다다를 수 없는 것이다)'에 대해, 주자(朱子 : 朱熹)가 말하였다. "다만 아래로부터 배움에 말미암음이 마땅하지 않으나, 만약 아래로부터 배움이 마땅하다면 능히 위로 다다르지 못하는 사람이 있지 않을 것이다."

○ '知我者其天', 此章之題目.

'지아자기천(知我者其天 : 나를 아는 것은 그 하늘이다)'이 이 장의 제목이다.

---

447) '습이불찰(習而不察 : 익히면서 성찰하지 아니함)'은 『맹자(孟子)』「진심(盡心)」에 나온다 : 『맹자(孟子)』「진심상(盡心上)」에서 "맹자가 말하였다. '그것을 행하면서도 뚜렷하게 파악하지 않고, 익히면서도 성찰하지 않으며, 죽을 때까지 말미암으면서도 그 도를 알지 못하는 사람이 많은 것이다.'(孟子曰 : '行之而不著焉, 習矣而不察焉, 終身由之而不知其道者, 衆也.')"라고 하였다.

448) 호광 편(胡廣 編), 『논어집주대전(論語集註大全)』「헌문(憲問)」의 내용은 다음과 같다. "須是下學, 方能上達, 然人亦有下學而不能上達者, 只緣下學得不是當. 若下學得是當, 未有不能上達者. 聖門下學而上達, 至於窮神知化, 亦不過德盛仁熟, 而自至耳. 如釋氏理, 須頓悟不假漸修之云, 是只說上達, 更不理會下學. 然不理會下學, 如何上達?" 『주자어류(朱子語類)』 권44, 「논어26(論語二十六)」, 99조목에 실려 있는 내용은 다음과 같다. "須是下學, 方能上達. 然人亦有下學而不能上達者, 只緣下學得不是當. 若下學得是當, 未有不能上達. 釋氏只說上達, 更不理會下學. 然不理會下學, 如何上達?(반드시 하학을 해야 바야흐로 상달할 수 있다. 그러나 사람 가운데는 또한 하학하고서 상달하지 못하는 자도 있는데, 단지 하학으로 말미암고 합당하지 않은 것을 얻었기 때문이다. 하학하고서 합당함을 얻었다면 상달할 수 없는 경우는 없다. 불교에서는 단지 상달만을 말하고 하학을 이해하지 못하였다. 그러나 하학을 이해하지 않고서 어떻게 상달할 수 있겠는가?)"

[14-38-1]

公伯寮, 愬子路於季孫, 子服景伯, 以告曰 : "夫子固有惑志於公伯寮, 吾力, 猶能肆諸市朝."

공백료(公伯寮)가 자로(子路)를 계손(季孫)에게 참소(讒訴)하거늘, 자복경백(子服景伯)이 아뢰어 말하였다. "부자(夫子)가 진실로 공백료에게 의혹하는 뜻을 두었으니, 나의 힘이 오히려 능히 저자와 조정에 시신을 늘어놓을 수 있습니다."

朱註

'朝', 音潮. '公伯寮', 魯人. '子服', 氏; '景', 謚; '伯', 字, 魯大夫子服何也. '夫子', 指季孫, 言其有疑於寮之言也. '肆', 陳尸也, 言欲誅寮.

'유능사제시조(猶能肆諸市朝)'에서 '조(朝)'자는 음이 조(潮)이다. '공백료(公伯寮)'는 노나라 사람이다. '자복(子服)'은 씨(氏)이고, '경(景)'은 시호이고, '백(伯)'은 자(字)이니, 노나라 대부 자복하(子服何)이다. '부자(夫子)'는 계손씨(季孫氏)를 가리키니, 그 공백료의 말에 의혹을 두었음을 말한다. '사(肆)'는 시신을 늘어놓음이니, 공백료를 베고자 함을 말한다.

詳說

○ 『史記』「仲尼弟子傳」曰 : "公伯寮, 字子周." 『正義』曰 : "『家語』有申繚子周."

'공백료, 노인(公伯寮, 魯人)'에 대해, 『사기(史記)』「중니제자열전(仲尼弟子列傳)」에서 말하였다. "공백료(公伯寮)는 자가 자주(子周)이다." 『논어정의』에서 말하였다. "『공자가어(孔子家語)』에 신료자주(申繚子周)가 있다."

○ 寮雖列於『史記』, 以其得罪師門. 故『集註』不以弟子處之, 明嘉靖時黜寮. 文廟從祀, 所以從朱子意也.

공백료가 비록 『사기(史記)』에는 열거되었으나, 그 스승의 문하에 죄를 얻었기 때문에 『논어집주(論語集註)』에서는 제자로 다루지 않았고, 명나라 가정(嘉靖) 때는 공백료를 공자 제자에서 몰아냈다. 문묘(文廟)에 종사(從祀)한 것은 주자(朱子)의 뜻을 좇았기 때문이다.

○ 名.

'노대부자복하(魯大夫子服何 : 노나라 대부 자복하)'에서 '하(何)'는 이름이다.

○ 新安陳氏曰 : "'惑志', 疑心也."449)

'기유의어료지언야(其有疑於寮之言也 : 그 공백료의 말에 의혹을 두었음)'에 대해, 신안 진씨(新安陳氏 : 陳櫟)가 말하였다. "'혹지(惑志)'는 의심하는 마음이다."

○ 『周禮』註曰 : "有罪旣殺, 陳其尸曰'肆'."450)

'사, 진시야(肆, 陳尸也 : 사는 시신을 늘어놓음)'에 대해, 『주례』의 주석에서 말하였다. "죄 있는 이를 이미 죽여서 그 시신을 늘어놓는 것을 '사(肆)'라고 한다."

○ 胡氏曰 : "大夫以上於朝, 士以下於市."451)

호씨(胡氏 : 胡泳)가 말하였다. "대부 이상은 조정에서 하고, 사(士) 이하는 저자에서 한다."

○ 吳氏曰 : "'市朝', 不過連言之."452)

오씨(吳氏 : 吳仲迂)가 말하였다. "'시조(市朝 : 저자와 조정)'는 잇달아서 말한 것에 지나지 않는다."

○ 以權力言.

'력(力)'은 권력으로써 말한 것이다.

○ 訓釋相間.

훈고와 경문의 풀이가 서로 뒤섞였다.

[14-38-2]

子曰 : "道之將行也與, 命也; 道之將廢也與, 命也, 公伯寮, 其如命何?"
공자가 말하였다. "도(道)가 장차 실행됨도 명(命)이며, 도가 장차 기울어짐도 명(命)이니, 공백료가 그 명(命)을 어찌 하리오?"

---

449) 호광 편(胡廣 編), 『논어집주대전(論語集註大全)』「헌문(憲問)」의 내용은 다음과 같다. "新安陳氏曰 : '愬, 讒譖也. 惑志, 疑心也.'"

450) 호광 편(胡廣 編), 『논어집주대전(論語集註大全)』「헌문(憲問)」.

451) 호광 편(胡廣 編), 『논어집주대전(論語集註大全)』「헌문(憲問)」. 『예기』「단궁하(檀弓下)」에서 "君之臣, 不免於罪 , 則將肆諸市朝而妻妾執."이라 하고, 정현(鄭玄)의 주석에 의하면, "肆, 陳尸也. 大夫以上於朝, 士以下於市."라고 하였다.

452) 호광 편(胡廣 編), 『논어집주대전(論語集註大全)』「헌문(憲問)」의 내용은 다음과 같다. "吳氏曰 : '市朝, 不過連言之. 『左傳』晉殺三郤, 尸諸朝; 殺董安于, 尸諸市, 賤者在市也.'"

朱註

'與', 平聲. 謝氏曰 : "雖寮之愬行, 亦命也, 其實, 寮無如之何."

'도지장행야여(道之將行也與)'에서 '여(與)'자는 평성(平聲 : 어조사)이다. 사씨(謝氏 : 謝良佐)가 말하였다. "비록 공백료의 참소가 행해짐도 또한 명(命)이니, 그 실제를 공백료가 어찌할 수 없는 일이다."

詳說

○ **本文上一半是帶說, 故於此不及耳.**

'료지소행(寮之愬行 : 공백료의 참소가 행해짐)'은 경문 위의 절반에서 지니고 있는 말이기 때문에 여기서는 언급하지 않았을 뿐이다.

○ **朱子曰 : "命, 指氣之所運者."**[453]

'역명야(亦命也)'에 대해, 주자(朱子 : 朱熹)가 말하였다. "명(命)은 기운이 도는 것을 가리키는 것이다."

○ **齊氏曰 : "孔子爲政, 大率欲裁季氏之僭, 而勇於承令者, 子路也. 寮之愬子路, 將假以沮孔子, 故孔子不爲子路禍福計, 而爲吾道興廢計."**[454]

제씨(齊氏 : 齊夢龍)가 말하였다. "공자가 정사를 함에 대체로 계씨(季氏)의 참람(僭濫)을 제재(制裁)하였는데, 임금의 명령을 받듦에 용감한 사람은 자로(子路)이다. 공백료가 자로를 참소함에 장차 빙자하여 공자를 저해(沮害)하였다. 그러므로 공자가 자로의 화복(禍福)을 위하여 꾀하지 않았고, 우리 도(道)의 흥폐(興廢)를 위하여 꾀하였다."

---

453) 호광 편(胡廣 編), 『논어집주대전(論語集註大全)』「헌문(憲問)」의 내용은 다음과 같다. "問 : '或以命爲天理, 何也?' 曰 : '命者, 天理流行, 付於萬物之謂也, 然其形而上者, 謂之理; 形而下者, 謂之氣, 自其理之體而言之, 則元亨利貞之德, 具于一時, 而萬古不易; 自其氣之運而言之, 則消息盈虛之變, 如循環之無端而不可窮也. 萬物受命於天, 以生而得其理之體, 故仁義禮智之德, 根於心而爲性, 其既生也, 則隨其氣之運. 故廢興厚薄之變, 唯所遇而莫逃. 此章之所謂命, 蓋指氣之所運爲言, 以天理釋之, 則於二者之分, 亦不察矣.'"

454) 호광 편(胡廣 編), 『논어집주대전(論語集註大全)』「헌문(憲問)」의 내용은 다음과 같다. "齊氏曰 : '子路, 非王佐之才, 家臣, 非卿相之位, 而孔子以公伯寮之愬, 爲關於吾道之行止, 何也? 魯爲公室之蠹者, 莫如季氏, 孔子爲政於魯, 大率欲裁其僭, 而勇於承令, 以出藏甲墮郈費者, 子路也. 公伯寮愬子路, 固將假以沮孔子也. 故孔子不爲子路禍福計, 而爲吾道興廢計. 然子服景伯, 欲肆寮於市朝, 而孔子以爲寮如命何, 蓋以吾道行與不行, 繫於天之祐與不祐, 而不繫於寮之愬與不愬也. 景伯尤諸人而孔子委之天, 孟氏於臧倉之沮魯侯, 亦歸之天焉.'"

○ 有釋無訓.

경문의 풀이는 있으나 훈고는 없다.

○ 此下, 論其言外意.

이 아래에서는 그 말 밖의 뜻을 논의하였다.

朱註

愚謂 : 言此以曉景伯, 安子路, 而警伯寮耳. 聖人於利害之際, 則不待決於命而後泰然也.

내가 생각하건대, 이것을 말하여 경백(景伯)을 깨우쳐 주고, 자로(子路)를 편안하게 하고, 공백료(公伯寮)를 경계시켰을 뿐이다. 성인이 이로움과 해로움의 사이에서 명(命)을 결단하기를 기다린 뒤에 태연해지는 것은 아니다.

詳說

○ 使其知命有定數.

'언차이효경백(言此以曉景伯 : 이것을 말하여 경백을 깨우쳐줌)'은 그에게 명(命)에 정해진 명운(命運)이 있음을 알게 한 것이다.

○ 使其安於命.

'안자로(安子路 : 자로를 편안하게 함)'는 그에게 명(命)에 편안하게 하는 것이다.

○ 警其不知命而以口舌陷人

'경백료이(警伯寮耳 : 공백료를 경계시켰을 뿐임)'는 그 명(命)을 알지 못하면서 구설(口舌)로써 다른 사람을 모함하는 일에 대해 경계한 것이다.

○ 朱子曰 : "聖人不言命. 凡言命者, 皆爲衆人言, 到無可奈何處, 始言命. 此章爲景伯說, 如曰'有命', 爲彌子瑕說."[455]

주자(朱子 : 朱熹)가 말하였다. "성인은 명(命)을 말하지 않았다.[456] 무릇 명(命)을 말하는 사람은 모두 많은 사람들을 위하여 말하는데, 어찌할 수 없는 곳에 이르러

455) 호광 편(胡廣 編), 『논어집주대전(論語集註大全)』「헌문(憲問)」의 내용은 다음과 같다. "朱子曰 : '聖人不言命, 凡言命者, 皆爲衆人言也, 到無可奈何處, 始言命, 如此章命也, 是爲景伯說, 如曰有命是爲彌子瑕說. 聖人用之則行, 舍之則藏, 未嘗到無可奈何處, 何須說命? 如下一等人, 不知有命; 又一等人, 知有命, 猶自去計較. 中人以上, 便安於命; 到得聖人, 便不消得言命.'"

456) 성인은 명(命)을 말하지 않았다 : 『논어(論語)』「자한(子罕)」에서 "子, 罕言利與命與仁."라고 하였다.

비로소 명(命)을 말한다. 이 장은 경백(景伯)을 위하여 말한 것이니, 만일 '명(命)이 있다.'고 한다면 미자하(彌子瑕 : 衛靈公의 寵臣)를 위하여 말한 것이다.

○ **齊氏曰 : "孟子於臧倉, 亦歸之天."**[457]

제씨(齊氏 : 齊夢龍)가 말하였다. "맹자가 장창(臧倉)[458]에 대해서도 또한 하늘의 명으로 돌렸던 것이다."

○ **吳氏曰 : "疑季氏有惑志, 子路遂同子羔, 仕衛."**[459]

오씨(吳氏 : 吳仲迂)가 말하였다. "의심하건대, 계씨(季氏)가 의혹하는 뜻이 있어서 자로(子路)가 마침내 자고(子羔 : 高柴)와 함께 위(衛)나라에서 벼슬살이 하였다."

○ **'命'字, 此章之題目.**

'명(命 : 명운)'자가 이 장의 제목이다.

---

457) 호광 편(胡廣 編), 『논어집주대전(論語集註大全)』「헌문(憲問)」의 내용은 다음과 같다. "齊氏曰 : '子路, 非王佐之才, 家臣, 非卿相之位, 而孔子以公伯寮之愬, 爲關於吾道之行止, 何也? 魯爲公室之蠹者, 莫如季氏, 孔子爲政於魯, 大率欲裁其僭, 而勇於承命, 以出藏甲墮郈費者, 子路也. 公伯寮愬子路, 固將假以沮孔子也. 故孔子不爲子路禍福計, 而爲吾道興廢計. 然子服景伯, 欲肆寮於市朝, 而孔子以爲寮如命何, 蓋以吾道行與不行, 繫於天之祐與不祐, 而不繫於寮之愬與不愬也. 景伯尤諸人而孔子委之天, 孟氏於臧倉之沮魯侯, 亦歸之天焉.'"

458) 장창(臧倉) : 전국 시대 노나라 평공(平公) 때 총신(寵臣)으로, 평공이 맹자를 만나려 하자 참소하며 가로막았던 인물이다. 『맹자(孟子)』「양혜왕하(梁惠王下)」에 보인다.

459) 호광 편(胡廣 編), 『논어집주대전(論語集註大全)』「헌문(憲問)」의 내용은 다음과 같다. "吳氏曰 : '命指氣而言, 陰陽之氣, 運行不齊, 治亂皆有定數, 如命令. 然景伯欲肆寮者, 義之激也; 夫子歸之於命者, 分之安也. 疑季氏有惑志, 子路遂同子羔仕衛.'"

[14-39-1]

子曰："賢者, 辟世;
공자가 말하였다. "현명한 사람은 세상을 피하고,

朱註

'辟', 去聲, 下同.[460] 天下無道而隱, 若伯夷·太公, 是也.
'피세(辟世)'에서 '피(辟)'자는 거성(去聲 : 피하다)이니, 아래도 같다. 천하에 도(道)가 없어서 은둔함이니, 백이와 강태공 같음이 이것이다.

詳說

○ 見「泰伯」.
'천하무도이은(天下無道而隱 : 천하에 도(道)가 없어서 은둔함이니)'은 「태백(泰伯)」에 보인다.[461]

○ 有釋無訓.
경문의 풀이는 있으나 훈고는 없다.

○ 此下則其證也.
이 아래는 곧 증명하는 것이다.

○ '若伯夷·太公, 是也', 『大全』曰 : "辟紂, 居東北海之濱."[462]
'약백이·태공, 시야(若伯夷·太公, 是也)'에 대해, 『논어집주대전』에서 말하였다. "주(紂)왕을 피하여 동북쪽 바닷가에서 살았다."

460) 『논어주소(論語注疏)』「음의」에는 "辟, 音避, 下同."이라고 하였다.
461) '천하무도이은(天下無道而隱 : 천하에 도(道)가 없어서 은둔함이니)'은 「태백(泰伯)」에 보인다 : 『논어(論語)』「태백(泰伯)」에서 "子曰 : '篤信好學, 守死善道. 危邦不入, 亂邦不居; 天下有道則見, 無道則隱. 邦有道, 貧且賤焉, 恥也; 邦無道, 富且貴焉, 恥也.'"라고 하였다.
462) 호광 편(胡廣 編), 『논어집주대전(論語集註大全)』「헌문(憲問)」.

[14-39-2]

其次, 辟地;
그 다음은 땅을 피하고,

朱註

去亂國, 適治邦.
어지러운 나라를 떠나서 다스려지는 나라로 감이다.

詳說

○ 去聲.[463]
'적치방(適治邦)'에서 '치(治)'자는 거성(去聲 : 다스리다)이다.

○ 有釋無訓.
경문의 풀이는 있으나 훈고는 없다.

○ 『大全』曰 : "如百里奚, 去虞之秦."[464]
『논어집주대전』에서 말하였다. "백리해(百里奚)가 우(虞)나라를 떠나서 진(秦)나라로 간 것과 같다."

[14-39-3]

其次, 辟色;
그 다음은 색(色)을 피하고,

朱註

禮貌衰而去.
예의와 태도가 줄어들어 떠남이다.

463) 호광 편(胡廣 編), 『논어집주대전(論語集註大全)』「헌문(憲問)」.
464) 호광 편(胡廣 編), 『논어집주대전(論語集註大全)』「헌문(憲問)」.

詳說

○ 出『孟子』「告子」.

'예모쇠이거(禮貌衰而去 : 예의와 태도가 줄어들어 떠남이다)'는 『맹자(孟子)』「고자(告子)」에 나온다.[465]

○ 有釋無訓.

'경문의 풀이는 있으나 훈고는 없다.

○ 『大全』曰 : "如衛靈公, 顧蜚鴈, 色不在, 孔子遂去."[466]

『논어집주대전』에서 말하였다. "위(衛)나라 영공(靈公)이 날아가는 기러기를 돌아보고 예모(禮貌)가 있지 않자 공자(孔子)가 마침내 떠나간 것과 같다."

[14-39-4]

其次, 辟言."

그 다음은 말을 피하는 것이다."

朱註

有違言而後去也.

말을 어김이 있은 뒤에 떠남이다.

465) '예모쇠이거(禮貌衰而去 : 예의와 태도가 줄어들어 떠남이다)'는 『맹자(孟子)』「고자(告子)」에 나온다 : 『맹자(孟子)』「고자하(告子下)」에서 "陳子曰 : '古之君子, 何如則仕?' 孟子曰 : '所就三, 所去三. 迎之致敬以有禮, 言將行其言也, 則就之; 禮貌未衰, 言弗行也, 則去之. 其次, 雖未行其言也, 迎之致敬以有禮, 則就之; 禮貌衰, 則去之. 其下, 朝不食, 夕不食, 飢餓不能出門戶, 君聞之曰: 吾大者, 不能行其道; 又不能從其言也, 使飢餓於我土地, 吾恥之. 周之, 亦可受也, 免死而已矣.'"라고 하였다.

466) 호광 편(胡廣 編), 『논어집주대전(論語集註大全)』「헌문(憲問)」에는 "如衛靈公, 顧蜚鴈而色不在, 孔子遂去之."로 되어 있다. 『맹자(孟子)』「고자하(告子下)」의 주석에서, "所謂際可之仕, 若孔子於衛靈公是也. 故與公遊於囿, 公仰視蜚鴈而後去之.(이른바 때가 가하면 벼슬을 하는 것이니, 마치 공자가 위나라 영공을 대한 것과 같다. 그러므로 공과 더불어 동산에서 놀다가 공이 날아가는 기러기를 우러러 본 뒤에 떠나간 것이다.)"라고 하였다.

詳說

○ 『左傳』曰 : "鄭 · 息有違言."

'유위언(有違言 : 말을 어김이 있음)'에 대해, 『춘추좌전(春秋左傳)』에서 말하였다. "정(鄭)나라와 식(息)나라에 말을 어김이 있었다."

○ 有釋無訓.

경문의 풀이는 있으나 훈고는 없다.

○ 『大全』曰 : "如衛靈問陣而行."467)

『논어집주대전』에서 말하였다. "위(衛)나라 영공(靈公)이 군사의 진(陣)치는 법을 묻자 떠나간 것과 같다."

朱註

程子曰 : "四者, 雖以大小次第言之, 然非有優劣也, 所遇不同耳."

정자(程子 : 程顥)가 말하였다. "네 가지는 비록 크고 작음의 차례로써 말하였으나, 낫고 못함이 있는 것이 아니고, 상대한 것이 같지 않을 뿐이다."

詳說

○ 伯子.

'정자(程子)'는 형 정호(程顥)이다.

○ 雲峰胡氏曰 : "天下大, 邦國小."468)

'이대소차제언지(以大小次第言之 : 크고 작음의 차례로써 말하였음)'에 대해, 운봉호씨(雲峰胡氏 : 胡炳文)가 말하였다. "천하는 크고, 나라들은 작다."

○ 賢大次小.

현능(賢能)함은 크고, 그 다음은 작다.

○ 勉齋黃氏曰 : "顧蜚鴈則辟色; 問陣則辟言, 豈夫子於此爲劣乎?"469)

467) 호광 편(胡廣 編), 『논어집주대전(論語集註大全)』「헌문(憲問)」에는 "如衛靈問陳而孔子遂行."으로 되어 있다. 「논어집주서설」에 "靈公問陳, 不對而行, 復如陳."이라 하였다.

468) 호광 편(胡廣 編), 『논어집주대전(論語集註大全)』「헌문(憲問)」의 내용은 다음과 같다. "雲峯胡氏曰 : '天下爲大, 邦國爲小, 辟世 · 辟地, 是辟其國; 辟色 · 辟言, 是辟其人. 此程子所謂大小次第, 而非以賢者之德, 爲有優劣也.'"

469) 호광 편(胡廣 編), 『논어집주대전(論語集註大全)』「헌문(憲問)」의 내용은 다음과 같다. "問 :

'비유우열야(非有優劣也 : 낫고 못함이 있는 것이 아님)'에 대해, 면재 황씨(勉齋黃氏 : 黃幹)가 말하였다. "날아가는 기러기를 돌아봄은 색(色)을 피한 것이고, 진(陣) 치는 법을 물어봄은 말을 피한 것이니, 공자가 어찌 여기서 모자람으로 삼았겠는가?"

○ 此章, 主世亂言, 而亂有淺深, 故辟有遠近遲速.

이 장은 세상의 어지러움을 중심하여 말하였는데, 어지러움에 얕고 깊음이 있기 때문에 피함에도 멀고 가까움과 더디고 빠름이 있다.

○ 吳氏曰 : "世·地, 以地勢廣狹言, 色·言, 以人事淺深言. 若夫子辟地·辟色·辟言, 而終不忍於辟世."470)

오씨(吳氏 : 吳仲迂)가 말하였다. "세(世)와 지(地)는 땅의 형세의 넓고 좁음으로써 말한 것이고, 색(色)과 언(言)은 사람 일의 얕고 깊음으로써 말한 것이다. 공자 같으면 땅을 피하고 색(色)을 피하고 말을 피하되, 끝내 세상을 피함을 차마 하지 않은 것이다."

○ '辟'字, 此章之題目.

'피(辟 : 피하다)'자가 이 장의 제목이다.

'四者固非優劣, 然賢者之處世, 豈不能超然高擧見幾而作, 乃至發見於言色而後辟之耶?' 勉齋黃氏曰 : '出處之義, 自非一端, 隨其所遇之時, 而酌其所處之宜可也. 衛靈公顧蜚鴈則辟色矣, 問陳則辟言矣, 豈夫子於此爲劣乎? 此所以不可以優劣言也.'"

470) 호광 편(胡廣 編), 『논어집주대전(論語集註大全)』「헌문(憲問)」의 내용은 다음과 같다. "吳氏曰 : '世與地, 以地勢廣狹言; 色與言, 以人事淺深言. 若夫子則辟地·辟色·辟言, 而終不忍於辟世, 觀其論沮溺, 可見矣.'"

[14-40-1]

子曰 : "作者, 七人矣."
공자가 말하였다. "일어난 사람이 일곱 사람이로다."

朱註

李氏曰 : "'作', 起也, 言起而隱去者, 今七人矣. 不可知其誰何, 必求其人以實之, 則鑿矣."

이씨(李氏 : 李郁)471)가 말하였다. "'작(作)'은 일어섬이니, 몸을 일으켜서 숨어살고자 떠나간 사람이 지금 일곱 사람임을 말한 것이다. 그 누구인지 알 수 없는데, 반드시 그 사람을 찾아서 실증한다면 천착(穿鑿)일 것이다."

詳說

○ 訓也.
'작, 기야(作, 起也 : 장은 일어섬이다.)'는 훈고이다.

○ 如『易』'見幾而作'之'作'.
『주역(周易)』의 '견기이작(見幾而作 : 기미를 보고서 몸을 일으킴)'472)에서 '작(作)'이다.

○ 釋也.
'언기이은거자, 금칠인의(言起而隱去者, 今七人矣 : 몸을 일으켜서 숨어살고자 떠나간 사람이 지금 일곱 사람임을 말한 것이다)'는 경문의 뜻풀이다.

○ 此下則論也.
이 아래는 곧 경문의 의미 설명이다.

○ 程子曰 : "後章'逸民'也, 承上'辟世'而言, 不須分四目."473)

---

471) 이욱(李郁) : 남송 시대 학자로 자가 광조(光祖)이고, 사람들이 서산선생(西山先生)이라 불렀으며, 복건 소무(福建邵武) 사람이다. 이학자(理學者) 양시(楊時)의 사위이자 제자로 학통을 계승하였다. 주요저작으로는 『역전참동계(易傳參同契)』·『논맹유고(論孟遺稿)』 등이 있다.

472) 『주역(周易)』의 '견기이작(見幾而作 : 기미를 보고서 몸을 일으킴)' : 『주역(周易)』「계사전하(繫辭傳下)」에서 "子曰 : '知幾其神乎! 君子上交不諂, 下交不瀆, 其知幾乎!' 幾者, 動之微, 吉之先見者也. 君子見幾而作, 不俟終日, 『易』曰: '介于石. 不終日, 貞吉', 介如石焉, 寧用終日? 斷可識矣. 君子知微知彰知柔知剛, 萬夫之望."라고 하였다.

473) 주희(朱熹), 『논어정의(論語精義)』 권7 하의 내용에서 발췌한 것이다. 그 전문은 다음과 같다.

'불가지기수하(不可知其誰何 : 그 누구인지 알 수 없음)'에 대해, 정자(程子 : 程頤)가 말하였다. "뒷장의 '일민(逸民)'474)이니, 위의 '피세(辟世)'를 이어서 말함에 모름지기 네 항목으로 나누지 않았다."

○ **朱子曰 : "沮·溺之徒."475)**

주자(朱子 : 朱熹)가 말하였다. "장저(長沮)와 걸익(桀溺)476)의 무리이다."

○ **按 張子以羲·農·黃·堯·舜·禹·湯, 當作者之聖, 於上下章遜不類也.**

살펴보건대, 장자(張子 : 張載)가 복희(伏羲)와 신농(神農)과 황제(黃帝), 요(堯)와 순(舜), 우(禹)와 탕(湯)을 몸을 일으킨 사람의 성인에 해당한다고 여겼는데, 위아래의 장에서 낮추어서 비견하지 않았다.

○ **逸民雖恰爲七, 非今人也. 沮·溺之徒, 散出難齊, 師襄之徒, 其數又剩矣.**

'필구기인이실지, 즉착의(必求其人以實之, 則鑿矣 : 반드시 그 사람을 찾아서 실증한다면 천착일 것이다)'는 일민(逸民)이 비록 마치 일곱 사람이 되더라도 지금 사람이 아니다. 장저(長沮)와 걸익(桀溺)의 무리는 흩어져 나와서 가지런히 놓기가 어렵고, 사양(師襄 : 노나라 악관)의 무리는 그 숫자가 남아돌았다.

○ **慶源輔氏曰 : "義理當深索, 此處不必過求."477)**

"伊川解曰 : '七人, 後章所謂逸民者也. 仲尼曰: 雖有作者, 虞帝不可及也. 作者, 蓋作於世者, 謂王者也, 此逸民而謂之作者, 可乎? 蓋上承辟世·辟地之言, 而云作此道者七人矣. 大概言作, 此隱逸之趣者七人矣, 不須分此四目也, 此四辟者, 言逸民有此四者耳.'"

474) 일민(逸民) : 『논어(論語)』「미자(微子)」에서 "逸民, 伯夷·叔齊·虞仲·夷逸·朱張·柳下惠·少連."라고 하였다.

475) 『주자어류(朱子語類)』 권44, 「논어26(論語二十六)」, 113조목의 내용은 다음과 같다. "'賢者辟世', 浩然長往而不來, 擧世棄之而不顧, 所謂'遯世不見知而不悔'者也.' 問: '沮·溺荷蓧之徒, 可以當此否?' 曰: '可以當之.' 或云: '『集注』以太公·伊尹之徒當之, 恐非沮·溺之徒, 可比也.' 曰: '也可以當, 只是沮·溺之徒偏耳. 伊呂平正.'('어진 사람은 세상을 피한다.'는 것은 뜻이 아주 커서 멀리 나아가 돌아오지 않으며, 온 세상을 포기하고도 상관하지 않습니다. 이른바 '세상을 등지고서 나타나지 않으며, 알아도 후회하지 않는다.'라는 것입니다. 장저, 걸익, 하조의 무리들은 여기에 합당할 수 있습니까?' 주희가 말하였다. '합당할 수 있다.' '『논어집주(論語集註)』에 태공과 이윤의 제자들은 합당하다고 했는데, 아마도 장저, 걸익의 제자들에게 비교할 수는 없을 것입니다.' 주희가 말하였다. '합당할 수 있다. 다만 장저, 걸익의 제자들은 치우침이 있고 태공과 이윤은 공정함으로 평정한다.')"

476) 장저(長沮)와 걸익(桀溺) : 『논어(論語)』「미자(微子)」에서 "長沮·桀溺, 耦而耕, 孔子過之, 使子路問津焉."라고 하였다.

477) 호광 편(胡廣 編), 『논어집주대전(論語集註大全)』「헌문(憲問)」의 내용은 다음과 같다. "慶源輔氏曰 : '凡書所載, 有當深索者, 不深索之, 則失之略; 有不必過求者, 過求之則失之鑿. 所謂當

경원 보씨(慶源輔氏 : 輔廣)가 말하였다. "의리는 마땅히 깊이 탐색해야 하지만, 이곳에서 반드시 지나치게 탐구할 필요는 없다."

深索者, 義理, 是也, 所謂不必過求者, 此處, 是也.'"

[14-41-1]

子路宿於石門, 晨門曰: "奚自?" 子路曰: "自孔氏." 曰: "是知其不可而爲之者與?"

자로(子路)가 석문(石門)에서 잤는데, 신문(晨門)이 말하였다. "어디로부터 왔는가?" 자로가 말하였다. "공씨(孔氏)로부터 왔노라." 신문이 말하였다. "이는 옳지 않을 줄 알면서도 하는 사람이 아닌가?"

朱註

'與', 平聲.478) '石門', 地名. '晨門', 掌晨啓門, 蓋賢人隱於抱關者也. '自', 從也, 問其何所從來也.

'위지자여(爲之者與)'에서 '여(與)'자는 평성(平聲 : 의문어조사)이다. '석문(石門)'은 땅이름이다. '신문(晨門)'은 새벽에 성문을 여는 일을 맡음이니, 대개 현능(賢能)한 사람으로 관문을 감독하는 일에 몸을 감춘 사람이다. '자(自)'는 부터이니, 그 어느 곳으로부터 왔는지 물은 것이다.

詳說

○ 如儀封人之隱於下位.

'개현인은어포관자야(蓋賢人隱於抱關者也 : 대개 현능한 사람으로 관문을 감독하는 일에 몸을 감춘 사람이다)'의 경우, 의봉인(儀封人)이 낮은 지위에 몸을 숨긴 것과 같다.479)

○ 出『孟子』「萬章」.

'포관(抱關)'은 『맹자(孟子)』「만장(萬章)」에 나온다.480)

---

478) 『논어주소(論語注疏)』「음의」에는 "與, 音餘."라고 하였다.

479) 의봉인(儀封人)이 낮은 지위에 몸을 숨긴 것과 같다 : 『논어(論語)』「팔일(八佾)」에 나오는 다음의 내용을 말한다. "의 땅의 국경을 지키는 사람이 뵙기를 청하며 말하기를 '군자가 이곳에 이르면 내가 만나보지 않은 적이 없었다.'라고 하자, 공자의 수행자가 뵙게 해주자, 나와서 말하였다. '그대들은 어찌 공자께서 벼슬 잃음을 걱정하는가? 천하에 도가 없어진 지 오래되었기 때문에 하늘이 장차 공자를 목탁으로 삼으실 것이다.'(儀封人, 請見曰: '君子之至於斯也, 吾未嘗不得見也.' 從者見之, 出曰: '二三子, 何患於喪乎? 天下之無道也, 久矣, 天將以夫子, 爲木鐸.')"

480) '포관(抱關)'은 『맹자(孟子)』「만장(萬章)」에 나온다 : 『맹자(孟子)』「만장하(萬章下)」에서 "孟子曰: '仕非爲貧也, 而有時乎爲貧; 娶妻非爲養也, 而有時乎爲養. 爲貧者, 辭尊居卑, 辭富居貧.

○ 訓畢.

'자, 종야(自, 從也)'에서 훈고가 끝났다.

○ 因訓而釋其義.

'문기하소종래야(問其何所從來也 : 그 어느 곳으로부터 왔는지 물은 것이다)'는 훈고에 말미암아 그 뜻을 풀이한 것이다.

朱註

胡氏曰 : "晨門, 知世之不可而不爲. 故以是譏孔子. 然不知聖人之視天下, 無不可爲之時也."

호씨(胡氏 : 胡寅)[481]가 말하였다. "신문(晨門)은 세상이 옳지 않음을 알고 하지 않았다. 그러므로 이로써 공자를 나무란 것이다. 그러나 성인이 천하를 봄에 해서는 안 되는 때가 없음을 알지 못한 것이다."

詳說

○ 釋畢.

'고이시기공자(故以是譏孔子 : 그러므로 이로써 공자를 나무란 것이다)'에서 경문의 풀이가 끝났다.

○ 此下則論也.

이 아래는 경문의 의미를 설명하였다.

○ 子路無答辭, 故補此一語以辭其譏, 亦夫子疾固'果哉'之意也.

자로(子路)가 대답하는 말이 없었다. 그러므로 이 한마디 말을 보충하여 그 나무람을 말하였으니, 또한 공자가 '과재(果哉 : 과감함)'[482]를 고집하는 뜻을 미워한

辭尊居卑, 辭富居貧, 惡乎宜乎? 抱關擊柝. 孔子嘗爲委吏矣, 曰: 會計當而已矣. 嘗爲乘田矣, 曰: 牛羊, 茁壯長而已矣. 位卑而言高, 罪也. 立乎人之本朝, 而道不行, 恥也.'" 라고 하였다. 『순자(荀子)』「영욕(榮辱)」에서도 "故或祿天下而不自以爲多, 或監門御旅, 抱關擊柝, 而不以爲寡."라 하였는데 양경(楊倞)의 주석에 의하면, "抱關, 門卒也; 擊柝, 擊木所以警夜者."라고 하였다.

481) 호인(胡寅 : 1098~1156) : 북송 시대 학자로, 자가 명중(明仲)이고, 호가 치당(致堂)이라서 학자들이 치당선생(致堂先生)이라고 불렀으며, 건주숭안(建州崇安) 사람이다. 호안국(胡安国)의 동생 호순(胡淳)의 아들인데 어머니의 명을 받들어 자기 아들처럼 여겼다고 한다. 저서로는 『논어상설』·『독사관견(讀史管見)』·『주서천자문(注叙古千文)』·『비연집(斐然集)』 등이 있다.

482) 과재(果哉 : 과감함) : 『논어(論語)』「헌문(憲問)」에서 "子擊磬於衛, 有荷蕢而過孔氏之門者曰 : '有心哉. 擊磬乎!' 旣而曰 : '鄙哉. 硜硜乎! 莫己知也, 斯已而已矣, 深則厲, 淺則揭.' 子曰 : '果

것이다.

○ 南軒張氏曰:"聖人皇皇於斯世者, 天地生物之心也. 晨門, 未知道之不可以已. 然其辭意緩而不迫, 所養有過於荷蕢之果者歟."483)

남헌 장씨(南軒張氏 : 張栻)가 말하였다. "성인은 이 세상에 너그럽게 통달한 사람이니, 천지가 만물을 내는 마음이다. 신문(晨門)의 경우, 도는 그만두어서는 안 된다는 것을 알지 못하였다. 그러나 그 말뜻이 느리면서 급박하지 않으니, 기르는 것이 삼태기를 짊어진484) 과감한 사람에 지나지 않음이 있도다."

○ 辭則不迫, 而意則愈倨, 如是'知津矣'之云耳.

말이 곧 급박하지 않지만 뜻이 더욱 거만하니, 이는 나루터를 안다485)고 이른 것과 같을 뿐이다.

○ 勉齋黃氏曰:"晨門, 見己而不見聖人, 其言聖人則非, 而自處其身, 則亦賢也."486)

면재 황씨(勉齋黃氏 : 黃幹)가 말하였다. "신문(晨門)은 자기만 보고 성인을 보지 못하였으니, 그 성인을 말한 것이 그릇되었고, 스스로 그 몸을 둔 것이 또한 어질 뿐이다."

哉. 末之難矣.'"라 하였고, 그 『집주(集註)』에서 "果哉, 歎其果於忘世也. 末, 無也, 聖人, 心同天地, 視天下猶一家, 中國, 猶一人, 不能一日忘也. 故聞荷蕢之言, 而歎其果於忘世, 且言人之出處, 若但如此, 則亦無所難矣."라고 하였다.

483) 호광 편(胡廣 編), 『논어집주대전(論語集註大全)』「헌문(憲問)」의 내용은 다음과 같다. "南軒張氏曰:'聖人非不知道之不行, 而皇皇於斯世者, 天地生物之心也. 晨門, 賢而隱於抱關, 知世之不可爲, 而遂已而未知道之不可以已. 然玩其辭意, 緩而不迫, 所養有過於荷蕢之果者歟.'"

484) 삼태기를 짊어진 : 아래 장의 주자 『논어집주(論語集註)』에 의하면 "此荷蕢者, 亦隱士也."라고 하였다.

485) 나루터를 안다 : 『논어(論語)』「미자(微子)」에서 "長沮·桀溺, 耦而耕, 孔子過之, 使子路, 問津焉, 長沮曰:'夫執輿者, 爲誰?' 子路曰:'爲孔丘.' 曰:'是魯孔丘與?' 曰:'是也.' 曰:'是知津矣.' 問於桀溺, 桀溺曰:'子爲誰?' 曰:'爲仲由.' 曰:'是魯孔丘之徒與?' 對曰:'然.' 曰:'滔滔者天下, 皆是也, 而誰以易之? 且而與其從辟人之士也, 豈若從辟世之士哉?' 耰而不輟. 子路行以告, 夫子憮然曰:'鳥獸, 不可與同羣, 吾非斯人之徒, 與, 而誰與? 天下有道, 丘不與易也.'"라고 하였다.

486) 호광 편(胡廣 編), 『논어집주대전(論語集註大全)』「헌문(憲問)」의 내용은 다음과 같다. "勉齋黃氏曰:'晨門, 見己而不見聖人, 故云然. 然無孔子之聖, 則寧自處於抱關耳. 其言聖人則非, 而自處其身, 則是亦賢也已.'"

[14-42-1]

子擊磬於衛, 有荷蕢而過孔氏之門者, 曰: "有心哉. 擊磬乎!"
공자가 경쇠를 위나라에서 쳤더니, 삼태기를 짊어지고 공씨(孔氏)의 문을 지나가던 사람이 있어 말하였다. "마음이 있도다. 경쇠를 침이여!"

朱註

'荷', 去聲.[487] '磬', 樂器. '荷', 擔也. '蕢', 草器也, 此荷蕢者, 亦隱士也.
'유하괴(有荷蕢)'에서 '하(荷)'자는 거성(去聲: 지다)이다. '경(磬)'은 악기이다. '하(荷)'는 짊어짐이다. '궤(蕢)'는 풀로 엮어 만든 그릇이니, 이 삼태기를 짊어진 사람은 또한 은둔한 선비이다.

詳說

○ 照上註.
'역(亦)'은 위의 주석[488]을 참조해야 한다.

○ 訓畢.
훈고가 끝났다.

朱註

聖人之心, 未嘗忘天下, 此人, 聞其磬聲而知之, 則亦非常人矣.
성인의 마음은 일찍이 천하를 잊은 적이 없었으니, 이 사람이 그 경쇠 소리를 듣고 그것을 알았다면 또한 보통 사람이 아닌 것이다.

詳說

○ 朱子曰: "古人聽琴而知有殺心, 心在螳蜋捕蟬."[489]

---

487) 호광 편(胡廣 編), 『논어집주대전(論語集註大全)』「헌문(憲問)」에서 "按韻書, 負荷之荷, 在上聲, 下可反, 又去聲."이라고 하였다.

488) 위의 주석: "晨門, 掌晨啓門, 蓋賢人隱於抱關者也."를 가리킨다.

489) 『주자어류(朱子語類)』 권44, 「논어26(論語二十六)」, 115조목의 내용은 다음과 같다. "子擊磬於衛. 先生云: '如何聞擊磬, 而知有憂天下之志?' 或對曰: '政如聽琴而知其心, 在螳螂捕蟬耳.' 久之, 先生曰: '天下固當憂, 聖人不應只管憂. 如樂亦在其中, 亦自有樂時.' 或云: '聖人憂天下, 其心自然如此, 如天地之造化萬物, 而憂不累其心.' 曰: '然則擊磬之時, 其心憂乎, 樂乎?' 對曰:

'문기경성이지지(聞其磬聲而知之 : 그 경쇠 소리를 듣고 그것을 알았음)'에 대해, 주자(朱子 : 朱熹)가 말하였다. "옛사람이 거문고 소리를 듣고 죽이려는 마음이 있음을 알았으니, 마음이 사마귀가 매미를 잡으려는 데 있었던 것이다."

○ 釋畢.

경문의 풀이가 끝났다.

○ 此下論其人品.

이 아래는 그 인품을 논변한 것이다.

○ 朱子曰 : "荷蕢沮·溺之徒, 高於子産·晏平仲輩, 而不及蘧伯玉, 伯玉知爲學者也."[490]

'역비상인의(亦非常人矣 : 또한 보통 사람이 아닌 것)'에 대해, 주자(朱子 : 朱熹)가 말하였다. "삼태기를 짊어진 사람과 장저(長沮)·걸익(桀溺)의 무리는 자산(子産 : 公孫僑)[491]·안평중(晏平仲 : 晏嬰)[492]의 무리보다는 고상했으나, 거백옥(蘧伯玉 : 蘧瑗)[493]에게는 미치지 못하니, 거백옥은 학문을 할 줄 아는 사람이었다."

'雖憂而未嘗無樂.' 又有曰 : '其憂世之心, 偶然見於擊磬之時.' 先生皆不然之, 曰 : '此是一箇大題目, 須細思之.'('공자께서 위나라에서 경쇠를 치고 계셨다.' 선생이 말하였다. '어떻게 경쇠 소리를 듣고 천하를 근심하는 의지를 알 수 있겠는가?' 어떤 이가 물었다. '곧 거문고 소리를 듣고 그 마음이 사마귀가 매미를 잡는 데 있음을 아는 것과 같습니다. 한참 지나서 선생이 말하였다. '천하는 진실로 근심해야 하는데 성인은 근심만 해서는 안 된다. '즐거움이 또한 그 가운데 있다.'라고 말한 것처럼 스스로 즐거울 때가 있다.' 어떤 이가 말하였다. '성인이 천하를 근심하는 것은 그 마음이 자연스럽게 이러한 것입니다. 천지가 만물을 조화롭게 하는 것과 같이 근심하는 것이 그 마음을 힘들게 하지 않는 것입니다.' 주희가 말하였다. '그러면 경쇠를 두드릴 때 그 마음은 근심하는 것인가? 아니면 기뻐하는 것인가?' 어떤 이가 말하였다. '비록 근심하지만 아직 기뻐하지는 않는 것입니다. 세상을 근심하는 마음이 우연히 경쇠를 두드릴 때 나타난 것입니다.' 선생이 모두 그러하지 않다고 하면서 말하였다. '이것은 한 개 큰 제목일 뿐이라서 반드시 세심하게 생각해 보아야 된다.')" 호광 편(胡廣 編), 『논어집주대전(論語集註大全)』「헌문(憲問)」의 내용은 다음과 같다. "問 : '聞磬聲, 如何便知夫子之心不忘天下?' 朱子曰 : '他那人煞高, 如古人於琴聲中, 知有殺心耳.'"

490) 『주자어류(朱子語類)』 권44의 내용은 다음과 같다. "或問 : '荷蕢沮·溺之徒, 賢於世俗之人遠矣! 不知比蘧伯玉如何?' 曰 : '荷蕢之徒, 高於子産·晏平仲輩, 而不及伯玉, 蓋伯玉知爲學者也.'"

491) 자산(子産 : 公孫僑) : 정(鄭)나라 대부 공손교(公孫僑)이다. 『논어(論語)』「공야장(公冶長)」에는 "子謂子産, 有君子之道, 四焉, 其行己也恭; 其事上也敬; 其養民也惠; 其使民也義."라고 하여 선치(善治)한 사람으로 평가하였다.

492) 안평중(晏平仲 : 晏嬰) : 제(齊)나라 재상 안영(晏嬰)이다. 『논어(論語)』「공야장(公冶長)」에는 "子曰 : '晏平仲, 善與人交. 久而敬之.'"라 하여 친구 사이에 책선(責善)을 잘한 사람으로 평가하였다. "程子曰 : '人交久則敬衰, 久而能敬, 所以爲善.'"

[14-42-2]

旣而曰 : "鄙哉. 硜硜乎! 莫己知也, 斯已而已矣. 深則厲; 淺則揭."
이윽고 말하였다. "촌스럽도다. 너무 고집스러움이여! 자기를 알아줌이 없거든 이에 말아야 할 따름이다. 깊으면 옷 입고 건너며, 얕으면 옷 걷고 건너야 할 것이다."

朱註

'硜', 苦耕反. '莫己'之'己', 音紀, 餘音以. '揭', 起例反.[494] '硜硜', 石聲, 亦專確之意. 以衣涉水曰'厲', 攝衣涉水曰'揭', 此兩句, 「衛風·匏有苦葉」[495]之詩也.
'경경호(硜硜乎)'에서 '경(硜)'은 '고(苦)'와 '경(耕)'의 반절(反切)이다. '막기(莫己)'의 '기(己)'자는 음이 기(紀)이고, 나머지 음은 이(以)이다. '천즉게(淺則揭)'에서 '게(揭)'는 '기(起)'와 '례(例)'의 반절(反切)이다. '경경(硜硜)'은 돌소리이니, 또한 오로지 굳은 듯 고집스럽다는 뜻이다. 옷을 입은 채로 물을 건너는 것을 '려(厲)'라고 하며, 옷을 끌어당긴 채로 물을 건너는 것을 '게(揭)'라고 하니, 이 두 구절은 「위풍(衛風)·포유고엽(匏有苦葉)」의 시이다.

詳說

○ 磬之聲.
'경경, 석성(硜硜, 石聲)'은 경쇠의 소리이다.

○ 擊磬之意, 堅確, 如小石所謂'鄙哉'者, 蓋指此耳.
'전확지의(專確之意 : 또한 오로지 굳은 듯 고집스럽다는 뜻이다)'는 경쇠를 치는 뜻이 굳고 강함이니, 작은 돌과 같음에 이른바 '비재(鄙哉)'라고 한 것[496]이 대개 이를 가리킨다.

---

493) 거백옥(蘧伯玉 : 蘧瑗) : 위(衛)나라 대부 거원(蘧瑗)이다.

494) 『논어주소(論語注疏)』「음의」에는 "硜, 苦耕反. 己, 音紀, 下斯己同. 揭, 起例反, 揭揭, 上, 起例反; 下, 起列反, 又皆起例反."이라고 하였다.

495) 「衛風·匏有苦葉」 : 위풍(衛風)이 아니라 패풍(邶風)이다. 『시경(詩經)』「패풍(邶風)·포유고엽(匏有苦葉)」. "匏有苦葉, 濟有深涉. 深則厲, 淺則揭." 『모전(毛傳)』에서 '려(厲)'는 입을 입은 채 물을 건너는 것이라고 하였다.

496) 작은 돌과 같음에 이른바 '비재(鄙哉)'라고 한 것 : 『논어(論語)』「자로(子路)」의 주석에서 "硜, 小石之堅確者."라고 한 것을 말한다.

○ 當與上篇信果章註參看.

마땅히 위 편의 신과장(信果章)의 주석[497]과 참조하여 보아야 한다.

○ 尤菴曰 : "涉深者, 恐有水害, 故別著單衣以備之."[498]

'이의섭수왈려(以衣涉水曰厲 : 옷을 입은 채로 물을 건너는 것을 려라고 함)'에 대해, 우암(尤庵 : 宋時烈)[499]이 말하였다. "깊은 곳을 건너는 사람은 수해(水害)가 있을까 염려하기 때문에 따로 홑옷을 입고 대비하는 것이다."

○ 猶害也, 蓋備厲也.

'려(厲)'는 해(害)와 같으니, 대개 해악을 대비함이다.[500]

○ 訓畢.

훈고가 끝났다.

朱註

譏孔子人不知己而不止, 不能適淺深之宜.

공자(孔子)가 남들이 자기를 알아주지 않는데도 말지 않자, 얕고 깊음에 따르는 마땅함을 잘하지 못함을 나무란 것이다.

詳說

○ '孔子人不知己而不止', '己'上字止也, '而已矣', 無他之辭, 三字恐混, 故特著音.

'공자인부지기이부지(孔子人不知己而不止 : 공자가 남들이 자기를 알아주지 않는데도

---

497) 신과장(信果章)의 주석 : 『논어(論語)』「자로(子路)」에서 "曰 : '敢問其次.' 曰 ; '言必信, 行必果, 硜硜然小人哉, 抑亦可以爲次矣.'"라 하였으며, 『집주(集註)』에서 "果, 必行也. 硜, 小石之堅確者. 小人, 言其識量之淺狹也. 此其本末, 皆無足觀. 然亦不害其爲自守也. 故聖人猶有取焉, 下此則市井之人, 不復可爲士矣."라고 한 것을 말한다.

498) 송시열(宋時烈), 『송자대전(宋子大全)』 권121, 「서(書) · 답혹인(答或人)」에는 "深則厲註, 以衣涉水. 涉深者, 恐有物害, 故別著單衣以備之矣. 『論語』中無解者, 或不待解而可知者, 或已解於前者也'."라고 하였다.

499) 송시열(宋時烈 : 1607~1689) : 본관이 은진(恩津)으로 자가 영보(英甫), 호가 우암(尤庵) 또는 우재(尤齋), 시호가 문정(文正)이다. 저서로는 『송자대전(宋子大全)』 외에 『주자대전차의(朱子大全箚疑)』 · 『주자어류소분(朱子語類小分)』 · 『이정서분류(二程書分類)』 등이 있다.

500) '려(厲)'는 해(害)와 같으니, 대개 해악을 대비함이다 : 위의 『모전(毛傳)』과 같은 맥락에서, 『한어대사전(漢語大詞典)』에서 '여섭(厲涉)'을 옷을 입고 물을 건너는 것[連衣涉水]이라고 풀이하였다.

말지 않음)'는 '기(己)'라는 글자에서 그쳐야 하고, '이이의(而已矣)'는 다른 것에 없다는 말이니, 세 글자를 혼용하였기 때문에 특별히 음가(音價)를 드러낸 것이다.

○ 引『詩』之適淺深之宜者, 所以譏夫子之不能適也.

『시경(詩經)』의 얕고 깊음의 마땅함을 따르는 것을 인용하여 공자가 잘 따르지 못함을 나무란 것이다.

○ 釋畢.

경문의 풀이가 끝났다.

[14-42-3]

子曰 : "果哉. 末之難矣."

공자가 말하였다. "과감하도다. 어려운 것이 없을 것이다."

朱註

'果哉', 歎其果於忘世也. '末', 無也.

'과재(果哉)'는 그가 세상을 잊음에 과감함을 탄식한 것이다. '말(末)'은 없음이다.

詳說

○ 决也.

'과(果)'는 결단함이다.

○ 訓畢.

훈고가 끝났다.

朱註

聖人, 心同天地, 視天下, 猶一家; 中國, 猶一人, 不能一日忘也. 故聞荷蕢之言, 而歎其果於忘世. 且言人之出處, 若但如此, 則亦無所難矣.

성인은 마음이 천지(天地)와 같아서 천하를 살펴봄에 한 집안같이 하고, 나라 안을 살펴봄에 한 사람같이 하여 능히 하루도 잊지 못한다. 그러므로 삼태기를 짊어진 사람의 말을 듣고 세상을 잊음에 과감한 것을 탄식하였다. 또 사람의 출처를 만약에 다만 이와 같이 한다면 또한 어려울 것이 없겠다고 말한 것이다.

詳說

○ 承首節'心'字而言.

'성인, 심동천지(聖人, 心同天地 : 성인은 마음이 천지와 같음)'는 머리절의 '심(心)' 자[501]를 이어받아서 말한 것이다.

○ 亦蒙'視'字.

'중국(中國 : 나라 안)'은 또한 '시(視)'자를 이어받은 것이다.

○ 新安陳氏曰 : "天地生物之心, 不以閉塞成冬之時而息."[502]

'불능일일망야(不能一日忘也 : 능히 하루도 잊지 못한다)'에 대해, 신안 진씨(新安陳氏 : 陳櫟)가 말하였다. "천지(天地)가 만물을 내는 마음은 닫고 막혀서 겨울이 되는 때로써 쉬지 아니한다."

○ 上聲.[503]

'차언인지출처(且言人之出處)'에서 '처(處)'자는 상성(上聲 : 居住함)이다.

○ 果於忘世.

'여차(如此)'는 세상을 잊음에 과감함이다.

○ 末之.

'무소(無所)'는 그것이 없음이다.

○ 果於忘世, 則都無事在, 何難之有?

세상을 잊음에 과감하면 도무지 일이 없으니, 무슨 어려움이 있겠는가?

○ 釋畢.

경문의 풀이가 끝났다.

○ '果'字, 此章之題目.

'과(果 : 과감하다)'자가 이 장의 제목이다.

---

501) 머리절의 '심(心)'자 : "子擊磬於衛, 有荷蕢而過孔氏之門者, 曰 : '有心哉. 擊磬乎!'"에 나오는 '심(心)'자를 가리킨다.

502) 호광 편(胡廣 編), 『논어집주대전(論語集註大全)』「헌문(憲問)」의 내용은 다음과 같다. "新安陳氏曰 : '聖人之心, 不能一日忘天下, 亦如天地之心, 不能一日忘萬物. 天地生物之心, 不以閉塞成冬之時而息, 聖人道濟天下之心, 不以天地閉賢人隱之時而息也. 聖人不能忘世之心, 荷蕢初聞其磬聲而知之, 然觀其既而曰以下之言, 則非深知聖人之心者, 要之果於忘世之人, 豈能深知聖人所以不能忘世之心哉?'"

503) 호광 편(胡廣 編), 『논어집주대전(論語集註大全)』「헌문(憲問)」.

[14-43-1]

子張曰 : "『書』云: '高宗諒陰, 三年不言', 何謂也?"
자장(子張)이 말하였다. "『서경(書經)』에 이르기를 '고종이 양음(諒陰)에서 3년 동안 말하지 아니하였다.'라고 하니 무엇을 이른 것입니까?"

詳說

◯ '『書』', 「說命」及「無逸」.
'『서경(書經)』'은 「열명(說命)」 및 「무일(無逸)」이다.[504]

朱註

'高宗', 商王武丁也. '諒陰', 天子居喪之名, 未詳其義.
'고종(高宗)'은 상(商)나라 임금 무정(武丁)이다. '양음(諒陰)'은 천자가 초상(初喪)을 치루는 이름이니, 그 뜻이 자세하지 않다.

詳說

◯ 有訓無釋.
훈고는 있으나 경문의 풀이는 없다.

◯ 朱子曰 : "孔氏曰: '諒, 信也; 陰, 默也.'[505] 邢氏曰: '信任冢宰.'[506] 胡氏曰: '不言也.'"[507]

---

504) '『서경(書經)』'은 「열명(說命)」 및 「무일(無逸)」이다 : 『서경(書經)』「열명(說命)」에서 "王宅憂, 亮陰三祀, 旣免喪, 其惟弗言."라 하였고, 『서경(書經)』「무일(無逸)」에서 "其在高宗時, 舊勞于外, 爰曁小人, 作其卽位, 乃或亮陰, 三年不言. 其惟不言, 言乃雍, 不敢荒寧, 嘉靖殷邦."라고 하였다. 『서경(書經)』에서 '양음(亮陰)'이라고 한 것은 『논어(論語)』에서 '양음(諒陰)이라 하였고, 『예기』에서 '양암(諒闇)'이라 하였고, 『한서(漢書)』에서는 '양음(涼陰)'이라 하였다. 『예기』「상복사제(喪服四制)」에 의하면 "『書』曰 : '高宗諒闇, 三年不言.' 善之也."라고 하였는데, 정현(鄭玄)의 주석에 "闇, 謂廬也."라고 하였다.

505) 『논어주소(論語注疏)』「음의(音義)」에서 "諒, 音亮, 信也. 陰, 如字, 默也. 鄭讀『禮』, 爲梁鷁, 杜預解『左傳』, 爲諒闇貌."라고 하였다.

506) 『논어주소(論語注疏)』「소(疏)」에서 "『正義』曰 : 此章, 論天子諸侯居喪之禮也. 子張曰: 『書』云高宗諒陰三年不言何謂也者, 高宗諒陰, 三年不言, 「周書 · 無逸篇」文也. 高宗, 殷王武丁也. 諒, 信也. 陰, 默也, 言武丁居父憂, 信任冢宰, 默而不言三年也."라 하였다.

507) 호광 편(胡廣 編), 『논어집주대전(論語集註大全)』「헌문(憲問)」의 내용은 다음과 같다. "問'諒

주자(朱子 : 朱熹)가 말하였다. "공씨(孔氏 : 孔穎達)[508]가 말하기를 '양(諒)은 믿음이고, 음(陰)은 침묵함이다.'라고 하였으며, 형씨(邢氏 : 邢昺)[509]가 말하기를 '총재를 신임함이다.'라고 하였으며, 호씨(胡氏 : 胡寅)가 말하기를 '말하지 않음이다.'라고 하였다."

○ 覺軒蔡氏曰 : "「喪服四制」'諒闇三年'註, '諒, 古作梁, 楣謂之梁; 闇, 讀如鶉鵪之鵪, 闇, 謂廬也.' 『儀禮』'剪屛柱楣'註, '柱楣, 所謂梁闇也.' 『書』'宅憂諒陰'[510], 言居喪於梁闇也. 諒陰之義, 先人得於先師, 晩年面命者如此."[511]

각헌 채씨(覺軒蔡氏 : 蔡模)가 말하였다. "『예기』「상복사제(喪服四制)」 '양암삼년(諒闇三年)'의 주석에, '양(諒)은 옛날에는 양(梁)으로 썼는데, 문미(門楣)를 일러서 양(梁)이라고 하며, 암(闇)은 독음이 순암(鶉鵪)의 암(鵪)과 같으니, 암(闇)은 여막(廬幕)을 이른다.'라고 하였다. 『의례(儀禮)』 '전병주미(剪屛柱楣)'의 주석에, '주미(柱楣)는 이른바 양암(梁闇)이다.'라고 하였다. 『서경(書經)』의 '택우양음(宅憂諒陰)'은 초상(初喪)을 양암(梁闇)에서 치루는 것을 말한다. 양음(諒陰)의 뜻은 선대의 사람이 돌아가신 스승에게 얻을 적에 만년에 얼굴을 맞대고 말해준 것이 이와 같았다."

陰之說'. 朱子曰 : '孔氏曰: 諒, 信也. 陰, 黙也. 邢氏釋之曰: 信, 謂信任冢宰. 胡氏釋之曰: 信, 能黙而不言也. 二家皆用孔訓, 而爲說不同. 鄭氏於『禮記』, 又讀作諒闇, 言居倚廬, 大抵古者天子居喪之名.'"

508) 공영달(孔穎達 : 574~648) : 당나라 때의 학자로 자가 중달(仲達)이다. 태종 때 국자감의 좨주가 되었으며, 위징(魏徵)과 함께 『수서(隋書)』를 편찬하였고, 『오경정의(五經正義)』를 편찬하였다.

509) 형병(邢昺 : 932~1010) : 북송 시대 학자로 자가 숙명(叔明)이고 조주(曹州) 제음(濟陰) 사람이다. 국자감승(國子監丞) · 우간의대부(右諫議大夫) · 국자좨주(國子祭酒) · 한림시강학사(翰林侍講學士) · 예부상서(禮部尙書) 등을 지냈다. 저서로는 『논어정의(論語正義)』 · 『이아정의(爾雅正義)』 · 『이아의소(爾雅義疏)』 · 『효경정의(孝經正義)』 등이 있다.

510) 『書』'宅憂諒陰' : 『서경(書經)』「열명상(說命上)」에는 '宅憂亮陰'으로 표기되어 있다.

511) 호광 편(胡廣 編), 『논어집주대전(論語集註大全)』「헌문(憲問)」의 내용은 다음과 같다. "覺軒蔡氏曰 : '「喪服四制」諒闇三年, 鄭注云: 諒, 古作梁, 楣謂之梁. 闇, 讀如鶉鵪之鵪, 闇謂廬也, 卽倚廬之廬. 『儀禮』剪屛柱楣. 鄭氏謂柱楣, 所謂梁闇, 是也. 『書』云: 王宅憂諒陰, 言居喪於梁闇也. 按諒陰之義, 先人得於先師, 晩年面命者如此.'"

[14-43-2]

子曰 : "何必高宗? 古之人皆然, 君薨, 百官總己, 以聽於冢宰三年."
공자가 말하였다. "어찌 반드시 고종(高宗)뿐이리오? 옛사람들이 다 그러했으니, 임금이 죽거든 모든 관리들이 자기 직무를 총섭(總攝)하여 총재에게 듣기를 3년 동안 한 것이다."

詳說

○ '古之人', 謂古之人君.
'고지인(古之人)'은 옛날의 임금을 이른다.

朱註

言'君薨', 則諸侯亦然. '總己', 謂總攝己職. '冢宰', 大宰也, 百官聽於冢宰. 故君得以三年不言也.
'군훙(君薨)'이라고 말한 것은 제후들도 또한 그렇다는 뜻이다. '총기(總己)'는 자기의 직무를 총섭(總攝)함이다. '총재(冢宰)'는 태재(太宰)이니 모든 관리들이 총재에게 명을 듣기 때문에 임금이 3년 동안 말하지 않은 것이다.

詳說

○ '君'者, 王侯之通稱.
'군(君)'이라는 것은 임금과 제후를 통틀어서 일컫는 말이다.

○ 大也.
'총(冢)'은 큼이다.

○ 音泰.512)
'태재야(大宰也)'에서 '태(大)'자는 음이 태(泰)이다.

○ 釋間訓.
경문을 풀이하는 사이에 훈고하였다.

512) 호광 편(胡廣 編), 『논어집주대전(論語集註大全)』「헌문(憲問)」.

朱註

胡氏曰："位有貴賤, 而生於父母, 無以異者. 故三年之喪, 自天子達於庶人. 子張非疑此也, 殆以爲人君三年不言, 則臣下無所稟令, 禍亂或由以起也. 孔子告以聽於冢宰, 則禍亂非所憂矣."

호씨(胡氏 : 胡寅)[513]가 말하였다. "지위에는 귀하고 천함이 있으나 부모에게서 태어남에는 차이가 없는 것이다. 그러므로 3년의 상례(喪禮)는 천자로부터 일반 사람에게까지 두루 통하는 일이다. 자장(子張)이 이를 의심함이 아니라, 아마도 임금이 3년 동안 말하지 않으면 신하들이 명령을 내려 받을 곳이 없어서 화란(禍亂)이 혹시 말미암아 일어날까 여겼던 것이다. 공자가 총재에게 명을 듣는다고 말해 주었으니, 화란은 근심할 일이 아닌 것이다."

詳說

○ 凡有血氣者, 莫不皆然.

'위유귀천, 이생어부모, 무이이자(位有貴賤, 而生於父母, 無以異者 : 지위에는 귀하고 천함이 있으나 부모에게서 태어남에는 차이가 없는 것이다)'는 무릇 혈기(血氣)가 있는 것은 모두 그렇지 않음이 없다.

○ 一無此三字.

'어서인(於庶人)'의 경우, 다른 판본에는 이 세 글자가 없다.[514]

○ 出『孟子』「滕文公」.

『맹자(孟子)』「등문공(滕文公)」에 나온다.[515]

○ 未定之辭.

'태(殆)'는 아직 정하지 못한 말이다.

---

513) 호인(胡寅 : 1098~1156) : 북송 시대 학자로, 자가 명중(明仲)이고, 호가 치당(致堂)이라서 학자들이 치당선생(致堂先生)이라고 불렀으며, 건주숭안(建州崇安) 사람이다. 호안국(胡安国)의 동생 호순(胡淳)의 아들인데 어머니의 명을 받들어 자기 아들처럼 여겼다고 한다. 저서로는 『논어상설』·『독사관견(讀史管見)』·『주서천자문(注叙古千文)』·『비연집(斐然集)』 등이 있다.

514) '어서인(於庶人)'의 경우, 다른 판본에는 이 세 글자가 없다 : 조선 정조 때 간행된 내각본 『논어집주대전』에는 '於庶人' 이 세 글자가 없다.

515) 『맹자(孟子)』「등문공(滕文公)」에 나온다 : 『맹자(孟子)』「등문공상(滕文公上)」에서 "吾嘗聞之矣, 三年之喪, 齊疏之服, 飦粥之食, 自天子達於庶人, 三代共之."라고 하였다.

○ 見「說命」.

'신하무소품령(臣下無所稟令 : 신하들이 명령을 내려 받을 곳이 없음)'은 「열명(說命)」에 보인다.[516)]

○ 雙峰饒氏曰 : "使嗣君剛明而冢宰有莽操之姦, 則必能易而置之. 如其不能, 雖不總己以聽, 亦何益哉? 且事有常有變, 聖人只論其常耳."[517)]

쌍봉 요씨(雙峰饒氏 : 饒魯)가 말하였다. "왕위를 잇는 임금에게 굳세고 명철하게 하는데, 총재가 맹렬하면서 조종하는 간사함이 있다면 반드시 바꾸어서 두어야 한다. 만일 능히 할 수 없다면 다만 자기 직무조차 총괄하여 명을 듣지 못할 것이니, 또한 무슨 이익이 있겠는가? 또 일에는 떳떳함이 있고 변통함이 있으나, 성인은 다만 그 떳떳함을 논할 뿐이다."

○ '諒陰不言', 此章之題目.

'양음불언(諒陰不言 : 양음에서 말하지 않다)'이 이 장의 제목이다.

---

516) '신하무소품령(臣下無所稟令 : 신하들이 명령을 내려 받을 곳이 없음)'은 「열명(說命)」에 보인다 : 『서경(書經)』「열명상(說命上)」에서 "임금의 말이 오직 명령이 되니, 말하지 않으면 신하들은 명령을 내려 받을 곳이 없는 것입니다.(王言惟作命, 不言, 臣下罔攸稟令.)"라고 하였다.

517) 호광 편(胡廣 編), 『논어집주대전(論語集註大全)』「헌문(憲問)」의 내용은 다음과 같다. "問 : '胡氏云: 以聽冢宰則禍亂非所憂. 然主少國疑之際, 得人如伊周霍葛, 則可不幸; 如莽操之姦, 豈不大可憂邪?' 雙峯饒氏曰 : '使嗣君剛明而冢宰有莽操之姦, 則必能易而置之, 如其不能, 雖不總己以聽, 亦何益哉? 且天下之事, 有常有變, 聖人只論其常耳.'"

[14-44-1]

子曰 : "上好禮, 則民易使也."
공자가 말하였다. "위에서 예(禮)를 좋아하면 백성을 부리기가 쉬운 것이다."

朱註

'好'·'易', 皆去聲. 謝氏曰 : "禮達而分定. 故民易使."
'상호례(上好禮)'에서 '호(好)'자와 '민이사야(民易使也)'에서 '이(易)'자는 모두 거성(去聲 : 좋아함, 쉬움)이다. 사씨(謝氏 : 謝良佐)가 말하였다. "예(禮)가 두루 널리 미치면 본분(本分)이 정해진다. 그러므로 백성들을 부리기 쉽다."

詳說

○ 朱子曰 : "達於下."[518)]
'예달(禮達 : 예가 두루 널리 미침)'에 대해, 주자(朱子 : 朱熹)가 말하였다. "아래에까지 이르는 것이다."

○ 去聲.[519)]
'예달이분정(禮達而分定)'에서 '분(分)'자는 거성(去聲 : 본분)이다.

○ 出『禮記』「禮運」.[520)]
'예달이분정(禮達而分定 : 예가 두루 널리 미치면 본분이 정해짐)'은 『예기』「예운(禮運)」에 나온다.[521)]

○ 有釋無訓.
경문의 풀이는 있으나 훈고는 없다.

○ 雲峰胡氏曰 : "民之志定, 民之力, 可使也."[522)]

---

518) 『주자어류(朱子語類)』 권44, 「논어26(論語二十六)」, 119조목의 내용은 다음과 같다. "禮達而分定. 達, 謂達於下."

519) 호광 편(胡廣 編), 『논어집주대전(論語集註大全)』「헌문(憲問)」.

520) 호광 편(胡廣 編), 『논어집주대전(論語集註大全)』「헌문(憲問)」에 "此句, 出「禮運」."이라고 하였다.

521) '예달이분정(禮達而分定 : 예가 두루 널리 미치면 본분이 정해짐)'은 『예기』「예운(禮運)」에 나온다 : 『예기』「예운(禮運)」에서 "百姓, 則君以自治也, 養君以自安也, 事君以自顯也. 故禮達而分定."라고 하였다.

522) 호광 편(胡廣 編), 『논어집주대전(論語集註大全)』「헌문(憲問)」의 내용은 다음과 같다. "雲峯

운봉 호씨(雲峰胡氏 : 胡炳文)가 말하였다. “백성들의 뜻이 정해지면 백성들의 힘을 부릴 수가 있다.”

◯ **厚齋馮氏曰 : “聖人言使民, 曰‘上好禮’, 曰‘小人學道’, 使之知上下之分而樂於從命, 不以勢力強之.”**[523]

후재 풍씨(厚齋馮氏 : 馮椅)가 말하였다. “성인이 백성을 부림에 대하여 말함에 ‘상호례(上好禮 : 위에서 예를 좋아하면)’라 하고, ‘소인학도(小人學道 : 소인이 도를 배우면)’[524]라고 하였으니, 백성들에게 위아래의 분수를 알게 하여 명령을 좇음에 즐겁도록 하며, 세력으로써 억지로 해서는 안 된다.”

◯ **‘上好禮’, 此章之題目.**

‘상호례(上好禮 : 위에서 예(禮)를 좋아하다)’가 이 장의 제목이다.

胡氏曰 : ‘禮也者, 所以辨上下而定民志也, 民之志定, 民之力, 可使也.’”

523) 호광 편(胡廣 編), 『논어집주대전(論語集註大全)』「헌문(憲問)」의 내용은 다음과 같다. “厚齋馮氏曰 : ‘聖人言使民曰上好禮, 曰小人學道, 使之知上下之分, 而樂於從命, 不以勢力强之也.’”

524) 소인학도(小人學道 : 소인이 도를 배우면) : 『논어(論語)』「양화(陽貨)」에서 “子游對曰 : ‘昔者, 偃也, 聞諸夫子, 曰: 君子學道, 則愛人; 小人學道, 則易使也.’”라고 하였다.

[14-45-1]

子路問君子, 子曰 : "修己以敬." 曰 : "如斯而已乎?" 曰 : "修己以安人." 曰 : "如斯而已乎?" 曰 : "修己以安百姓, 修己以安百姓, 堯·舜, 其猶病諸."
자로(子路)가 군자에 대해 물었는데, 공자가 말하였다. "자기 몸을 닦되 공경(恭敬)함으로써 하는 것이다." 자로가 말하였다. "이와 같이 할 따름입니까?" 공자가 말하였다. "자기 몸을 닦아서 다른 사람을 편안하게 하는 일이다." 자로가 말하였다. "이와 같이 할 따름입니까?" 공자가 말하였다. "자기 몸을 닦아서 백성들을 편안하게 하는 일이니, 몸을 닦아서 백성들을 편안하게 함은 요·순(堯·舜)도 그 오히려 병으로 여긴 것이다."

朱註

'修己以敬', 夫子之言, 至矣盡矣, 而子路少之. 故再以其充積之盛, 自然及物者, 告之, 無他道也.

'수기이경(修己以敬 : 자기 몸을 닦되 공경함으로써 함)'은 공자의 말이 지극하고도 다한 것인데, 자로(子路)가 부족하다고 여겼다. 그러므로 다시 그 가득하게 쌓은 성대함으로써 자연스럽게 외물에 미치는 것을 말해 주었으니, 다른 방도가 없다.

詳說

○ 猶言'以敬修己'也, 此'以'字, 屬下文釋之; 下二'以'字, 屬上文釋之.
'수기이경(修己以敬 : 자기 몸을 닦되 공경함으로써 함)'은 '공경함으로써 자기 몸을 닦는다.'라고 말함과 같다. 이 '이(以)'자는 아래 문장과 엮어서 해석하고, 아래 두 개의 '이(以)'자[525]는 위의 문장과 엮어서 해석한다.

○ 朱子曰 : "貫徹上下, 包擧遠近."[526]

---

525) 아래 두 개의 '이(以)'자 : '修己以安人'과 '修己以安百姓'을 말한다.

526) 호광 편(胡廣 編), 『논어집주대전(論語集註大全)』「헌문(憲問)」의 내용은 다음과 같다. "'脩己以敬', 語雖至約, 而所以齊家治國平天下之本, 擧積諸此, 子路不喩而少其言. 於是告以安人·安百姓之說. 蓋言脩己以敬而極其至, 則心平氣和, 靜虛動直, 而所施爲無不自然各當其理, 是以其治之所及者, 羣黎百姓莫不各得其安也. 是皆本於脩己以敬之一言, 其功效之自然及物者耳. 或問 : '然則夫子之言, 豈其畧無大小遠近之差乎?' 曰 : '脩己以敬, 貫徹上下, 包擧遠近而統言之也. 安人·安百姓, 則因子路之問, 而以功效之及物者言也. 然曰安人, 則脩己之餘而敬之至也; 安百

'지의진의(至矣盡矣 : 지극하고도 다한 것임)'에 대해, 주자(朱子 : 朱熹)가 말하였다. "위와 아래를 관철하며, 멀고 가까움을 포괄하여 거론하는 것이다."

○ 勉齋黃氏曰 : "子路疑此一言, 不足以盡君子."527)

'자로소지(子路少之 : 자로가 부족하다고 여김)'에 대해, 면재 황씨(勉齋黃氏 : 黃幹)가 말하였다. "자로(子路)가 이 하나의 말이 군자를 다하기에는 부족하다고 의심한 것이다."

○ 指'修己以敬'.

'재이기(再以其)'는 '수기이경(修己以敬)'을 가리킨다.

○ 朱子曰 : "'安人'·'安百姓', 以功效之及物者言也, 皆不離於'修己以敬'之一言, 非有待於擴之而後大, 推之而後遠也."528)

'무타도야(無他道也 : 다른 방도가 없다)'에 대해, 주자(朱子 : 朱熹)가 말하였다. "'안인(安人 : 다른 사람을 편안하게 하는 일)'과 '안백성(安百姓 : 백성들을 편안하게 하는 일)'은 공효가 외물에 미치는 사안으로써 말한 것이니, 모두 '수기이경(修己以敬 : 자기 몸을 닦되 공경함으로써 함)'의 한마디 말을 떠나지 않으며, 넓힘을 기다린 뒤에 커지거나, 미룸을 기다린 뒤에 멀어짐이 있는 일이 아니다."

○ 勉齋黃氏曰 : "猶曰'修己以敬而可以安人, 修己以敬而可以安百姓也.'"529)

면재 황씨(勉齋黃氏 : 黃幹)가 말하였다. "'자기 몸을 닦되 공경함으로써 하여 다른 사람들을 편안하게 할 수 있으며, 자기 몸을 닦되 공경함으로써 하여 백성들을 편

姓, 則脩己之極而安人之盡也. 是雖若有小大遠近之差, 然皆不離於脩己以敬之一言, 而非有待於擴之而後大, 推之而後遠也.'"

527) 호광 편(胡廣 編), 『논어집주대전(論語集註大全)』「헌문(憲問)」의 내용은 다음과 같다. "勉齋黃氏曰 : '非謂脩己以敬之外, 又有充積之功也. 脩己以敬而可謂君子, 則是充積之盛, 在其中矣. 特言其功效之遠, 則指夫自其充積之盛者而出耳. 脩己以安人, 猶曰脩己以敬而可以安人也; 脩己以安百姓, 猶曰脩己以敬而可以安百姓也. 子路疑脩己以敬之一言, 不足以盡君子. 故夫子指其效驗之大者而言, 以見決非君子不足以當之也.'"

528) 호광 편(胡廣 編), 『논어집주대전(論語集註大全)』「헌문(憲問)」의 내용은 다음과 같다. "'脩己以敬', 語雖至約, 而所以齊家治國平天下之本, 擧積諸此, 子路不喩而少其言. 於是告以安人·安百姓之說. …… 安人·安百姓, 則因子路之問, 而以功效之及物者言也. 然曰安人, 則脩己之餘而敬之至也; 安百姓, 則脩己之極而安人之盡也. 是雖若有小大遠近之差, 然皆不離於脩己以敬之一言, 而非有待於擴之而後大, 推之而後遠也.'"

529) 호광 편(胡廣 編), 『논어집주대전(論語集註大全)』「헌문(憲問)」의 내용은 다음과 같다. "勉齋黃氏曰 : '…… 脩己以安人, 猶曰脩己以敬而可以安人也; 脩己以安百姓, 猶曰脩己以敬而可以安百姓也. ……'"

안하게 할 수 있는 일이다.'라고 말함과 같다."

朱註

'人'者, 對己而言, 百姓則盡乎人矣. '堯舜猶病', 言不可以有加於此, 以抑子路, 使反求諸近也.

'인(人)'이라는 것은 자기를 상대하여 말함이니, 백성은 다른 사람을 다한 것이다. '요순유병(堯舜猶病 : 요순도 오히려 병으로 여김)'은 여기에 더할 것이 있을 수 없음을 말하여 자로(子路)를 억제하여 돌이켜 가까운 일에서 구하게 한 것이다.

詳說

○ 釋間訓.

'요순유병, 언불가이유가어차(堯舜猶病, 言不可以有加於此 : 요순도 오히려 병으로 여김은 여기에 더할 것이 있을 수 없음을 말함)'는 경문을 풀이하는 사이에 훈고하였다.

○ 聖人猶病, 况君子乎.

성인이 오히려 병으로 여겼거늘, 하물며 군자에게 있어서이랴.

○ 當與「雍也」'病諸'註叅看.

마땅히 「옹야(雍也)」에 나오는 '병저(病諸)'의 주석530)과 더불어 참조하여 보아야 한다.

○ 修己.

'반구저근(反求諸近 : 돌이켜 가까운 일에서 구하게 함)'은 자기 몸을 닦음이다.

○ 此則言外之意.

'이억자로, 사반구저근야(以抑子路, 使反求諸近也 : 자로를 억제하여 돌이켜 가까운 일에서 구하게 한 것이다)'는 이는 곧 말 밖의 뜻이다.

---

530) 「옹야(雍也)」의 '병저(病諸)'의 주석 : 『논어(論語)』「옹야(雍也)」에서 "子貢曰 : '如有博施於民而能濟衆, 何如? 可謂仁乎?' 子曰 : '何事於仁? 必也聖乎. 堯舜, 其猶病諸.'"라 하였고, 그 『집주(集註)』에서 "博, 廣也. 仁, 以理言, 通乎上下. 聖, 以地言, 則造其極之名也. 乎者, 疑而未定之辭. 病, 心有所不足也, 言此何止於仁? 必也聖人能之乎. 則雖堯舜之聖, 其心猶有所不足於此也, 以是求仁, 愈難而愈遠矣."라고 하였다.

朱註

蓋聖人之心, 無窮, 世雖極治, 然豈能必知四海之內, 果無一物不得其所哉? 故堯舜, 猶以安百姓爲病. 若曰 : "吾治已足", 則非所以爲聖人矣.

대개 성인의 마음은 다함이 없어서 세상이 비록 지극하게 다스려지더라도 어찌 반드시 온 세상에 과연 하나의 물건이라도 제자리를 얻지 못함이 없음을 알 수 있겠는가? 그러므로 요·순(堯·舜)도 오히려 백성들을 편안하게 하는 일을 병으로 여겼다. 만약 말하기를, "나의 다스림은 이미 만족스럽다."라고 한다면 성인이 되는 일은 아닐 것이다.

詳說

○ 去聲, 下同.[531]

'세수극치(世雖極治)'에서 '치(治)'자는 거성(去聲 : 다스림)이니, 아래도 같다.

○ 卽『書』'一夫不獲'之意.

'기능필지사해지내, 과무일물부득기소재?(豈能必知四海之內, 果無一物不得其所哉? : 어찌 반드시 온 세상에 과연 하나의 물건이라도 제자리를 얻지 못함이 없음을 알 수 있겠는가?)'에 대해, 곧 『서경(書經)』의 '일부불획(一夫不獲 : 한 사내라도 옳음을 얻지 못함)'[532]의 뜻이다.

○ '曰'以下, 卽前篇註程子之言.

'약왈 : "오치이족", 즉비소이위성인의(若曰 : "吾治已足", 則非所以爲聖人矣 : 만약 말하기를, "나의 다스림은 이미 만족스럽다."고 한다면 성인이 되는 일은 아닐 것이다)'에서 '왈(曰)' 아래는 곧 전편의 주석인 정자(程子 : 程顥)의 말이다.[533]

---

531) 호광 편(胡廣 編), 『논어집주대전(論語集註大全)』「헌문(憲問)」.

532) 『서경(書經)』의 '일부불획(一夫不獲 : 한 사내라도 옳음을 얻지 못함)' : 『서경(書經)』「열명하(說命下)」에서 "옛날 선정 보형은 우리 선왕을 일어서게 함에 이에 말하기를, '내가 임금에게 오직 요·순으로 하지 못한다면 그 마음이 무척 부끄러워 마치 저자에서 매를 맞는 것과 같으리라.'고 하였으며, 한 사내라도 옳음을 얻지 못하면 곧 말하기를, '이는 나의 허물이다.'라고 하였다.(昔先正保衡, 作我先王, 乃曰 : '予弗克俾厥后惟堯舜, 其心愧恥, 若撻于市', 一夫不獲, 則曰 : '時予之辜.')"라고 하였다.

533) '왈(曰)'아래는 곧 전편의 주석인 정자(程子 : 程顥)의 말이다 : 『논어(論語)』「옹야(雍也)」편의 주석을 말하는데, 그 내용은 다음과 같다. "程子曰 : '『醫書』, 以手足痿痺爲不仁, 此言, 最善名狀. 仁者, 以天地萬物爲一體, 莫非己也. 認得爲己, 何所不至? 若不屬己, 自與己不相干, 如手足之不仁, 氣已不貫, 皆不屬己. 故博施濟衆, 乃聖人功用. 仁, 至難言, 故止曰己欲立而立人, 己欲

○ 此則申論'病諸'之義.

이는 '병저(病諸)'의 뜻을 거듭하여 논의한 것이다.

朱註

程子曰 : "君子修己以安百姓, 篤恭而天下平, 唯上下一於恭敬, 則天地自位, 萬物自育, 氣無不和而四靈畢至矣. 此, 體信達順之道, 聰明睿知, 皆由是出, 以此事天饗帝."

정자(程子 : 程頤)가 말하였다. "군자가 자기 몸을 닦아서 백성들을 편안하게 하고, 공경함을 돈독하게 하여 천하가 화평해지니, 오직 위아래가 공경함을 한결같이 하면 천지가 스스로 자리하고 만물이 스스로 자라나며 기운이 화평하지 않음이 없어서 네 가지 신령한 동물이 이르는 것이다. 이는 진성(眞誠)을 체득하고 화순(和順)을 통달하는 방도이며, 총명예지(聰明叡智)가 모두 이에 말미암아 나오니, 이로써 하늘을 섬기고 하느님에게 제향(祭享)한다."

詳說

○ 當考.

'정자(程子)'는 동생 정이(程頤)인지 형 정호(程顥)인지 마땅히 살펴봐야 한다.[534]

○ '篤恭而天下平', 此句, 出『中庸』.

'독공이천하평(篤恭而天下平 : 공경함을 돈독하게 하여 천하가 화평해짐)' 이 구절은

達而達人, 能近取譬, 可謂仁之方也已. 欲令如是觀仁, 可以得仁之體.'" 又曰 : '『論語』, 言堯舜其猶病諸者 二, 夫博施者, 豈非聖人之所欲? 然必五十乃衣帛, 七十乃食肉, 聖人之心, 非不欲少者, 亦衣帛食肉也, 顧其養, 有所不贍爾, 此病其施之不博也, 濟衆者, 豈非聖人之所欲? 然治不過九州, 聖人非不欲四海之外, 亦兼濟也, 顧其治有所不及爾, 此病其濟之不衆也. 推此以求, 脩己以安百姓, 則爲病可知, 苟以吾治已足, 則便不是聖人.'" 여기서 특히 '苟以吾治已足, 則便不是聖人.(진실로 나의 다스림이 이미 만족스럽다고 여긴다면 곧 성인이 아닐 것이다.)'이라는 내용을 염두에 두고 말한 것이다.

534) '정자(程子)'는 동생 정이(程頤)인지 형 정호(程顥)인지 마땅히 살펴봐야 한다 : 주희(朱熹), 『논어정의(論語精義)』 권7 하에 의하면 정이(程頤)의 논변이라고 하였는데, 그 내용은 다음과 같다. "伊川曰 : '修己以安百姓, 莫須有所施爲, 乃能安人, 此則自我所生, 學至堯舜, 則自有堯舜之事.' 又曰 : '君子修己以安百姓, 篤恭而天下平, 唯上下一於恭敬, 則天地自位, 萬物自育, 氣無不和, 四靈何有不至? 體信達順之道, 聰明睿智, 皆由此出, 以此事天享帝, 故『中庸』, 言鬼神之德盛, 而終之以微之顯, 誠之不可掩如此. 夫此一段前, 更有數語, 在「顏淵篇 · 仲弓章」."

『중용(中庸)』에 나온다.535)

○ 言此'修己以安百姓'之語與'篤恭天下平'之義同.

이 '수기이안백성(修己以安百姓)'이라는 말과 '독공천하평(篤恭天下平)'이라는 뜻이 같음을 말하였다.

○ 朱子曰 : "上之人, 有以感發興起之."536)

'유상하일어공경(唯上下一於恭敬 : 오직 위아래가 공경함을 한결같이 함)'에 대해, 주자(朱子 : 朱熹)가 말하였다. "위의 사람이 감발하여 흥기함이 있는 것이다."

○ 東陽許氏曰 : "君臣上下, 皆能恭敬."537)

동양 허씨(東陽許氏 : 許謙)538)가 말하였다. "임금과 신하, 위아래가 모두 능히 공경하는 것이다."

○ 出『中庸』.

'천지자위, 만물자육(天地自位, 萬物自育 : 천지가 스스로 자리하고 만물이 스스로 자라남)'은 『중용(中庸)』에 나온다.539)

○ 雙峰饒氏曰 : "位·育與安百姓, 只是一事, 初無大小."540)

---

535) 이 구절은 『중용(中庸)』에 나온다 : 『중용장구(中庸章句)』 제33장에서 "詩曰 : '不顯惟德, 百辟其刑之.' 是故, 君子篤恭, 而天下平."라고 하였다.

536) 호광 편(胡廣 編), 『논어집주대전(論語集註大全)』「헌문(憲問)」의 내용은 다음과 같다. "朱子曰 : '上下一於恭敬, 這却是上之人, 有以感發而興起之. 信, 是實理; 順, 是和氣. 體信, 是致中意; 達順, 是致和意, 言能恭敬, 則能體信達順. 聰明睿知, 皆由此出者, 言能恭敬, 自然心便開明.'"

537) 호광 편(胡廣 編), 『논어집주대전(論語集註大全)』「헌문(憲問)」의 내용은 다음과 같다. "東陽許氏曰 : '聖人言脩己以安百姓, 而程子乃言上下一於恭敬, 蓋治道, 非一人所能獨成, 必君臣上下, 皆能恭敬然後, 有天地位以下之應. 然下人能敬, 亦在乎上之人, 有以感之, 漸漬而成恭敬, 以至於天下平. 程子此段, 是推極而言, 以見敬之功用無窮.'"

538) 동양 허씨(東陽許氏 : 許謙) : 허겸(1269~1337)은 원나라 때의 학자로 자가 익지(益之)이고, 호가 백운산인(白雲山人)이며, 절강성 동양(東陽) 사람이다. 진(晋)대 허자(許孜)의 후예로, 어려서 아버지가 죽자 어머니 도씨(陶氏)가 『효경(孝經)』·『논어(論語)』 등을 말로 전하여 가르쳤으며, 6세에 숙부 허굉(許觥)의 사자(嗣子)가 되어 김이상(金履祥)을 스승으로 삼고 배웠다. 관직을 사양하고 학문에 전념하였는데, 옛것에 얽매이지 않고 시류에 휩쓸리지 않으며 평소의 뜻이 청정하고 담백하여 도(道)로써 스스로 즐거워하였다. 저서로는 『백운집』 외에 『사서총설(四書總說)』·『시집전명물초(詩集傳名物鈔)』·『관사치홀기미(觀史治忽機微)』 등이 있다.

539) 『중용(中庸)』에 나온다 : 『중용장구(中庸章句)』 제1장에서 "喜怒哀樂之未發, 謂之中; 發而皆中節, 謂之和, 中也者, 天下之大本也; 和也者, 天下之達道也. 致中和, 天地位焉, 萬物育焉."라고 하였다.

540) 호광 편(胡廣 編), 『논어집주대전(論語集註大全)』「헌문(憲問)」의 내용은 다음과 같다. "問 :

쌍봉 요씨(雙峰饒氏 : 饒魯)가 말하였다. "위(位) · 육(育)과 안백성(安百姓)은 다만 한 가지 일이니, 애초에 크고 작음이 없었다."

○ 麟鳳龜龍.[541]

'사령(四靈)'은 기린과 봉황과 거북과 용이다.

○ 出『禮記』「禮運」.

'체신달순지도(體信達順之道 : 진성을 체득하고 화순을 통달하는 방도)'는 『예기』「예운(禮運)」에 나온다.[542]

○ 朱子曰 : "'信'是實理, '順'是和氣. '體信', 無一毫之僞, 是致中意; '達順', 無一物不得其所, 是致和意."[543]

주자(朱子 : 朱熹)가 말하였다. "'신(信)'은 실질적인 이치이고, '순(順)'은 화평한 기운이다. '체신(體信)'은 한 터럭의 거짓이 없으니 중(中)의 뜻을 이루는 일이고, '달순(達順)'은 한 물건도 제자리를 얻지 못함이 없으니 화(和)의 뜻을 이루는 일이다."

○ 去聲.

'총명예지(聰明睿知)'의 '지(知)'자는 거성(去聲 : 지혜)이다.

○ 朱子曰 : "能恭敬, 自然心開明, 是自誠而明意思."[544]

'개유시출(皆由是出 : 모두 이에 말미암아 나옴)'에 대해, 주자(朱子 : 朱熹)가 말하였다. "능히 공경하면 자연스럽게 마음이 열리고 밝아지니, 이는 성(誠)으로부터 명

'上下一於恭敬, 則天地自位, 萬物自育, 四靈畢至如此, 則敬之功用, 又不止於安百姓矣.' 雙峯饒氏曰 : '天地位萬物育與安百姓也, 只是一事, 初無大小, 若陰陽不和, 五穀不熟, 百姓何由而安?'"

541) 호광 편(胡廣 編), 『논어집주대전(論語集註大全)』「헌문(憲問)」에서 다음과 같이 말하였다. "『記』「禮運」, '四靈以爲畜[許六反]. 故飮食有由也. 何謂四靈? 麟鳳龜龍, 謂之四靈.'"

542) 『예기』「예운(禮運)」에 나온다 : 『예기』「예운(禮運)」에서 "先王能修禮以達義, 體信以達順. 故此順之實也."라고 하였다.

543) 호광 편(胡廣 編), 『논어집주대전(論語集註大全)』「헌문(憲問)」의 내용은 다음과 같다. "朱子曰 : '…… 信, 是實理; 順, 是和氣. 體信, 是致中意; 達順, 是致和意, 言能恭敬, 則能體信達順. 聰明睿知, 皆由此出者, 言能恭敬, 自然心便開明.'" "體信, 是實體此道於身; 達順, 是發而中節, 推之天下而無所不通也. 體信, 是忠, 無一毫之僞; 達順, 是恕, 無一物不得其所. 聰明睿知, 皆由是出, 是自誠而明意思."

544) 호광 편(胡廣 編), 『논어집주대전(論語集註大全)』「헌문(憲問)」의 내용은 다음과 같다. "朱子曰 : '…… 聰明睿知, 皆由此出者, 言能恭敬, 自然心便開明.'" ; "…… 聰明睿知, 皆由是出, 是自誠而明意思. 敬則自然聰明, 人所以不聰不明, 止緣身心惰慢, 便昏塞了. 敬則虛靜自然通達."

(明)함[545]이라는 뜻이다."

○ **朱子曰: "卽敬也."**[546]

'이차(以此)'에 대해, 주자(朱子: 朱熹)가 말하였다. "곧 경(敬)이다."

○ **只是一事矣, 『孟子』'事天', 有以心以事之分.**

'사천향제(事天饗帝: 하늘을 섬기고 하느님에게 제향하는 것)'는 다만 하나의 일이다. 『맹자(孟子)』의 '사천(事天)'[547]에는 마음으로써 하고 일로써 하는 구분이 있다.

○ **新安陳氏曰: "程子此條, 推贊恭敬之極功, 以發明夫子之意."**[548]

신안 진씨(新安陳氏: 陳櫟)가 말하였다. "정자(程子: 程頤)가 이 조항에서 공경(恭敬)의 지극한 공을 미루고 이끌어서 공자의 뜻을 드러내어 밝혔다."

○ **'修己以敬', 此章之綱領.**

'수기이경(修己以敬: 자기 몸을 닦되 공경(恭敬)함으로써 하다)'이 이 장의 강령이다.

---

545) 성(誠)으로부터 명(明)함: 『중용장구(中庸章句)』 제21장에서 "自誠明, 謂之性; 自明誠, 謂之教, 誠則明矣; 明則誠矣."라고 하였다.

546) 『주자어류(朱子語類)』 권44, 「논어26(論語二十六)」, 130조목에는 다음과 같이 되어 있다. "體信, 是體這誠信; 達順, 是通行順道. 聰明睿智, 皆由是出者, 皆由敬出. 以此事天饗帝, 此, 卽敬也.('체신'은 이 성실한 믿음을 체득하는 일이고, '달순'은 순리에 맞는 도를 통행하는 일이다. '총명함과 예지로움이 모두 여기서 나온다.'는 말은 모두 경(敬)에서 나온다는 뜻이다. '이로써 하늘을 섬기고 하느님에게 흠향하는 것이다.'에서 '이'는 곧 경(敬)이다.)"

547) 『맹자(孟子)』의 '사천(事天)': 『맹자집주(孟子集註)』「진심상(盡心上)」에는 "愚謂, 盡心知性而知天, 所以造其理也; 存心養性以事天, 所以履其事也. 不知其理, 固不能履其事. 然徒造其理, 理不履其事, 則亦無以有諸己矣. 知天而不以殀壽貳其心, 智之盡也; 事天而能修身以俟死, 仁之至也. 智有不盡, 固不知所以爲仁. 然智而不仁, 則亦將流蕩不法, 而不足以爲智矣."라고 하였다.

548) 호광 편(胡廣 編), 『논어집주대전(論語集註大全)』「헌문(憲問)」의 내용은 다음과 같다. "新安陳氏曰: '夫子爲見子路勇躁, 輕視脩己以敬之言. 故推極其功以抑之, 程子此條, 亦推贊恭敬之極功, 以發明夫子之意云.'"

[14-46-1]

原壤夷俟, 子曰 : "幼而不孫弟; 長而無述焉, 老而不死, 是爲賊", 以杖叩其脛.

원양(原壤)이 걸터앉아 기다렸더니, 공자가 말하였다. "어려서 공손하지 아니하며, 자라서 일컬을 만한 것이 없고, 늙어도 죽지 아니함이 적(賊)이다." 하고 지팡이로써 그 정강이를 두드렸다.

朱註

'孫'·'弟', 幷去聲. '長', 上聲. '叩', 音口. '脛', 其定反.[549]

'유이불손제(幼而不孫弟)'에서 '손(孫)'자와 '제(弟)'자는 모두 거성(去聲 : 遜, 悌)이다. '장이무술언(長而無述焉)'에서 '장(長)'자는 상성(上聲 : 長成함)이다. '이장고기경(以杖叩其脛)'에서 '고(叩)'자는 음이 구(口)이고, '경(脛)'은 '기(其)'와 '정(定)'의 반절(反切)이다.

詳說

○ 『大全』曰 : "按『韻書』, '脛', 形定反; 『集註』, 其定反, 音少異."[550]

『논어집주대전』에서 말하였다. "살펴보건대, 『운서』에서 '경(脛)'은 '형(形)'과 '정(定)'의 반절(反切)이라 하고, 『논어집주(論語集註)』에서는 '기(其)'와 '정(定)'의 반절(反切)이라 하여 음가가 조금 다르다."

朱註

'原壤', 孔子之故人, 母死而歌, 蓋老氏之流, 自放於禮法之外者. '夷', 蹲踞也; '俟', 待也, 言見孔子來而蹲踞以待之也. '述', 猶稱也.

'원양(原壤)'은 공자의 친구인데 어머니가 죽음에 노래를 불렀으니, 대개 노씨(老氏 :老聃)의 부류로서 스스로 예법의 밖에서 방종한 사람이다. '이(夷)'는 걸터앉음이고, '사(俟)'는 기다림이니, 공자가 오는 것을 보고도 걸터앉아서 기다렸다.

---

549) 『논어주소(論語注疏)』「음의」에는 "壤, 而丈反. 踞, 音據. 孫, 音遜. 弟, 大計反. 長, 丁丈反. 叩, 音口, 又音扣. 脛, 户定反."이라고 하였다.

550) 호광 편(胡廣 編), 『논어집주대전(論語集註大全)』「헌문(憲問)」에는 "按『韻書』, 形定反; 『集註』云, 其定反, 音小異."로 되어 있다.

'술(述)'은 일컬을 만한 일과 같다.

詳說

○ 『禮記』「檀弓」曰: "孔子之故人, 曰'原壤', 其母死, 孔子助之沐槨, 壤登木, 歌曰: '貍首之斑然, 執女手之卷然.' 夫子爲弗聞也者而過之."551)

'모사이가(母死而歌: 어머니가 죽음에 노래를 불렀음)'에 대해, 『예기』「단궁(檀弓)」에서 말하였다. "공자의 친구는 '원양(原壤)'이니, 그 어머니가 죽음에 공자가 도와서 관곽(棺槨)을 다스렸는데, 원양이 관곽 위에 올라가서 노래하기를, '너구리의 머리처럼 얼룩진 무늬로소니, 여인네의 손을 잡은 것처럼 부드럽구나.'라고 하였다. 공자가 듣지 못한 것처럼 하고 지나갔다."

○ 音存據.552)

'준거(蹲踞)'는 음이 존거(存據)이다.

○ 訓.

'이, 준거야; 사, 대야(夷, 蹲踞也; 俟, 待也)'는 훈고이다.

○ 釋.

'언견공자래이준거이대지야(言見孔子來而蹲踞以待之也: 공자가 오는 것을 보고도 걸터앉아서 기다렸다)'는 경문의 풀이다.

朱註

'賊'者, 害人之名, 以其自幼至老, 無一善狀而久生於世, 徒足以敗常亂俗, 則是賊而已矣.

'적(賊)'이라는 것은 사람을 해치는 이름이니, 그 어릴 때부터 늙을 때까지 하나의 잘한 행적도 없이 오래도록 세상을 살면서 다만 상도(常道)를 망가뜨리고 풍속을 어지럽힌다면 이는 도적(盜賊)일 따름이다.

551) 『예기』「단궁하(檀弓下)」에는 "孔子之故人, 曰'原壤', 其母死, 孔子助之沐槨, 原壤登木曰: '久矣. 予之不託於音也!' 歌曰: '貍首之斑然, 執女手之卷然.' 夫子爲弗聞也者而過之."라 하였다. 호광 편(胡廣 編), 『논어집주대전(論語集註大全)』「헌문(憲問)」에 실려 있는 내용은 다음과 같다. "『記』「檀弓下」, '孔子之故人, 曰原壤, 其母死, 孔子助之木槨, 原壤登木曰, 久矣. 予之不託於音也. 歌曰 貍首之斑然, 執女手之卷然. 夫子爲弗聞也者而過之.'"

552) 호광 편(胡廣 編), 『논어집주대전(論語集註大全)』「헌문(憲問)」.

詳說

○ 盜賊.

'적자, 해인지명(賊者, 害人之名 : 적이라는 것은 사람을 해치는 이름이다)'은 도적(盜賊)이다.

○ 訓.

'적자, 해인지명(賊者, 害人之名)'은 훈고이다.

○ 不孫弟 · 無述.

'무일선상(無一善狀 : 하나의 잘한 행적도 없음)'은 '불손제(不孫弟 : 공손하지 아니함)과 '무술(無述 : 일컬을 만한 일이 없음)'이다.

○ 不死.

'구생어세(久生於世 : 오래도록 세상에 삶)'는 죽지 않음이다.

○ 幷'夷俟' · '不孫弟' · '無述'而言.

'패상난속(敗常亂俗 : 상도를 망가뜨리고 풍속을 어지럽힘)'은 '이사(夷俟 : 걸터앉아 기다림)'와 '불손제(不孫弟 : 공손하지 아니함)'와 '무술(無述 : 일컬을 만한 일이 없음)'을 아울러서 말한 것이다.

○ 釋.

'즉시적이이의(則是賊而已矣 : 이는 도적일 따름이다)'는 경문의 풀이다.

朱註

'脛', 足骨也. 孔子旣責之, 而因以所曳之杖, 微擊其脛, 若使勿蹲踞然.

'경(脛)'은 발의 뼈이다. 공자가 이미 그를 책망하고 이에 땅을 짚던 지팡이로써 그 정강이를 살짝 쳐서 마치 걸터앉지 말도록 하려는 것처럼 하였다.

詳說

○ 訓.

'경, 족골야(脛, 足骨也)'는 훈고이다.

○ 叩.

'미격(微擊 : 살짝 침)'은 두드림이다.

○ 釋.

'공자기책지, 이인이소예지장, 미격기경(孔子旣責之, 而因以所曳之杖, 微擊其脛 : 공자가 이미 그를 책망하고 이에 땅을 짚던 지팡이로써 그 정강이를 살짝 침)'은 경문의 풀이다.

○ 此則言外之正意.

이는 곧 말 밖의 진정한 뜻이다.

○ 華陽范氏曰 : "杖叩, 教誨之道也."[553]

화양 범씨(華陽范氏 : 范祖禹)[554]가 말하였다. "지팡이로 두드림은 가르침의 방도이다."

○ 朱子曰 : "若要數其喪母而歌, 則壤大惡, 當絶, 叩其箕踞之脛, 則壤猶爲故人."[555]

주자(朱子 : 朱熹)가 말하였다. "만약 그 어머니가 죽음에 노래한 것을 꼭 따진다면 원양은 매우 못된 짓을 하여 마땅히 절교해야 하지만, 그 걸터앉은 정강이를 두드렸으니, 곧 원양을 여전히 친구로 여긴 것이다."

○ 鄭氏舜擧曰 : "惡之而遜其辭, 外之也, 遇陽貨, 是也; 惡之而斥其罪, 親之也, 遇原壤, 是也."[556]

정씨순거(鄭氏舜擧 : 鄭汝諧)가 말하였다. "미워하면서 그 말을 공손하게 하는 것은 그를 배척함이니, 양화(陽貨)를 만난 일[557]이 이것이다. 미워하여 그 죄를 지

553) 주자, 『논어정의』 권7 하의 내용은 다음과 같다. "范曰 : '故舊無大故, 則不棄也. 故雖夷俟, 猶不絶之, 聖人教人, 各因其才, 若原壤之無禮, 非可以言喩也. 故深責而以杖叩之, 教誨之道, 不一端也.'"

554) 범조우(范祖禹 : 1041~1098) : 송나라 때 학자로 자가 순보(淳甫) · 순부(淳夫) · 순부(純父), 또는 몽득(夢得)이고, 성도 화양(成都華陽) 사람이다. 정자(程子)를 사사(師事)하였으며, 사마광(司馬光)을 추종하였다. 저서로는 『시해(詩解)』 · 『고문효경설(古文孝經說)』 · 『제의(祭儀)』 · 『경서요언(經書要言)』 등이 있다.

555) 호광 편(胡廣 編), 『논어집주대전(論語集註大全)』「헌문(憲問)」의 내용은 다음과 같다. "朱子曰 : '胡氏以爲, 原壤之喪母而歌, 孔子爲弗聞者矣, 今乃責其夷俟, 何舍其重而責其輕耶? 蓋數其喪母而歌, 則壤當絶, 叩其箕踞之脛, 則壤猶爲故人, 盛德中禮, 見乎周旋, 此亦可見.'"

556) 호광 편(胡廣 編), 『논어집주대전(論語集註大全)』「헌문(憲問)」의 내용은 다음과 같다. "鄭氏舜擧曰 : '聖人之接物, 各稱其情, 惡之而遜其辭, 外之也, 遇陽貨是也; 惡之而斥其罪, 親之也, 遇原壤是也.'"

557) 양화(陽貨)를 만난 일 : 『논어(論語)』「양화(陽貨)」에서 "陽貨欲見孔子, 孔子不見, 歸孔子豚, 孔子時其亡而往拜之, 遇諸塗. 謂孔子曰 : '來. 予與爾言.' 曰 : '懷其寶而迷其邦, 可謂仁乎?' 曰 : '不可. 好從事而亟失時, 可謂知乎?' 曰 : '不可. 日月逝矣. 歲不我與.' 孔子曰 : '諾. 吾將仕矣.'"라고 하였고, 그 『집주(集註)』에서 "陽貨, 季氏家臣, 名虎, 嘗囚季桓子而專國政. 欲令孔子來見己, 而孔子不往. 貨, 以禮, 大夫有賜於士, 不得受於其家, 則往拜其門. 故瞰孔子之亡而歸之豚, 欲令孔子, 來拜而見之也."라 하고, 또 "陽貨之欲見孔子, 雖其善意, 然不過欲使助己爲亂耳. 故

적하는 것은 친근함이니, 원양(原壤)을 만난 일이 이것이다."

◯ 稱子·稱孔子, 是其親之外之之證.

자(子)라고 일컫고 공자(孔子)라고 일컬음은 친근(親近)하고 배척(排斥)하는 증거이다.

孔子不見者, 義也; 其往拜者, 禮也; 必時其亡而往者, 欲其稱也; 遇諸塗而不避者, 不終絶也; 隨問而對者, 理之直也; 對而不辨者, 言之孫而亦無所詘也. 楊氏曰 : '揚雄, 謂孔子於陽貨也, 敬所不敬, 爲詘身以信道, 非知孔子者. 蓋道外無身, 身外無道, 身詘矣而可以信道, 吾未之信也.'"라고 하였다.

[14-47-1]

闕黨童子將命, 或問之曰 : "益者與?"
궐당(闕黨)의 어린아이가 말을 전하였거늘, 어떤 사람이 물어 말하였다. "학문이 많이 진보한 사람입니까?"

朱註

'與', 平聲. '闕黨', 黨名. '童子', 未冠者之稱. '將命', 謂傳賓主之言.
'익자여(益者與)'에서 '여(與)'자는 평성(平聲 : 의문어조사)이다. '궐당(闕黨)'은 향리(鄕里)의 이름이다. '동자(童子)'는 아직 관례(冠禮)를 치루지 않은 사람의 호칭이다. '장명(將命)'은 손님과 주인의 말을 전달하는 것을 이른다.

詳說

○ 去聲.[558]
'미관자지칭(未冠者之稱)'에서 '관(冠)'자는 거성(去聲 : 관례를 치르다)이다.

○ 一訓於此, 以該前篇互鄕·浴沂二章.
'궐당, 당명. 동자, 미관자지칭(闕黨, 黨名. 童子, 未冠者之稱)'은 다른 데서는 이것을 새김에 전편의 호향장(互鄕章)[559]과 욕기장(浴沂章)[560]의 두 장을 갖추었다.

○ 訓畢.
훈고가 끝났다.

朱註

或人, 疑此童子學有進益, 故孔子使之傳命, 以寵異之也.
어떤 사람이 이 어린아이가 학문에 많이 진보하였기 때문에 공자가 그에게 말

---

558) 호광 편(胡廣 編), 『논어집주대전(論語集註大全)』「헌문(憲問)」.

559) 호향장(互鄕章) : 『논어(論語)』「술이(述而)」에서 "互鄕, 難與言, 童子見, 門人惑, 子曰 : '與其進也, 不與其退也, 唯何甚? 人, 潔己以進, 與其潔也, 不保其往也.'"라고 하였고, 그 『집주(集註)』에 "互鄕, 鄕名."이라고 하였다.

560) 욕기장(浴沂章) : 『논어(論語)』「선진(先進)」에서 "點! 爾, 何如? 鼓瑟希, 鏗爾舍瑟而作, 對曰 : '異乎三子者之撰.' 子曰 : '何傷乎? 亦各言其志也.' 曰 : '莫春者, 春服旣成, 冠者五六人, 童子六七人, 浴乎沂, 風乎舞雩, 詠而歸.' 夫子 喟然嘆曰 : '吾與點也.'"라고 하였다.

을 전달하게 하여 총애하고 남달리 대우하였다고 의심한 것이다.

詳說

○ 求益則必有進益.

'차동자학유진익(此童子學有進益 : 이 어린아이가 학문에 많이 진보함이 있는 것)'으로 볼 때, 학문이 진보하기를 구하면 반드시 나아가 보태짐이 있는 것이다.

○ 釋畢.

경문의 풀이가 끝났다.

○ 如『家語』所云 : "叔仲會 · 孔旋二孺子之執筆, 迭侍也."561)

『공자가어(孔子家語)』에서 이른바 "숙중회(叔仲會)와 공선(孔旋)이라는 두 어린아이가 붓을 잡고 번갈아가면서 공자(孔子)를 좌우에서 모셨다."와 같다.

[14-47-2]

子曰 : "吾見其居於位也, 見其與先生竝行也, 非求益者也, 欲速成者也."
공자가 말하였다. "내가 그 자리에 앉아 있는 것을 보며, 그 선생과 더불어 나란히 다니는 것을 보니, 학문이 진보함을 구하는 사람이 아니라, 빨리 이루고자 하는 사람이다."

詳說

○ '位', 成人之位也. '先生', 猶長者也.

561) 『공자가어(孔子家語)』 권9, 「칠십이제자해(七十二弟子解)」. "叔仲會, 魯人, 字子期. 少孔子五十歲, 與孔璇年相比. 每孺子之執筆記事於夫子, 二人迭侍左右. 孟武伯見孔子而問曰 : '此二孺子之幼也, 於學, 豈能識於壯哉?' 孔子曰 : '然. 少成則若性也, 習慣若自然也.'(숙중회는 노나라 사람으로, 자가 자기(子期)이다. 공자보다 50세가 적었고, 공선과 나이가 서로 비슷하였다. 매양 어린아이 때부터 붓을 잡고 공자의 일을 기록하였으며, 두 사람이 번갈아가면서 공자를 좌우에서 모셨다. 맹무백이 공자를 뵙고 물었다. '이 두 어린아이는 어린 나이인데, 학문에 어찌 장성한 사람보다 잘 아는 것입니까?' 공자가 말하였다. '그렇소. 조금만 성취하여도 곧 그 성품과 같게 될 것이며, 익히고 익숙하게 되면 저절로 그렇게 될 것입니다.')"

'위(位)'는 성인(成人)의 지위이다. '선생(先生)'은 장자(長者 : 윗사람)와 같다.

朱註

『禮』, 童子當隅坐, 隨行. 孔子言 : "吾見此童子, 不循此禮, 非能求益, 但欲速成爾."

『예기』에 어린아이는 마땅히 모퉁이에 앉아야 하고, 뒤따라 간다고 하였는데, 공자(孔子)가 말하기를 "내가 이 어린아이를 보았는데 이 예를 좇지 않으니, 능히 학문의 진보를 구하는 사람이 아니라, 다만 빨리 이루려고 할 뿐이다."라고 하였다.

詳說

○ 見『禮記』「檀弓」.

'동자당우좌(童子當隅坐 : 어린아이는 마땅히 모퉁이에 앉아야 함)'는 『예기』「단궁(檀弓)」에 보인다.[562]

○ 見「王制」.[563]

'수행(隨行 : 뒤따라 간다)'은 「왕제(王制)」에 보인다.[564]

○ 新安陳氏曰 : "居位, 是不循隅坐之禮; 幷行, 是不循隨行之禮."[565]

'불순차례(不循此禮 : 이 예를 좇지 않음)'에 대해, 신안 진씨(新安陳氏 : 陳櫟)가 말하였다. "거위(居位 : 자리에 앉아 있음)는 모퉁이에 앉는 예를 좇지 않음이고, 병행(竝行 : 나란히 다니는 것)은 뒤따라 가는 예를 좇지 않음이다."

○ 有釋無訓.

경문의 풀이는 있으나 훈고는 없다.

---

562) '동자당우좌(童子當隅坐 : 어린아이는 마땅히 모퉁이에 앉아야 함)'는 『예기』「단궁(檀弓)」에 보인다 : 『예기』「단궁상(檀弓上)」에서 "曾子寢疾病, 樂正子春, 坐於牀下; 曾元·曾申, 坐於足; 童子隅坐而執燭."라고 하였다.

563) 호광 편(胡廣 編), 『논어집주대전(論語集註大全)』「헌문(憲問)」에 실려 있는 내용은 다음과 같다. "『記』「檀弓」, 曾子疾, 童子隅坐而執燭. 又「王制」, 父之齒, 隨行."

564) '수행(隨行 : 뒤따라 간다)'은 「왕제(王制)」에 보인다 : 『예기』「왕제(王制)」에서 "道路, 男子由右, 婦人由左, 車從中央. 父之齒, 隨行; 兄之齒, 鴈行; 朋友, 不相踰. 輕任幷, 重任分; 斑白者, 不提挈."라고 하였다.

565) 호광 편(胡廣 編), 『논어집주대전(論語集註大全)』「헌문(憲問)」.

朱註

故使之給使令之役, 觀長少之序, 習揖遜之容, 蓋所以抑而教之, 非寵而異之也. 그러므로 그에게 사령(使令 : 심부름꾼)의 역할을 주어 어른과 어린이의 차례를 보고, 서로 공경하고 양보하는 몸가짐을 익히게 한 것이니, 대개 억제하여 가르친 것이며, 총애하여 남달리 대우한 것이 아니다.

詳說

○ 予也.

'급(給)'은 줌이다.

○ 平聲.566)

'고사지급사령지역(故使之給使令之役)'에서 '령(令)'자는 평성(平聲 : 부리다)이다.

○ 上聲.567)

'관장소지서(觀長少之序)'에서 '장(長)'자는 상성(上聲 : 어른)이다.

○ 去聲.568)

'관장소지서(觀長少之序)'에서 '소(少)'자는 거성(去聲 : 어린이)이다.

○ 此則補其言外未足之意.

'개소이억이교지(蓋所以抑而教之 : 대개 억제하여 가르친 것이다)'의 경우, 이는 곧 말 밖의 부족한 뜻을 보충한 것이다.

○ 此則對上註而言.

이는 곧 위의 주석569)에 상대하여 말하였다.

○ 勉齋黃氏曰 : "老者無禮, 則足以害人; 少者無禮, 則足以自害. 夫子於原壤·童子, 皆以是教之, 記者以類相從."570)

면재 황씨(勉齋黃氏 : 黃幹)가 말하였다. "늙은 사람이 예의가 없으면 족히 사람을 해치고, 어린 사람이 예의가 없으면 족히 스스로 해친다. 공자가 원양(原壤)과 어

566) 호광 편(胡廣 編), 『논어집주대전(論語集註大全)』「헌문(憲問)」.

567) 호광 편(胡廣 編), 『논어집주대전(論語集註大全)』「헌문(憲問)」.

568) 호광 편(胡廣 編), 『논어집주대전(論語集註大全)』「헌문(憲問)」.

569) 위의 주석 : "或人, 疑此童子學有進益, 故孔子使之傳命, 以寵異之也."를 말한다.

570) 호광 편(胡廣 編), 『논어집주대전(論語集註大全)』「헌문(憲問)」의 내용은 다음과 같다. "勉齋黃氏曰 : '禮之於人大矣, 老者無禮, 則足以爲人害; 少者無禮, 則足以自害. 夫子於原壤·童子, 皆以是教之, 述『論語』者, 以類相從, 所以著人無老少, 皆不可以無禮儀也.'"

린아이에게 모두 이로써 가르쳤으니, 『논어(論語)』를 기록한 사람은 유형으로써 서로 좇았다."

◯ **雲峰胡氏曰 : "今童子從幼, 馴揉其氣而閑習於禮, 庶可免原壤之弊."**[571)]

운봉 호씨(雲峰胡氏 : 胡炳文)가 말하였다. "지금의 어린아이들이 어려서부터 그 기질을 길들이고 바로잡아서 예를 익숙하게 익힌다면 거의 원양의 병폐를 면할 수 있을 것이다."

◯ **'速成', 此章之題目**

'속성(速成 : 빨리 이루고자 하다)'이 이 장의 제목이다.

---

571) 호광 편(胡廣 編), 『논어집주대전(論語集註大全)』「헌문(憲問)」의 내용은 다음과 같다. "雲峯胡氏曰 : '原壤老而爲賊, 是從幼不遜弟來, 今童子得以馴揉其氣, 而閑習於禮, 則庶可以免於原壤之弊也歟.'"

권15

논어집주상설

論語集註詳說

위령공

衛靈公 第十五

제15편

朱註

凡四十一章.

모두 41장이다.[1)]

1) 형병(邢昺)의 『논어주소(論語注疏)』에 의하면, 이 편은 공자가 겪은 불우한 일들과 수신(修身)이나 처세(處世)에 관한 여러 가지 사안을 수록하였고, 세상에 대해 안타깝고 슬프게 여긴 내용이 많다. 『주소』의 첫머리에는 다음과 같이 소개하였다. "이 장은 공자가 예의를 내세우고 전쟁을 뒤로 하며, 난리를 없애고 다스림으로 나아가며, 아울러 충실과 믿음, 지혜와 학문을 권하고, 나라를 다스리는 데 상처가 되는지 영예가 되는지에 대해 어떤 일이 반드시 좋고 싫은지를 살폈다. 뜻있는 선비나 군자의 길, 임금을 섬기고 스승을 보좌하는 예의 등 이 모두가 삶에서 부끄러움을 물리치는 일과 관계 된다. 이에 「헌문(憲問)」 다음에 실었다(此章, 記孔子先禮後兵, 去亂就治, 幷明忠·信·仁·知·勸學, 爲邦無所毁譽, 必察好惡. 志士君子之道, 事君相師之儀, 皆有恥且格之事, 故次前篇也.)"라고 하였다.

[15-1-1]

衛靈公問陳於孔子, 孔子對曰 : "俎豆之事, 則嘗聞之矣, 軍旅之事, 未之學也." 明日遂行.

위나라 영공이 공자에게 진법에 대해 묻자, 공자가 "제기[俎豆]에 관한 일은 일찍이 들은 적이 있으나 군대[軍旅]에 대한 일은 배운 적이 없습니다."라고 대답하고는 다음 날 떠나버렸다.

朱註

陳, 去聲. 陳, 謂軍師, 行伍之列. 俎豆, 禮器.

'위령공문진(衛靈公問陳)'에서 '진(陳 : 진법)'자는 거성이다. '진법[陳]'은 군대[軍師]에서 항오(行伍)의 줄을 말한다.[2] 제기[俎豆]는 예를 행할 때 사용하는 그릇이다.

詳說

○ 一作旅.

'군사(軍師)'에서 '사(師)'자는 어떤 판본에는 려(旅)자로 되어 있다.

○ 音, 杭.

'항오(行伍)'에서 '항(行)'자는 음이 항(杭)이다.

○ 訓畢

훈고가 끝났다.

朱註

尹氏曰 : "衛靈公, 無道之君也, 復有志於戰伐之事.

윤씨(尹氏 : 尹焞)[3]가 말하였다. "위나라 영공은 무도한 임금인데 또 전쟁하는 일

---

2) 항오(行伍)의 줄을 말한다 : 중국의 옛날 군사 제도에서 다섯 사람이 오(伍)이고, 다섯 오(伍)가 항(行)이다.

3) 윤돈(尹焞, 1071~1142) : 자는 언명(彦明)·덕충(德充)이고, 호는 삼외재(三畏齋)와 황제가 하사한 호인 화정처사(和靖處士)가 있으며, 시호는 숙공(肅公)이다. 송나라 때 낙양(洛陽 : 현 하남성 낙양) 사람으로 과거에 응시하지 않았으나, 천거에 의해 숭정전설서(崇政殿說書) 겸 시강(侍講)을 역임하였다. 어려서부터 정이(程頤)에게 사사하여 스승의 학설을 가장 돈독하게 이어받았다고 한다. 저서는 『논어해(論語解)』, 『맹자해(孟子解)』, 『화정집(和靖集)』 등이 있다.

에 뜻을 두었다.

詳說

○ 問陳, 將以戰也.

'위령공문진어공자(衛靈公問陳於孔子)'에서 '진법에 대해 물었다'는 말은 전쟁을 하려는 뜻이다.

○ 見上篇.

'위령공, 무도지군야(衛靈公, 無道之君也 : 위령공은 무도한 임금이다)'에 관한 설명은 앞의 편에 있다.[4]

○ 去聲.

'부유지어전벌지사(復有志於戰伐之事)'에서 '부(復 : 또)'자는 거성이다.

朱註

故答以未學, 而去之."

그러므로 '배운 적이 없다'는 말로 대답하고는, 떠나버렸다."

詳說

○ 龜山楊氏曰 : "與孟子答桓文之事, 同意."

구산 양씨(龜山楊氏 : 楊時)[5]가 말하였다. "맹자가 제나라 환공(桓公)과 진나라 문공(文公)의 일에 답한 것[6]과 같은 의미이다."

○ 以論釋之

---

4) 앞의 편에 있다 : 『논어(論語)』「헌문(憲問)」에서 "子言衛靈公之無道也"라고 하였다.

5) 양시(楊時, 1053~1135) : 북송 시대 말기의 유학자로 남검주장악(南劍州將樂) 사람이며, 자는 중립(中立)이고, 호는 구산(龜山)이다. 왕안석(王安石)의 학문을 극력 배척하였다. 정호(程顥)와 정이(程頤) 형제에게 사사(師事)했으며, 그들의 도학을 발전시켰다. 그 문하에서 장식(張栻), 여조겸(呂祖謙) 등 뛰어난 학자가 많이 배출되었다.

6) 맹자가 제나라 환공과 진나라 문공의 일에 답한 것 : 『맹자(孟子)』「양혜왕상(梁惠王上)」에서 "제선왕이 물었다. '제환공과 진문공의 일을 들을 수 있겠습니까?' 맹자(孟子)가 대답하였다. '중니의 문도들은 제환공과 진문공의 일을 말한 자가 없습니다. 이 때문에 후세에 전해진 것이 없어 신이 아직 듣지 못하였습니다. 그만두지 말고 기어이 말하라 하신다면 왕도(王道)를 말하겠습니다.'(齊宣王問曰 : '齊桓晉文之事, 可得聞乎.' 孟子對曰 : '仲尼之徒, 無道桓文之事者. 是以後世無傳焉, 臣未之聞也, 無以則王乎.')"라고 하였다.

경문의 의미 설명으로 풀이하였다.

○ 『史記』「世家」曰 : “靈公問陳, 明日仰視蜚鴈遂行.”[7)]

『사기(史記)』「공자세가(孔子世家)」에서 말하였다. “영공이 진법에 대해 묻고는 다음 날 기러기를 쳐다보고 있어 떠나버렸다.”[8)]

○ 朱子曰 : “不徒曰未學而已, 猶以俎豆之事告之, 夫子之去, 蓋亦未有必然之意. 使靈

---

7) 『사기(史記)』 권47 「공자세가(孔子世家)」 제17에는 “明日與孔子語, 見蜚鴈, 仰視之色, 不在孔子, 孔子遂行.(다음 날 공자와 말하면서 기러기를 보고 바라보는 얼굴빛이 공자에게 있지 않아 공자가 떠났다.)”라고 되어 있다.
『맹자(孟子)』「고자하(告子下)」의 “其次, 雖未行其言也, 迎之致敬以有禮, 則就之, 禮貌衰, 則去之.(그 다음은 그 말씀을 시행하지 않을지라도 맞이함에 공경을 지극히 하여 예의가 있게 하면 나아가고, 예로 공경하는 모습이 없으면 떠나는 것이다.)”라는 구절의 주석에 “所謂際可之仕, 若孔子於衛靈公是也. 故與公遊於囿, 公仰視蜚座, 而後去之.(이른바 교제가 가능한 벼슬은 공자가 위령공에 대한 일과 같은 것이 여기에 해당한다. 그러므로 공과 동산에서 노니는데 공이 기러기를 보고 있은 다음에 떠난 것이다.)”라고 하였다.

8) 영공이 진법에 대해 묻고는 다음 날 기러기를 쳐다보고 있어 떠나버렸다 : 『사서혹문(四書或問)』 권20, 「위령공 제15(衛靈公第十五)」에 이에 대한 자세한 설명이 있다. “어떤 이가 물었다. ‘위나라 영공이 진법에 대해 묻자 공자가 떠나버린 것은 무엇 때문입니까?’ 답하였다. ‘나라는 예로 다스리는 것이니, 전쟁과 진법에 대한 일은 임금이 물어야 될 것이 아닙니다. 하물며 영공이 무도하다는 것은 공자가 이미 알고 있었던 사안이니, 예로 교제함에 훌륭한 것만이 거의 함께 말할 수 있는 것이었습니다. 이 때문에 위나라를 왕래하며 가장 오래 있었고, 가르치며 알려준 것도 이미 자세히 하였는데, 공자의 말에 조금도 귀 기울이지 않았습니다. 이때까지도 여전히 진법에 대해 물었으니, 그 뜻을 알 만하기 때문에 배운 적이 없다고 대답하고 떠나버렸습니다. 그러나 배운 적이 없다고만 하지 않고 오히려 제기의 일로 알려주었으니, 공자가 떠난 일에는 반드시 그렇게 하려고 한 의도가 있었던 것은 아니었습니다. 가령 영공이 여기에서 마음으로 깨달아 일을 고친다면 공자가 간 일에 대해 누군들 지체하지 않았어야 한다고 말하겠습니까? 그러므로 『사기(史記)』에서 또 ‘다음 날 공자와 말하면서 기러기를 보고 바라보는 얼굴빛이 공자에게 있지 않아 공자가 떠났다.’라고 하였으니, 공자가 간 것은 또 예로 교제함에 훌륭하지 않아 결코 진법에 대해 물은 한 가지 일에 오로지 할 수 없었기 때문입니다. 공자가 떠난 다음에 영공이 죽고, 위나라가 크게 어지러워졌으니, 제기로 답한 것은 그 뜻이 심원한 것이었습니다.(或問 : ‘靈公問陳, 而夫子遽行, 何也.’ 曰 : ‘爲國以禮, 戰陳之事, 非人君所宜問也. 況靈公無道, 夫子固知之矣, 特以其禮際之善庶幾可與言者. 是以往來於衛, 爲日最久, 而所以啓告之者, 亦已詳矣, 乃於夫子之言, 一無所入. 至是而猶問陳焉, 則其志可知矣, 故對以未學而去之. 然不徒曰未學而已, 猶以俎豆之事告之, 則夫子之去, 蓋亦未有必然之意也. 使靈公於此, 有以發悟於心, 而改事焉, 則夫子之行, 孰謂其不可留哉. 故『史記』又云, ‘明日與孔子語, 見蜚雁, 仰視之色不在孔子, 孔子遂行’. 則是夫子之行, 又以禮際之不善, 而決不專於問陳一事也. 夫子旣行, 而靈公卒, 衛國大亂, 俎豆之對, 其旨遠哉.)”

公悟而改焉, 則夫子之行, 孰謂其不可留哉."[9]

주자(朱子 : 朱熹)가 말하였다. "배운 적이 없다고만 하지 않고 오히려 제기의 일로 알려 주었으니, 공자가 떠난 일에는 반드시 그렇게 하려는 의도가 있었던 것은 아니었습니다. 가령 영공이 깨달아 고친다면 공자가 간 일에 대해 누군들 지체하지 않았어야 한다고 말하겠습니까?"[10]

○ 勉齋黃氏曰 : "對靈公以軍旅之事, 未之學答, 孔文子以甲兵之事, 未之聞及, 夾谷之會以兵加萊人, 而齊侯懼, 費之亂, 命將伐之而費北. 又嘗曰 : '我戰則克,' 夫子豈有未學哉. 以軍旅之事, 非所以爲訓耳. 然以俎豆之事啓之, 則拳拳於衛, 亦可知矣."[11]

면재 황씨(勉齋黃氏 : 黃幹)[12]가 말하였다. "영공에게는 군대의 일은 배운 적이 없다고 답하였고, 공문자(孔文子)[13]에게는 군대의 일은 들은 적이 없다고 언급하였으며, 협곡의 회맹에서는 래(萊) 땅의 사람들에게 군대를 동원하니 제나라 제후가 두려워하였고, 비 땅의 반란에서는 군사를 거느리고 정벌할 것을 명령하니 비 땅의 사람들이 도망갔다. 또 '나는 싸우면 이긴다.'[14]라고 했으니, 공자가 어찌 배

9) 호광 편(胡廣 編), 『논어집주대전(論語集註大全)』「위령공(衛靈公)」.

10) 배운 적이 없다고만 하지 않고 …… 지체하지 않았어야 한다고 말하겠습니까 : 주자(朱子), 『사서혹문(四書或問)』 권20 「위령공(衛靈公) 제15」에는 "배운 적이 없다고만 하지 않고 오히려 제기의 일로 고했으니, 공자가 떠난 것에는 반드시 그렇게 하려고 한 의도가 있었던 것은 아니었습니다. 가령 영공이 여기에서 마음으로 깨달아 일을 고친다면 공자가 간 것에 대해 누군들 지체하지 않았어야 한다고 말하겠습니까?(不徒曰未學而已, 猶以俎豆之事告之, 則夫子之去, 蓋亦未有必然之意也. 使靈公於此, 有以發悟於心, 而改事焉, 則夫子之行, 孰謂其不可留哉.)"라고 다소 다르게 되어 있고, 『논어집주대전』「위령공(衛靈公)」에는 "배운 적이 없다고만 하지 않고 오히려 제기의 일로 고했으니, 공자가 떠난 것에는 반드시 그렇게 하려고 한 의도가 있었던 것은 아니었습니다. 가령 영공이 마음으로 깨달아 일을 고친다면 공자가 간 것을 어찌 지체하지 않았어야 한다고 말하겠습니까?(不徒曰未學而已, 猶以俎豆之事告之, 則夫子之去, 蓋亦未有必然之意也. 使靈公有以發悟於心, 而改事焉, 則夫子之行, 孰謂其不可留哉.)"라고 서로 다소 다르게 되어 있다.

11) 호광 편(胡廣 編), 『논어집주대전(論語集註大全)』「위령공(衛靈公)」.

12) 황간(黃幹, 1152~1221) : 남송 시대의 성리학자로 민현(閩縣) 장계(長溪) 사람이며, 자는 직경(直卿)이고, 호는 면재(勉齋)이다. 주희에게서 배웠으며, 주희의 사위이다. 안경부에서 벼슬하고 직학사를 지냈다. 주희가 죽은 후 심상 3년을 지냈으며, 주희의 학술을 터득했다고 한다. 주희가 편찬한 『의례경전통해』 중에서 상(喪)과 제(祭)의 2편을 집필하였으며, 후에 이를 바탕으로 『의례경전통해속편(儀禮經典通解續編)』을 편찬하였다. 이외에 『주자행장(朱子行狀)』, 『오경통의』, 『사서기문(四書記聞)』, 『면재문집』, 『계사전해(繫辭傳解)』 등이 있다.

13) 공문자(孔文子) : 위(衛)나라 때의 대부(大夫)로 이름은 어(圉)이다.

14) 나는 싸우면 이긴다 : 『예기(禮記)』「예기(禮器)」에 "공자가 말하였다. '나는 싸우면 이기고, 제

우지 않은 것이 있겠는가? 군대에 대한 일로 가르치지 않은 것일 뿐이다. 그러나 제기에 대한 일로 가르쳤으니, 위나라에 정성을 다했음을 또한 알 수 있다."[15)]

[15-1-2]

在陳絶糧, 從者病, 莫能興.

진(陳)나라에 있을 때 양식이 떨어지니 따르는 사람들이 병들어 일어나지 못하였다.

朱註

從, 去聲. 孔子去衛適陳. 興起也.

'종자병(從者病)'에서 '종(從 : 따르다)'자는 거성이다. 공자가 위나라를 떠나 진나라로 갔다. '막능흥(莫能興)'에서 '흥(興)'은 일어나다는 의미이다.

詳說

○ 有訓無釋.

훈고는 있으나 경문의 풀이는 없다.

○ 朱子曰 : "想見都不計較, 所以絶糧. 若計較, 則不成行矣."[16)]

사를 지내면 복을 받는다.'(孔子曰 : '我戰則克, 祭則受福.')"라고 하였다.

15) 영공에게는 군대의 일은 배운 적이 …… 위나라에 정성을 다했음을 또한 알 수 있다 : 『논어집주대전』「위령공(衛靈公)」에는 "면재 황씨가 말하였다. '공자가 영공에게는 군대의 일로는 배운 적이 없다고 대답하였고, 공문자(孔文子)에게는 군대의 일은 들은 적이 없다고 언급하였으며, 협곡의 회맹에서는 래(萊) 땅의 사람들에게 군대를 동원하니 제나라 제후가 두려워하였고, 비 땅 사람들의 반란에서는 군사를 거느리고 정벌하라고 명령하니 또 비 땅의 사람들이 도망갔다. 또 일찍이 '나는 싸우면 이긴다.'라고 했으니, 공자가 어찌 배우지 않고 듣지 않은 것이 있겠는가? 단지 군대에 대한 일로 가르치지 않은 것일 뿐이다. 그러나 제기에 대한 일로 가르쳤으니, 공자가 위나라에 정성을 다했음을 또한 알 수 있다.'(黃幹曰 : '夫子對靈公以軍旅之事, 未之學答, 孔文子以甲兵之事未之聞及, 觀夾谷之會, 則以兵加萊人而齊侯懼. 費人之亂, 則命將士以伐之, 而費人北. 又嘗曰 : '我戰則克.' 夫子豈有未學未聞者哉. 特以軍旅之事, 非所以爲訓耳. 然欲以俎豆之事啓之, 則夫子之拳拳於衛, 亦可知矣.')"라고 되어 있다.

16) 『주자어류(朱子語類)』 권45, 「논어27(論語二十七)」, 1조목.

주자(朱子 : 朱熹)가 말하였다. "공자가 헤아리지 못했기 때문에 양식이 떨어졌다. 헤아렸다면 떠나지 않았을 것이다."[17)]

[15-1-3]

子路慍見曰 : "君子亦有窮乎?" 子曰 : "君子固窮, 小人窮斯濫矣."

자로(子路 : 仲由)[18)]가 화난 얼굴로 뵙고는 말하였다. "군자도 궁할 때가 있습니까?" 공자가 말하였다. "군자는 진실로 궁하고 소인은 궁하면 넘친다."

朱註

見, 賢遍反. 何氏曰 : "濫, 溢也. 言君子固有窮時, 不若小人窮則放溢爲非"

'자로온현왈(子路慍見曰)'에서 '현(見)'은 '현(賢)'과 '편(遍)'의 반절(反切)이다. 하씨가 말하였다. "'소인궁사람(小人窮斯濫)'에서 람(濫)자는 넘친다는 뜻이다. 군자는 진실로 궁핍할 때가 있으니, 소인이 궁핍하면 방일하여 나쁜 짓을 하는 것과 같지 않다."

詳說

○ 訓.

'소인궁사람(小人窮斯濫)'에서 '람(濫)'자를 일(溢)자로 풀이한 것은 훈고이다.

○ 朱子曰 : "以固字荅上文亦有字, 文勢乃相應."[19)]

---

17) 공자가 헤아리지 못했기 때문에 …… 떠나지 않았을 것이다 : 『주자어류(朱子語類)』 권45, 「논어27(論語二十七)」, 1조목에는 "물었다. ''다음 날 마침내 떠나셨다. 진나라에 있을 때 양식이 떨어졌다.'라고 했는데 공자가 모두 헤아리지 못했던 일이기 때문에 식량이 떨어진 것이 아니었습니까?' 답하였다. '만약 헤아렸더라면 떠나지 않았을 것이다.'(問 : '明日遂行. 在陳絶糧.' 想見孔子都不計較, 所以絶糧. 曰 : '若計較, 則不成行矣.')"라고 설명되어 있다.

18) 중유(仲由, B.C. 542~B.C. 480) : 노(魯)나라 사람으로 자는 자로(子路), 계로(季路)이다. 춘추(春秋) 말기 공자(孔子)의 제자이자 효자, 정치가이다. 위(衛)나라 포읍(蒲邑)의 대부(大夫)이고, 계씨(季氏)와 공리(孔悝)의 가신을 지냈다. 공문십철(孔門十哲)과 공문칠십이현(孔門七十二賢) 중 한 사람이다. 『논어(論語)』「안연(顔淵)」에 "한마디 말로 옥송을 결단할 수 있는 사람은 아마도 중유(仲由)일 것이다.(片言可以折獄者, 其由也與.)"라는 말이 나온다.

주자(朱子 : 朱熹)가 말하였다. "'진실로[固]'라는 말로 앞의 글 '~도 있습니까[亦有]'라는 말에 답하였으니, 문장의 기세가 이에 서로 호응한다."[20]

○ 小人不能窮一, 似無窮時.

소인은 궁함이 한결같을 수 없어 궁핍한 때가 없는 것 같다.

○ 釋畢.

'불약소인궁즉방일위비(不若小人窮則放溢爲非 : 소인이 궁핍하면 방일하여 나쁜 짓을 하는 것과 같지 않다)'에서 경문의 풀이가 끝났다.

○ 此下則其一義耳.

이 아래로는 한 가지 의미일 뿐이다.

朱註

程子曰 : "固窮者, 固守其窮." 亦通.

정자가 말하였다. "'군자고궁(君子固窮)'에서 '고궁(固窮)'은 그 궁함을 굳게 지키는 것이다." 또한 통한다.

---

19) 『주자어류(朱子語類)』 권45, 「논어27(論語二十七)」, 2조목.

20) '진실로[固]'라는 말로 …… 문장의 기세가 이에 서로 호응한다 : 『주자어류(朱子語類)』 권45 2조목에는 "주(周)가 물었다. '진실로 궁하다[固窮]다는 것에는 두 가지 의미가 있으니, 어느 것이 나은지 모르겠습니다.' 답하였다. '그 궁함을 굳게 지킨다는 것은 옛사람들이 대부분 이와 같이 설명한 것입니다. 다만 앞의 글로 보면 성인이 한 때 묻는 것에 답한 말이 별안간 여기까지 미친 것 같지는 않습니다. 자로가 '군자도 궁핍한 때가 있습니까?'라고 물으니, 성인이 '군자는 진실로 궁핍한 때가 있으나, 소인이 궁핍하면 넘치는 것과 같지 않을 뿐이다.'라고 답하셨던 것입니다. 진실로[固]라는 말을 가지고 앞에서 있습니까[有]라는 말에 답하였으니, 문장의 기세가 이에 서로 호응하는 것입니다.'(周問 : '固窮有二義, 不知孰長.' 曰 : '固守其窮, 古人多如此說. 但以上文觀之, 則恐聖人一時答問之辭, 未遽及此. 蓋子路方問 : 「君子亦有窮乎.」 聖人答之曰 : '君子固是有窮時, 但不如小人窮, 則濫爾.' 以固字答上面有字, 文勢乃相應.')"라고 하였다. 『논어집주대전』「위령공(衛靈公)」에는 "어떤 이가 물었다. '진실로 궁하다[固窮]는 것에는 두 가지 의미가 있습니다.' 주자(朱子 : 朱熹)가 대답하였다. '성인이 한 때 묻는 것에 답한 말이 별안간 여기까지 미친 것 같지는 않습니다. 자로가 '군자도 궁핍한 때가 있습니까?'라고 물으니, '군자는 진실로 궁핍한 때가 있으나, 소인이 궁핍하면 넘치는 것과 같지 않을 뿐이다.'라고 답하셨던 것입니다. 진실로[固]라는 말을 가지고 앞에서 또한 있습니까[有]라는 말에 답하였으니, 문장의 기세가 이에 서로 호응하는 것입니다.'(或問 : '固窮有二義'. 朱子曰 : '固守其窮, 恐聖人一時答問之辭未遽及此. 蓋子路方問 : '君子亦有窮乎.' 答曰 : '君子固是有窮時, 不如小人窮則濫耳.' 以固字答上文亦有字, 文勢乃相應.')"라고 되어 있다.

詳說

○ 叔子.

'정자왈(程子曰)'에서 '정자(程子)'는 동생 정이(程頤)이다.

○ 朱子曰 : "一時答問之辭, 未遽及此."[21]

주자(朱子 : 朱熹)가 말하였다. "한 때 묻는 것에 답한 말로는 별안간 여기까지 미친 것 같지 않다."

○ 以義理則通. 而以語勢則未遽及耳.

의리로는 통한다. 그러나 말의 기세로는 별안간 여기까지 미친 것 같지 않다.

朱註

愚謂聖人當行而行, 無所顧慮. 處困而亨, 無所怨悔, 於此可見, 學者宜深味之.

내가 생각하건대, 성인은 가야되면 가고 되돌아보고 생각하는 것이 없다. 곤궁함에 처해도 형통하여, 원망하고 후회하는 일이 없음을, 여기에서 볼 수 있으니, 배우는 사람들은 깊이 음미해야 한다.

詳說

○ 雙峰饒氏曰 : "說明日遂行."[22]

'성인당행이행, 무소고려(聖人當行而行, 無所顧慮 : 성인은 가야되면 가고 되돌아보고 생각하는 것이 없다)'에 대해, 쌍봉 요씨(雙峰饒氏 : 饒魯)[23]가 말하였다. "다음날 떠나버린 일을 설명한 것이다."

---

21) 『주자어류(朱子語類)』 권45, 「논어27(論語二十七)」, 2조목과 호광 편(胡廣 編), 『논어집주대전(論語集註大全)』「위령공(衛靈公)」에 동일하게 "但以上文觀之, 則恐聖人一時答問之辭, 未遽及此.(다만 앞의 글로 보면 성인이 한때 묻는 것에 답한 말이 별안간 여기까지 미친 것 같지는 않습니다.)"로 되어 있다.

22) 호광 편(胡廣 編), 『논어집주대전(論語集註大全)』「위령공(衛靈公)」.

23) 요로(饒魯, 1194~1264) : 송나라 때의 유학자로 요주의 여간 사람이며, 자는 중원(仲元)이며, 호는 쌍봉(雙峰)이다. 황간에게 학문을 배우고, 평생 동안 벼슬하지 않아 그의 사후 문인들이 그에게 사시(私謚)를 문원(文元)이라 올렸다. 저서로는 『오경강의』, 『논맹기문(論孟紀聞)』, 『춘추절전(春秋節傳)』, 『학용찬술(學庸纂述)』, 『근사록주(近思錄註)』, 『태극삼도(太極三圖)』, 『용학십이도(庸學十二圖), 『서명도(西銘圖)』 등이 있다.

○ 上聲

'처곤(處困)'에서 '처(處 : 처하다)'자는 상성이다.

○ 見『易』「困卦」.

'처곤이형(處困而亨 : 곤궁함에 처해도 형통하여)'은 『역경』「곤괘(困卦)」에 보인다.[24]

○ 雙峰饒氏曰 : "說絶糧以下."[25]

'학자의심미지(學者宜深味之 : 배우는 사람들은 깊이 음미해야 한다)'에 대해, 쌍봉요씨(雙峰饒氏 : 饒魯)가 말하였다. "'양식이 떨어졌다[絶糧]'는 구절 아래를 설명하였다."[26]

○ '窮'字, 此章之題目

'궁(窮 : 곤궁하다)'자가 이 장의 제목이다.

---

24) 『역경』「곤괘(困卦)」에 보인다 : 『논어집주대전』「위령공(衛靈公)」에 "『역경』「곤괘」에서 '곤궁함에서는 형통하고 곧다'고 하고, 또 '곤궁해서 그 형통한 것을 잃지 않는다.'(『易』「困卦」云 : '困亨貞.' 又云 : '困而不失其所亨.')"라고 하였다.

25) 호광 편(胡廣 編), 『논어집주대전(論語集註大全)』「위령공(衛靈公)」.

26) '양식이 떨어졌다[絶糧]'는 구절 아래를 설명하였다 : 『논어집주대전』「위령공(衛靈公)」에는 "'가야 되면 가고 되돌아보고 생각하는 것이 없다.'라는 말은 '다음 날 떠나버렸다.'라는 구절을 설명하는 것이다. '곤궁함에 처해도 형통하여 원망하고 후회하는 것이 없다.'라는 말은 '진나라에 있을 때 양식이 떨어졌다.'라는 구절 아래를 설명하는 것이다. '되돌아본다[顧]'는 것은 뒤를 되돌아보는 일이고, '생각한다[慮]'는 것은 앞을 생각하는 일이다. '원망한다[怨]'는 것은 남을 원망하는 일이고, '후회한다[悔]'는 것은 스스로 후회하는 일이다.('當行而行, 無所顧慮,' 是說明日遂行. '處困而亨, 無所怨悔,' 是說在陳絶糧以下. '顧'是顧後, '慮'是慮前. '怨'是怨人, '悔'是自悔.)"라고 되어 있다.

[15-2-1]

子曰："賜也, 女以予爲多學而識之者與."
공자가 말하였다. "사(賜)[27]야! 너는 내가 많이 배우고 그것을 기억하고 있는 사람이라고 여기느냐?"

朱註

女, 音汝, 識, 音志. 與, 平聲, 下同. 子貢之學, 多而能識矣. 夫子欲其知所本也. 故問以發之.

'여이여(女以予)'에서 '여(女 : 너)'자는 음이 여(汝)이고, '지지자여(識之者與)'에서의 '지(識 : 알다)'자는 음이 지(志)이다. '지지자여(識之者與)'에서 '여(與 : ~?)'자는 평성으로 아래에서도 같다. 자공(子貢 : 賜)의 학문은 많이 배우고 잘 기억하는 일이다. 공자는 그 근본이 되는 것을 알게 하고자 하였다. 그러므로 물어서 일깨웠던 것이다.

詳說

○ 若曰 : 多學而識而已, 則是有博而無約可乎.
'자공지학, 다이능식의(子貢之學, 多而能識矣)'에 대해, 많이 배우고 기억만 한다고 하면, 널리 하고 요약하지 못하는 일이라고 할 수 있다.

○ 新安陳氏曰 : "指萬殊之一本處."[28]
'부자욕기지소본야(夫子欲其知所本也 : 공자는 그 근본이 되는 것을 알게 하고자 했다)'에 대해, 신안 진씨(新安陳氏 : 陳櫟)[29]가 말하였다. "모두 다른 일들에 대한

---

27) 사(賜, B.C. 520? ~ B.C. 456?) : 춘추 시대 위(衛)나라 사람으로, 성은 단목(端木)이고, 이름은 사(賜)이며, 자가 자공이다. 공문십철(孔門十哲)의 한 사람으로 재아(宰我)와 더불어 언어와 사령(辭令)에 뛰어났다고 한다. 이재가(理財家)로서도 알려져 수천 금(金)의 재산을 모았다. 공문(孔門)의 번영은 그의 경제적 원조에 힘입은 바가 컸다고 한다. 공자가 죽은 뒤 노나라를 떠나 위(衛)나라에 가서 벼슬했으며, 제(齊)나라에서 죽었다. 일찍이 제(齊) · 오(吳) · 진(晉) · 월(越) 등 여러 나라에 가서 유세하여 오나라로 하여금 제나라를 공격하게 해 노나라를 구하였다. 그의 이런 성과는 그가 스승인 공자보다 뛰어난 인물로 여겨질 정도여서 공자 사후 그를 공문의 후계자로 내세우려는 움직임이 있었을 정도였다. 송나라 진종(眞宗) 대중상부(大中祥符) 2년(1009) 여양공(黎陽公)에 추봉되었다.

28) 호광 편(胡廣 編), 『논어집주대전(論語集註大全)』「위령공(衛靈公)」.

하나의 근본인 곳을 가리켰다.”[30]

○ 有釋無訓.

경문의 풀이는 있으나 훈고는 없다.

[15-2-2]

對曰 : “然. 非與.”

대답하였다. “그렇습니다. 아닙니까?”

朱註

方信然, 而忽疑, 蓋其積學功至, 而亦將有得也.

딱 믿고 있다가 갑자기 의심하였으니, 학문을 쌓은 공부가 지극하여 또한 터득하게 되려는 것이다.

詳說

○ 非與

‘방신연, 이홀의(方信然, 而忽疑 : 딱 믿고 있다가 갑자기 의심하였으니)’라는 말은 ‘아닙니까?’라는 의미이다.

○ 有釋無訓.

경문의 풀이는 있으나 훈고는 없다.

○ 此下, 論言外之意.

---

29) 진력(陳櫟, 1252~1334) : 원(元)나라 때 신안(新安) 출신으로, 이름은 력(櫟). 자는 수옹(壽翁) 또는 정우(定宇)이고, 스스로 동부(東阜)라고 불러서 만년의 호는 동부노인(東阜老人)이다. 거실을 정우당(定宇堂) 또는 근유당(勤有堂)이라 하여 정우선생(定宇先生)이라고도 불렸다. 주자를 자기 학문의 조종으로 삼았다. 송이 망하자 은거하고 책을 저술하다가 83살에 죽었다. 저서에 『역략(易略)』, 『사서발명(四書發明)』, 『서전찬소(書傳纂疏)』, 『예기집의(禮記集義)』, 『근유당수록(勤有堂隨錄)』, 『역조통략(歷朝通略)』, 『정우집(定宇集)』 등이 있다.

30) 모두 다른 일들에 대한 하나의 근본인 곳을 가리켰다 : 『논어집주대전』「위령공(衛靈公)」에는 “본래 가리킨 것이 모두 다른 일들에 대한 하나의 근본인 곳이다.(所本指, 萬殊之一本處也.)”라고 되어 있다.

이 아래에서는 말 밖의 의미를 논하였다.

○ 新安陳氏曰 : "於能疑, 見其將有得."[31]

'개기적학공지, 이역장유득야(蓋其積學功至, 而亦將有得也 : 학문을 쌓은 공부가 지극하여 또한 터득하게 되려는 것이다)에 대해, 신안 진씨(新安陳氏)가 말하였다. "의심할 수 있는 일에서 터득하는 것이 있게 되리라는 점을 안다."

○ 雲峰胡氏曰 : "曾子眞積力久行, 而皆有所得. 子貢積學功至知, 而將有所得, 亦字從曾子說來."[32]

'개기적학공지, 이역장유득야(蓋其積學功至, 而亦將有得也 : 학문을 쌓은 공부가 지극하여 또한 터득하게 되려는 것이다)에 대해, 운봉 호씨(雲峰胡氏 : 胡炳文)[33]가 말하였다. "증자(曾子)[34]는 진실로 힘을 쌓아 오래 동안 행하여 모두 터득하는 것이 있었다. 자공(子貢)은 학문을 쌓은 공부가 앎을 지극하게 하여 터득하는 것이 있으려고 했으니, 또한[亦]이라는 말은 증자를 따라 설명하였다."[35]

---

31) 호광 편(胡廣 編), 『논어집주대전(論語集註大全)』「위령공(衛靈公)」.

32) 호광 편(胡廣 編), 『논어집주대전(論語集註大全)』「위령공(衛靈公)」.

33) 호병문(胡炳文, 1250~1333) : 원(元)나라 때의 경학자로 안휘성 무원 사람이며, 자는 중호(仲虎), 호는 운봉(雲峯)이다. 주자의 『주역본의』를 근거로 여러 설을 절충·시정하여 『주역본의통석』 12권을 지었다. 처음 이름은 『주역본의정의(周易本義精義)』였고, 『통지당경해(通志堂經解)』에 들어 있다. 이밖에 『서집해(書集解)』, 『춘추집해(春秋集解)』, 『예서찬술(禮書纂述)』, 『사서통(四書通)』, 『대학지장도(大學指掌圖)』, 『오경회의(五經會義)』, 『이아운어(爾雅韻語)』 등의 저술이 있다.

34) 증자(曾子, B.C. 505?~B.C. 435) : 자는 자여(子輿)이고, 이름은 삼(參)이다. 춘추말 노(魯)나라 남무성(南武城 : 현 산동성 비현(費縣)) 사람으로 증점(曾點)의 아들이다. 공자(孔子)의 고제(高弟)로서 효심이 두텁고 내성궁행(內省躬行)에 힘썼으며, 노나라 지방에서 제자들의 교육에 주력하였다. 공자 사상의 정수를 전해 받았다고 하여 맹자의 추숭을 받았다. 『대대예기(大戴禮記)』에 그의 언행에 관한 기록이 실려 있다. 『효경(孝經)』, 『대학(大學)』을 그가 지었다는 주장이 있다.

35) 증자(曾子)는 진실로 …… 증자를 따라 설명하였다 : 『논어집주대전』「위령공(衛靈公)」에서는 "『집주(集註)』에서는 증자에 대해 '공자가 진실로 힘을 쌓기를 오래해서 터득하는 것이 있으려고 하였다.'라고 말했으니, 행함으로 말한 것이다. 여기서는 '학문을 쌓은 공부가 지극하여 터득하는 것이 있으려고 하였다.'라고 말했으니 앎으로 말한 것이다. 증자는 행해서 터득하는 것이 있으려고 했고, 자공도 알아서 터득하는 것이 있으려고 했으니, 또한[亦]이라는 말은 증자를 따라서 설명하였다.(『集註』, 於曾子曰 : '夫子知其眞積力久, 將有所得,' 以行言也. 此則曰 : '積學功至, 亦將有得.' 以知言也. 曾子行而將有所得, 子貢亦知而將有所得, 亦字是從曾子說來.)"라고 되어 있다.

[15-2-3]

曰："非也. 予一以貫之."
말하였다. "아니다. 나는 하나로 모든 것을 꿰뚫었다."

朱註

說見第四篇. 然彼以行言, 而此以知言也.
설명이 제4편에 있다.36) 그러나 거기에서는 행함으로 말했고, 여기에서는 앎으로 말하였다.

詳說

○ 音現.
'설현(說見)'에서 '현(見: 드러내다)'자는 음이 현(現)이다.

○ 新安陳氏曰："彼以吾道冠一貫上, 此自多學而識起, 而但云'予一以貫之', 可見彼言行, 此言知也."37)
신안 진씨(新安陳氏)가 말하였다. "저곳에서는 나의 도를 하나로 꿰뚫고 있다는 것 위에 두었고, 이곳에서는 많이 배우고 기억한다는 것에서 일으켜 '나는 하나로 모든 것을 꿰뚫었다.'라고만 했으니, 저곳에서는 행함을 말하였고, 여기에서는 앎을 말했음을 알 수 있다."38)

○ 無訓釋, 只有論.
훈고와 경문의 풀이는 없고, 경문의 의미 설명만 있을 뿐이다.

○ 朱子曰："曾子從源頭流下来, 子貢從下面推上去."39)

---

36) 설명이 제4편에 있다: 『논어(論語)』「이인(里仁)」에 "공자(孔子)가 '삼(參)아! 나의 도는 하나로 모든 것을 꿰뚫고 있다.'라고 하니, 증자(曾子)가 '예' 하고 대답하였다. 공자가 나가자, 문인들이 '무슨 말입니까?' 하고 물으니, 증자가 '선생님의 도는 충(忠)과 서(恕)일 뿐입니다.'라고 하였다.(子曰: '參乎. 吾道一以貫之.' 曾子曰: '唯.' 子出, 門人問曰: '何謂也.' 曾子曰: '夫子之道, 忠恕而已矣.')"라는 말이 있다.

37) 호광 편(胡廣 編), 『논어집주대전(論語集註大全)』「위령공(衛靈公)」.

38) 저곳에서는 나의 도를 하나로 꿰뚫고 …… 앎을 말했음을 알 수 있다: 『논어집주대전(論語集註大全)』「위령공(衛靈公)」에는 "彼以吾道冠於一以貫之之上. 此自多學而識說起, 而但云'予一以貫之', 可見彼言行, 此言知也."라고 되어 있다.

39) 『주자어류(朱子語類)』 권27, 「논어9(論語九)」, 49조목.

주자(朱子 : 朱熹)가 말하였다. "증자는 근원에서 흘러 내려왔고, 자공은 아래에서 미루어 올라갔다."[40)]

○ 又曰 : "子貢特於一事一物之中, 各知其理之常然, 聖人告此, 使知衆理本一理也."[41)]
주자(朱子 : 朱熹)가 또 말하였다. "자공은 단지 하나의 사물 가운데 각기 그 이치가 항상 그런 것을 알았으니, 성인이 이것을 말하여 여러 이치가 하나의 이치에 근본하고 있음을 알게 하였다."[42)]

○ 又曰 : "不博學多識, 則又無物可貫."[43)]
주자(朱子 : 朱熹)가 또 말하였다. "박학다식하지 않으면 또 꿰뚫을 것이 없다."

朱註

謝氏曰 : "聖人之道大矣, 人不能遍觀而盡識, 宜其以爲多學而識之也. 然聖人豈務博者哉. 如天之於衆形非物物刻而雕之也. 故曰 : '予一以貫之'. 德輶如毛. 毛猶有倫, 上天之載, 無聲無臭, 至矣."

사씨(謝氏 : 謝良佐)[44)]가 말하였다. "성인의 도는 커서 사람들이 두루 보았다고

---

40) 증자는 근원에서 흘러 내려왔고, 자공은 아래에서 미루어 올라갔다 : 『주자어류(朱子語類)』 권27, 「논어9(論語九)」, 49조목에는 "증자는 근원에서 흘러 내려왔고, 자공은 아래에서 미루어 올라갔다.(曾子是就源頭上面流下來, 子貢是就下面推上去.)"라고 하였고, 『논어집주대전』「위령공(衛靈公)」에는 "증자가 공자의 하나로 모든 것을 꿰뚫었다는 의미를 이해하고 충서를 말한 것은 근원에서 흘러 내려온 것이다. 자공은 아래에서 미루어 올라간 것이다.(曾子領會夫子一貫之旨, 發出忠恕, 是從源頭上面流下來, 子貢是從下面推上去.)"라고 되어 있다.

41) 호광 편(胡廣 編), 『논어집주대전(論語集註大全)』「위령공(衛靈公)」.

42) 자공은 단지 하나의 사물 가운데 …… 하나의 이치에 근본하고 있음을 알게 했다 : 『논어집주대전』「위령공(衛靈公)」에는 "그러나 아마도 오직 사물 가운데 각기 그 이치의 당연함만 알고 모든 이치가 하나가 되어 널리 통하지 않음이 없음을 모른 것 같다. 성인이 이를 알려줌으로써 이른바 모든 이치가 하나에 근본하고 있다는 점을 알게 해서 이것으로 관통하게 하려고 했으니, 천하의 많은 사물은 모두 이것을 벗어나지 않고 통하지 않음이 없기 때문이다.(然意其特於一事一物之中, 各有以知其理之當然, 而未能知夫萬理之爲一, 而廓然無所不通也. 聖人以此告之, 使之知所謂衆理者本一理也, 以是而貫通之, 則天下事物之多, 皆不外乎是而無不通矣.)"라고 되어 있다.

43) 호광 편(胡廣 編), 『논어집주대전(論語集註大全)』「위령공(衛靈公)」. 『주자어류(朱子語類)』 권45, 「논어27(論語二十七)」, 4조목.

44) 사량좌(謝良佐, 1050~1103) : 북송 시대의 성리학자로 하남성 사람이며, 자는 현도(顯道)이고, 호는 상채(上蔡)이다. 유초(游酢)·여대림(呂大臨)·양시(楊時)와 함께 정문(程門) 사대제자로 꼽힌다. 북송말 채경 등에 의해 행해진 구법당에 대한 대규모 탄압사건에 연좌되어 하옥되고 평민으로 폐해지는 불우한 생애를 보냈다. 그는 인이 곧 마음이고 천리이며 선천적인 양심이라

모두 알 수 있는 것이 아니니, 많이 배워 그것을 기억하는 것으로 생각할 것이다. 그러나 성인이 어찌 널리 배우기를 힘쓰겠는가? 하늘이 여러 가지 모양에 사물마다 조각하여 만든 것이 아닌 것과 같다. 그러므로 '나는 하나로 모든 것을 꿰뚫었다.'라고 한 것이다. 덕은 가볍기가 털과 같다. 그런데 털은 오히려 비교할 수 있으나, 하늘의 일은 소리도 없고 냄새도 없이 지극한 것이다."

詳說

○ 如字.

'진식(盡識)'에서 '식(識)'은 뜻과 소리가 원래 글자 그대로 '안다'는 의미의 식(識)이다.

○ 音酉, 輕也.

'덕유(德輶)'에서 '유(輶)'자는 음이 유(酉)로 가볍다는 말이다.

○ 四字, 本出『詩』「烝民」.

'덕유여모(德輶如毛 : 덕은 가볍기가 털과 같다)'는 네 글자는 『시경(詩經)』「증민(烝民)」이 출처이다.[45]

○ 比也.

'모유유륜(毛猶有倫)'에서 '륜(倫)'자는 비교한다는 뜻이다.

○ 事也.

'상천지재(上天之載)'에서 '재(載)'자는 일이라는 뜻이다.

○ 八字, 本出『詩』「文王」.

'모유유륜, 상천지재, 무성무취(毛猶有倫, 上天之載, 無聲無臭 : 털은 오히려 비교할 수 있으나, 하늘의 일은 소리도 없고 냄새도 없다)'는 여덟 글자는 『시경(詩經)』「문왕」에 나온다.[46]

고 하여 사상의 근본을 인으로 놓았다. 그의 학문은 정호의 학문에다 선의(禪意)를 더한 것으로 평가되는바 육구연의 철학 체계에 영향을 끼쳤다. 저서로는 『논어설』, 『상채어록(上蔡語錄)』 등이 있다.

45) '덕은 가볍기가 털과 같다(德輶如毛)'는 구절은 『시경(詩經)』「증민(烝民)」이 출처이다 : 『시경(詩經)』「증민(烝民)」에 "사람들이 또한 하는 말이 있으니, 덕은 가볍기가 털과 같은데도 사람들이 그것을 행할 수 있는 이가 적다.(人亦有言, 德輶如毛, 民鮮克擧之.)"라는 구절이 있다.

46) '털은 오히려 비교할 수 있으나 …… 『시경(詩經)』「문왕」에 나온다 : 『시경(詩經)』「문왕(文王)」에 "하늘의 일은 소리도 없고 냄새도 없네. 문왕을 본받으면 모든 나라가 떨쳐 일어나 믿을 것

○ 德輶以下, 出『中庸』.

'덕은 가볍기[德輶]'가 아래의 구절은 『중용(中庸)』에 나온다.47)

○ 朱子曰 : "擧『中庸』, 贊其理之妙耳. 多學而識之可說, 到一以貫之, 則不可說矣."48)

주자(朱子 : 朱熹)가 말하였다. "『중용(中庸)』을 들어 그 이치의 묘함을 찬미하였다. 많이 배워 기억한다는 말은 설명할 수 있으나 하나로 꿰뚫는 경지에 도달했다는 말은 설명할 수 없다."49)

○ 陳氏曰 : "形容天理流行之妙, 無雕刻之迹, 所以結前語耳."50)

진씨(陳氏)가 말하였다. "천리가 유행하는 묘함은 조각한 흔적이 없음을 묘사했으니, 앞의 말을 매듭짓기 위한 것이다."51)

이다.(上天之載, 無聲無臭. 儀刑文王, 萬邦作孚.)"라는 구절이 있다.

47) '덕은 가볍기[德輶]'가 이하의 구절은 『중용(中庸)』에 나온다 : 『중용장구(中庸章句)』 33장에 "『시경(詩經)』에서 '덕은 털과 같다'고 하였다. 그런데 털은 오히려 비교할 수 있으니, 하늘의 일은 소리도 없고 냄새도 없이 지극한 것이다.(『詩』云 : '德如毛.' 毛猶有倫, 上天之載, 無聲無臭, 至矣.)"라는 구절이 있다.

48) 호광 편(胡廣 編), 『논어집주대전(論語集註大全)』「위령공(衛靈公)」.

49) 『중용(中庸)』을 들어 그 이치의 묘함을 …… 도달했다는 말은 설명할 수 없다 : 『주자어류(朱子語類)』 권45, 「논어27(論語二十七)」, 8조목에는 "학자는 진실로 마땅히 '많이 배워서 기억하는 것'이 있어야 하며, 또 스스로 일관된 도리가 있어야 한다. 다만 '많이 배워서 기억하는 것'은 말로 설명해 낼 수 있지만 '하나로 꿰뚫는 경지'에 도달한 것은 말로써 할 수 없다.(學者固有當'多學而識之'者, 然又自有箇一貫底道理. 但'多學而識之', 則可說 ; 到'一以貫之', 則不可說矣.)"라고 되어 있고, 『논어집주대전』「위령공(衛靈公)」에는 "물었다. '사씨가 이 장의 끝에서 『중용(中庸)』에서 『시경(詩經)』을 인용하여 말한 것은 그 이치의 묘함을 찬미한 일일 뿐입니다.' 대답하였다. '진실로 이런 경지에 도달한 것을 설명할 방법이 없다. …… 그러므로 자공이 먼저 '그렇습니다.'라고 하고 또 '아닙니까?'라고 했던 것이니, 진실로 많이 배워서 기억하는 자가 있다는 뜻이고, 또 저절로 하나로 꿰뚫는 도리가 있다는 뜻입니다. 다만 많이 배워서 기억하는 것은 설명할 수 있고, 하나로 꿰뚫는 것은 설명할 수 없습이다.'(問 : '謝氏解此章末, 擧中庸引詩語. 只是贊其理之妙耳.' 曰 : '固是到此, 則無可得說了. ……. 故子貢先曰'然', 又曰'非與', 固有當多學而識之者. 又自有一貫底道理. 但多學而識之則可說, 到一以貫之則不可說矣.')"라고 되어 있다.

50) 호광 편(胡廣 編), 『논어집주대전(論語集註大全)』「위령공(衛靈公)」.

51) 천리가 유행하는 묘함은 …… 앞의 말을 매듭짓기 위한 것이다 : 『논어집주대전(論語集註大全)』「위령공(衛靈公)」에는 "진씨가 말하였다. 이 구절에서는 『중용(中庸)』의 말로 논증하여 그야말로 천리가 저절로 유행하는 묘함은 조각의 흔적이 없음을 묘사했으니, 앞의 의미를 매듭짓기 위한 것이다.(陳氏曰 : '此以『中庸』語證, 乃形容天理自然流行之妙, 無雕刻之迹, 即所以結前意耳.')"라고 되어 있다.

○ 雲峰胡氏曰："參乎章以天命釋一字"[52]

운봉 호씨(雲峰胡氏：胡炳文)가 말하였다. "삼호장(參乎章[53])에서는 천명으로 하나[一]라는 말을 해석하였다.[54]"[55]

○ 天卽理也, 理乃一也.

하늘은 곧 리(理)이고, 리(理)는 바로 하나이다.

朱註

尹氏曰："孔子之於曾子, 不待其問而直告之以此, 曾子復深喩之曰：'唯'. 若子貢則先發其疑, 而後告之, 而子貢終亦不能如曾子之唯也, 二子所學之淺深, 於此可見."

윤씨(尹氏：尹焞)[56]가 말하였다. "공자가 증자에 대해서는 묻기를 기다리지 않고 바로 이렇게 말했는데, 증자는 다시 깊이 깨닫고 '예'하고 대답하였다. 자공에게서는 먼저 그 의문을 유발시키고, 이후에 말해 주었는데도 자공은 끝내 증자가 '예'하고 대답한 것처럼 할 수 없었으니, 두 사람의 학문의 얕고 깊음을 여기에서 알 수 있다."

---

52) 호광 편(胡廣 編), 『논어집주대전(論語集註大全)』「위령공(衛靈公)」.

53) 삼호장(參乎章)：『논어(論語)』「이인(里仁)」에 "공자(孔子)가 '삼(參)아! 나의 도는 하나로 모든 것을 꿰뚫고 있다.'라고 하니, 증자(曾子)가 '예' 하고 대답하였다. 공자가 나가자, 문인들이 '무슨 말입니까' 하고 물으니, 증자가 '선생님의 도는 충(忠)과 서(恕)일 뿐입니다.'라고 하였다. (子曰：'參乎. 吾道一以貫之.' 曾子曰 '唯.' 子出, 門人問曰：'何謂也.' 曾子曰：'夫子之道, 忠恕而已矣.')"라는 말이 있다.

54) 천명으로 하나[一]라는 말을 해석했다：『논어(論語)』「이인(里仁)」 삼호장(參乎章) 아래에 "또 말하였다. '하늘의 명(命)이, 아! 심원(深遠)하여 그치지 않는다.'는 것은 충(忠)이고, '건도(乾道)가 변화(變化)하여 각기 성명(性命)을 바루고 있다.'는 것은 서(恕)이다.'(又曰：'維天之命於穆不已', 忠也, '乾道變化, 各正性命', 恕也.')"라는 주석이 있다.

55) 삼호장(參乎章)에서는 천명으로 하나[一]라는 말을 해석했다：『논어집주대전』「위령공(衛靈公)」에는 "『논어집주(論語集註)』의 삼호장에서 정자가 '하늘이 명이, 아! 심원하여 그치지 않는다.'라고 한 것을 인용하였다. 이 때문에 천(天)자로 하나[一]을 풀었다.(『集註』於參乎章, 引程子曰'維天之命, 於穆不已.' 是以天字釋一字.)"라고 되어 있다.

56) 윤돈(尹焞, 1071~1142)：북송 시대의 성리학자로 화정 윤씨(和靖尹氏)라고도 하며, 낙양 사람이다. 자는 언명(彦明)이고, 자호는 화정처사(和靖處士)이다. 윤원(尹源)의 손자이다. 정이의 문인으로 종신토록 벼슬하지 않았으나 말년에 숭정전설 겸 시강(崇政殿說兼侍講)을 잠시 역임하였다. 저서로는 『화정집(和靖集)』과 『논어맹자해(論語孟子解)』 등이 있다.

詳說

○ 華陽范氏曰 : "先攻其失."[57)]

'공자지어증자, 부대기문이직고지이차(孔子之於曾子, 不待其問而直告之以此 : 공자가 증자에 대해서는 묻기를 기다리지 않고 바로 이렇게 말했는데)에 대해, 화양 범씨(華陽范氏 : 范祖禹)[58)]가 말하였다. "먼저 그 잘못을 지적하였다."[59)]

○ 去聲.

'증자부(曾子復)'에서 '부(復 : 다시)'자는 거성이다.

○ 上聲, 下同.

'증자부심유지왈, 유(曾子復深喩之曰 : 唯)'에서 '유(唯 : 예)'자는 상성으로 아래에

---

57) 주희, 『논어정의(論語精義)』「위령공(衛靈公)」.

58) 범조우(范祖禹, 1041~1098) : 북송 시대 성도(成都) 화양(華陽) 사람으로, 자는 순보(淳甫) 또는 몽득(夢得)이다. 인종(仁宗) 가우(嘉祐) 8년(1063)에 진사(進士)가 되었다. 사마광(司馬光) 밑에서 『자치통감(資治通鑑)』을 편수했고, 책이 완성되자 비서성정자(秘書省正字)에 임명되었다. 철종(哲宗)이 즉위하자 저작좌랑(著作佐郞)이 되어 『신종실록(神宗實錄)』 편찬의 검토관을 맡았고, 급사중(給事中)과 한림학사(翰林學士)를 역임하였다. 철종이 친정(親政)하자 섬주지주(陝州知州)로 나갔다. 소성(紹聖) 초에 그가 지은 『실록』이 신종을 비난하고 사마광이 신법(新法)을 변경한 사실을 두둔했다는 여론이 일자 무안군절도부사(武安軍節度副使)로 폄적(貶謫)되어 소주별가(昭州別駕)를 거쳐 영주(永州)에 안치되었다. 젊어서 정호(程顥)와 정이(程頤)를 사사했으며, 사마광의 학문을 추종하였다. 『중용(中庸)』을 중시하여 성(誠)과 성에 이르는 구체적인 방법인 충서(忠恕)를 강조하였다. 또한 노장학(老莊學)은 충서의 도에 위배된다고 하여 배척하였다. 저서에 『논어설(論語說)』과 『당감(唐鑑)』이 있는데, 이정(二程)의 설을 수용한 것이 많다. 『당감』은 당나라 고조에서 소선제(昭宣帝)까지 3백 년 동안의 정치적 득실을 논한 책이다. 그 밖의 저서에 『중용론(中庸論)』과 『범태사집(范太史集)』이 있다. 시호는 정헌(正獻)이다.

59) 먼저 그 잘못을 지적하였다 : 주희(朱熹), 『논어정의(論語精義)』「위령공(衛靈公)」에 "자공의 학문은 병폐가 널리 하고 지킴이 요약할 수 없는 것에 있기 때문에 공자가 질문을 함으로써 가르쳤다. 자공은 자신의 기준으로 공자를 보면 많이 배워서 기억하는 분이었기 때문에 '그렇습니다.'라고 하였다. 그러나 그의 앎으로는 성인이 많이 배워 기억한다는 것을 알 수 있으나 선생님의 도에는 반드시 그 이상이 있다는 것을 극진하게 할 수 없었기 때문에 또 '아닙니까?'라고 하였다. 공자는 그 이상을 말해줄 수 있다는 것을 알았기 때문에 또 '아니다. 나는 하나로 모든 것을 꿰뚫었다.'라고 하였다. 증자의 지킴이 요약인 것에는 도를 이어받는 실질이 있기 때문에 공자가 바로 '우리의 도는 하나로 모든 것을 꿰뚫었다.'라고 하였는데, 자공에게서는 먼저 그 잘못을 지적한 다음에 요지를 말하였다.(子貢之學, 病在於博而不能守約也, 故夫子問以敎之. 子貢以己觀夫子, 則誠以爲多學而識之矣, 故曰 : '然', 然其知足以知聖人多學而識之, 未足以盡夫子之道必有其上者, 故又曰 : '非與.' 夫子知其可以語上也, 故又曰 : '非也, 予一以貫之.' 曾子守約有受道之質, 故夫子直告之曰 : '吾道一以貫之', 至於子貢, 則先攻其失, 而後語以至要也.)"라고 되어 있다.

서도 같다.

○ 此抑子貢.

'이후고지, 이자공종역불능여증자지유야, 이자소학지천심, 어차가견(二子所學之淺深, 於此可見. 而後告之, 而子貢終亦不能如曾子之唯也, 二子所學之淺深, 於此可見 : 이후에 말해 주었는데도 자공은 끝내 증자가 '예'하고 대답한 것처럼 할 수 없었으니, 두 사람의 학문의 얕고 깊음을 여기에서 알 수 있다)'라는 표현을 보면, 여기에서는 자공을 억누르고 있다.

朱註

愚按 夫子之於子貢, 屢有以發之, 而他人不與焉. 則顏曾以下諸子, 所學之淺深, 又可見矣.

내가 생각하건대, 공자께서 자공에게는 여러 번 깨우쳐 주셨으나, 다른 사람들은 여기에 함께 하지 못하였다. 그렇다면 안자와 증자 이하 여러 제자의 학문의 얕고 깊음을 또한 알 수 있다.

詳說

○ 新安陳氏曰 : "'莫我知', '予欲無言之類'."[60]

'부자지어자공, 루유이발지(夫子之於子貢, 屢有以發之 : 공자께서 자공에게는 여러 번 깨우쳐 주셨으나)'에 대해, 신안 진씨(新安陳氏 : 陳櫟)가 말하였다. "'아무도 나를 알아주지 않는다.'[61], '나는 말을 하지 않으려고 한다.'[62]라는 부류들이다."

○ 去聲.

'타인불여언(他人不與焉)'에서 '여(與 : 함께하다)'자는 거성이다.

○ 此伸子貢.

여기에서는 자공(子貢)에 대해 거듭 언급하였다.

○ 新安陳氏曰 : "觀其聞性與天道及「子張」篇末三章稱孔子處, 是以見矣."[63]

60) 호광 편(胡廣 編), 『논어집주대전(論語集註大全)』「위령공(衛靈公)」.

61) 아무도 나를 알아주지 않는다 : 『논어(論語)』「헌문(憲問)」에 "공자가 말하였다. '아무도 나를 알아주지 않는다.'(子曰 : '莫我知也夫.')"라는 말이 있다.

62) 나는 말을 하지 않으려고 한다 : 『논어(論語)』「양화(陽貨)에 "공자가 말하였다. '나는 말을 하지 않으려고 한다.'(子曰 : '予欲無言.')"라는 말이 있다.

63) 호광 편(胡廣 編), 『논어집주대전(論語集註大全)』「위령공(衛靈公)」.

신안 진씨(新安陳氏)가 말하였다. "성(性)과 천도(天道)에 대해 들은 일[64]과 「자장(子張)」 끝의 세 장에서 공자에 대해 말한 내용[65]을 보면, 그것을 알 수 있다."[66]

○ **此時窮厄中, 十哲皆從, 而其與有聞者, 由賜而已. 但由以慍而得聞, 賜則夫子特爲發之爲異耳.**

---

64) 성(性)과 천도(天道)에 대해 들은 일 : 『논어(論語)』「공야장(公冶長)」에 "자공이 말하였다. '선생님의 드러난 덕에 대해서는 들을 수 있었으나 선생님이 성과 천도에 대해 말씀하신 것은 들을 수 없었다.'(子貢曰 : '夫子之文章, 可得而聞也, 夫子之言性與天道, 不可得而聞也.')"라고 하였다.

65) 자장(子張) 끝의 세 장에서 공자에 대해 말한 내용 : 『논어(論語)』「자장(子張)」 23장에 "숙손무숙(叔孫武叔)이 조정에서 대부(大夫)들에게 '자공(子貢)이 중니(仲尼)보다 낫다.'라고 하였다. 자복경백(子服景伯)이 이 말을 자공에게 일러주자, 자공이 '대궐의 담장에 비유하면, 나의 담장은 어깨에 미쳐서 집안의 좋은 것들을 들여다 볼 수 있으나, 선생님의 담장은 여러 길이 되어 그 문을 얻어 들어 가지 못하면, 종묘의 아름다움과 백관의 많음을 볼 수가 없습니다. 그 문을 찾은 자가 드무니, 숙손의 말이 당연하지 않겠습니까?'라고 하였다.(叔孫武叔, 語大夫於朝曰 : '子貢賢於仲尼.' 子服景伯, 以告子貢, 子貢曰 : '譬之宮牆, 賜之牆也, 及肩, 窺見室家之好, 夫子之牆, 數仞, 不得其門而入, 不見宗廟之美, 百官之富. 得其門者, 或寡矣, 夫子之云, 不亦宜乎.')"라는 말이 있고, 24장에 "숙손무숙(叔孫武叔)이 중니를 헐뜯자, 자공이 말하였다. '그러지 마십시오. 중니는 훼방할 수 없습니다. 다른 사람들 중에 어진 자는 구릉과 같아 넘을 수 있으나 중니는 해와 달과 같아 넘을 수 없습니다. 사람들이 스스로 관계를 끊고자 할지라도 어찌 해와 달에게 해가 되겠습니까? 다만 자기의 분수를 알지 못함을 보일 뿐입니다.'(叔孫武叔, 毁仲尼, 子貢曰 : '無以爲也. 仲尼不可毁也, 他人之賢者, 丘陵也, 猶可踰也, 仲尼, 日月也, 無得而踰焉. 人雖欲自絶, 其何傷於日月乎. 多見其不知量也.')"라고 하였으며, 25장에 "진자금(陳子禽)이 자공에게 말하였다. '그대가 공손해서 그렇지, 중니가 어찌 그대보다 낫겠습니까?'자공이 말하였다. '군자는 한마디 말에 지혜롭다 하며 한마디 말에 지혜롭지 못하다 하는 것이니, 말을 조심하지 않을 수 없습니다. 선생님을 따르지 못함은 마치 하늘을 사다리로 오르지 못하는 것과 같습니다. 선생님께서 나라를 얻으신다면, 이른바 세우면 이에 서고, 인도하면 이에 따르고, 편안하게 해 주면 이에 따라오고, 고무시키면 이에 화(和)하여, 그가 살아 계시면 영광스럽게 여기고, 돌아가시면 슬퍼한다는 것이니, 어떻게 따를 수 있겠습니까?'(陳子禽, 謂子貢曰 : '子爲恭也, 仲尼豈賢於子乎.' 子貢曰 : '君子一言, 以爲知, 一言, 以爲不知, 言不可不愼也. 夫子之不可及也, 猶天之不可階而升也. 夫子之得邦家者, 所謂立之斯立, 道之斯行, 綏之斯來, 動之斯和, 其生也榮, 其死也哀, 如之何其可及也.')"라고 되어 있다.

66) 성(性)과 천도(天道)에 대해 들은 일과 …… 그것을 알 수 있다 : 『논어집주대전』「위령공(衛靈公)」에 "안회 이하 여러 제자 중에서 천부적인 자질과 학문의 진보가 모두 자하만 한 사람이 없었으니, 곧 성(性)과 천도(天道)에 대해 들은 일과 「자장(子張)」 끝의 세 장에서 공자에 대해 말한 내용을 보면, 그것을 알 수 있다.(顔曾以下諸子, 天資之敏, 學問之進, 皆無如子貢, 更觀其聞性與天道及子張篇末三章稱孔子處, 是以見矣.)"라고 하였다.

이때 곤액을 당하는 가운데[67] 열 명의 뛰어난 제자[68]가 모두 따랐으나 듣는 데 함께 있었던 사람은 자로와 자공뿐이었다. 다만 자로는 화를 내며 들었고,[69] 자공은 공자가 단지 그를 일깨우기 위해 다르게 했을 뿐이다.

---

67) 곤액을 당하는 가운데 : 『논어(論語)』「선진(先進)」에 "공자가 말하였다. '나를 진(陳)나라와 채(蔡)나라에서 따르던 자들이 모두 문하에 있지 않구나!(子曰 : '從我於陳蔡者, 皆不及門也.')"라는 구절의 주석은 다음과 같다. "공자가 일찍이 진(陳)나라와 채(蔡)나라 사이에서 곤액(困厄)을 당하셨는데, 그 당시 따르던 제자들이 많았었다. 그런데 이때는 모두 문하에 있지 않았기 때문에 공자가 그들을 생각한 것으로 그 환난(患難) 속에서 서로 따르던 것을 잊지 않았다.(孔子嘗厄於陳蔡之間, 弟子多從之者. 此時皆不在門, 故孔子思之, 蓋下忘其相從於患難之中也.)"라고 하였다.

68) 열 명의 뛰어난 제자 : 『논어(論語)』「선진(先進)」에 "덕행에는 안연(顔淵) · 민자건(閔子騫) · 염백우(冉伯牛) · 중궁(仲弓)이었고, 언어에는 재아(宰我) · 자공(子貢)이었으며, 정사에는 염유(冉有) · 계로(季路)였고, 문학에는 자유(子游) · 자하(子夏)였다.(德行, 顔淵閔子騫冉伯牛仲弓, 言語, 宰我子貢, 政事, 冉有季路, 文學, 子游子夏.)"

69) 자로는 화를 내며 들었고 : 『논어(論語)』「위령공(衛靈公)」에 "자로(子路 : 仲由)가 화난 얼굴로 뵙고는 '군자도 궁할 때가 있습니까?'라고 하였다. 공자가 '군자는 진실로 궁하고 소인은 궁하면 넘친다.'라고 하였다.(子路慍見曰 : '君子亦有窮乎?' 子曰 : '君子固窮, 小人窮斯濫矣.')"라고 되어 있다.

[15-3-1]

子曰 : "由, 知德者, 鮮矣."
공자가 말하였다. "유(由)야! 덕을 아는 자는 드물구나!"

朱註

鮮, 上聲. 由, 呼子路之名而告之也. 德, 謂義理之得於己者, 非己有之, 不能知其意味之實也.

'선의(鮮矣)'에서 '선(鮮 : 드물다)'자는 상성이다. '유(由)'라고 한 것은 자로의 이름을 불러서 말한 것이다. 덕은 의리를 행하여 자신에게 터득한 것이니, 자신이 그것을 가지고 있지 않으면 그 의미의 실질을 알 수 없다.

詳說

○ 卽行道, 而有得於心之意.

'덕, 위의리지득어기자(德, 謂義理之得於己者 : 덕은 의리를 행하여 자신에게 터득한 것이니)'라는 말은 곧 도를 행하여 마음에 터득했다는 의미이다.

○ 釋間訓.

경문을 풀이하는 사이에 훈고를 하였다.

○ 南軒張氏曰 : "踐履未至, 故不能眞知其味."[70]

'비기유지, 불능지기의미지실야(非己有之, 不能知其意味之實也 : 자신이 그것을 가지고 있지 않으면 그 의미의 실질을 알 수 없다)'에 대해, 남헌 장씨(南軒張氏 : 張栻)[71]가 말하였다. "실천하는 것이 아직 지극하지 않기 때문에 그 맛을 진실로 알 수 없다."[72]

---

70) 장식(張栻), 『계사논어해(癸巳論語解)』「위령공(衛靈公)」.

71) 장식(張栻, 1133~1180) : 자는 경부(敬夫) 또는 낙재(樂齋)이고, 호는 남헌(南軒)이다. 남송(南宋) 한주 면죽(漢州綿竹 : 현 사천성 면죽(綿竹)) 사람이다. 주자, 여조겸(呂祖謙)과 함께 남송의 '동남 삼현(東南三賢)'이라고 불렸다. 아버지 장준(張浚)이 송의 승상을 지내고 위국공(魏國公)에 봉해졌기 때문에 그도 일찍이 출사하여 이부시랑(吏部侍郎) 겸 시강(侍講), 비각수찬(秘閣修撰), 우문전수찬(右文殿修撰) 등을 역임하였으나, 잦은 직언 때문에 퇴임하였다. 어려서는 가학을 이어 받았고, 성장하여 호굉(胡宏)에게 배워 호상학파(湖湘學派)의 학술을 정립시켰다. 저서에 『남헌집(南軒集)』, 『남헌역설(南軒易說)』, 『계사논어해(癸巳論語解)』 등이 있다.

72) 실천하는 것이 아직 지극하지 않기 때문에 그 맛을 진실로 알 수 없다 : 장식(張栻), 『계사논어

○ 雲峰胡氏曰: "『集註』之意, 不徒重在知字, 而重在德字."73)

운봉 호씨(雲峰胡氏)가 말하였다. "『집주(集註)』의 의미는 거듭 안다[知]는 말에 있을 뿐만 아니라 거듭 덕(德)이라는 말에 있다."74)

朱註

> 自第一章至此, 疑皆一時之言. 此章蓋爲慍見發也.
> 1장부터 여기까지는 한 때의 말인 듯하다. 이 장은 아마도 자로가 성난 얼굴로 뵈었기 때문에 말한 듯하다.

詳說

○ 三章.

'여기까지[至此]'에서 '여기[此]'는 3장이다.

○ 去聲.

'차장개위(此章蓋爲)'에서 '위(爲 : 때문에)'자는 거성이다.

○ 音現.

'온현(慍見)'에서 '현(見 : 뵈다)'자는 음이 현(現)이다.

○ 雙峰饒氏曰: "知在行先, 曰知道, 知在行後, 則曰知德. 子路未能實有是德於己, 所以纔絶糧便慍見."75)

해(癸巳論語解)』「위령공(衛靈公)」에 "'덕을 아는 자가 드물다'는 것은 실천하는 것이 아직 지극하지 않기 때문에 그 맛을 진실로 알 수 없는 것이다. 공자가 이것을 자로에게 말해 그가 덕에 힘써 나아가게 하고 총명함과 강력함을 믿지 않도록 하였다.(知德者鮮, 以其踐履之未至, 故不能眞知其味. 夫子以此告子路, 使之勉進於德, 而不以聰明強力爲可恃也.)"라고 되어 있고, 『논어집주대전(論語集註大全)』「위령공(衛靈公)」에는 『계사논어해』의 마지막 구절이 없다. 박문호(朴文鎬)가 핵심만 축약해서 인용한 것으로 보인다.

73) 호광 편(胡廣 編), 『논어집주대전(論語集註大全)』「위령공(衛靈公)」.

74) 『집주(集註)』의 의미는 거듭 안다[知]는 …… 거듭 덕(德)이라는 말에 있다 : 『논어집주대전』「위령공(衛靈公)」에는 "자세히 설명하면, 『집주(集註)』의 의미는 거듭 '안다[知]'는 말에 있을 뿐만 아니라 거듭 '덕(德)'이라는 말에 있다. 의리의 맛은 끝이 없어 반드시 실제로 자신에게서 얻은 다음에 진실로 그 맛의 실질을 안다. 그렇게 하지 않고 억측하고 헤아려서 아는 일은 진실로 아는 것이 아니다. 만약 진실로 아는 것이 조금 잘하고 못하는 정도라면 어찌 기뻐하고 슬퍼할 필요가 있겠는가!(詳集註之意, 不徒重在知字, 而重在德字. 蓋義理之味無窮, 必實得於己, 而後眞知其味之實. 不然臆度之知, 非眞知也. 夫苟眞知之區區窮達, 豈足爲欣戚哉.)"라고 되어 있다.

쌍봉 요씨(雙峰饒氏 : 饒魯)가 말하였다. “앎이 실천의 앞에 있는 경우, ‘도를 안다[知道]’라고 하고, 앎이 실천의 뒤에 있는 경우, ‘덕을 안다[知德]’라고 한다. 자로가 자신에게 이 덕을 실제로 가지고 있지 못하기 때문에 양식이 떨어지자 바로 화난 얼굴로 뵈었던 것이다.”[76]

○ **覺軒蔡氏曰 : “造次顚沛之中, 所以告門人者, 無異於洙泗雍容講論之事, 此其所以爲聖人也.”**[77]

각헌 채씨(覺軒蔡氏 : 蔡模)[78]가 말하였다. 경황 중에서도 위급한 상황에서도[79] 문인들에게 알려주는 것이 사수(洙泗)에서 온화한 모습으로 강론하던 때의 일과 다름이 없었으니, 이것이 성인이 된 까닭이다.[80]

---

75) 호광 편(胡廣 編), 『논어집주대전(論語集註大全)』「위령공(衛靈公)」.

76) 앎이 실천의 앞에 있는 경우 …… 양식이 떨어지자 바로 화난 얼굴로 뵈었던 것이다 : 『논어집주대전』「위령공(衛靈公)」에 “공자가 ‘도를 안다’라고 하지 않고 ‘덕을 안다’라고 한 것은 무엇 때문인가? 덕과 도는 다르니, 앎이 실천의 앞에 있으면 ‘도를 안다’라고 하고, 앎이 실천의 뒤에 있으면 ‘덕을 안다’라고 한다. 앎이 실천의 앞에 있으면 도가 아직 나의 것이 되지 않아 여전히 가깝지 않다. 앎이 실천의 뒤에 있으면 이 도는 실제로 나의 것이 되어 아는 것이 깊어진다. 이미 그 속에서 재미를 알게 되면 바깥 세상의 재미가 그것을 빼앗지 못하니, 맹자가 ‘인과 의에 배부르게 되면 사람들의 기름진 맛을 원하지 않는 까닭이다.’라고 하였다. 자로가 아직 실제로 이 덕을 자신에게서 갖지 못했으니, 양식이 떨어지자 바로 화난 얼굴로 뵈었던 까닭이다. (夫子不曰‘知道’而曰‘知德’, 何也. 德與道, 不同, 知在行先曰‘知道’, 知在行後則曰‘知德’. 知在行先, 則道未爲我有, 猶未親切. 知在行後, 則此道實爲我有, 而知之也深. 旣知得這裏面滋味, 則外面世味自不足以奪之, 孟子曰‘飽乎仁義, 所以不願人之膏粱之味也’. 子路未能實有是德於己, 所以纔絶糧便慍見.)”라고 되어 있다.

77) 호광 편(胡廣 編), 『논어집주대전(論語集註大全)』「위령공(衛靈公)」 .

78) 채모(蔡模, 1188~1246) : 남송 시대의 역학자로 남송 건주(建州) 건양(建陽) 사람이며, 자는 중각(仲覺)이고, 호는 각헌(覺軒)이며, 채침(蔡沈)의 아들이다. 각헌 채씨(覺軒蔡氏)라고도 불린다. 일찍이 건양서원(建陽書院) 석장(席長)을 지냈다. 1244년 승상 범종(范鍾)이 천거하고 사방숙(謝方叔)의 추천으로 적공랑(迪功郎)에 오르고, 본부교수(本府敎授)가 되었다. 일찍이 주희(朱熹)가 저서를 편집해 『속근사록(續近思錄)』을 만들었다. 저서로는 『역전집해(易傳集解)』와 『대학연설(大學衍說)』, 『논맹집소(論孟集疏)』, 『하락탐색(河洛探賾)』 등이 있다.

79) 경황 중에서도 위급한 상황에서도 : 『논어(論語)』「이인(里仁)」에 “군자는 밥을 먹는 동안이라도 인(仁)을 떠남이 없으니, 경황 중에서도 이 인에 반드시 하며, 위급한 상황에서도 이 인에 반드시 하는 것이다.(君子無終食之間違仁, 造次必於是, 顚沛必於是.)라고 하였다.

80) 경황 중에서도 위급한 상황에서도 …… 이것이 성인이 된 까닭이다 : 『논어집주대전』「위령공(衛靈公)」에 “공자가 자로를 부르고 덕을 아는 사람이 드물다는 말로 깨우치게 하였다. 자신에게서 의리를 터득했으면, 생사·화복·득실이 스스로 그 지키는 것을 어지럽힐 수 없다는 말이

[15-4-1]

子曰："無爲而治者, 其舜也與. 夫何爲哉. 恭己正南面而已矣."
공자가 말하였다. "무위(無爲)로 다스린 분은 순 임금이실 것이다. 무엇을 하셨겠는가? 몸을 공손히 하고 바르게 남면하였을 뿐이셨다."

朱註

與, 平聲. 夫, 音扶. 無爲而治者, 聖人德盛而民化, 不待其有所作爲也. 獨稱舜者, 紹堯之後, 而又得人以任衆職, 故尤不見其有爲之迹也.

'기순야여(其舜也與)'에서 '여(與)'자는 평성이고, '부하위재(夫何爲哉)'에서 '부(夫)'자는 음이 부(扶)이다. 무위(無爲)로 다스렸다는 것은, 성인의 덕이 성대하여 백성이 교화되는 일에서 작위(作爲)를 기다리지 않는다는 말이다. 오직 순 임금만 말한 것은 요 임금의 뒤를 있었고, 또 인재를 얻어 여러 직책을 맡겼기 때문에 더욱 유위(無爲)의 흔적을 볼 수 없는 것이다.

詳說

○ 去聲.

'무위이치(無爲而治)'에서 '치(治 : 다스리다)'자는 거성이다.

○ 雙峰饒氏曰："衆聖人之所同."[81]

'무위이치자, 성인덕성이민화, 부대기유소작위야(無爲而治者, 聖人德盛而民化, 不待其有所作爲也 : 무위로 다스렸다는 것은, 성인의 덕이 성대하여 백성이 교화되는 일에서 작위를 기다리지 않는다는 것이다)'에 대해, 쌍봉 요씨(雙峰饒氏 : 饒魯)가 말하였다. "여러 성인에게서 동일한 사안이다."[82]

니, 화난 얼굴로 뵙는 의혹을 풀어주기 위함이다. 공자가 경황 중에서도 위급한 상황에서도 문인과 제자들에게 깨우치게 한 것은 각기 어두운 것에 따라 했으니, 사수(洙泗)에서 온화한 모습으로 강론하던 때의 소박함과 다를 것이 없었다. 아! 이것이 성인이 되신 까닭일 것이다.(夫子呼子路, 告以知德者鮮矣之說. 謂義理有得於己, 則死生禍福得喪, 自不能亂其所守, 所以釋其慍見之惑. 夫子當造次顚沛之中, 所以告門人弟子者, 各隨其所蔽而開發, 無以異於洙泗雍容講論之素. 吁, 此其所以爲聖人也與.)"라고 되어 있다.

81) 호광 편(胡廣 編), 『논어집주대전(論語集註大全)』「위령공(衛靈公)」.

82) 여러 성인에게서 동일한 사안이다 : 『논어집주대전』「위령공(衛靈公)」에 "『집주(集註)』에서는 두 절로 나누었다. 한 절에서는 성인의 덕이 성대하여 백성이 교화되는 일에서 작위를 기다리

○ 雙峰饒氏曰 : "此舜之所獨, 與無憂者, 其惟文王, 相似."[83)]

'독칭순자, 소요지후, 이우득인이임중직, 고우불견기유위지적야(獨稱舜者, 紹堯之後, 而又得人以任衆職, 故尤不見其有爲之迹也 : 오직 순 임금만 말한 것은 요 임금의 뒤를 잇었고, 또 인재를 얻어 여러 직책을 맡겼기 때문에 더욱 유위의 흔적을 볼 수 없는 것이다'에 대해, 쌍봉 요씨(雙峰饒氏)가 말하였다. "여기서 '오직 순 임금만'이라고 말한 것은 '근심이 없는 분은 오직 문왕(文王)뿐일 것이다.'[84)]라는 말과 서로 비슷하다."[85)]

朱註

恭己者, 聖人敬德之容, 旣無所爲, 則人之所見, 如此而已.

'몸을 공손히 한다[恭己]'는 것은 성인이 공경하는 덕[敬德]의 모양이니, 이미 작위하는 일이 없으면 사람들이 알 수 있는 것은 이와 같을 뿐이다.

詳說

○ 敬己之德.

'성인경덕지용(聖人敬德之容)'에서 '경덕(敬德)'은 몸을 공경하는 덕이다.

○ 訓畢.

'성인경덕지용(聖人敬德之容)'에서 훈고가 끝났다.

지 않는다는 설명이니, 이는 여러 성인들에게서 동일한 사안이다. 다른 한 절에서는 …….(『集註』分兩節. 一節說聖人德盛而民化, 不待其有所作爲, 此是衆聖人之所同. 一節…….)"라고 되어 있다.

83) 호광 편(胡廣 編), 『논어집주대전(論語集註大全)』「위령공(衛靈公)」.

84) 근심이 없는 분은 오직 문왕(文王)뿐일 것이다 : 『중용장구(中庸章句)』 제18장에서 "공자가 말하였다. '근심이 없으신 분은 오직 문왕뿐일 것이다. 왕계가 아버지이고, 무왕이 아들이니, 아버지가 시작하고 아들이 이어받은 것이다.'(子曰 : '無憂者, 其惟文王乎. 以王季爲父, 以武王爲子, 父作之, 子述之.')"라고 하였다.

85) 여기서 '오직 순 임금만'이라고 말한 것은 …… 말과 서로 비슷하다 : 『논어집주대전』「위령공(衛靈公)」에는 "『집주(集註)』에서는 두 절로 나누었다. 한 절에서는 …… 다른 한 절에서는 순 임금이 요 임금의 뒤를 이었고, 또 인재를 얻어 여러 직책을 맡겼기 때문에 더욱 유위의 흔적을 볼 수 없다는 설명이니, 이것은 순 임금만이 홀로 순 임금이라고 말해지는 이유라는 것인데, '근심이 없으신 분은 오직 문왕(文王)뿐일 것이다.'라는 말과 서로 비슷하다.'(『集註』分兩節. 一節……. 一節說舜紹堯之後, 又得人以任衆職, 故尤不見其有爲之迹, 此是舜之所獨稱舜, 與'無憂者, 其惟文王乎', 相似.)"라고 되어 있다.

○ 恭己南面.

'여차(如此)'라는 말에서 '차(此)'라는 글자는 몸을 공손히 하여 남면하는 일이다.

○ 正南面, 謂向南而面也, 與正牆面, 語勢同.

'바르게 남면하였다[正南面]'는 말은 남쪽을 향해 대면하고 있는 것이니, '담장을 정면으로 마주하고 있다'[86]는 구절과 말의 형세가 같다.

○ 釋畢.

경문의 풀이가 끝났다.

○ 胡氏曰 : "臨御敬德之容, 由外而知其內也."[87]

호씨(胡氏 : 胡泳)[88]가 말하였다. "나라를 다스리며 공경하는 덕의 모습은 겉으로 속을 아는 것이다."[89]

○ 朱子曰 : "以『書』考之, 舜爲治之迹, 皆在攝政時, 及踐位, 則不過命九官而已, 無他事也."[90]

주자(朱子 : 朱熹)가 말하였다. "『서경(書經)』으로 내용을 살펴보면, 순이 다스린 흔적은 모두 섭정할 때 있다. 제위에 오르고는 아홉 관직을 명한 것에 불과하고 다른 일은 없다."[91]

---

86) 담장을 정면으로 마주하고 있다 : 『논어(論語)』「양화(陽貨)」에 "공자(孔子)께서 백어(伯魚)에게 말하였다. '너는 『시경(詩經)』「주남(周南)」과 「소남(召南)」을 배웠느냐? 사람으로서 그것들을 배우지 않으면 담장을 정면으로 마주하고 서 있는 것과 같다.'(子謂伯魚曰 : '女爲「周南」「召南」矣乎. 人而不爲周南召南, 其猶正牆面而立也與.')"라는 말이 있다.

87) 호광 편(胡廣 編), 『논어집주대전(論語集註大全)』「위령공(衛靈公)」에는 요로(饒魯)가 호영(胡永)의 말을 인용한 것으로 실려 있다.

88) 호영(胡泳) : 자는 백량(伯量)이고, 동원(洞源) 또는 동원(桐源)이다. 송(宋)나라 때 남강군 건창(南康軍 建昌 : 현 강서성 소속) 사람이다. 주희의 제자로서 백록동삼현사(白鹿洞三賢祠)에 배향되어 있다. 저서에 『사서연설(四書衍說)』이 있다.

89) 나라를 다스리며 공경하는 덕의 모습은 겉으로 속을 아는 것이다 : 『논어집주대전』「위령공(衛靈公)」에 "신안 진씨(新安陳氏 : 陳櫟)가 말하였다. '사람들은 순 임금이 유위로 다스린 흔적을 볼 수 없으니, 볼 수 있는 것은 나라를 다스리며 공경하는 덕의 모습일 뿐이다. 호씨가 '공경하는 덕의 모습은 겉으로 속을 아는 것이다.'라고 했는데, 옳다.'(新安陳氏曰 : '人不見其有爲之迹, 可得見者, 臨御敬德之容耳. 胡氏謂'敬德之容, 由外而知其內', 是也.')"라는 말이 있다.

90) 호광 편(胡廣 編), 『논어집주대전(論語集註大全)』「위령공(衛靈公)」.

91) 『서경(書經)』으로 상고해 보면 …… 아홉 관직을 명한 것에 불과하고 다른 일은 없다 : 『논어집주대전』「위령공(衛靈公)」에는 "어떤 이가 물었다. ''몸을 공손히 한다'는 것은 성인을 공경하는 덕의 모습이다. 『서경(書經)』으로 해당 내용을 살펴보면, 순 임금이 다스림을 행한 것은 조근

○ 無爲而治, 此章之題目.

'무위이치(無爲而治 : 무위로 다스렸다)'가 이 장의 제목이다.

하고 순수하며, 원개를 천거하고 사흉을 주벌한 것이니, 일이 없었던 것은 아니다. 그런데 여기서 무위로 다스렸던 분이라고 하는 것은 무엇 때문인가?' 주자(朱子 : 朱熹)가 답하였다. '『서경(書經)』으로 살펴보면, 순 임금이 다스림을 행한 흔적은 모두 섭정하는 28년 사이에 있다. 천자의 지위에 오르고는 『서경(書經)』에 실려 있는 것으로는 구관(九官)과 십이목(十二牧)을 명한 것에 불과할 뿐이고, 그 뒤로 다른 일은 없다.'(或問 : '恭己, 爲聖人敬德之容. 以『書傳』考之, 舜之爲治, 朝覲巡狩, 封山濬川, 擧元凱, 誅四凶, 非無事也. 此其曰無爲而治者, 何耶.' 朱子曰 : '卽書而考之, 則舜之所以爲治之迹, 皆在攝政二十八載之間. 及其踐天子之位, 則書之所載, 不過命九官十二牧而已, 其後無他事也.')"라고 설명되어 있다.

[15-5-1]

子張問行,
자장(子張)[92]이 행해짐을 물으니,

詳說

○ 行, 平聲. 下節'行矣'·'行乎'·'後行'之三行字, 皆所以答此行字.
'문행(問行)'에서 행(行)자는 평성이다. 다음 절의 '행의(行矣)'·'행호(行乎)'[93]·'후행(後行)'의 세 글자는 모두 여기의 행(行)자에 대해 답한 것이다.

朱註

猶問達之意也.
통달함에 대해 물은 의미와 같다.

詳說

○ 見顔淵.
『논어(論語)』「안연(顔淵)」에 보인다.[94]

---

92) 자장(子張, B.C.503년~?) : 춘추 시대 말기 진(陳)나라 사람으로, 이름은 전손사(顓孫師)고, 자가 자장이다. 공자(孔子)보다 48세 아래이다. 『논어』에 공자가 그를 다른 제자들과 견주면서 독특한 성격을 말하는 것으로 볼 때 특수한 위치에 있었음을 알 수 있다. 공자가 죽은 뒤 공문(孔門)은 8개 유파로 갈렸는데, 자장을 중심으로 한 학파는 다른 유가 학파보다 의협(義俠)의 성격을 크게 띠어 맹자(孟子) 이후부터는 정통 학파와는 거리가 멀어지게 되었다.

93) '행의(行矣)'·'행호(行乎)'·'후행(後行)' : 다음 절에 "공자가 말하였다. '말이 진실하고 믿음직스러우며, 행동이 독실하고 경건하면, 남쪽과 북쪽의 오랑캐 나라에서라도 행해질 수 있겠지만 말이 진실하지 못하고 믿음직스럽지 않으며, 행동이 독실하지 않고 경건하지 않으면, 주(州)와 마을에서라도 행해질 수 있겠는가? 일어서면 그것이 앞에 참여함을 보고, 수레에 있으면 그것이 멍에에 기댄 것을 보니, 그런 다음에 행하는 것이다.'(子曰 : '言忠信, 行篤敬, 雖蠻貊之邦, 行矣, 言不忠信, 行不篤敬, 雖州里行乎哉. 立則見其參於前也, 在輿則見其倚於衡也, 夫然後行.')"라고 하였다.

94) 『논어(論語)』「안연(顔淵)」에 보인다 : 『논어(論語)』「안연(顔淵)」에 "자장(子張)이 물었다. '선비가 어떠해야 통달[達]이라고 할 수 있습니까?' 공자가 답하였다. '무엇이냐? 네가 통달이라고 하는 것이.'자장이 대답하였다. '나라에서도 반드시 소문이 나며, 집안에서도 반드시 소문이 나는 것입니다.' 공자가 말하였다. '그것은 소문이지 통달이 아니다. 통달이란 것은 정직을 실질로 하고 의를 좋아하며, 남의 말을 구분하고 얼굴빛을 살피며 생각해서 몸을 낮추는 일이니, 나

○ 謂得行於外.

밖에서 실천으로 터득하는 일을 말한다.

○ 以論釋之, 無訓.

경문의 의미 설명으로 풀이하였고, 훈고는 없다.

[15-5-2]

子曰 : "言忠信, 行篤敬, 雖蠻貊之邦, 行矣, 言不忠信, 行不篤敬, 雖州里行乎哉.

공자가 말하였다. "말이 진실하고 믿음직스러우며 행동이 독실하고 경건하면 남쪽과 북쪽의 오랑캐 나라에서라도 행해질 수 있겠지만, 말이 진실하지 못하고 믿음직스럽지 않으며 행동이 독실하지 않고 경건하지 않으면 주(州)와 마을에서라도 행해질 수 있겠는가?

朱註

行篤, 行不之行, 去聲. 貊, 亡百反. 子張意在得行於外. 故夫子反於身而言之, 猶答干祿, 問達之意也.

'행독(行篤)'과 '행부(行不)'에서 '행(行)'자는 거성이다. '맥(貊)'은 '망(亡)'과 '백(百)'의 반절(反切)이다. 자장의 의도는 밖에서 실천으로 터득하는 데 있다. 그러므로 공자가 자신에게 돌이켜 말하였으니, 녹(祿)을 구하고 통달을 물은 것에 답한 의미와 같다.

라에서도 반드시 통달하게 되고 집안에서도 반드시 통달하게 된다. 소문이란 것은 얼굴빛으로는 어진 척하지만 행실은 어긋나고, 그대로 있으면서 의심하지 않는 것이니, 나라에서도 반드시 소문이 나고 집안에서도 반드시 소문이 난다.'(子張問 : '士何如, 斯可謂之達矣.' 子曰 : '何哉. '爾所謂達者' 子張對曰 : '在邦必聞, 在家必聞.' 子曰 : '是, 聞也, 非達. 夫達也者, 質直而好義, 察言而觀色, 慮以下人, 在邦必達, 在家必達. 夫聞也者, 色取仁而行違, 居之不疑, 在邦必聞, 在家必聞.')"라고 하였다.

詳說

○ 承上註而言.

'자장의 의도는 밖에서 실천으로 터득하는 데 있다(子張意在得行於外)'라는 구절은 앞의 주를 이어서 말한 것이다.

○ 言行.

'공자가 자신에게 돌이켰다(夫子反於身)'라는 구절은 실천을 말한 것이다.

○ 見「爲政」.

'녹을 구한다(干祿)'는 말은 『논어(論語)』「위정(爲政)」에 있다.95)

○ 見「顏淵」.

'통달(問達)'을 물은 일은 『논어(論語)』「안연(顏淵)」에 있다.96)

○ 干祿, 非問也. 答字, 主問達言.

녹을 구하는 일에 대한 것은 물음이 아니다. '답했다'는 말은 통달에 대한 물음을 중심으로 말한 것이다.

○ 先以論釋其意.

먼저 경문의 의미 설명으로 그 뜻을 풀이하였다.

---

95) 『논어(論語)』「위정(爲政)」에 있다 : 『논어(論語)』「위정(爲政)」에서 "자장(子張)이 녹(祿)을 구하는 방법을 배우려고 하였다. 공자가 말하였다. '많이 듣고서 의심나는 것을 빼버리고 그 나머지를 삼가서 말하면 허물이 적어지며, 많이 보고서 위태로운 것을 빼버리고 그 나머지를 삼가서 행하면 후회하는 일이 적어질 것이다. 말에 허물이 적으며 행실에 후회할 일이 적으면 녹(祿)이 그 가운데에 있다.'(子張學干祿, 子曰 : '多聞闕疑, 愼言其餘則寡尤, 多見闕殆, 愼行其餘則寡悔. 言寡尤, 行寡悔. 祿在其中矣.')"라고 하였다.

96) 『논어(論語)』「안연(顏淵)」에 있다 : 『논어(論語)』「안연(顏淵)」에서 "자장(子張)이 물었다. '선비가 어떠해야 통달[達]이라고 할 수 있습니까?' 공자가 답하였다. '무엇이냐? 네가 통달이라고 하는 것이.'자장이 대답하였다. '나라에서도 반드시 소문이 나며, 집안에서도 반드시 소문이 나는 것입니다.' 공자가 말하였다. '그것은 소문이지 통달이 아니다. 통달이란 것은 정직을 실질로 하고 의를 좋아하며, 남의 말을 구분하고 얼굴빛을 살피며 생각해서 몸을 낮추는 것이니, 나라에서도 반드시 통달하게 되고 집안에서도 반드시 통달하게 된다. 소문이란 것은 얼굴빛으로는 어진 척하지만 행실은 어긋나고, 그대로 있으면서 의심하지 않는 것이니, 나라에서도 반드시 소문이 나고 집안에서도 반드시 소문이 난다.'(子張問 : '士何如, 斯可謂之達矣.' 子曰 : '何哉. '爾所謂達者' 子張對曰 : '在邦必聞, 在家必聞.' 子曰 : '是, 聞也, 非達. 夫達也者, 質直而好義, 察言而觀色, 慮以下人, 在邦必達, 在家必達. 夫聞也者, 色取仁而行違, 居之不疑, 在邦必聞, 在家必聞.')"라고 하였다.

朱註

篤, 厚也.

'독실하다[篤]'는 말은 두텁다는 뜻이다.

詳說

○ **朱子曰 : "篤有重厚深沈之意. 敬而不篤, 則有拘迫之患."**[97]

주자(朱子 : 朱熹)가 말하였다. "독실함에는 중후하여 깊이 침잠하는 의미가 있다. 경건하면서 독실하지 않으면 속박되는 근심이 있다."[98]

○ **南軒張氏曰 : "篤於敬也, 言忠信, 言有物, 行篤敬, 行有恒."**[99]

남헌 장씨(南軒張氏 : 張栻)가 말하였다. "경건함에 독실하면, 말이 진실하고 믿음직스러워 말에 사물이 있고, 행동이 독실하고 경건하여 행동에 일정함이 있다."[100]

---

97) 호광 편(胡廣 編), 『논어집주대전(論語集註大全)』「위령공(衛靈公)」.

98) 독실함에는 중후하여 깊이 침잠하는 …… 독실하지 않으면 속박되는 근심이 있다 : 호광 편(胡廣 編), 『논어집주대전(論語集註大全)』「위령공(衛靈公)」. 『주자어류(朱子語類)』 권45, 「논어27(論語二十七)」, 10조목에는 "물었다. '행실은 독실하고 경건해야 합니까?' 주희가 답하였다. '독실함이란 중후하여 깊이 침잠하는 뜻입니다. 경건하면서 독실하지 못하면 속박되는 근심이 있을 겁니다.'(問 : '行篤敬'. 曰 : '篤者, 有重厚深沉之意. 敬而不篤, 則恐有拘迫之患.')"라고 되어 있다.

99) 장식(張栻), 『계사논어해(癸巳論語解)』「위령공(衛靈公)」. 호광 편(胡廣 編), 『논어집주대전(論語集註大全)』「위령공(衛靈公)」.

100) 경건함에 독실하면, 말이 진실하고 …… 경건하여 행동에 일정함이 있다 : 장식, 『계사논어해』「위령공(衛靈公)」에는 "'독경(篤敬)'은 경건함에 돈독하다는 것이다. 말이 진실하고 믿음직스러우면, 말에 사물이 있고, 실천이 경건함에 독실하면 실천에 일정함이 있으니, 이렇게 하면 어디에 간들 불가하겠는가? 그러므로 오랑캐의 나라에 있을지라도 실천할 수 있다. 사람들이 이미 알지 못해도 자신에게 있는 것은 또한 일찍이 행하지 않은 적이 없다. 말이 진실하고 믿음직스럽지 않으면, 함부로 하는 것일 뿐이기 때문에 마을에서도 행할 수 없다. 일어서면 그것이 앞에서 참여함을 보고, 수레에 있으면 그것이 멍에에 기댐을 보는 것이 진실하여 믿음직스럽고 경건함에 돈독한 이치를 보존하게 하는 것이다. 평소에 보존하지 못하면서 말과 실천에 보존하려고 하면 어렵다. 보존하면서도 머무르지 않는 것은 말과 실천에서 드러나는 것으로 어기지 않는 것이니, 이와 같은 뒤에 행할 수 있다. 자장이 이 말을 띠에 적어놓고 일삼으며 잃지 않기를 원하였다.(篤敬者, 敦篤於敬也. 言忠信則言有物, 行篤敬則行有恒, 以是而行, 何往而不可. 故雖居蠻貊之邦, 亦可行也. 蓋人雖不己知, 而在己者, 亦未嘗不行焉. 若夫言不忠信, 行不篤敬, 則妄而已, 故雖州里亦有所不可行也. 立則見其參於前, 在輿則見其倚於衡, 使之存乎忠信篤敬之理也. 存之不素, 而欲保之於言行之間, 難矣. 存而不舍, 則見於言行者, 斯不違

○ 雙峰饒氏曰："凡事詳審, 不輕發, 是篤底意思戒謹. 惟恐失是敬底意思, 篤自篤, 敬自敬."101)

쌍봉 요씨(雙峰饒氏 : 饒魯)가 말하였다. "모든 일에 자세히 살피면 가볍게 말하지 않으니, 독실한 마음이 경계하고 삼가는 것이다. 잃을까 걱정하는 것만이 경건한 마음이니, 독실함은 저절로 독실해지고, 경건함은 저절로 경건해진다."102)

○ 又曰："忠止於心, 是前一截事, 信見於事, 是後一截事."103)

쌍봉 요씨(雙峰饒氏 : 饒魯)가 또 말하였다. "진실함이 마음에 있는 것은 앞에 있는 일이고, 믿음이 일에 드러나는 것은 뒤에 있는 일이다."104)

朱註

蠻, 南蠻, 貊, 北狄. 二千五百家爲州.

만(蠻)은 남쪽의 오랑캐이고, 맥(貊)은 북쪽의 오랑캐이다. 2천 5백가가 주(州)이다.

焉, 如是而後, 可以行也. 子張書諸紳, 請事而不敢忘也.)"라고 하였다. 『논어집주대전(論語集註大全)』「위령공(衛靈公)」에는 "南軒張氏曰 : 篤敬者, 敦篤於敬也, 言忠信則言有物, 行篤敬則行有恒, 以是而行, 何往不可."라고 하여 『계사논어해』의 앞부분만 인용하고 있다.

101) 호광 편(胡廣 編), 『논어집주대전(論語集註大全)』「위령공(衛靈公)」.

102) 모든 일에 자세히 살피면 …… 경건함은 저절로 경건해진다 : 『논어집주대전』「위령공(衛靈公)」에는 "모든 일에 자세히 살피면 가볍게 말하지 않으니, 독실한 마음으로 경계하고 삼가며 두려워하고 염려한다. 잃을까 걱정하는 것만이 경건한 마음이니, 독실함은 저절로 독실해지고, 경건함은 저절로 경건해진다.(凡事詳審, 不輕發, 是篤底意思戒謹恐懼. 惟恐失之, 是敬底意思, 篤自篤敬自敬.)"라고 되어 있다.

103) 호광 편(胡廣 編), 『논어집주대전(論語集註大全)』「위령공(衛靈公)」.

104) 진실함이 마음에 있는 것은 …… 믿음이 일에 드러나는 것은 뒤에 있는 일이다 : 『논어집주대전』「위령공(衛靈公)」에는 "물었다. '말에 진실할 것을 생각하여 말에 믿음직함이 있으면, 이는 진실함과 믿음직함에 합하는 일로 말한 것이니, 앞에서 뭐라고 하든 진실함과 믿음직스러움이 모두 사실을 풀이한 것이다. 진실함은 마음에서 나오고, 믿음직함은 일에서 드러난다. 입으로 이와 같이 말하고 마음으로 이와 같이 하지 못하면 진실하지 않은 것이다. 입으로 이와 같이 말하고 일에서 증험한 것이 이와 같지 않다면 믿음직하지 못함이다. 진실함은 앞의 일이고, 믿음직함은 뒤의 일이다. 앞의 것이 진실하면 뒤의 것이 공허할 수 없다.'(問 : '言思忠, 言而有信, 此合忠信來言, 上說如何曰 : 忠信都訓實. 忠是出於心者, 信是見於事者. 如口裏如此說, 心下不如此, 是不忠也. 口裏如此說, 驗之於事, 却不如此, 是不信也. 忠是前一截事, 信是後一截事. 若前一截實, 後一截虛便不可.')"라고 되어 있다.

詳說

○ 『周禮』職方氏曰 : "八蠻九貉."[105)]

『주례(周禮)』에서 직방씨(職方氏)가 말하였다. "여덟의 남쪽 오랑캐와 아홉의 북쪽 오랑캐이다."[106)]

○ 新安陳氏曰 : "蠻貊之人, 亦皆此心此理也, 盡吾之心, 則通乎人心."[107)]

신안 진씨(新安陳氏 : 陳櫟)가 말하였다. "남쪽과 북쪽의 사람들도 모두 이런 마음과 이런 이치가 있으니, 나의 마음을 다하면 남들의 마음에도 통한다."[108)]

○ 訓在後.

훈고는 뒤에 있다.

---

105) 호광 편(胡廣 編), 『논어집주대전(論語集註大全)』「위령공(衛靈公)」.

106) 여덟의 남쪽 오랑캐와 아홉의 북쪽 오랑캐이다 : 『주례(周禮)』 권33에는 "직방씨는 천하의 지도를 주관하고 천하의 토지를 담당하여 나라의 행정구역과 사이 · 팔만 · 칠민 · 구맥 · 오융 · 육적의 사람들을 구별하였다.(職方氏掌天下之圖, 以掌天下之地, 辨其邦國都鄙, 四夷八蠻, 七閩九貉, 五戎六狄之人民.)"라고 되어 있고, 『논어집주대전』「위령공(衛靈公)」에는 "『주례』「하관」'직방씨'에서는 '사이 · 팔만 · 칠민 · 구맥 · 오융 · 육적이다.'라고 하였다. 정사농의 주석에서는 '동방은 이(夷)이고, 남방은 만(蠻)이며, 서방은 융(戎)이고 북방은 맥적(貉狄)이다.'라고 하였다.(周禮夏官職方氏, '四夷八蠻, 七閩九貉, 五戎六狄.' 鄭司農註, '東方曰夷, 南方曰蠻, 西方曰戎, 北方曰貉狄.')"라고 되어 있다.

107) 호광 편(胡廣 編), 『논어집주대전(論語集註大全)』「위령공(衛靈公)」.

108) 남쪽과 북쪽의 사람들도 …… 나의 마음을 다하면 남들의 마음에도 통한다 : 『논어집주대전』「위령공(衛靈公)」에는 "진실하고 믿음직스러우며 독실하고 경건한 것이 바로 말과 실천에서 당연한 이치이다. 공부는 온전히 진실하고 믿음직스럽고 독실하고 경건한 것에 있으니, 생각마다 이를 잊지 않는 것이다. 오직 생각마다 마음에서 잊지 않은 다음에 항상 눈에 보이는 것 같으면, 진실하고 믿음직스러우며 독실하고 경건한 것이 나의 마음으로 이 이치이다. 주(州)와 마을의 사람들과 남쪽과 북쪽의 사람들도 모두 이 마음이고 이 이치이니, 나의 마음을 다한다면 남들의 마음에도 통하여 멀리 떨어져 있을지라도 행할 수 있고, 나의 마음을 다하지 않는다면 남들의 마음에 통할 방법이 없어 가까이 있을지라도 행할 수 없다.(忠信篤敬, 乃言行當然之理. 工夫全在忠信篤敬, 念念不忘八字上. 惟念念不忘於心, 而後常如有見於目, 忠信篤敬, 吾心此理也. 州里之人, 與蠻貊之人, 亦皆此心此理也, 盡吾之心, 則通乎人心, 雖遠而可行, 不盡吾心, 則無以通乎人心, 雖近而不可行矣.)"라고 되어 있다.

[15-5-3]

立則見其參於前也, 在輿則見其倚於衡也, 夫然後行."
일어서면 그것이 앞에 참여함을 보고, 수레에 있으면 그것이 멍에에 기댄 것을 보니, 그런 다음에 행하는 것이다."

朱註

參, 七南反. 夫, 音扶. 其者, 指忠信篤敬而言. 參, 讀如毋往參焉之參, 言與我相參也. 衡, 軛也.

'참(參)'은 '칠(七)'과 '남(南)'의 반절(反切)이다. '부연후행(夫然後行)'에서 '부(夫)'는 음이 부(扶)이다. '그것[其]'은 진실하고 믿음직스러움을 가리켜서 말하였다. '참여함[參]'은 '그 사이로 가서 끼어들지 말라.'라고 할 때의 '끼어들다[參]'는 말과 같이 읽으니, 나와 함께 하여 서로 참여함을 말한다. '멍에[衡]'는 멍에[軛]이다.

詳說

○ 見『禮記』「曲禮」.
'무왕참언지참(毋往參焉之參 : 그 사이로 가서 끼어들지 말라고 할 때의 끼어들다)'는 말은 『예기』「곡례」에 있다.109)

○ 襯前字.
'나와 함께 한다.[與我]'는 말은 앞으로 가까이 간다는 뜻이다.

○ 音, 厄.
'형, 액야(衡, 軛也)'에서 '액(軛 : 멍에)'자는 음이 액(厄)이다.

○ 駕馬處, 是車前所常見.
멍에를 거는 곳은 수레 앞에 항상 드러나는 곳이다.

○ 訓畢.
훈고가 끝났다.

109) 『예기』「곡례」에 있다 : 『예기(禮記)』「곡례(曲禮)」에 "두 사람이 나란히 서 있거나, 두 사람이 나란히 앉아 있을 적에는 그 사이로 가서 끼어들지 말라.(離立離坐, 毋往參焉.)"라는 말이 있다.

朱註

言其於忠信篤敬, 念念不忘, 隨其所在, 常若有見, 雖欲頃刻離, 而不可得.
진실하고 믿음직스러우며 독실하고 경건한 것이 생각마다 잊지 않아, 있는 곳을 따라서 항상 보이는 듯하여, 잠시 동안 떠나려고 할지라도 할 수 없음을 말하였다.

詳說

○ 指人而言.
'언기(言其)'에서 '기(其)'자는 사람을 가리켜서 말하였다.

○ 立輿.
'있는 곳을 따라서(隨其所在)'라는 말은 일어서고 수레에 있는 것이다.

○ 添若字, 以見其非眞有物可見.
'상약유견(常若有見 : 항상 보이는 듯하여)'에서 '~한 듯하다[若]'는 말을 더한 것은 진실로 볼 수 있는 사안이 있음이 아님을 나타내기 위한 의도이다.

○ 去聲, 下同.
'수욕경각리(雖欲頃刻離)'라는 말에서 '리(離)'자는 거성으로 아래에서도 같다.

○ 潛室陳氏曰 : "此學者, 存誠工夫."[110]
'수욕경각리, 이불가득(雖欲頃刻離, 而不可得 : 잠시 동안 떠나려고 할지라도 할 수 없게)'에 대해, 잠실 진씨(潛室陳氏 : 陳埴)[111]가 말하였다. "이것은 학자들이 성(誠)을 보존하는 공부이다."[112]

110) 호광 편(胡廣 編), 『논어집주대전(論語集註大全)』「위령공(衛靈公)」.

111) 진식(陳埴) : 남송의 성리학자로 영가(永嘉) 사람이며, 자는 기지(器之)이고, 호는 잠실(潛室)이다. 벼슬은 통직랑(通直郎)을 지냈다. 섭적(葉適)에게 배운 뒤 주희의 제자가 되었다. 그는 리와 기가 합해야만 성이 온전할 수 있다고 하였다. 저서로는 『우공변(禹貢辯)』, 『홍범해(洪範解)』, 『왕제장구(王制章句)』 등이 있다.

112) 이것은 학자들이 성(誠)을 보존하는 공부이다 : 『논어집주대전』「위령공(衛靈公)」에는 "앞에 참여함과 멍에에 기댐은 밖에서 온 사물이 있는 것이 아니라 바로 진실하고 믿음직스럽고 독실하고 경건한 것이다. 앉아 있거나 일어서서 보는 것이 언제나 눈이 그것에 있을 뿐이니, 이것이 학자들이 성을 보존하는 공부이다. 자신에게 저런 도리가 있게 하여 언제나 눈앞에서 서로 떠나지 않게 하는 것이다.(參前倚衡, 不是有箇外來物事, 便是忠信篤敬. 坐立所見, 要常常目在之耳, 此是學者存誠工夫, 令自家實有這箇道理, 鎭在眼前不相離去.)"라고 되어 있다.

朱註

然後一言一行, 自然不離於忠信篤敬, 而蠻貊可行也.
그런 다음에 말 한마디 행동 하나하나가 저절로 진실하고 믿음직스러우며 독실하고 경건한 것에서 벗어나지 않아 남쪽과 북쪽의 오랑캐 나라에서도 행할 수 있다.

詳說

○ 去聲.
'일언일행(一言一行)'에서 '행(行 : 행동)'자는 거성이다.

○ 承上節.
'남쪽과 북쪽의 오랑캐 나라(蠻貊)'는 앞의 절을 이어받은 것이다.

○ 釋畢.
경문의 풀이가 끝났다.

○ 鄭氏舜擧曰 : "干祿問行, 皆告以言行. 忠信篤敬. 視寡尤寡悔, 淺深不侔, 子張之學進矣."[113]
정순거(鄭舜擧)가 말하였다. "녹을 구하고 행해짐을 물으니 모두 말과 행동으로 설명하였다. 진실하고 믿음직스러우며 독실하고 경건하며 작은 허물과 작은 후회를 보고 얕고 깊음은 비교하지 않았으니 자장의 학문이 나가는 것이다."[114]

[15-5-4]

子張書諸紳.
자장이 이 말을 띠에 적어 놨다.

113) 호광 편(胡廣 編), 『논어집주대전(論語集註大全)』「위령공(衛靈公)」.

114) 녹을 구하고 행해짐을 물으니 …… 자장의 학문이 나가는 것이다 : 『논어집주대전』「위령공(衛靈公)」에는 "자장은 밖으로 힘쓰는 자이기 때문에 녹을 구하는 것을 묻고 행해짐을 물으니, 모두 말과 행동으로 설명하였다. 진실하고 믿음직스러우며 독실하고 경건하며 작은 허물과 작은 후회를 보고 얕고 깊음은 비교하지 않았으니 자장의 학문이 나가는 것이다.(子張務外者也, 故問干祿問行, 皆以言行告之. 忠信篤敬, 視寡尤寡悔, 淺深不侔, 子張之學進矣.)"라고 되어 있다.

朱註

紳, 大帶之垂者. 書之, 欲其不忘也.

'띠[紳]'는 큰 띠에서 아래로 드리워진 것이다. 그곳에 적어 놓은 것은 잊지 않고자 함이다.

詳說

○ 訓.

'큰 띠에서 아래로 드리워진 것이다.(大帶之垂者)'라는 말은 훈고이다.

○ 新安陳氏曰 : "書上文夫子所言."115)

'신, 대대지수자(紳, 大帶之垂者 : '띠[紳]'는 큰 띠에서 아래로 드리워진 것이다)'에 대해, 신안 진씨(新安陳氏 : 陳櫟)가 말하였다. "앞에서 공자가 말한 것을 적어 놨다."116)

○ 記者, 必是仍書紳之舊耳.

'신, 대대지수자(紳, 大帶之垂者)'라는 구절에서 보면, 기록해 놓는다는 것은 띠에 적어 놓은 옛 것을 반드시 반복하는 일일 뿐이다.

○ 釋.

'잊지 않고자 함이다.(欲其不忘也)'라는 말은 경문의 풀이다.

○ 雙峰饒氏曰 : "見他佩服之切. 子張到晚117)年儘切實如言, 執德不弘之類可見."118)

'서지, 욕기불망야(書之, 欲其不忘也 : 그곳에 적어 놓은 것은 잊지 않고자 함이다)에 대해, 쌍봉 요씨(雙峰饒氏)가 말하였다. "옷에 매고 다닐 정도로 절실하게 여겼음을 드러낸 것이다. 자장이 늙을 때까지 절실함을 다하여 말과 같이 했으니, 덕을 지키는 것이 넓지 않음을 알 수 있다."119)

---

115) 호광 편(胡廣 編), 『논어집주대전(論語集註大全)』「위령공(衛靈公)」.

116) 앞에서 공자가 말한 것을 적어 놨다 : 『논어집주대전』「위령공(衛靈公)」에는 "앞에서 공자가 말한 것을 띠에 적어 놨다.(書上文夫子所言於紳也.)"라고 하였다.

117) '晚' : 장서각본에는 '脫'로 되어 있으나 『논어집주대전(論語集註大全)』에서 쌍봉 요씨의 말을 참고하여 '晚'으로 바로잡았다.

118) 호광 편(胡廣 編), 『논어집주대전(論語集註大全)』「위령공(衛靈公)」.

119) 옷에 매고 다닐 정도로 …… 덕을 지키는 것이 넓지 않음을 알 수 있다 : 『논어집주대전』「위령공(衛靈公)」에는 "'띠에 적어놨다'는 것은 옷에 매고 다닐 정도로 절실하게 여겼음을 드러낸 것이다. 자장이 늙을 때까지 절실함을 다하여 말과 같이 했으니, 덕을 지키는 것이 넓지 않음을 알 수 있다.('書紳', 見他佩服之切. 子張到晚年儘切實如言, 執德不弘之類, 可見.)"라고 되

朱註

程子曰 : "學要鞭辟近裏著己而已.

정자가 말하였다. "배움은 채찍질하여 내면에 가깝게 하고자 하고 자신에게 붙이기를 요할 뿐이다.

詳說

○ 伯子.

'정자왈(程子曰)'에서 '정자(程子)'는 형 정호(程顥)[120]이다.

○ 欲也.

'학요(學要)'에서 '요(要)'자는 '하고자 한다(欲)'는 말이다.

○ 直略反.

'편벽근리착(鞭辟近裏著)'에서 '착(著 : 붙이다)'은 '직(直)'과 '략(略)'의 반절(反切)이다.

○ 朱子曰 : "此是洛中語, 辟如驅辟一般, 一處說作鞭約, 是要鞭督向裏去. 今人皆就外面做工夫. 下云'切問忠信', 何嘗有一句向外去, 只就身上理會便是近裏著己."[121]

주자(朱子 : 朱熹)가 말하였다. "이것은 낙양(洛陽) 지방의 말이다. 벽(辟)은 구벽(驅辟)과 같고 어떤 곳에서는 편약(鞭約)으로 되어 있는데, 채찍질하고 독려하여 안을 향해 가는 것이다. 지금 사람들은 모두 외면 공부를 하고 있다. 아래에서 '간절하게 물어 진실하고 믿음직스럽다'고 했으니, 어찌 한 구절이라도 밖으로 향하는 것이 있는가? 자신에게서 이해하는 것이 바로 내면에 가까이하고 자신에게 붙이는 일이다."[122]

어 있다.

120) 정호(程顥, 1032~1085) : 북송 시대의 성리학자로 하남 낙양 사람이며 자는 백순(伯淳)이고, 호는 명도(明道)이다. 오랜 기간 낙양에서 강학했으므로 낙학(洛學)이라 하였다. 그는 아우 정이와 함께 주돈이를 사사하면서 스승의 감화를 받아 과거에 뜻을 두지 않고 구도에 전념하였다. 그의 철학은 역경에 근거하고 있어 태극을 건원이라 하고 건원일기가 곧 우주의 궁극적 원리라고 하였다. 만물은 모두 음양으로 말미암는데 그 차별이 발생하는 것은 이기 교감의 편정(偏正)의 구별이 있어서라고 하였다. 저서로는 『명도문집(明道文集)』, 『어록』 등이 있으며 정이의 문집과 함께 『이정유서(二程遺書)』 『이정외전서(二程外全書)』가 합간되었다.

121) 호광 편(胡廣 編), 『논어집주대전(論語集註大全)』「위령공(衛靈公)」.

122) 이것은 낙양(洛陽) 지방의 말이다 …… 내면에 가까이하고 자신에게 붙이는 일이다 : 『주자어류(朱子語類)』 권45, 「논어27(論語二十七)」, 12조목에는 "'배움은 내면에 가깝도록 채찍질하

朱註

博學而篤志, 切問而近思,
배우기를 널리 하고 뜻을 돈독하게 하며 묻기를 간절하게 하고 생각을 가까이 하며,

詳說

○ 見「子張」.
『논어(論語)』「자장(子張)」에 보인다.

○ 大全曰: "此致知之鞭辟, 近裏著己者."123)
『논어집주대전』에서 말하였다. "이것은 앎을 이루도록 채찍질하고 내면에 가깝게 하며 자신에게 붙이게 하는 일이다."

朱註

言忠信, 行篤敬, 立則見其參於前, 在輿則見其倚於衡.
말이 진실하고 믿음직스럽고 행동이 독실하고 경건하며, 서 있으면 그것이 앞

는 것'인데, '채찍질하는 것[鞭辟]'는 무엇 때문입니까? 대답하였다. '이것은 낙양(洛陽) 지방의 말이다. 벽(辟)은 구벽(驅辟)과 같고 어떤 곳에서는 편약(鞭約)으로 되어 있는데, 채찍질하고 독려하여 안을 향해 가는 것입니다. 지금 사람들은 모두 안을 향하도록 채찍질하고 독려하지 않으니, 마음이 모두 밖으로 향합니다. 명도 선생이 이 구절 아래에서 '절실하게 묻고 가까이서 생각한다. 말은 진실하고 믿음직스러우며 행동은 독실하고 경건하다'고 했는데, 한 구절이라도 외면을 향하는 것이 어디 있습니까! 배움은 널리 해야 하고 뜻은 돈독하게 해야 한다. 뜻이 돈독하면 묻는 바로 절실하게 되고 생각이 바로 가까이서 되니, 자신의 몸에서 이해하는 것일 뿐입니다.'('學要鞭辟近裏', '鞭辟'如何. 曰: '此是洛中語. 一處說作'鞭約', 大抵是要鞭督面裏去. 今人皆不是鞭督向裏, 心都向外. 明道此段下云'切問近思, 言忠信, 行篤敬'云云, 何嘗有一句說做外面去. 學要博, 志須要篤. 志篤, 問便切, 思便近, 只就身上理會.')"라고 되어 있다. 『논어집주대전』「위령공(衛靈公)」에는 "'채찍질하여 내면에 가깝게 한다'는 것은 낙양(洛陽) 지방의 말이다. 벽(辟)은 구벽(驅辟)과 같고 어떤 곳에서는 편약(鞭約)으로 되어 있는데, 채찍질하고 독려하여 안을 향해 가는 것이다. 지금 사람들은 모두 외면 공부를 하고 있다. 아래에서 '절실하게 묻고 가까이서 생각하며 말이 진실하고 믿음직스러우며 행동이 독실하고 경건하다'고 했는데, 한 구절이라도 외면을 향하는 것이 어디 있는가! 자신의 몸에서 이해하는 것이 내면에 가깝게 하여 자신에게 붙이는 일일 뿐이다.('鞭辟近裏', 此是洛中語. 辟如驅辟一般, 一處說作鞭約, 是要鞭督向裏去. 今人皆就外面做工夫. 下云'切問近思, 言忠信行篤敬', 何嘗有一句說向外去. 只就身上理會便是近裏著己.)"라고 하였다.

123) 호광 편(胡廣 編), 『논어집주대전(論語集註大全)』「위령공(衛靈公)」.

에 참여함을 보고 수레에 타고 있으면 그것이 멍에에 기댄 것을 볼 수 있다.

詳說

○ 本非爲釋此章文義設, 故與上文不別賓主言之.

본래 이 장의 문맥을 위해 설정한 것이 아니기 때문에 앞의 글과 주객을 구별하지 않고 말하였다.

○ 大全曰 : "此力行之鞭辟近裏著己者"124)

『논어집주대전』에서 말하였다. "이것은 힘써 행하도록 채찍질하고 내면에 가깝게 하며 자신에게 붙이게 하는 일이다."

朱註

即此是學. 質美者, 明得盡, 査滓便渾化, 却與天地同體.

곧 이것이 배움이다. 자질이 아름다운 사람은 밝히기를 다하여, 찌꺼기가 한 덩어리로 섞여 변화하여, 천지와 한 몸이 된다.

詳說

○ 應上學字.

'이것이 배움이다.[此是學]'에서 배움은 앞에서 배우기와 호응한다.

○ 顏子以上.

'자질이 아름다운 사람[質美者]'은 안자(顏子) 이상이다.

○ 朱子曰 : "見得透徹."125)

'명득진(明得盡 : 밝히기를 다하여)'에 대해, 주자(朱子 : 朱熹)가 말하였다. "보고 터득하는 것이 투철하다."126)

---

124) 호광 편(胡廣 編), 『논어집주대전(論語集註大全)』「위령공(衛靈公)」.

125) 호광 편(胡廣 編), 『논어집주대전(論語集註大全)』「위령공(衛靈公)」.

126) 보고 터득하는 것이 투철하다 : 『주자어류(朱子語類)』 권45, 「논어27(論語二十七)」, 13조목에는 "안자의 '삼 개월 동안 인을 떠나지 않았다'는 내용은 이미 한계가 있으니 이외의 것은 알 수 없다. 증자의 '남을 위하여 일을 도모할 때 진심을 다하지 않았던가? 친구와 더불어 사귈 때 믿음을 주지 못했던가? 스승에게 전수받은 것을 익히지 않았던가?'라는 말은 증자의 찌꺼기가 있는 곳이다. 칠조개가 '저는 이에 대해서 아직 자신이 없습니다.'라고 말한 내용은 모두 약간의 찌꺼기가 있는 것이다. 오직 타고난 자질이 아름다운 사람들은 보고 터득하는 것이 투철하여 그 찌꺼기가 모두 변화되어 버린다. 만약 여기에 도달하지 못했다면 씩씩함과 공경함으

○ 壯里反.

'사재(査滓)'에서 '재(滓 : 찌꺼기)'는 '장(壯)'과 '리(里)'의 반절(反切)이다.

○ 上聲.

'변혼(便渾)'에서 '혼(渾 : 섞이다)'자는 상성이다.

○ 朱子曰 : "私意人欲消滅."

'사재편혼화(査滓便渾化 : 찌꺼기가 한 덩어리로 섞여 변화하여)'에 대해, 주자(朱子 : 朱熹)가 말하였다. "사의와 인욕이 소멸된다."

○ 却字, 或屬上句讀.

'각여(却與)'에서 '각(却)'자는 앞 구절로 이어 읽기도 한다.

○ 朱子曰 : "復禮, 便是天地同體處."127)

'각여천지동체(却與天地同體 : 천지와 한 몸이 된다)'에 대해, 주자(朱子 : 朱熹)가 말하였다. "'예로 돌아간다.'라는 말이 바로 천지와 한 몸인 곳이다."128)

로 유지하고 길러 서서히 갈아 없어지도록 해야 한다.(顔子'三月不違仁', 旣有限, 此外便未可知. 如曾子'爲人謀而不忠, 與朋友交而不信, 傳而不習', 是曾子渣滓處. 漆雕開言'吾斯之未能信', 皆是有些渣滓處. 只是質美者, 也見得透徹, 那渣滓處都盡化了. 若未到此, 須當莊敬持養, 旋旋磨擦去教盡.)"라고 되어 있다. 『논어집주대전』「위령공(衛靈公)」에도 "천지와 동체인 곳은 의리의 정수이다. 찌꺼기는 사의와 인욕이 아직 소멸되지 않는 것이다. 사람이 천지와 본래 한 몸인데 찌꺼기를 제거하지 못했기 때문에 간격이 있다. 찌꺼기를 없앤다면 바로 천지와 한 몸이 될 수 있다. 이를테면 자신의 사욕을 극복하여 예로 돌아감이 인을 행하는 것에서는 자신의 사욕이 찌꺼기이고, 예로 돌아간 것이 천지와 한 몸인 곳이다. 이를테면 증자가 진심을 다하지 않고 믿음을 주지 못하며 익히지 않은 것과 칠조개 이에 대해 아직 자신이 없는 것은 모두 약간의 찌꺼기가 있는 것이다. 오직 타고난 자질이 아름다운 자들은 보고 터득하는 것이 투철하여 그 찌꺼기가 모두 변화되어 버린다. 만약 여기에 도달하지 못했다면, 여기에서 씩씩함과 공경함으로 유지하고 길러 서서히 갈아 없어지도록 해야 한다.(天地同體處, 是義理之精英, 査滓, 是私意人欲之未消滅者. 人與天地本一體, 只緣渣滓未去, 所以有間隔. 若無渣滓便與天地同體. 如克己復禮爲仁, 己是査滓, 復禮便是天地同體處. 如曾子不忠不信不習, 漆雕開言吾斯之未能信, 皆是有些査滓處. 只是質美者, 見得透徹, 那査滓處便都盡化了. 若未到此, 須當莊敬持養, 旋旋磨擦去教盡卽此.)"라고 하였다.

127) 호광 편(胡廣 編), 『논어집주대전(論語集註大全)』「위령공(衛靈公)」.

128) '예로 돌아간다.'는 말이 바로 천지와 한 몸인 곳이다 : 『주자어류(朱子語類)』 권45, 「논어27(論語二十七)」, 13조목에는 "'자신의 사욕을 극복하여 예로 돌아간다.[克己復禮爲仁]'라는 말에서 '자신의 사욕[己]'이 찌꺼기이고 '예로 돌아간다.[復禮]'라는 말이 바로 천지와 한 몸인 곳이다.('克己復禮爲仁', '己'是渣滓, '復禮'便是天地同體處.)"라고 했고, 『논어집주대전』「위령공(衛靈公)」에도 "이를테면 자신의 사욕을 극복하여 예로 돌아감이 인을 행하는 것에서 '자신의 사욕'

朱註

> 其次, 惟莊敬以持養之, 及其至則一也"
> 그 다음은 씩씩함과 경건함으로 유지하고 기르니, 그 지극한 것에서는 똑같다."

詳說

○ 學者.

'그 다음[其次]'은 배우는 사람들을 말한다.

○ 朱子曰 : "旋旋磨擦去教盡,[129] 卽此是學."

'기차, 유장경이지양지(其次, 惟莊敬以持養之 : 그 다음은 씩씩함과 경건함으로 유지하고 기르니)'에 대해, 주자(朱子 : 朱熹)가 말하였다. "서서히 갈아 없어지도록 하는 일[130]이 바로 이 학문이다."

○ 胡氏曰 : "莊主容, 敬主心."[131]

'기차, 유장경이지양지(其次, 惟莊敬以持養之 : 그 다음은 씩씩함과 경건함으로 유지하고 기르니)'에 대해, 호씨(胡氏 : 胡寅)가 말하였다. "씩씩함은 얼굴을 중심으로 한 것이고 경건함은 마음을 중심으로 한 것이다."[132]

○ 胡氏曰 : "程子此條專爲學者言, 不主於釋經."[133]

'급기지즉일야(及其至則一也 : 그 지극한 것에서는 똑같다)'에 대해, 호씨(胡氏)가 말하였다. "정자는 이 구절에서 오직 학자들을 위해 말했으니, 경의 해석을 중심으

이 찌꺼기이고, '예로 돌아간 것'이 천지와 한 몸인 곳이다.(如'克己復禮爲仁', '己'是査滓, '復禮'便是天地同體處.)"라고 하였다.

129) 호광 편(胡廣 編), 『논어집주대전(論語集註大全)』「위령공(衛靈公)」.

130) 서서히 갈아 없어지도록 하는 일 : 『주자어류(朱子語類)』 권45, 「논어27(論語二十七)」, 13조목에는 "만약 여기에 도달하지 못했다면 씩씩함과 공경함으로 유지하고 길러 서서히 갈아 없어지도록 해야 한다.(若未到此, 須當莊敬持養, 旋旋磨擦去教盡.)"라고 하였는데, 이 부분은 『논어집주대전(論語集註大全)』에도 동일하게 되어 있다.

131) 호광 편(胡廣 編), 『논어집주대전(論語集註大全)』「위령공(衛靈公)」.

132) 씩씩함은 얼굴을 중심으로 한 것이고 경건함은 마음을 중심으로 한 것이다 : 『논어집주대전』「위령공(衛靈公)」에는 "씩씩함은 얼굴을 중심으로 한 것이고 경건함은 마음을 중심으로 한 것이다. 안팎으로 서로 힘을 다해 언제나 늘 잡아 지키며 함양한 다음에 사사로운 마음이 사라져버리게 한다. 정자는 이 조목을 오로지 배우는 자들을 위해 말하느라고 경을 해석하는 것을 중심으로 하지 않았다.(莊主容, 敬主心. 內外交致其力, 常常操守以涵養之, 然後可使私意消釋. 程子此條專爲學者言, 不主於釋經也.)"라고 되어 있다.

133) 호광 편(胡廣 編), 『논어집주대전(論語集註大全)』「위령공(衛靈公)」.

로 하지 않은 것이다.”

○ **行字, 此章之題目.**

‘행(行: 행하다)’자가 이 장의 제목이다.

[15-6-1]

子曰：“直哉, 史魚. 邦有道, 如矢, 邦無道, 如矢.
공자가 말하였다. “정직하구나, 사어여! 나라에 도가 있을 때도 대쪽 같고 나라에 도가 없을 때도 대쪽 같구나.”

朱註

史, 官名, 魚, 衛大夫, 名, 鰌. 如矢, 言直也. 史魚自以不能進賢退不肖, 旣死猶以尸諫.

‘사어(史魚)’의 ‘사(史)’는 관직의 이름이고, ‘어(魚)’는 위나라 대부로 이름이 추(鰌)[134]이다. ‘대쪽 같다[如矢]’는 것은 곧다는 말이다. 사어는 스스로 현명한 자를 등용시키고 못난 자를 물리치지 못해 죽은 다음에 여전히 시신으로 간언하였다.

詳說

○ 因以爲氏.

‘사어(史魚)’의 ‘사(史)’는 관직의 이름인데, ‘사어(史魚)’라고 한 것은 그것으로 씨를 삼았다는 뜻이다.

○ 音, 秋.

‘명, 추(名, 鰌)’에서 ‘추(鰌 : 미꾸라지)’자는 음이 추(秋)이다.

○ 訓畢.

‘여시, 언직야(如矢, 言直也)’에서 훈고가 끝났다.

○ 蘧伯玉.

‘현명한 자[賢]’는 거백옥(蘧伯玉)[135]이다.

---

134) 사추(史鰌) : 춘추 시대 위(衛)나라 사람으로 대부(大夫)를 지냈다. 자는 자어(子魚)고, 사어(史魚)로도 불린다. 사관(史官)을 지냈다. 영공(靈公)이 미자하(彌子瑕)를 총애하자 여러 번 충고했지만 듣지 않았다. 임종하는 자리에서 아들에게 시체를 창문 밖에 내놓고 염을 하지 말라고 명했는데, 영공이 문상(問喪)을 와서 보고 괴이하게 여겨 물었다. 아들이 “살아서 임금을 바르게 이끌지 못했으니 죽어서도 예를 갖출 필요가 없다.(生不能正君 死無以成禮)”라는 유언을 전하였다. 영공이 깨닫고 이에 거백옥(蘧伯玉)을 등용하고 미자하를 내쫓았다. 이를 시간(屍諫)이라 한다. 공자(孔子)로부터 직신(直臣)이라는 칭찬을 받았다.

135) 거백옥(蘧伯玉) : 춘추 시대 위(衛)나라 사람으로 이름은 거원(蘧瑗)이고 자는 백옥이다. 영공

○ 彌子瑕.

'못난 자[退不肖]'는 미자하(彌子瑕)[136]이다.

○ 不殯於客位, 而置屍牖下.

객의 자리에 시신을 안치하지 않고 창문 아래에 두었다.

○ 新安陳氏曰: "擧此一事, 可見其餘."[137]

신안 진씨(新安陳氏: 陳櫟)가 말하였다. "이 한 가지 일을 든 것으로 나머지를 알 만하다."

朱註

故夫子稱其直, 事見, 『家語』.

그러므로 공자가 그의 곧음을 칭찬하였으니, 그 사실이 『공자가어(孔子家語)』에 보인다.[138]

(靈公) 때 대부(大夫)를 지냈다. 겉은 관대하지만 속은 강직한 성품으로, 자신은 바르게 했지만 남을 바르게 하지는 못하였다. 전하는 말로 나이 50세에 49년 인생 동안의 잘못을 알았다고 한다. 잘못을 고치는 데 늑장을 부리지 않았다. 오(吳)나라의 계찰(季札)이 위나라 찬허(贊許)를 지나가면서 군자(君子)라 여겼다. 공자(孔子)가 그의 행실을 칭찬하여 위나라에 이르렀을 때 그의 집에 머물렀다.

136) 미자하(彌子瑕): 춘추 시대 위(衛)나라 사람으로 영공(靈公) 때 대부(大夫)를 지냈으며, 영공의 남다른 총애를 받았다. 어머니가 아프다는 소식을 듣고 군주의 수레를 타고 문병을 다녀왔는데, 법에 따르면 비형(剕刑)에 처해야 하지만 효성이 지극하다면서 용서하였다. 또 군주의 과수원에서 복숭아를 먹다가 남은 것을 영공에게 바쳤는데, 영공이 자신을 사랑하는 마음이 지극하다면서 칭찬하였다. 그러나 영공의 사랑이 식어가자 앞의 두 일을 들어 죄를 묻고 내쫓아버렸다. 충신 사추(史鰌)가 죽어서도 시체로서 간하자 감동한 영공이 미자하를 물리쳤다고 한다.

137) 호광 편(胡廣 編), 『논어집주대전(論語集註大全)』「위령공(衛靈公)」.

138) 그 사실이 『공자가어(孔子家語)』에 보인다: 『논어집주대전』「위령공(衛靈公)」에 "『공자가어(孔子家語)』「곤철」에 '위나라 거백옥은 현명한데도 영공이 등용하지 않고, 미자하는 못났는데도 도리어 임용하였다. 사어가 급히 간했는데도 따르지 않자 병이 나서 죽으려고 할 때 자식에게 명하여 '내가 위나라 조정에 있으면서 거백옥을 등용하지 못하고 미자하를 물리치지 못하였으니, 내가 살아서는 임금을 바르게 할 수 없었고, 죽어서는 예를 이룰 방법이 없다. 내가 죽거든 너는 내가 다할 때까지 시신을 창문 아래 두어라. ……'라고 하니, 그 자식이 그대로 따랐다. 영공이 조문을 왔다가 이상해서 물으니, 아비의 말을 공에게 고하였다. 공이 깜짝 놀라 낯빛을 변하면서 '이것은 나의 잘못이다.'라고 하고는 시신을 객의 자리에 안치하도록 명하고, 거백옥에게 벼슬을 주어 등용하고, 미자하를 물리쳐 멀리하였다. 공자가 그것에 대해 듣고 '옛날에 간하는 자들은 죽으면 그뿐이었다. 사어처럼 죽어서 시체로 간하여 임금을 진심

詳說

○ 音, 現.

'사현(事見)'에서 '현(見 : 있다)'자는 음이 현(現)이다.

○ 困哲篇.

'『공자가어(孔子家語)』에 보인다'는 것은 『공자가어(孔子家語)』「곤철(困哲)」에 기록되어 있다는 말이다.

○ 以證釋之.

증거로 경문을 풀이한 것이다.

[15-6-2]

君子哉. 蘧伯玉. 邦有道則仕, 邦無道, 則可卷而懷之.

군자답구나, 거백옥이여! 나라에 도가 있으면 벼슬하고 나라에 도가 없으면 말아서 속에 품고 있구나!

朱註

伯王出處, 合於聖人之道. 故曰 : 君子. 卷, 收也, 懷, 藏也. 如於孫林父甯殖放弑之謀, 不對而出,

거백옥의 '출처[處]'가 성인의 도에 부합하였다. 그러므로 '군자'라고 하였다. '말다[卷]'라는 말은 '거두어들이다[收]'라는 뜻이고, '속에 품고 있다[懷]'는 말은 '숨는다[藏]'는 뜻이다. 이를테면 손림보(孫林父)[139]와 영식(甯殖)이 임금을 추방

으로 감동시킨 경우는 없었으니 곧다고 하지 않을 수 있겠는가!'라고 하였다.' 하였다.(『家語』「困誓」篇, '衛蘧伯玉賢而靈公不用, 彌子瑕不肖反任之. 史魚驟諫而不從, 病將卒, 命其子曰 : '吾在衛朝, 不能進蘧伯玉, 退彌子瑕, 是吾生不能正君, 死無以成禮. 我死汝置屍牖下於我畢矣. ……' 其子從之. 靈公弔焉, 怪而問之, 其子以父言告公. 公愕然失容曰 : '是寡人之過也.' 於是命之殯於客位, 進蘧伯玉而用之, 退彌子瑕而遠之. 孔子聞之曰 : '古之諫者, 死則已矣. 未有若史魚死而尸諫. 忠感其君者也, 可不謂直乎.')"라는 말이 있다.

139) 손림보(孫林父) : 춘추 시대 위(衛)나라 사람으로 손량부(孫良夫)의 아들이다. 헌공(獻公) 때 영식(甯殖)과 함께 동열에 섰다. 헌공이 두 사람에게 무례하자 헌공을 폐하고 상공(殤公)을

하고 시해하려는 모의에 대답하지 않고 나왔으니,

詳說

○ 上聲.

'출처(出處)'에서 '처(處)'자는 상성이다.

○ 新安陳氏曰 : "近於夫子之用行舍藏"140)

'백왕출처, 합어성인지도(伯玉出處, 合於聖人之道 : 거백옥의 '출처[處]'가 성인의 도에 부합하였다)'에 대해, 신안 진씨(新安陳氏 : 陳櫟)가 말하였다. "공자의 등용하면 행하고 버리면 숨는 것141)에 가깝다."142)

○ 上聲.

'권, 수야(卷, 收也)'에서 '권(卷 : 말다)'자는 상성이다.

○ 音, 甫.

손림보(孫林父)라는 이름에서 보'(父)'자는 음이 보(甫)이다.

○ 見『左』「襄」十四年.

'손림보녕식방시지모, 부대이출(孫林父甯殖放弑之謀, 不對而出 : 『손림보(孫林父)와 영식(甯殖)이 임금을 추방하고 시해하려는 모의에 대답하지 않고 나왔다)'는 고사는 『춘추좌전(春秋左傳)』「양공」 14년에 있다.

○ 得卷懷之宜.

'말다[卷]라는 말은 거두어들이다[收]라는 뜻이고, 속에 품고 있다[懷]는 말은 숨

세우니 헌공은 제(齊)나라로 달아났다. 상공 12년 달아난 헌공이 영식의 아들 영희(甯喜)와 복위를 도모해 영씨(寗氏)가 손씨(孫氏)를 공격했는데, 손씨가 패하자 채읍(釆邑) 척(戚)을 근거지로 반란을 일으키고 진(晉)나라로 달아났다. 중국 척씨(戚氏)의 시조로 일컬어진다.

140) 호광 편(胡廣 編), 『논어집주대전(論語集註大全)』「위령공(衛靈公)」.

141) 공자의 등용하면 행하고 버리면 숨는 것 : 『논어(論語)』「술이(述而)」에서 "공자가 안연에게 말하였다. '써주면 도를 행하고 버리면 숨어 있는 것은 나와 너만이 이렇게 할 뿐이다.'(子謂顔淵曰 : '用之則行, 舍之則藏, 惟我與爾有是夫.')"라고 하였다.

142) 공자의 등용하면 행하고 버리면 숨는 것에 가깝다 : 『논어집주대전』「위령공(衛靈公)」에 "사어의 곧음은 도가 있고 없는 것으로 바뀌지 않으니, 치세에는 행할 수 있을지라도 난세에는 말아두려고 해도 할 수 없다. 거백옥은 도가 있으면 벼슬하고 도가 없으면 말아서 속에 품고 있으니 공자가 등용하면 행하고 버리면 숨는 것에 가깝다. 『논어집주(論語集註)』에서 출처가 성인의 도에 부합한다고 한 것은 대개 이것을 말한다.(史魚之直, 不以有道無道而變, 治世雖可行, 亂世欲卷而不可得矣. 伯玉有道則仕, 無道卷懷, 近於夫子之用則行舍則藏. 『集註』以爲出處合於聖人之道, 蓋謂此也.)"라고 하고 있다.

는다[藏]는 뜻이다.'라는 구절은 말아서 속에 품고 있는 마땅함을 얻었다는 의미이다.

朱註

> 亦其事也.
> 또한 그 일이다.

詳說

○ 新安陳氏曰 : "引此事爲證."143)

'역기사야(亦其事也 : 또한 그 일이다)'에 대해, 신안 진씨(新安陳氏 : 陳櫟)가 말하였다. "이 일을 인용해서 증거로 삼았다."144)

○ 照上註而言亦.

'역기사야(亦其事也 : 또한 그 일이다)'라는 구절을 보면, 위의 주석에 비추어서 '또한[亦]'을 말하였다.

○ 釋間訓.

경문을 풀이하는 사이에 훈고하였다.

朱註

> 楊氏曰 : "史魚之直, 未盡君子之道. 若蘧伯玉, 然後可免於亂世. 若史魚之如矢, 則雖欲卷而懷之, 有不可得也."
> 양씨(楊氏 : 楊時)145)가 말하였다. "사어의 곧음은 군자의 도를 다하지 못한 것이다. 거백옥과 같이 한 다음에야 난세에서 화를 면할 수 있다. 대쪽 같은 사어와 같이 하면 말아서 속에 품고 있을지라도 될 수 없다."

---

143) 호광 편(胡廣 編), 『논어집주대전(論語集註大全)』「위령공(衛靈公)」.

144) 이 일을 인용해서 증거로 삼았다 : 『논어집주대전』「위령공(衛靈公)」에는 "말아서 품고 있다는 것은 모두 이 도를 가리켜서 말한 것인데, 이 일을 인용해서 증거로 삼았다.(卷懷, 皆指此道而言, 引此事以爲證.)"라고 되어 있다.

145) 양시(楊時, 1053~1135) : 북송 시대 말기의 유학자로 남검주장악(南劍州將樂) 사람이며, 자는 중립(中立)이고, 호는 구산(龜山)이다. 왕안석(王安石)의 학문을 극력 배척하였다. 정호(程顥)와 정이(程頤) 형제에게 사사(師事)했으며, 그들의 도학을 발전시켰다. 그 문하에서 장식(張栻), 여조겸(呂祖謙) 등 뛰어난 학자가 많이 배출되었다.

詳說

○ 朱子曰 : "直固好, 然一向直便是偏."[146)]

'사어지직, 미진군자지도(史魚之直, 未盡君子之道 : 사어의 곧음은 군자의 도를 다하지 못한 것이다)'에 대해, 주자(朱子 : 朱熹)가 말하였다. "곧음은 진실로 좋지만 한결같이 곧기만 하다면 치우친 것이다."[147)]

○ 胡氏曰 : "直者, 德之一, 君子者, 成德之名."[148)]

'사어지직, 미진군자지도(史魚之直, 未盡君子之道 : 사어의 곧음은 군자의 도를 다하지 못한 것이다)'에 대해, 호씨(胡氏 : 胡泳)가 말하였다. "곧음은 덕의 하나이고, 군자는 덕을 이룬 이름이다."[149)]

○ 南軒張氏曰 : "能伸而不能屈."[150)]

'수욕권이회지, 유불가득야(雖欲卷而懷之, 有不可得也 : 말아서 속에 품고 있을지라도 될 수 없다)에 대해, 남헌 장씨(南軒張氏 : 張栻)가 말하였다. "펼 수는 있어도 굽힐 수는 없다."[151)]

---

146) 호광 편(胡廣 編), 『논어집주대전(論語集註大全)』「위령공(衛靈公)」.

147) 곧음은 진실로 좋지만 한결같이 곧기만 하다면 치우친 것이다 : 『주자어류(朱子語類)』 권45, 「논어27(論語二十七)」, 18조목에 "정순이 물었다. ''곧구나, 사어(史魚)여! 군자답구나, 거백옥(蘧伯玉)이여!'라고 한 것에 많은 유자들이 사어가 거백옥에게 미치지 못한다고 하니, 무엇 때문입니까?' 답하였다. '시험 삼아 두 사람을 바꾸어서 말한다면 어떻게 보겠습니까? 곧음이란 진실로 좋은 것이지만 한결같이 곧기만 하다면 한쪽으로 치우친 것입니다. 어찌 거백옥의 군자다움과 같을 수 있겠습니까?'(正淳問 : ''直哉, 史魚. 君子哉蘧伯玉.' 諸儒以爲史魚不及蘧伯玉, 如何.' 曰 : '試將兩人對換說, 看如何. 直固是好, 然一向直, 便是偏, 豈得如蘧伯玉之君子.')"라고 되어 있고, 『논어집주대전』「위령공(衛靈公)」에 "곧음은 진실로 좋지만 한결같이 곧기만 하다면 치우친 것이니, 어찌 거백옥의 군자다움과 같을 수 있겠는가?(直固好, 然一向直, 便是偏, 豈得如伯玉之君子.)"라고 하였다.

148) 호광 편(胡廣 編), 『논어집주대전(論語集註大全)』「위령공(衛靈公)」.

149) 곧음은 덕의 하나이고, 군자는 덕을 이룬 이름이다 : 『논어집주대전』「위령공(衛靈公)」에는 "곧음은 덕의 한 실마리이고, 군자는 덕을 이룬 이름이다.(直者, 德之一端, 君子者, 成德之名.)"라고 되어 있다.

150) 장식(張栻), 『계사논어해(癸巳論語解)』「위령공(衛靈公)」. 호광 편(胡廣 編), 『논어집주대전(論語集註大全)』「위령공(衛靈公)」.

151) 펼 수는 있어도 굽힐 수는 없다 : 『논어집주대전』「위령공(衛靈公)」에는 "남헌 장씨가 말하였다. '사어는 단지 '곧음을 펼 수는 있어도 굽힐 수는 없어 군자의 도를 다하지 못하였다.'라고 말할 수 있다. 거백옥이라면 때에 따라 굽히고 펼 수 있기 때문에 '군자이다'라고 할 수 있다.'(南軒張氏曰 : '史魚只可謂之直, 能伸而不能屈, 未盡君子之道. 若伯玉, 則能因時屈伸, 故謂

[15-7-1]

子曰："可與言而不與之言，失人，　不可與言而與之言，失言. 知者不失人，亦不失言."
공자가 말하였다. "함께 말해야 하는데 함께 말하지 않으면 사람을 잃게 되고, 함께 말하지 않아야 되는데 함께 말하면 말을 잃는 것이다. 지혜로운 사람은 사람을 잃지 않고 말을 잃지 않는다."

朱註

知，去聲.
'지자(知者)'에서 '지(知 : 지혜)'자는 거성이다.

詳說

○『集註』，無文.
『논어집주(論語集註)』에는 글[주석]이 없다.[152)]

之君子.')"라고 되어 있고, 『계사논어해』에는 "사어는 곧다고 할 수 있다. 그러나 펼 수는 있어도 굽힐 수는 없어 아직 군자의 도를 극진하게 하지 못하였다. 거백옥이라면 말아서 속에 품고 때에 따라 굽히고 펼 수 있기 때문에 '군자이다'라고 할 수 있다. 그러나 쓰이면 행하고 쓰이지 않으면 숨는 것에 비교하면 말아서 속에 품고 있는 의미로 아직 물속에 있는 용이 숨어서 드러나는 데 미치지 않은 것이다.(史魚可以謂之直而已. 然能伸而不能屈，未盡君子之道. 若蘧伯玉之卷而懷之，則能因時而屈伸者也. 故謂之君子. 然比於用則行，舍則藏者，則猶有卷而懷之之意，未及乎潛龍之隱見也.)"라고 되어 있다.

152) 『논어집주(論語集註)』에 경문에 대한 주자의 해석이나 설명이 없다는 말이다.

[15-8-1]

子曰 : "志士仁人, 無求生以害仁, 有殺身以成仁."
공자가 말하였다. "지사(志士)와 인인(仁人)은 살기 위해 인(仁)을 해치는 일이 없고, 자신을 죽여 인을 이룬다."

朱註

志士, 有志之士, 仁人, 則成德之人也.
지사(志士)는 뜻이 있는 선비이고, 인인(仁人)은 덕을 이룬 사람이다.

詳說

○ 訓畢.
훈고가 끝났다.

朱註

理當死而求生, 則於其心, 有不安矣, 是害其心之德也. 當死而死, 則心安而德全矣.
의리상 죽어야 할 때 살기를 구한다면 마음에 편하지 않은 점이 있으니, 그 마음에 해가 되는 일이다. 죽어야 해서 죽는다면 마음은 편안하고 덕은 온전해진다.

詳說

○ 釋畢.
경문의 풀이가 끝났다.

○ 鄭氏舜擧曰 : "志士不以死生爲懼, 仁人則明死生之理."
정순거(鄭舜擧)가 말하였다. "지사(志士)는 삶과 죽음을 두려워하지 않고 인인(仁人)은 삶과 죽음의 이치에 분명하다."[153]

---

153) 정순거(鄭舜擧)가 말하였다 …… 인인(仁人)은 삶과 죽음의 이치에 분명하다 : 『논어집주대전(論語集註大全)』「위령공(衛靈公)」에는 "정순거가 말하였다. '지사는 삶과 죽음을 두려워하지 않고 인인은 삶과 죽음의 이치에 분명하다. 단지 '두려워하지 않는다.'라고 했다면 쓸데없는 죽음을 면하지 못할 수 있기 때문에 지사와 인인을 겸해서 말하였다.'(鄭氏舜擧曰 : '志士不以

○ 新安陳氏曰 : "志士志於仁而勉行, 仁人安行."154)

신안 진씨(新安陳氏 : 陳櫟)가 말하였다. "지사는 인(仁)에 뜻을 두고 힘써 행하고, 인인은 편안히 행한다."155)

○ 雙峰饒氏曰 : "比干仁人, 豫讓張巡志士."156)

쌍봉 요씨(雙峰饒氏 : 饒魯)가 말하였다. "비간(比干)157)은 인인(仁人)이고, 예양(豫讓)158)과 장순(張巡)159)은 지사(志士)이다."160)

死生爲懼, 仁人則明死生之理. 唯曰'不懼', 或未免於徒死, 故以志士仁人兼言之.')"라고 부연설명이 되어 있다.

154) 호광 편(胡廣 編), 『논어집주대전(論語集註大全)』「위령공(衛靈公)」.

155) 지사(志士)는 인(仁)에 뜻을 두고 힘써 행하고, 인인(仁人)은 편안히 행한다 : 『논어집주대전』「위령공(衛靈公)」에는 "지사는 인에 뜻을 두고 힘써 행하지만 인인이 편안히 행하는 것에 미치지 못한다. 그러나 삶과 죽음 때문에 마음을 움직여 그만두지 않으니, 여기에서 인은 한 가지이다.(志士志於仁而勉行, 不及仁人之安行. 然不以生死動心而虧, 此仁則一也.)"라고 되어 있다.

156) 호광 편(胡廣 編), 『논어집주대전(論語集註大全)』「위령공(衛靈公)」.

157) 비간(比干) : 상(商)의 28대 태정제(太丁帝) 문정(文丁)의 아들로 은나라 말기의 세 사람 가운데 한 사람이다. 폭군 주왕(紂王)의 숙부(叔父)이다. 이름은 비(比)이고, 간(干)이라는 나라에 봉(封)해져 비간이라고 불린다. 자(子)는 성이므로 자비(子比)라고도 한다. 그는 주왕(紂王)에게 정치를 바로잡을 것을 간하다가 죽었다.

158) 예양(豫讓) : 처음에 진의 경(卿)이었던 범씨(范氏) · 중행씨(中行氏)를 섬겼으나, 뒤에 지백(智伯: 이름은 瑤)의 신하가 되어 총애를 받았다. B.C. 5세기 중엽에 지백은 조양자(趙襄子)를 치려다가, 조(趙) · 한(韓) · 위(魏)의 연합군에게 멸망하였다(B.C. 453). 이때 조양자는 지백을 깊이 원망하여 그의 두개골로 술잔을 만들었다고 한다. 예양은 "선비는 자기를 알아주는 이를 위하여 죽는다." 하고 보복을 맹세한 뒤 죄인으로 가장하여 비수를 품고 조양자의 변소에 잠입하여 그를 죽이려다가 발각되었다. 조양자는 그를 의인(義人)이라 생각하고 석방하였다. 그 뒤 예양은 몸에 옻칠을 하여 나환자로 변장하고, 벙어리 · 거지의 행세를 하며 다시 기회를 기다렸다가 조양자가 외출할 때 다리 밑에 숨었다가 그를 찔러 죽이려고 하였으나, 말이 놀라는 바람에 다시 붙잡혔다. 조양자는 이번에는 그를 놓아주지 않았다. 예양은 조양자에게 간청하여 그의 옷을 받아 칼로 3번 친 뒤, "지하에서 지백에게 보고하겠다."라는 말을 남기고 태연히 칼로 자결하였다. 조나라의 지사(志士)들은 이 이야기를 듣고 모두 울었다고 한다.

159) 장순(張巡 : 709~757) : 당나라 등주(鄧州) 남양(南陽) 사람으로 개원(開元) 말에 진사가 되었다. 진원현령(眞源縣令)으로 치적을 쌓았다. 안녹산(安祿山)이 반란을 일으키자 병사를 일으켜 옹구(雍丘)를 지켰다. 반란군을 토벌하기 위해 허원(許遠)과 함께 군대를 조직해 각지에서 반란군을 격파하였다. 숙종(肅宗) 지덕(至德) 2년(757) 어사중승(御史中丞)에 임명되었다. 적군 10여만 명에게 포위되어 수양성(睢陽城)을 사수한 지 수개월 만에 식량이 떨어지자 종복(從僕)들을 죽여 군사들에게 먹이면서까지 싸움을 독려했지만 결국은 패하자 자살하였다.

160) 비간(比干)은 …… 지사(志士)이다 : 호광 편(胡廣 編), 『논어집주대전(論語集註大全)』에는

朱註

程子曰:"實理, 得之於心, 自別. 實理者, 實見得是, 實見得非也.

정자가 말하였다. "실리(實理)를 마음에 얻으면 저절로 구별된다. 실리는 옳음을 실제로 알고 그름을 실제로 아는 것이다.

詳說

○ 叔子.

'정자왈(程子曰)'에서 '정자(程子)'는 동생 정이(程頤)이다.

○ 先以此二字作話頭.

먼저 '실리(實理)' 두 글자로 말머리를 삼았다.

○ 此剖釋實理二字. 得之於心, 襯理字自別, 襯實字別謂明的也.

'실리, 득지어심, 자별(實理, 得之於心, 自別 : 실리를 마음에 얻으면 저절로 구별된다'라는 구절에서 볼 때, 여기에서는 '실(實)과 리(理)', 두 글자를 갈라서 해석하였다. 그것을 마음에 얻으면, 리(理)자와 가까워져 저절로 구별되고, 실(實)자와 가까워져 구별하여 말하는 것이 명확해진다.

○ 得, 語辭.

'실견득시(實見得是)'에서 '득(得)'자는 어조사이다.

○ 此申釋得之於心自別之義.

'실리자, 실견득시, 실견득비야(實理者, 實見得是, 實見得非也 : 실리는 옳음을 실제로 알고 그름을 실제로 아는 것이다)'라는 구절에서 볼 때, 여기에서는 마음에 얻으면, 저절로 구별된다는 의미를 거듭 풀이하였다.

朱註

古人有損軀隕命者, 若不實見得, 惡能如此. 須是實見得生不重於義, 生不安於死也

옛사람들 중에는 자신을 버려 목숨을 바친 자가 있었으니, 실제로 알지 않았다

"'인인(仁人)'은 인(仁)과 일체가 되니, 인이 자신의 소유이다. '지사(志士)'는 인과 여전히 둘이나 오직 인을 행하는 데 뜻이 있다. 인인은 저절로 살기를 구해 인을 해침이 없고 자신을 죽여 인을 이룬다. 지사도 힘써 인을 행할 수 있다. 비간은 인인이고, 예양과 장순은 지사이다.('仁人'與仁爲一, 仁爲我有矣. '志士'與仁猶二, 但有志於爲仁. 仁人者, 自然無求生害仁, 有殺身成仁. 志士亦能勉而爲之. 比干是仁人, 豫讓張巡是志士.)"라고 하였다.

면 어찌 이와 같이 할 수 있었겠는가? 반드시 삶이 의리보다 중요하지 않고 삶이 죽음보다 편안하지 않음을 실제로 안다.

詳說

○ 羽敏反.

'고인유손구운명자(古人有損軀隕命者)'에서 '운(隕)'은 '우(羽)'와 '민(敏)'의 반절(反切)이다.

○ 平聲.

'오능여차(惡能如此)'에서 '오(惡 : 어찌)'자는 평성이다.

○ 此汎言當死而死者之實見得

'고인유손구운명자, 약불실견득, 오능여차(古人有損軀隕命者, 若不實見得, 惡能如此 : 옛사람들 중에는 자신을 버려 목숨을 바친 자가 있었으니, 실제로 알지 않았다면 어찌 이와 같이 할 수 있었겠는가?)'라는 구절에서 볼 때, 여기서는 죽어야 되면 죽어야 하는 것에 대해 실제로 아는 것을 일반적으로 말하였다.

○ 朱子曰 : "仁義, 體一而用殊. 故君子之於死, 有以仁決者, 此章是也, 有以義決者, 『孟子』所惡有甚於死, 是也."[161]

주자(朱子 : 朱熹)가 말하였다. "인(仁)과 의(義)는 본체가 하나이나 작용은 여러 가지이다. 그러므로 군자는 죽음에서 인(仁)으로 결단하는 경우가 있으니 이 장이 여기에 해당하고, 의로 결단하는 경우가 있으니, 『맹자(孟子)』에서 '싫은 것에는 죽기보다 심한 일도 있다.'[162]라는 말이 여기에 해당한다."[163]

---

161) 호광 편(胡廣 編), 『논어집주대전(論語集註大全)』「위령공(衛靈公)」.

162) 싫은 것에는 죽기보다 심한 일도 있다 : 『맹자(孟子)』「고자상(告子上)」에서 "삶도 내가 원하는 것이지만 원하는 것에는 삶보다 심한 일도 있기 때문에 삶을 구차히 얻으려고 하지 않는다. 죽음도 내가 싫어하는 것이지만 싫어하는 것에는 죽음보다 심한 일도 있기 때문에 환난을 피하지 않는다.(生亦我所欲, 所欲有甚於生者, 故不爲苟得也. 死亦我所惡, 所惡有甚於死者, 故患有所不辟也)"라고 하였다.

163) 인(仁)과 의(義)는 본체가 하나이나 …… 말이 여기에 해당한다 : 『논어집주대전』「위령공(衛靈公)」에는 "물었다. ''자신을 죽여 인(仁)을 이룬다.'고 하고, '의(義)'라고 하지 않은 것은 무엇 때문인가?' 답하였다. '인과 의는 본체가 하나이지만 작용이 다르기 때문에 군자는 일에서 인(仁)으로 결단하는 경우가 있고 의(義)로 결단하는 경우가 있다. 인으로 결단하는 경우는 이 장의 말이 여기에 해당하고, 의로 결단하는 경우는 맹자가 '원하는 것에는 삶보다 심한 일도 있고, 싫어하는 것에는 죽음보다 심한 일도 있다.'고 한 말이 여기에 해당한다. 인인(仁人)은 싫어하는 것으로 좋아하는 본체를 해치지 않고, 의사(義士)는 하찮은 것으로 귀한 마땅함

○ 新安陳氏曰 : "孔子就本心安適處言, 孟子就切身斷制處言. 其爲成就一箇是則一而已, 所以程子於此, 謂生不重於義, 可見仁與義, 一理也."

신안 진씨(新安陳氏 : 陳櫟)가 말하였다. "공자는 본심이 편안히 이르는 것으로 말했고, 맹자는 자신에게 절실하게 결단하는 것으로 말하였다. 옳은 것을 이루는 일로는 동일할 뿐이니, 정자가 여기에서 삶이 의보다 중요하지 않다고 한 것으로 인과 의는 하나의 이치임을 알 수 있다."

朱註

故有殺身以成仁者, 只是成就一箇是而已."

그러므로 자신을 죽여 인을 이루는 경우가 있으니, 단지 이것은 하나의 옳음을 성취한 일일 뿐이다."

詳說

○ 此八本文, 而言其實見得.

'고유살신이성인자(故有殺身以成仁者 : 그러므로 자신을 죽여 인을 이루는 경우가 있으니)'의 이 여덟 글자는 본문의 내용을 실제로 안다는 말이다.

○ 摘出上是字, 以槩本文.

'지시성취일개시이이(只是成就一箇是而已 : 단지 이것은 하나의 옳음을 성취한 일일 뿐이다)'에서 '이것[是]'이라는 말을 앞에 놓음으로 본문을 개괄하였다.

○ 汪氏曰 : "程子因夫子之言, 更推出, 實見二字, 推聖人所以言此之意, 以曉人也."164)

왕씨(汪氏)가 말하였다. "정자는 공자의 말을 따라 다시 미루어 나갔으니, '실제로 안다[實見]'는 말은 성인이 이것을 말한 의미를 미루어 사람들을 깨우치려는 의도이다."165)

을 바꾸지 않는다.'(曰 : '其謂'殺身成仁', 而不曰'義', 何也.' 曰 : '仁義體一而用殊, 故君子之於事, 有以仁決者, 有以義決者. 以仁決者, 此章之言, 是也. 以義決者, 孟子謂欲有甚於生, 惡有甚於死, 是也. 蓋仁人不以所惡傷所好之體, 義士不以所賤易所貴之宜.')"라고 되어 있다.

164) 호광 편(胡廣 編), 『논어집주대전(論語集註大全)』「위령공(衛靈公)」.

165) 정자는 공자의 말을 따라 …… 말한 의미를 미루어 사람들을 깨우치려는 의도이다 : 『논어집주대전』「위령공(衛靈公)」에는 "정자는 공자의 말에 따라 다시 미뤄 나갔으니, '실제로 안다[實見]'는 말은 반드시 먼저 진실로 알면, 죽는 것이 옳은 일이고 죽지 않는 것이 옳지 않은 일로 죽음을 기쁜 마음으로 받아들여 옳음을 이루는 것이다. 이와 같이 합해야 함을 진실로 모른다면 죽음을 기쁜 마음으로 받아들이지 않는다. 이것은 또 성인이 이를 말한 의미를 미뤄

○ 成仁, 此章之題目.

'성인(成仁 : 인을 이룬다)'이 이 장의 제목이다.

사람들을 깨우치려는 뜻이다.(程子是因夫子之言, 更推出, 實見二字, 謂必先能眞實見得, 死便定是, 不死便定不是, 方肯甘心就死, 以成就這箇是. 若不曾眞實見得定合如此, 則必不肯甘心就死矣. 此又推聖人所以言此之意, 以曉人也.)"라고 되어 있다.

[15-9-1]

子貢問爲仁. 子曰 : "工欲善其事, 必先利其器. 居是邦也, 事其大夫之賢者, 友其士之仁者.

자공이 '어짊[仁]'을 행하는 일에 대해 물었다. 공자가 답하였다. "장인이 그 일을 잘 하려면, 반드시 먼저 그 연장을 예리하게 준비해 놓아야 한다. 어떤 고을에 살면 대부의 '현명함[賢]'을 섬기고, 선비의 '어짊[仁]'을 친구로 삼아야 한다."

詳說

○ 工事, 喩爲仁, 利器, 喩賢大夫仁士.

장인과 일은 어짊을 행하는 일에 비유하였고, 연장을 예리하게 한다는 말은 현명한 대부와 어진 선비를 비유한 것이다.

朱註

賢以事言, 仁以德言. 夫子嘗謂子貢悅不若己者.

현명함은 일을 가지고 말했고, 어짊은 덕을 가지고 말하였다. 공자가 일찍이 "자공은 자기만 못한 자를 좋아한다."라고 하셨다.

詳說

○ 勉齋黃氏曰 : "大夫, 言賢已見於行事者也. 士言仁方見於修身者也."[166]

'현이사언, 인이덕언(賢以事言, 仁以德言 : 현명함은 일을 가지고 말했고, 어짊은 덕을 가지고 말했다)'에 대해, 면재 황씨(勉齋黃氏)가 말하였다. "대부는 현명함이 이미 일을 행하는 것에서 드러났다는 말이다. 선비는 어짊이 자신을 수양하는 것에서 한창 드러난다는 말이다."

○ 訓畢.

'인이덕언(仁以德言 : 어짊은 덕을 가지고 말했다)'에서 훈고가 끝났다.

166) 호광 편(胡廣 編), 『논어집주대전(論語集註大全)』「위령공(衛靈公)」.

○ 見『家語』「六本」篇.

'부자상위자공열불약기자(夫子嘗謂子貢悅不若己者 : 공자가 일찍이 "자공은 자기만 못한 자를 좋아한다."라고 하셨다)라는 구절은 『공자가어(孔子家語)』「육본(六本)」편에 보인다.[167]

朱註

故以是告之, 欲其有所嚴憚切磋, 以成其德也.

그러므로 이것을 그에게 말해주었던 것이니, 두려워하고 꺼려하며 고치고 다듬어서 그 덕을 이루도록 한 것이다.

詳說

○ 新安陳氏曰 : "嚴憚, 指事大夫之賢, 切磋, 指友士之仁.[168]

'욕기유소엄탄절차(欲其有所嚴憚切磋 : 두려워하고 꺼려하며 고치고 다듬어서)'에 대해, 신안 진씨(新安陳氏 : 陳櫟)가 말하였다 "두려워하고 꺼려하는 것은 대부의 현명함을 섬기는 일을 가리키고, 고치고 다듬는 것은 선비의 어짊을 친구로 삼는 일을 가리킨다."

○ 以論釋之

경문의 의미 설명으로 풀이하였다.

○ 朱子曰 : "事與友, 友爲親切. 賢只是統言, 友徑指仁上說."[169]

주자(朱子 : 朱熹)가 말하였다. "섬기는 일과 친구로 삼는 일 가운데 친구로 삼는 일이 친절하다. 현명함은 단지 총체적으로 말하였고, 친구로 삼는 일은 곧바로 어짊을 가리켜 말한 것이다."[170]

---

167) 『공자가어(孔子家語)』「육본(六本)」편에 보인다 : 『공자가어(孔子家語)』「육본」에서 "공자가 말하였다. '…… 사는 자기만 못한 자를 좋아한다.'(子曰 : ' …… 賜也好說不若己者.')"라고 하였다.

168) 호광 편(胡廣 編), 『논어집주대전(論語集註大全)』「위령공(衛靈公)」.

169) 호광 편(胡廣 編), 『논어집주대전(論語集註大全)』「위령공(衛靈公)」.

170) 섬기는 일과 친구로 삼는 일 …… 곧바로 어짊을 가리켜 말한 것이다 : 『주자어류(朱子語類)』 권45, 「논어27(論語二十七)」, 18조목에는 "물었다. '자공이 어짊을 행하는 것에 대해 물었는데, 어째서 '대부의 현명함을 섬기고 선비의 어짊을 친구로 두는 것'으로 답하였습니까?' 답하였다. '또한 덕에 들어가는 방법입니다.' 또 물었다. '섬기는 일과 친구로 삼는 일 가운데 어느 것이 중요합니까?' 답하였다. '친구로 삼는 일이 친절합니다. 현명함은 단지 총체적으로 말하였고, 친구로 삼는 일은 곧바로 어짊을 가리켜 말한 것입니다.'(問 : '子貢問爲仁, 何以答以'事

朱註

程子曰 : "子貢問爲仁, 非問仁也. 故孔子告之以爲仁之資而已."

정자가 말하였다. "자공은 어짊을 행하는 일에 대해 물었지 어짊에 대해 물은 것이 아니다. 그러므로 어짊을 행하는 데 바탕이 되는 것으로 답했을 뿐이다."

詳說

○ 當考.

'정자왈(程子曰)'에서 '정자(程子)'는 동생 정이(程頤)인지 형 정호(程顥)인지 살펴보아야 한다.

○ 汪氏曰 : "問意重在爲字, 故夫子只從爲字, 發明其意."171)

왕씨가 말하였다. "묻는 의미의 중요함이 '행한다[爲]'는 말에 있기 때문에 공자는 단지 행한다는 말을 따라 그 의미를 드러내었다."172)

○ 新安陳氏曰 : "資, 助也."173)

신안 진씨(新安陳氏 : 陳櫟)가 말하였다. "바탕이 되는 것은 도움이 되는 일이다."

○ 爲仁由己, 故取諸人者, 爲其助, 猶云輔仁也.

어짊을 행하는 일은 자신에게서 말미암기 때문에 남에게 취한 것은 도움이 되니, 어짊을 돕는 일이라고 말하는 것과 같다.

○ 爲仁, 此章之題目

'위인(爲仁 : 인을 행하다)'이 이 장의 제목이다.

其大夫之賢者, 友其士之仁者.'' 曰 : '也是箇入德之方.' 又問 : '事與友孰重.' 曰 : '友爲親切. 賢, 只是統言, 友, 徑指仁上說.」')"라고 되어 있다. 『논어집주대전』「위령공(衛靈公)」에는 "현명한 이를 섬기고 어진 이를 친구로 삼는 것이 덕에 들어가는 문이다. 섬기는 일과 친구로 삼는 일 가운데 어느 것이 중요한가? 말하자면 친구로 삼는 일이 친절하다. 현명함은 단지 총체적으로 말하였고, 친구로 삼는 일은 곧바로 어짊을 가리켜 말한 것이다.(事賢友仁也, 是箇入德之方問. 事與友孰重. 曰 : 友爲親切, 賢只是統言, 友徑指仁上說.)"라고 하였다.

171) 호광 편(胡廣 編), 『논어집주대전(論語集註大全)』「위령공(衛靈公)」.

172) 묻는 의미의 중요함이 …… 그 의미를 드러내었다 : 『논어집주대전』「위령공(衛靈公)」에는 "여기서는 오로지 '행한다[爲]'는 말에 힘을 싣기 위해 드러내 밝혔다. 묻는 의미의 중요함이 이 말에 있기 때문에 공자가 답을 함에 단지 이 말을 따라 그 의미를 드러내었다.(此專挑爲字發明之. 問意重在此字, 故夫子答之, 只從此字發明其意也.)"라고 되어 있다.

173) 호광 편(胡廣 編), 『논어집주대전(論語集註大全)』「위령공(衛靈公)」.

[15-10-1]

顔淵問爲邦.
안연(顔淵)[174]이 나라를 다스리는 일에 대해 물었다.

朱註

顔子王佐之才. 故問治天下之道, 曰爲邦者, 謙辭.
안자는 왕을 보좌할 만한 재능이었다. 그러므로 천하를 다스리는 도에 대해 물었는데, 나라를 다스린다고 한 것은 겸사이다.

詳說

○ 王者之佐, 伊周之類.
'안자왕좌지재(顔子王佐之才 : 안자는 왕을 보좌할 만한 재능이었다)'는 구절에서 왕을 보좌하는 일은 이윤(伊尹)[175]과 주공(周公)[176] 같은 분이다.

---

174) 안연(顔淵, B.C.521~B.C.490) : 중국 춘추 시대 노(魯)나라의 학자로 자(字)는 자연(子淵)이다. 공자가 가장 사랑하였던 제자로, 가난하고 불우한 생활 속에서도 연구와 덕을 닦는 데 전념하여 학덕(學德)이 높았다. 젊어서 죽었기 때문에 저술이나 업적은 남기지 못하였다.

175) 이윤(伊尹) : 이름은 '이(伊)'이고 '윤(尹)'은 관직명이다. 일설에 '지(摯)'라는 이름도 있다. 가노(家奴) 출신으로 원래는 유신씨(有莘氏)의 딸이 시집갈 때 딸려간 몸종이었다고 전해진다. 이후 은나라의 탕왕(湯王)에게 불려가서 재상이 되어 하(夏)의 걸왕(桀王)을 토벌함으로써 은이 천하를 평정하는 데 공헌하였다. 나중에 탕왕을 뒤이은 외병(外丙)·중임(中壬) 두 왕에게서도 벼슬을 했으며, 그 뒤 태갑(太甲)의 재상이 되었다. 그러나 태갑이 포학하여 탕왕의 법을 어기면서 동궁(桐宮)으로 추방하고 이윤이 직접 정치를 하였다. 3년 뒤 태갑이 과오를 뉘우치자 정권을 태갑에게 되돌려 주고 그를 보좌했으며, 뒤이어 태갑의 아들 옥정(沃丁) 밑에서도 벼슬을 하였다. 후세 고대의 명재상의 표상이 되었다.

176) 주공(周公) : 주나라 초기에 국가의 기반을 다진 인물이다. 공자는 그를 후세의 중국 황제들과 대신들이 모범으로 삼아야 할 인물로 격찬하였다. 주공은 주나라를 창건한 무왕의 동생으로 무왕의 권력 강화를 도왔다. 무왕이 죽자 주변의 유혹을 뿌리치고 무왕의 어린 아들 성왕을 보좌해 통치기술을 가르치고 반란군을 제압해 정권의 안정을 도왔다. 그는 정벌에 나서 황허강 유역의 화베이 평원 대부분을 주의 영토로 편입시키는 한편 은이 통치하던 지역에 새로운 행정단위를 설치하여 믿을 만한 주의 관리들이 그 지역을 다스리게 하기도 하였다. 7년 동안 섭정한 후 스스로 자신의 지위에서 물러날 때쯤에는 주의 정치·사회 제도가 중국 북부 전역에 걸쳐 확고히 수립되었다. 그가 확립한 행정조직은 후대 중국 왕조들의 모범이 되었다.

○ 以夫子所答而可知也

‘고문치천하지도(故問治天下之道 : 그러므로 천하를 다스리는 도에 대해 물었는데)’는 공자가 답한 것임을 알 수 있다.

○ 侯國

‘나라를 다스린다[爲邦]’라는 구절에서 ‘나라[邦]’라는 말은 제후의 나라이다.

○ 有釋無訓.

경문의 풀이는 있으나 훈고는 없다.

○ 朱子曰 : “顔子之問有二, 一問仁, 一問爲邦, 須從克己復禮上来, 方可及爲邦之事.”[177]

주자(朱子 : 朱熹)가 말하였다. “안자의 물음에는 두 가지가 있으니, 하나는 어짊[仁]에 대해 물은 것이고 다른 하나는 나라를 다스리는 것에 대해 물은 것인데, 반드시 극기복례(克己復禮)로부터 나라를 다스리는 일에 미치게 된 것이다.”

[15-10-2]

子曰 : “行夏之時,

공자가 말하였다. “하나라의 책력을 행하고,

朱註

夏時, 謂以斗柄初昏建寅之月, 爲歲首也. 天開於子, 地闢於丑, 人生於寅.

하나라의 책력은 북두성 자루가 날이 처음 어두울 때 동북방[寅方]을 가리키는 달로 정월을 삼은 것이다. 하늘은 자회(子會)에 열려지고, 땅은 축회(丑會)에 열려지며, 사람은 인회(寅會)에 생겨났다.[178]

---

177) 호광 편(胡廣 編), 『논어집주대전(論語集註大全)』「위령공(衛靈公)」.

178) 자회(子會)에 열려지고, 땅은 축회(丑會)에 열려지며, 사람은 인회(寅會)에 생겨났다 : 『황극경세서해(皇極經世書解)』「권수하(卷首下)」에 “물었다. ‘‘하늘은 자회에 열리고 땅은 축회에 열리며 사람은 인회에 생겨났다.’라는 말은 그 설명이 어떻게 된 것입니까?’ 답하였다. ‘이것은 소자의 『황극경세서』에 있는 말인데 지금은 알 수 없습니다. 다만 수로써 이와 같은 것을 미루어 얻었을 뿐입니다.’(問 : ‘天開於子, 地闢於丑, 人生於寅, 其說是如何.’ 曰 : ‘此是邵子皇極經世中說, 今不可知. 但只是以數推得如此.’)”라고 하였다.

詳說

○ 今之正月.

날이 처음 어두울 때 동북방[寅方]을 가리키는 달은 지금의 정월이다.

○ 訓.

'하시, 위이두병초혼건인지월, 위세수야(夏時, 謂以斗柄初昏建寅之月, 爲歲首也 : 하나라의 책력은 북두성 자루가 날이 처음 어두울 때 동북방[寅方]을 가리키는 달로 정월을 삼은 것이다)'라는 것은 훈고이다.

○ 出邵子『皇極經世書』.

소자(邵子 : 邵雍)[179]의 『황극경세서(皇極經世書)』에 나온다.

○ 朱子曰 : "邵子以十二會爲一元, 一萬八百年爲一會. 初間一萬八百年, 而天始開, 又一萬八百年, 而地始成, 又一萬八百年, 而人始生. 蓋初間未有物, 只是氣塞. 有一塊查滓在其中, 漸漸凝結而成地. 初則溶軟, 後漸堅實. 今山形. 自高而下, 如水漾沙之勢. 想地未成時只是水. 凡物皆然. 如鷄子殼, 自氣而水, 水而質. 天地交感, 方始生人物."[180]

주자(朱子 : 朱熹)가 말하였다. "소자(邵子)는 12회를 1원으로 삼았으니, 1만 8백 년이 1회이다. 처음 1만 8백 년을 사이로 두고 하늘이 처음 열렸고, 또 1만 8백 년을 사이로 두고 땅이 처음 이루어졌으며, 또 1만 8백 년을 사이로 두고 사람이 처음 생겨난다. 처음 사이를 둘 때는 아직 사물이 생겨나지 않고 단지 기운이 꽉 차 있었다. 한 덩어리의 찌꺼기가 그 속에서 점차로 엉겨 붙어 땅을 이루었다. 처음에는 부드럽게 녹아 있다가 나중에 점차로 견고하게 굳어졌다. 지금 산의 형태가 높은 데서 아래로 내려오는 것은 물이 모래를 일렁이는 모양과 같다. 상상해 보건대, 땅이 아직 이루어지지 않았을 때는 물뿐이었다. 모든 것이 다 그렇다. 이를테면 달걀껍질은 기운에서 물로, 물에서 형질로 된 것이다. 하늘과 땅이 교감한

179) 소옹(邵雍, 1011~1077) : 북송 시대 범양(范陽) 사람으로, 자는 요부(堯夫), 호는 안락선생(安樂先生) 또는 이천옹(伊川翁)이며, 시호가 강절(康節)이라 소강절(邵康節)로 주로 불린다. 장재와 이정(二程)과도 교우하였다. 북해(北海) 이지재(李之才)가 공성령(共城令)으로 있을 때 하도낙서(河圖洛書)와 천문, 역수(易數)를 배웠고 이를 바탕으로 스스로 깨우쳐 자득한 것이 많았다. 저서로는 『황극경세서(皇極經世書)』 62편을 지어 천지간 모든 현상의 전개를 수리로 해석하는 한편, 세상에 처음 『선천도(先天圖)』를 제시하여 송 대 선천역학의 창시자로 불린다.

180) 호광 편(胡廣 編), 『논어집주대전(論語集註大全)』「위령공(衛靈公)」.

후에 비로소 처음으로 사람과 사물이 나왔다."181)

○ **又曰："天地也須壞. 旣有形, 如何得不壞. 一箇壞了又有一箇."**182)

주자(朱子：朱熹)가 또 말하였다. "천지는 반드시 무너진다. 형태가 있은 다음에 어떻게 무너지지 않겠는가? 하나가 무너지면 또 다른 하나가 있게 될 것이다."183)

○ **地之壞也, 又必自質而爲水, 自水而還他氣耳.**

땅이 무너지는 것은 또 반드시 형질에서 물로 되고 물에서 다른 기운으로 돌아가는 사안일 뿐이다.

---

181) 소자(邵子)는 12회를 1원으로 삼았으니, …… 하늘과 땅이 교감한 후에 비로소 처음으로 만물이 나왔다：『논어집주대전』「위령공(衛靈公)」에는 "소옹의 『황극경세서』는 원으로 회를 통괄한다. 12회가 1원으로 1만 8백 년이 1회이다. 회로 운을 통괄하고 운으로 세를 통괄한다. 30년이 1세이고, 12세가 1운이며, 30운이 1회이다. 처음 1만 8백 년을 사이로 두고 하늘이 처음 열리고, 또 1만 8백 년을 사이로 두고 땅이 처음 이루어졌으며, 또 1만 8백 년을 사이로 두고 사람이 처음 생겨난다. 소옹은 인(寅)에 처음으로 '만물이 열린다.'라는 글자로 주석을 달았다. 처음 사이를 둘 때는 아직 사물이 생겨나지 않고 단지 기운으로 꽉 차 있었다. 하늘이 조금 열린 후에야 그 사이에 한 덩어리의 찌꺼기가 있게 되어 점차로 엉겨 붙어 땅을 이루었다. 처음에는 부드럽게 녹다가 나중에 점차로 견고하게 굳어졌다. 지금 산의 형세가 높은 데서 아래로 내려오는 것은 파도가 치는 형세이다. 이것으로 볼 때, 먼저 하늘이 있고 난 후에 땅이 있으며, 하늘과 땅이 교감한 후에 비로소 처음으로 만물이 나왔다는 것을 알 수 있다. 소자는 자(子)에서 하늘은 있었으나 땅은 아직 없었고, 축(丑)에서 땅은 있었으나 사람은 아직 없었으며, 인(寅)에서 사람이 있었다고 하였다. 자(子)·축(丑)·인(寅)은 모두 하늘·땅·사람의 시작이기 때문에 삼대에 북두성 자루가 그것을 가리키는 달로 정월을 삼았다. 공자는 인월(寅月)에는 사람들이 공을 베풀 수 있기 때문에 그때를 따랐던 것이다.(邵子皇極經世書, 以元統會. 十二會爲一元, 一萬八百年爲一會. 以會統運, 以運統世. 三十年爲一世, 十二世爲一運, 三十運爲一會. 初間一萬八百年而天始開, 又一萬八百年而地始成, 又一萬八百年而人始生. 邵子於寅上方註一開物字. 蓋初間未有物, 只是氣塞. 及天開些子後, 便有一塊查滓在其中, 漸漸凝結而成也. 初則溶軟, 後漸堅實. 今山形, 自高而下, 便如水漾沙之勢. 以此知必是先有天方有地, 有天地交感, 方始生人物出來. 邵子言到子上, 方有天未有地, 到丑上, 方有地未有人, 到寅上, 方有人. 子丑寅, 皆天地人之始, 故三代建以爲正. 夫子以寅月人可施功. 故從其時.)"라고 되어 있다.

182) 『성리대전(性理大全)』 권8, 「황극경세서(皇極經世書)」 2.

183) 천지는 반드시 무너진다 …… 하나가 무너지면 또 다른 하나가 있게 될 것이다：『성리대전(性理大全)』 권8 「황극경세서(皇極經世書)」에는 "물었다. '사람과 사물이 소멸되어 다할 때 천지는 붕괴되는지 어떤지 모르겠습니다.' 답하였다. '혼란스러울 상태일 것입니다. 형기가 있고 나면 어떻게 무너지지 않겠습니까? 그러나 하나가 무너지면 다른 하나가 있게 됩니다.'(問：'不知人物消磨盡時, 天地壞也不壞.' 曰：'也須一場鶻突. 旣有形氣, 如何得不壞. 但一箇壞了, 便有一箇生得來.')"라고 되어 있다.

朱註

故斗柄建此三辰之月, 皆可以爲歲首, 而三代迭用之. 夏以寅, 爲人正,
그러므로 북두성 자루가 이 세 지지를 가리키는 달은 모두 새해의 첫머리로 삼을 수 있어 삼대에서 차례로 사용했던 것이다. 하나라에서는 인월[寅]을 사용했으니 인정(人正)이 되고,

詳說

○ 猶方也.
'삼진(三辰)'에서 '진(辰)'자는 방향과 같다.

○ 句.
'하이인(夏以寅 : 하나라에서는 인월[寅]을 사용했으니)'에서 구절이 끊어진다.

○ 音征, 下幷同.
'위인정(爲人正)'에서 '정(正 : 정월)'자는 음이 '정(征)'으로, 아래에서도 모두 같다.

○ 以爲二字, 義不相蒙.
'이위(以爲)'라는 두 글자로는 의미가 서로 이어지지 않는다.[184)]

朱註

商以丑, 爲地正, 周以子, 爲天正也.
상나라에서는 축월[丑]을 사용했으니, 지정(地正)이 되고, 주나라에서는 자월[子]을 사용했으니 천정(天正)이 된다.

詳說

○ 商以丑, 句.
'상이축(商以丑 : 상나라에서는 축월[丑]을 사용했으니)'에서 구절이 끊어진다.

○ 周以子, 句.
'주이자(周以子 : 주나라에서는 자월[子]을 사용했으니)'에서 구절이 끊어진다.

○ 當與「爲政」篇損益章註叅, 省.
『논어(論語)』「위정(爲政)」편의 손익장(損益章)의 주석[185)]을 참고하면 되니 생략한다.

184) '이위(以爲)'라는 두 글자로는 의미가 서로 이어지지 않는다 : 'A를 B로 여긴다(以A爲B)'라는 구문으로 해석하지 말라는 뜻이다.

朱註

然時以作事, 則歲月自當以人爲紀. 故孔子嘗曰 : "吾得夏時焉", 而說者, 以爲『夏小正』之屬,

185) 손익장(損益章)의 주석 : 『논어(論語)』「위정(爲政)」에 "자장이 물었다. '열 왕조 뒤의 일을 미리 알 수 있습니까?' 공자가 대답하였다. '은나라는 하나의 예를 이어받았으니 빼고 더한 것을 알 수 있고, 주나라는 은나라의 예를 이어받았으니 빼고 더한 것을 알 수 있다. 주나라를 이어받는 것이 있다면 백세의 뒤라도 알 수 있을 것이다.'(子張問 : '十世可知也.' 子曰 : '殷因於夏禮, 所損益可知也, 周因於殷禮, 所損益可知也. 其或繼周者, 雖百世可知也.')라는 구절에 대해, 그 『집주(集註)』에서는 "마씨(馬氏)가 말하였다. '이어받은 것은 삼강(三綱)과 오상(五常)이다. 빼고 더한 것은 문(文)·질(質)과 삼통(三統)을 이른다.' 내가 생각하기에 삼강은 임금은 신하의 벼리가 되고, 아비는 자식의 벼리가 되고, 남편은 아내의 벼리가 됨을 이른다. 오상(五常)은 인(仁)·의(義)·예(禮)·지(智)·신(信)을 이른다. 문(文)·질(質)은 하나라는 충(忠)을 숭상하고, 상나라는 질(質)을 숭상하고, 주나라는 문(文)을 숭상한 것을 이른다. 삼통(三統)은 하나라의 정월은 인월(寅月)로 하였으니 인통(人統)이 되고, 상나라의 정월은 축월(丑月)로 하였으니 지통(地統)이 되고, 주나라의 정월은 자월(子月)로 하였으니 천통(天統)이 됨을 이른다. 삼강과 오상은 예(禮)의 대체(大體)이니, 삼대(三代)가 서로 계승하여 모두 그대로 이어받고 변경하지 않았으며, 빼고 더한 것은 문장과 제도에서 조금 지나치거나 미치지 못한 것에 불과할 따름이어서 이미 그러한 자취를 이제 다 볼 수 있다. 지금 이후 혹시 주나라를 이어 왕 노릇 하는 자가 있다면, 비록 백세(百世) 뒤의 멀리 있는 것이라도 이어받고 변경시키는 것은 이에 불과할 뿐이니, 어찌 십세(十世)뿐이겠는가? 성인이 앞으로 올 것을 미리 아는 것은 이와 같으니, 후세의 참위나 술수학과 같지 않다.(馬氏曰 : '所因, 謂三綱五常. 所損益, 謂文質三統.' 愚按 三綱, 謂君爲臣綱, 父爲子綱, 夫爲妻綱. 五常, 謂仁義禮智信. 文質, 謂夏尚忠, 商尚質, 周尚文. 三統, 謂夏正建寅, 爲人統, 商正建丑, 爲地統. 周正建子, 爲天統. 三綱五常, 禮之大體, 三代相繼, 皆因之而不能變, 其所損益, 不過文章制度小過不及之間, 而其已然之迹, 今皆可見. 則自今以往, 或有繼周而王者, 雖百世之遠, 所因所革, 亦不過此, 豈但十世而已乎. 聖人所以知來者蓋如此, 非若後世讖緯術數之學也.)"라고 하였다. 또 "호씨(胡氏)가 말하였다. '자장의 물음은 미래를 알고자 한 것이었는데, 성인은 이미 지나간 일을 말해서 밝혔다. 수신으로부터 천하를 다스리는 데까지 하루라도 예가 없을 수 없다. 하늘의 질서는 사람이 함께 행하는 바이니, 예의 근본이다. 상나라가 하나라의 것을 고칠 수 없었고, 주나라가 상나라의 것을 고칠 수 없었으니, 이른바 천지의 떳떳한 벼리이다. 제도와 문위(文爲)로 말하면, 간혹 너무 지나치면 덜어야 하고 간혹 부족하면 더해야 할 것이다. 더하고 덜어내는 것은 시대에 따라 적절하게 하였고, 이어받아야 할 것은 무너뜨리지 않았으니, 이것은 고금의 통의(通義)이다. 지난 것을 이어받아 미래를 추측하면 비록 백세(百世) 뒤의 먼 것이라도 이와 같음에 불과할 따름이다.'(胡氏曰 : '子張之問은 蓋欲知來, 而聖人言其旣往者以明之也. 夫自修身, 以至於爲天下, 不可一日而無禮. 天敍天秩, 人所共由, 禮之本也. 商不能改乎夏, 周不能改乎商, 所謂天地之常經也, 若乃制度文爲, 或太過則當損, 或不足則當益, 益之損之, 與時宜之, 而所因者不壞, 是古今之通義也. 因往推來, 雖百世之遠, 不過如此而已矣.')"라고 하였다.

그러나 때 맞춰 농사일을 하니, 세월은 사람으로 벼리를 삼아야 하는 것이다. 그러므로 공자는 일찍이 "나는 하나라의 때를 얻었다."고 했던 것인데, 해설하는 자가 『하소정(夏小正)』[186]과 같은 것이라고 하였으니,

詳說

○ 時以作事四字, 出『左傳』.

'때 맞춰 농사일을 한다.[時以作事]'라는 말은 『춘추좌전(春秋左傳)』에 나온다.[187]

○ 見『禮記』「禮運」.

'오득하시언(吾得夏時焉 : 나는 하나라의 때를 얻었다)'는 구절은 『예기』「예운(禮運)」에 보인다.[188]

○ 『大全』曰 : "『夏小正』夏時書名, 今存戴德註."[189]

'설자, 이위『하소정』지속(說者, 以爲『夏小正』之屬 : 해설하는 자가 『하소정(夏小正)』과 같은 것이라고 하였으니)'에 대해, 『논어집주대전』에서 말하였다. "『하소정(夏小正)』은 하나라 때의 책 이름으로 지금은 대덕(戴德)[190]의 주석에 있다."[191]

---

186) 하소정(夏小正) : 1권으로 이루어져 있으며, 중국 전한(前漢) 때의 대덕(戴德)이 지은 것으로 전하고 있으나, 편찬 시기에 대해서는 의견이 분분하다. 원래 『대덕예기(大德禮記)』 중의 1편인 이 책은 400여 자에 불과한 기후 관련 서적이다. 이 책의 성격에 대해서는 두 가지 견해가 있다. 하나는 이 책이 하(夏)나라의 달력 12개월의 순서에 따라 매달의 성상(星象) · 기후에 따른 농서와 정치를 기술한 내용으로 보는 것이고, 다른 하나는 원시 시대 이족(彝族)의 제사 기록으로 보는 것이다. 이 책은 종식(種植) · 잠상(蠶桑) · 목축 · 어렵(漁獵) 활동에 대해 기록하고, 종식과 채집의 종류, 사용공구에 대해서도 간략하게 서술하고 있다. 이러한 내용은 당시의 토지제도와 생산관계를 반영하고 있을 뿐 아니라 천문 · 농업 · 목축업에 대해서도 언급하고 있어 진나라 이전의 과학기술과 경제를 연구하는 데 중요한 자료로 평가받고 있다.

187) '때 맞춰 농사일을 한다.[時以作事]'라는 말은 『춘추좌전(春秋左傳)』에 나온다 : 『춘추좌전(春秋左傳)』「서의(書義) · 정건(正建)」에 "하나라의 정월은 양기가 이미 이르렀을 때를 근본으로 해서 이름 붙인 것이다. 사람을 따라 때 맞춰 농사일을 하는 것은 사람들의 필요에 따른 것이기 때문에 공자가 하나라의 책력을 취한 것이다.(夏之正也, 本乎陽氣之已至, 而名之也. 因人者也, 而時以作事, 則因人要矣, 故夫子取夏時焉.)"라는 말이 있다.

188) 『예기』「예운(禮運)」에 보인다 : 『예기』「예운(禮運)」에 "공자가 말하였다. '내가 하나라의 도를 보고자 하여, 이 때문에 기(杞)나라에 갔으나 그다지 근거로 할 만한 것이 없었다. 내가 그곳에서 하나라의 책력을 얻었다.'(孔子曰 : '我欲觀夏道, 是故之杞而不足徵也. 吾得夏時焉.')"라는 말이 있다.

189) 호광 편(胡廣 編), 『논어집주대전(論語集註大全)』「위령공(衛靈公)」.

190) 대덕(戴德) : 서한 양(梁, 하남성 상구(商丘)) 사람으로 자는 연군(延君)이다. 금문예학(今文禮

○ 在『大戴禮』, 與『禮記』「月令」, 大同小異.

『대대례』에 실려 있는 내용은 『예기』「월령」과 대동소이하다.

○ 朱子曰 : "諸家之曆, 久而皆差, 惟『夏小正』之書, 授時爲無差."[192]

주자(朱子 : 朱熹)가 말하였다. "여러 학파의 책력은 오래되어서 모두 어긋나는데, 『하소정』이라는 책만이 때[계절]에 관한 내용을 전함에 틀림이 없다."[193]

朱註

蓋取其時之正, 與其令之善, 而於此又以告顔子也.

그 철[때]의 올바름과 그 절후의 좋은 것을 취한 뜻인데, 여기에서도 또 안자에게 말했던 것이다.

詳說

○ 如字. 此正字, 從上當字來.

'기시지정(其時之正)의 '정(正)'은 본래의 음으로 읽는다. 그러니 여기에서 올바름[正]이라는 말은 '세월은 인정으로 벼리를 삼아야 하는 것[歲月自當以人爲紀]'에서 '~해야 하는 것[當]'이라는 말에서 왔다.

○ 雙峰饒氏曰 : "古人每月有政令, 觀『夏小正』可見."[194]

學)인 대대학(大戴學)의 개창자이다. 형의 아들 대성(戴聖)과 함께 후창(后蒼)에게 『예(禮)』를 배웠다. 신도왕태부(信都王太傅)가 되었다. 선제(宣帝) 때 경학박사(經學博士)가 되어 대성, 경보(慶普)와 함께 예학의 삼가(三家)를 이루었다. 보통 대대(大戴)로 불린다. 진한(秦漢) 이전의 각종 고대 예의에 관한 문헌에서 85편을 선정하여 『대대례(大戴禮)』를 만들었는데, 대성(大聖)의 예학과 구분하기 위해 당시 『대대례』라 불렀다. 그 후 서량(徐良)에게 전수하였다. 뒤에 46편이 망실되고, 지금은 39편의 『대대례기(大戴禮記)』만 전한다.

191) 『하소정(夏小正)』은 하나라 때의 책 이름으로 지금은 대덕(戴德)의 주석에 있다 : 『대대례기(大戴禮記)』 권2에 「하소정(夏小正)」이 있다.

192) 호광 편(胡廣 編), 『논어집주대전(論語集註大全)』「위령공(衛靈公)」.

193) 여러 학파들의 책력은 …… 책만이 때[계절]에 관한 내용을 전함에 틀림이 없다 : 『논어집주대전』「위령공(衛靈公)」에는 "'하나라의 책력을 행한다.'라고 한 것은 역수가 나온 이후로 책력을 전하는 법은 이를테면 『상서(尙書)』「요전」에서 백성들에게 가르친 것으로 하나라에 와서야 모두 완비되었다. 여러 학파의 책력은 오래되어서 모두 어긋나는데, 『하소정』이라는 책만이 철을 전함에 틀림이 없었기 때문에 '하나라의 책력을 행한다.'라고 하였던 것이다.(所謂行夏時者, 蓋由歷數以來, 授時之法. 如堯典敎民事者, 至夏而悉備也. 諸家之歷, 久而皆差, 惟『夏小正』之書, 授時爲無差, 故曰行夏時也.)"라고 되어 있다.

‘여기령지선(與其令之善 : 그 절후의 좋은 것을 취한 뜻인데)’에 대해, 쌍봉 요씨(雙峰饒氏 : 饒魯)가 말하였다. “옛사람들은 매월 정령(政令)이 있었으니, 『하소정』을 보면 알 수 있다.”[195]

○ 又字, 照嘗字.

‘우이고안자야(又以告顔子也)’에서 ‘우(又 : 또)’자는 ‘고공자상왈(故孔子嘗曰)’에서의 ‘상(嘗 : 일찍이)’자와 대조된다.

○ 釋畢.

경문의 풀이가 끝났다.

○ 朱子曰 : “古聖人以是爲改歲之端. 至商周始以征伐有天下, 於是更其正朔以新天下之耳目, 而有三統之說.”[196]

주자(朱子 : 朱熹)가 말하였다. “옛날의 성인들은 이것으로 세수를 바꾸는 단서로 삼았다. 상나라와 주나라에 와서야 정벌하여 천하를 소유하고 이 때문에 정삭을 고쳐 천하의 이목을 새롭게 하니 삼통(三統)의 설이 있게 되었다.”[197]

○ 雙峰饒氏曰 : “想夏之前皆用寅正.”[198]

쌍봉 요씨(雙峰饒氏 : 饒魯)가 말하였다. “하나라 이전에는 모두 인월로 정월을 사용했던 것 같다.”[199]

---

194) 호병문(胡炳文), 『사서통(四書通)』「논어통(論語通)·「위령공(衛靈公)」에 요씨(饒氏)의 말로 실려 있고, 『논어집주대전』「위령공(衛靈公)」에는 저자 없이 동일하게 되어 있다.

195) 옛사람들은 매월 …… 『하소정』을 보면 알 수 있다 : 『사서통(四書通)』「논어통(論語通)·위령공」과 『논어집주대전』「위령공(衛靈公)」에는 “옛사람들은 매월 정령(政令)이 있었으니, 『하소정』을 보면 알 수 있다. 하나라의 책력을 행하면 정삭(正朔)을 고칠 필요가 없을 뿐만 아니라 매월의 정령을 겸하여 행할 수 있기 때문에 『집주(集註)』에서 ‘절의 올바름과 절후의 좋은 것’이라고 설명하였다.(古人每月有政令, 觀『夏小正』可見. 行夏之時, 不特改正朔, 乃是兼每月政令行了, 所以『集註』說時之正, 與其令之善.)”

196) 호광 편(胡廣 編), 『논어집주대전(論語集註大全)』「위령공(衛靈公)」.

197) 옛날의 성인들은 이것으로 …… 삼통(三統)의 설이 있게 되었다 : 『논어집주대전』「위령공(衛靈公)」에는 “옛날의 성인들은 이것으로 사물이 나오는 시작과 세수를 바꾸는 단서로 삼았다. 사람들이 함께 보는 것으로 말하면, 상나라와 주나라에 와서야 정벌하여 천하를 소유하고 이 때문에 정삭을 고치고 한 세대의 제도를 정해 천하의 이목을 새롭게 하니 삼통의 설이 있게 되었다.(古之聖人以是爲生物之始改歲之端. 蓋以人之所共見者言之, 至商周始以征伐有天下, 於是更其正朔, 定爲一代之制, 以新天下之耳目, 而有三統之說.)”라고 되어 있다.

198) 호병문(胡炳文), 『사서통(四書通)』「논어통(論語通)·위령공」에 요씨(饒氏)의 말로 실려 있고, 『논어집주대전』「위령공(衛靈公)」에는 저자 없이 동일하게 있다.

[15-10-3]

乘殷之輅,
은나라의 수레를 타며,

朱註

輅, 音路, 亦作路.
'승은지로(乘殷之輅)'에서 '로(輅 : 수레)'자의 음은 '로(路)'이고, 또한 '로(路)'자로 쓰기도 한다.

詳說

○ 邢氏曰 : "路, 大也. 君之所在, 以大爲號, 門曰路門, 寢曰路寢, 車曰路車."[200]
형씨(邢氏)가 말하였다. "'로(輅)'라는 말은 크다는 의미이다. 임금이 있는 곳은 크다는 것으로 이름을 붙이니, 문은 노문(路門)이라고 하고, 침소는 노침(路寢)이라고 하며 수레를 노거(路車)라고 한다."

朱註

商輅, 木輅也, 輅者, 大車之名. 古者, 以木爲車而已. 至商而有輅之名, 蓋始異其制也. 周人飾以金玉, 則過侈, 而易敗, 不若商輅之樸素渾堅而等威已辨, 爲質而得其中也.
상나라의 수레는 목로(木輅)인데, 노(輅)는 큰 수레의 이름이다. 옛날에는 나무로 수레를 만들었을 뿐이었다. 상나라에 와서 노(輅)라는 이름이 있게 되었으니, 제도를 비로소 달리한 것이다. 주나라 사람들이 수레를 금과 옥으로 꾸민 것은 지나치게 사치하고 망가지기 쉬워 상나라의 노 수레가 질박하고 튼튼하며 등위가 이미 분별되는 것만 못하니, 질박하면서도 알맞음을 얻었기 때문이다.

---

199) 하나라 이전에는 모두 인월을 정월로 사용했던 것 같다 : 『사서통』「논어통 · 위령공」과 『논어집주대전』「위령공(衛靈公)」에는 "하나라 이전에는 모두 인월을 정월로 사용했던 것 같다. 탕임금에 와서야 비로소 고쳐 천하의 이목을 새롭게 하였다.(想夏之前, 皆用建寅之月. 至湯始改, 以新天下之觀聽.)"라고 되어 있다.

200) 호병문(胡炳文), 『사서통(四書通)』「논어통(論語通)」. 호광 편(胡廣 編), 『논어집주대전(論語集註大全)』「위령공(衛靈公)」에는 『논어정의』의 말로 실려 있다.

詳說

○ 訓.

'노자, 대거지명(輅者, 大車之名 : 노(輅)는 큰 수레의 이름이다)'은 훈고이다.

○ 朱子曰 : "輅者, 足之所履, 其爲用賤矣. 賤用而貴飾之, 則不稱."[201)]

'주인식이금옥, 즉과치(周人飾以金玉, 則過侈 : 주나라 사람들이 수레를 금과 옥으로 꾸민 것은 지나치게 사치하고)'에 대해, 주자(朱子 : 朱熹)가 말하였다. "수레는 발로 밟는 것이어서 그 쓰임이 천하다. 천하게 쓰이는데 귀하게 꾸미면 걸맞지 않다."[202)]

○ 去聲.

'이이(而易)'에서 '이(易 : 쉽다)'자는 거성이다.

○ 上聲.

'박소혼(樸素渾)'에서 '혼(渾 : 튼튼하다)'자는 상성이다.

○ 猶儀也.

'등위(等威)'에서 '위(威)'자는 의(儀)자와 같다.

○ 其制可辨上下.

'이미 분별된다[已辨]'는 것은 그 제도가 상하를 분별할 수 있다는 뜻이다.

○ 爲字釋於此.

'위질(爲質)'에서 '위(爲)'자는 여기[득기중야(得其中也)]까지 풀이한다.

○ 釋畢.

경문의 풀이가 끝났다.

---

201) 호광 편(胡廣 編), 『논어집주대전(論語集註大全)』「위령공(衛靈公)」.

202) 수레는 발로 밟는 것이어서 …… 귀하게 꾸미면 걸맞지 않다 : 『논어집주대전』「위령공(衛靈公)」에는 "어떤 이가 물었다. '주나라의 수레가 지나치게 사치하다는 것은 무엇 때문입니까?' 주자(朱子 : 朱熹)가 답하였다. '수레는 몸으로 타는 것이고 발로 밟는 것이니 그 쓰임이 천합니다. 운용할 때 흔들리며 무거운 것을 싣고 멀리 가니, 그것이 힘든 것입니다. 또 하나의 물건인데 공이 모여 있으니 그 비용이 큰 것입니다. 천하게 쓰이는데 귀하게 꾸미면 걸맞지 않고, 그것이 힘든 것인데 화려하게 장식하면 쉽게 흠이 묻고 비용이 큰데, 또 비용을 보태면 재물이 낭비됩니다. 이것이 주나라의 수레가 지나치게 사치하다는 것입니다.'(或問 : '周輅爲過侈, 何也.' 朱子曰 : '輅者, 身之所乘, 足之所履, 其爲用也賤矣. 運用震動任重致遠, 其爲物也勞矣. 且一器而工聚焉, 其爲費也廣矣. 賤用而貴飾之, 則不稱, 物勞而華飾之, 則易壞費廣, 而又增費之, 則傷財. 此周輅之所以爲過侈歟.')"라고 되어 있다.

○ 雲峰胡氏曰:"商尚質有過於質者, 輅則得質之中."[203]

운봉 호씨(雲峯胡氏 : 胡炳文)가 말하였다. "상나라에서는 질박함을 숭상해서 질박함에 지나쳤는데, 수레에서는 질박함의 알맞음을 얻었다."[204]

[15-10-4]

服周之冕,
주나라의 면류관을 쓰고,

朱註

周冕有五, 祭服之冠也. 冠上有覆前後有旒.
주나라 면류관에는 다섯 종류가 있으니 제복의 관이다. 관 위에는 덮개가 있고 앞뒤로는 술이 있다.

詳說

○ 音流.
'전후유류(前後有旒)'에서 '류(旒 : 술)'자는 음이 류(流)이다.

○ 訓.
훈고이다.

朱註

黃帝以來蓋已有之, 而制度儀等至周始備.
황제 이후로 이미 있었지만 제도와 등위는 주나라 때 비로소 갖추어졌다.

詳說

○ 何氏曰:"『世本』云:'黃帝作冕.'"[205]

---

203) 호광 편(胡廣 編), 『논어집주대전(論語集註大全)』「위령공(衛靈公)」.

204) 상나라에서는 질박함을 숭상해서 …… 수레에서는 질박함의 알맞음을 얻었다 : 『논어집주대전』「위령공(衛靈公)」에는 "商尙質, 亦有過於質者, 商之輅, 則得乎質之中者也."라고 되어 있다.

'황제이래개이유지(黃帝以來蓋已有之 : 황제 이후로 이미 있었지만)'에 대해, 하씨(何氏 : 何晏)[206]가 말하였다. "『세본(世本)』[207]에서는 '황제가 면류관을 만들었다.'라고 하였다."

○ 見『周禮』「弁師」及「司服」.

'제도의등지주시비(制度儀等至周始備 : 제도와 등위는 주나라 때 비로소 갖추어졌다)'는 『주례』「변사(弁師)」와 「사복(司服)」에 있다.

朱註

然其爲物小而加於衆體之上, 故雖華而不爲靡, 雖費而不及奢.

그러나 그것은 작고 모든 몸 위에 얹어놓기 때문에 화려할지라도 사치함이 되지 않고, 낭비할지라도 사치하게 되지는 않는다.

詳說

○ 奢也.

'불위미(不爲靡)'에서 '미(靡)'자는 사치하다는 의미이다.

○ 加於上故也.

'수화이불위미(雖華而不爲靡 : 화려할지라도 사치함이 되지 않고)'는 위에 얹어놓기 때문이다.

○ 物小故也.

205) 호광 편(胡廣 編), 『논어집주대전(論語集註大全)』「위령공(衛靈公)」.

206) 하안(何晏, 193? ~ 249) : 삼국 시대 위(魏)나라 남양(南陽) 완현(宛縣) 사람으로, 자는 평숙(平叔)이고, 하진(何進)의 손자다. 어머니 윤씨(尹氏)가 조조(曹操)의 부인이 되어 위나라 궁정 안에서 자랐고, 위나라 공주를 아내로 맞았다. 젊어서부터 수재(秀才)로 명성을 얻었다. 용모가 아름다운 데다 얼굴이 희어서 사람들이 '부분하랑(傅粉何郞)'이라 불렀다. 제왕(齊王) 조방(曹芳) 정시(正始) 중에 조상(曹爽)이 권력을 잡자 산기상시(散騎常侍)와 이부상서(吏部尙書)를 지냈다. 선거(選擧)를 맡았는데, 진(眞)나라 사람 부함(傅咸)이 그가 기용한 사람이 모두 직분을 제대로 수행했다면서 칭찬하였다. 열후(列侯)의 작위에 올랐다. 조상과 한 무리라 하여 사마의(司馬懿)에 의해 살해되었다. 왕필(王弼)과 주고받은 청담은 일세를 풍미했고, '정시(正始)의 음(音)'으로 일컬어져 청담의 모범이 되었다. 왕필과 더불어 위진(魏晉) 시대 현학(玄學)의 시조로 받들어진다. 『논어』와 『역경(易經)』, 『노자(老子)』를 통하게 하여 유교의 도(道)와 성인관(聖人觀)을 노장풍(老莊風)으로 해석하였다. 저서에 『논어집해(論語集解)』가 있다.

207) 『세본(世本)』 : 책이름으로 『한서(漢書)』 등 여러 문헌에 이름은 전해지고 있지만 책은 전하지 않는다.

'수비이불급사(雖費而不及奢 : 낭비할지라도 사치하게 되지는 않는다)'는 말은 물건이 작기 때문이다.

○ 此二句, 照上節註過侈而言.

여기의 두 구절은 앞 절의 주석에 있는 '지나치게 사치하다.[過侈]'208)라는 말과 대조해서 말한 것이다.

朱註

夫子取之, 蓋亦以爲文而得其中也.

공자가 그것을 취함은 또한 문식이지만 그 알맞음을 얻었다고 여겼기 때문이다.

詳說

○ 照上註而言亦.

앞의 주석과 대조해서 또한[亦]을 말하였다.

○ 以爲二字, 義不相蒙.

'여기다[以爲]'는 말은 의미가 서로 이어지지 않는다.

○ 釋畢.

경문의 풀이가 끝났다.

○ 雲峰胡氏曰 : "周尙文, 有過於文者, 冕則得文之中."209)

운봉 호씨(雲峯胡氏 : 胡炳文)가 말하였다. "주나라가 문식을 숭상함에 문식에 지나친 부분이 있었지만 면류관에서는 문식의 알맞음을 얻었다."210)

---

208) 지나치게 사치하다.[過侈] : 앞 구절에서 "주나라 사람들이 수레를 금과 옥으로 꾸민 것은 지나치게 사치한 것이다.(周人飾以金玉, 則過侈.)"라고 한 말을 가리킨다.

209) 호광 편(胡廣 編), 『논어집주대전(論語集註大全)』「위령공(衛靈公)」.

210) 주나라가 문식을 숭상함에 …… 면류관에서는 문식의 알맞음을 얻었다 : 『논어집주대전』「위령공(衛靈公)」에는 "周尙文, 則有過於文者, 周之冕, 則得乎文之中者也."라고 되어 있다.

[15-10-5]

樂則韶舞,
음악은 '순 임금의 음악[韶舞]'을 하며,

詳說

○ 則字有用字意.
'즉(則)'자에는 '쓴다[用]'는 말의 의미가 있다.

○ 新安陳氏曰 : "韶舞以樂聲兼樂容而言."[211]
신안 진씨(新安陳氏 : 陳櫟)가 말하였다. "순 임금의 음악은 음악의 소리가 음악의 모양을 겸한 것으로 말하였다."

朱註

取其盡善盡美.
지극히 선함과 지극히 아름다움을 취하였다.

詳說

○ 見「八佾」.
『논어(論語)』「팔일(八佾)」에 보인다.[212]

○ 有釋無訓.
경문의 풀이는 있으나 훈고는 없다.

○ 朱子曰 : "治平之道, 顔子平日講究有素, 只欠這些子, 故聖人斟酌四代禮樂告之."[213]
주자(朱子 : 朱熹)가 말하였다. "나라를 다스리고 천하를 평정하는 도리는 안연이 평소에 강구하고 소질이 있었으나 사소한 것에는 부족했기 때문에 성인이 예악을 고려해서 알려 주었다."[214]

---

211) 호광 편(胡廣 編), 『논어집주대전(論語集註大全)』「위령공(衛靈公)」.

212) 『논어(論語)』「팔일(八佾)」에 보인다 : 『논어(論語)』「팔일(八佾)」에 "공자가 소악(韶樂)에 대해 '지극히 아름답고 지극히 좋다.'라고 평하였고, 무악(武樂)에 대해 '지극히 아름답지만 지극히 좋지는 못하다.'라고 평하였다.(子謂, 韶盡美矣, 又盡善也, 謂武盡美矣, 未盡善也.)"라는 구절이 있다.

213) 호광 편(胡廣 編), 『논어집주대전(論語集註大全)』「위령공(衛靈公)」.

[15-10-6]

放鄭聲, 遠佞人, 鄭聲淫, 佞人殆.
정성(鄭聲)을 추방하고, 영인(佞人)을 멀리하니, 정성(鄭聲)은 음탕하고 영인(佞人)은 위태롭기 때문이다.

朱註

遠去聲.
'원녕인(遠佞人)'에서 '원(遠 : 멀리하다)'자는 거성이다.

詳說

○ 下一半乃上一半之註脚.
아래의 반 구절은 바로 앞의 반 구절에 대한 풀이다.

朱註

放謂禁絶之. 鄭聲鄭國之音. 佞人, 卑諂辯給之人. 殆, 危也.
'추방한다[放]'는 것은 금하여 끊음을 말한다. 정성(鄭聲)은 정(鄭)나라의 음악이다. 영인(佞人)은 몸을 낮추고 아첨하며 말을 잘하는 사람이다. '영인태(佞人殆)'에서 '태(殆)'자는 위태롭다는 뜻이다.

詳說

○ 因論韶舞, 而遂及鄭聲, 爲其樂之相反也.
'방위금절지. 정성정국지음(放謂禁絶之. 鄭聲鄭國之音 : '추방한다[放]'는 것은 금하

---

214) 나라를 다스리고 천하를 평정하는 도리는 …… 성인이 예악을 고려해서 알려 주었다 : 『논어집주대전』「위령공(衛靈公)」에는 "물었다. '안연이 나라를 다스리는 일에 대해 묻자 공자는 단지 사대의 예악으로 알려 주고 치국과 평천하의 도리에 대해서는 언급하지 않았습니다. 이 일은 안연이 평소에 강구하고 소질이 있었던 것이 아니기 때문에 공자가 거듭 말씀해 주시기를 기다린 것이 아닙니까?' 주자(朱子 : 朱熹)가 답하였다. '진실로 이처럼 안연은 모든 일을 터득했지만 오직 사소한 것에는 부족했기 때문에 성인이 예악을 고려해서 알려 주었다.(問 : '顔子問爲邦, 孔子止告之以四代之禮樂, 却不及治國平天下之道. 莫是此事顔子平日講究有素, 不待夫子再言否.' 朱子曰 : '固是如此, 顔子事事了得了, 只欠這些子. 故聖人斟酌禮樂而告之.')"라고 되어 있다.

여 끊음을 말한다. 정성(鄭聲)은 정(鄭)나라의 음악이다)'는 구절을 볼 때, 순 임금의 음악[韶舞]'을 말했기 때문에 마침내 정성(鄭聲)을 언급했으니, 그 음악이 서로 상반되기 때문이다.

○ 朱子曰: "鄭聲之淫甚於衛, 夫子擧重而言也."215)

'방위금절지. 정성정국지음(放謂禁絶之. 鄭聲鄭國之音: '추방한다[放]'는 것은 금하여 끊음을 말한다. 정성(鄭聲)은 정(鄭)나라의 음악이다)'이라는 구절에 대해, 주자(朱子: 朱熹)가 말하였다. "정성의 음란함이 위나라보다 심해서216) 공자가 그 중요한 사안을 들어 말하였다."217)

○ 雲峰胡氏曰: "『集註』前訓佞字, 但謂其辯給, 此則先之以卑諂. 蓋辯給在口, 卑諂在心."218)

'영인, 비첨변급지인(佞人, 卑諂辯給之人: 영인(佞人)은 몸을 낮추고 아첨하며 말을 잘하는 사람이다)'에 대해, 운봉 호씨(雲峯胡氏: 胡炳文)가 말하였다. "『논어집주(論語集註)』 가운데 앞에서 '녕(佞)'자를 훈고할 때는 단지 '말 잘하는 것[辯給]'219)이라고만 하고, 여기서는 먼저 '몸을 낮추고 아첨하는 것[卑諂]'이라고 하였다. '말 잘하는 것[辯給]'은 입에 달려 있고, '몸을 낮추고 아첨하는 것[卑諂]'은 마음에 달려 있다."

○ 因論鄭聲, 而幷及佞人, 爲其事之相類也.

'영인, 비첨변급지인(佞人, 卑諂辯給之人: 영인(佞人)은 몸을 낮추고 아첨하며 말을 잘하는 사람이다)'이라는 구절을 보면, 정성을 말한 것 때문에 영인을 아울러 언급하였으니, 그 일이 서로 비슷하다.

---

215) 호광 편(胡廣 編), 『논어집주대전(論語集註大全)』「위령공(衛靈公)」.

216) 정성의 음란함이 위나라보다 심해서: 『논어집주대전』「위령공(衛靈公)」에 주자(朱子: 朱熹)가 "위나라의 음악은 남자가 여자를 좋아하는 말인데, 정나라의 음악은 모두 여자가 남자를 유혹하는 말이다.(衛猶男悅女之詞, 鄭皆女惑男之語.)"라고 하고 있다.

217) 정성의 음란함이 위나라보다 심해서 공자가 그 중요한 사안을 들어 말하였다: 『논어집주대전』「위령공(衛靈公)」에는 "정성의 음란함이 위나라보다 심한데 공자가 유독 정성을 경계하고 위나라를 언급하지 않았으니, 그 중요한 사안을 들어 말하였다.(鄭聲之淫, 甚於衛矣, 夫子獨以鄭聲爲戒, 而不及衛, 擧重而言也.)"라고 되어 있다.

218) 호광 편(胡廣 編), 『논어집주대전(論語集註大全)』「위령공(衛靈公)」.

219) 『논어집주(論語集註)』 가운데 앞에서 '녕(佞)'이라는 글자를 훈고할 때는 단지 '말 잘하는 것[辯給]': 「공야장(公冶長)」에서 "옹은 어질지만 말재주가 없습니다.(雍也仁而不佞)"라는 말의 『논어집주(論語集註)』 등에 "'영(佞)'은 말재주[口才]이다.(佞, 口才也.)"라는 언급이 있다.

○ 有訓無釋.

'태, 위야(殆, 危也 : '영인태(佞人殆)'에서 '태(殆)'자는 위태롭다는 것이다)의 경우, 훈고는 있으나 경문의 풀이는 없다.

○ 程子曰 : "鄭聲使人淫溺, 佞人使人危殆, 最爲治之害, 放遠亦人之所難."[220]

정자가 말하였다. "정성은 사람들을 음란함에 빠지게 하고 영인은 사람들을 위태롭게 하여 다스림의 피해가 가장 심한데, 추방하고 멀리하는 것이 또한 사람들에게 어렵다."[221]

○ 上蔡謝氏曰 : "放鄭聲, 如大司樂禁淫聲慢聲."[222]

상채 사씨(上蔡謝氏 : 謝良佐)가 말하였다. "'정성을 추방한다.'라는 말은 '대사악(大司樂)이 음란한 음악과 공손하지 못한 음악을 금지한 것'[223]과 같다."

朱註

程子曰 : "問政多矣, 惟顔淵告之以此. 蓋三代之制, 皆因時損益, 及其久也, 不能無弊. 周衰聖人不作, 故孔子斟酌先王之禮, 立萬世常行之道, 發此以爲之兆爾. 由是求之, 則餘皆可考也."

정자가 말하였다. "정사를 물은 일은 많았으나 안연에게 이것으로 알려 주었던 것이다. 삼대의 제도는 모두 때에 따라 빼거나 더했는데 오래됨에 미쳐서는 폐단이 없을 수 없었다. 주나라가 쇠약해지고 성인이 나오지 않았기 때문에 공자가 선왕의 예를 참작하여 어떤 시대건 언제나 행할 수 있는 도를 세웠으니, 이것을 말하여 그 조짐을 삼았다. 이것으로 말미암아 찾는다면 나머지는 모두 상

---

220) 호광 편(胡廣 編), 『논어집주대전(論語集註大全)』「위령공(衛靈公)」.

221) 정성은 사람들을 음란함에 빠지게 …… 멀리하는 것이 또한 사람들에게 어렵다 : 『이정외서(二程外書)』 권3에는 "정성(鄭聲)은 사람들이 음란함에 빠지게 하고, 영인(佞人)은 사람들이 위태롭게 하기 때문에 멀리한 다음에 법을 지켜서 이룰 수 있다.(鄭聲使人淫溺, 佞人使人危殆, 故遠之, 然後可守成法.)"라고 되어 있다. 『논어집주대전』「위령공(衛靈公)」에는 "정성과 영인은 다스림의 피해가 가장 심한데 추방하고 멀리하는 것이 또한 사람들에게 어려운 것이다(鄭聲佞人, 最爲治之害, 放遠亦人之所難.)"라고 하였다.

222) 주희, 『논어정의(論語精義)』「위령공(衛靈公)」.

223) 대사악(大司樂)이 음란한 음악과 공손하지 못한 음악을 금지한 것 : 『주례(周禮)』「춘관(春官) · 대사악(大司樂)」에 "나라를 세우고 음란한 음악 · 지나친 음악 · 흉한 음악 · 공손하지 못한 음악을 금지하였다.(凡建國, 禁其淫聲過聲凶聲慢聲.)"라는 말이 있다.

고할 수 있다."

詳說

○ 當考.

'정자왈(程子曰)'에서 '정자(程子)'는 동생 정이(程頤)인지 형 정호(程顥)인지 살펴보아야 한다.

○ 於.

'유안연(惟顔淵)'에서 '유(惟)'자는 '~에서[於]'라는 의미이다.

○ 一作耳.

'발차이위지조이(發此以爲之兆爾 : 이것을 말하여 그 조짐을 삼았다)'에서 '이(爾)'자는 어떤 판본에는 '이(耳)'자로 되어 있다.

○ 爲之兆, 出『孟子』「萬章」, 『集註』云 : "兆猶卜之兆, 蓋事之端也. 小試行道之端以示於人."

'발차이위지조이(發此以爲之兆爾 : 이것을 말하여 그 조짐을 삼았다)'에서 '그 조짐을 삼았다[爲之兆]'라는 말은 『맹자(孟子)』「만장」에 나오는데,[224] 『맹자집주(孟子集註)』에서는 "조짐은 점을 칠 때의 조짐과 같으니 일의 단서이다. 조금 도를 행하는 단서를 사람들에게 보여주었다."[225]라고 하였다.

---

224) '그 조짐을 삼았다[爲之兆]'라는 말은 『맹자(孟子)』「만장」에 나오는데 : 『맹자(孟子)』「만장하(萬章下)」에는 "물었다. '그렇다면 공자가 벼슬한 것은 도를 일삼으신 것이 아닙니까?' 답하였다 '도를 일삼은 것이다.' '도를 일삼으면서 어찌하여 엽교(獵較)를 그냥 두었습니까?' 답하였다. '공자가 먼저 문서로 제기(祭器)를 바루어서, 사방의 귀중한 음식물을 공급하지 않게 하였다.' 물었다. '어찌하여 떠나가지 않았습니까?' 답하였다. '조짐을 삼았으니, 조짐이 충분히 행할 수 있는데도 도가 행해지지 않은 뒤에야 떠났다. 이 때문에 일찍이 3년을 마치도록 지체한 곳은 없었다.'(曰 : '然則孔子之仕也, 非事道與.' 曰 : '事道也.' '事道, 奚獵較也.' 曰 : '孔子先簿正祭器, 不以四方之食, 供簿正.' 曰 : '奚不去也.' 曰 : '爲之兆也, 兆足以行矣, 而不行而後去. 是以未嘗有所終三年淹也.')"라고 되어 있다.

225) 조짐은 점의 조짐과 같으니 …… 단서를 사람들에게 보여주었다 : 『맹자집주(孟子集註)』「만장하(萬章下)」에는 "조짐은 점을 칠 때의 조짐과 같으니, 일의 단서이다. 공자가 떠나지 않은 까닭은 또한 조금 도를 행하는 조짐을 시험하여 사람들에게 보여주어, 우리 도를 과연 행할 수 있다는 것을 알게 하려고 한 것이니, 만일 그 단서가 이미 행할 만한데도 사람들이 마침내 행하지 못한 뒤에야 부득이하여 반드시 떠났다. 떠나기를 비록 가벼이 하지 않았으나, 또한 일찍이 결단하지 않은 적이 없었다. 이 때문에 일찍이 3년을 마치도록 한 나라에 머무신 적이 있지 않았다.(兆, 猶卜之兆, 蓋事之端也. 孔子所以不去者, 亦欲小試行道之端, 以示於人, 使知吾道之果可行也, 若其端旣可行, 而人不能遂行之然後, 不得已而必去之. 蓋其去雖不輕, 而亦未

○ 朱子曰 : "兆猶準則也. 略說四件, 作一箇準則, 則餘皆依此推之."[226]

주자(朱子 : 朱熹)가 말하였다. "조짐은 준칙과 같다. 대략 네 가지를 설명하였으니, 하나의 준칙을 만들면 나머지 일은 모두 이것에 따라 미루어 행할 뿐이다."[227]

○ 指時·輅·冕·韶·放·遠六事.

'유시구지(由是求之)'에서 '시(是 : 이것)'자는 책력·수레·면류관·순 임금의 음악·추방하는 것·멀리하는 것의 여섯 가지 일을 가리킨다.

○ 猶推也.

''유시구지(由是求之)'에서 '구(求 : 찾다)'자는 미룬다[推]는 의미이다.

○ 雲峯胡氏曰 : "如此斟酌而行之."[228]

'유시구지, 즉여개가고야(由是求之, 則餘皆可考也 : 이것으로 말미암아 찾는다면 나머지는 모두 상고할 수 있다)'에 대해, 운봉 호씨(雲峯胡氏 : 胡炳文)가 말하였다. "이와 같이 참작해서 행한다."[229]

朱註

張子曰 : "禮樂, 治之法也. 放鄭聲遠佞人, 法外意也. 一日不謹, 則法壞矣. 虞夏君臣, 更相戒飭, 意蓋如此."

장자(張子 : 張載)[230]가 말하였다. "예악은 다스리는 법이다. 정성을 추방하고

嘗不決. 是以未嘗終三年留於一國也.)"라고 되어 있다.

226) 호광 편(胡廣 編), 『논어집주대전(論語集註大全)』「위령공(衛靈公)」.

227) 조짐은 준칙과 같다 …… 이것에 따라 미루어 행할 뿐이다 : 『논어집주대전』「위령공(衛靈公)」에는 "'이것을 말하여 조짐을 삼았다.'라는 것에서 조짐은 준칙과 같다. 나라를 다스리는 도가 이 네 가지에서 다한다고 말한 것이 아니라 대략 네 가지를 설명한 것이다. 하나의 준칙을 만들면 나머지 일은 모두 이것에 따라 미루어 행할 뿐인 것이다.('發此爲之兆', 兆猶準則也. 非謂爲邦之道, 盡於此四者, 畧說四件. 作一箇準則, 則餘事皆可依倣此, 而推行之耳.)"라고 되어 있다.

228) 호광 편(胡廣 編), 『논어집주대전(論語集註大全)』「위령공(衛靈公)」.

229) 이와 같이 참작해서 행한다 : 『논어집주대전』「위령공(衛靈公)」에는 "그 나머지는 모두 이와 같이 참작해서 행해야 한다.(其餘, 皆當如此斟酌而行之也.)"라고 되어 있다.

230) 장재(張載, 1020~1077) : 북송 봉상(鳳翔) 미현(郿縣) 사람으로 자는 자후(子厚)고, 호는 횡거선생(橫渠先生)이며, 시호는 명공(明公)이다. 북송오자 중의 한 명이다. 『주역(周易)』과 『중용(中庸)』을 정밀히 탐구하여 신유학의 기초를 세웠다. 기일원론(氣一元論)은 왕정상(王廷相), 왕부지(王夫之), 대진(戴震) 등에 의해 계승 발전되었고, 인성론(人性論)은 주희(朱熹)에 의해

영인을 멀리하는 것은 법 밖의 의미이다. 하루라도 삼가지 않으면 법도가 무너진다. 우나라와 하나라의 군신들이 번갈아가며 서로 경계한 것은 의미가 이와 같다.

詳說

○ 去聲, 下同

'치지법야(治之法也)'에서 '치(治 : 다스리다)'자는 거성으로 아래에서도 같다.

○ 雙峰饒氏曰 : "意在法之表."231)

'방정성원영인, 법외의야(禮樂(放鄭聲遠佞人, 法外意也 : 정성을 추방하고 영인을 멀리하는 것은 법 밖의 의미이다)'에 대해, 쌍봉 요씨(雙峰饒氏 : 饒魯)가 말하였다. "의미가 법의 바깥에 있다."232)

○ 不放不遠.

'일일불근(一日不謹 : 하루라도 삼가지 않으면)'은 추방하지 않고 멀리하지 않는다는 것이다.

○ 平聲.

'갱상계칙(更相戒飭)'에서 '갱(更 : 번갈아가며)'자는 평성이다.

○ 如罔淫樂畏孔壬之類.

'우하군신, 갱상계칙(虞夏君臣, 更相戒飭 : 우나라와 하나라의 군신들이 번갈아가며 서로 경계한 것은)'은 이를테면 음란한 음악을 없애고, 간악한 마음을 품은 자를 두려워한 것과 같은 따위이다.

○ 恐其壞法.

'의개여차(意蓋如此 : 의미가 이와 같다)'는 법을 무너뜨리는 일을 염려한 것이다.

계승 발전되었다. 저서로 『정몽(正蒙)』과 『횡거역설(橫渠易說)』, 『경학이굴(經學理窟)』, 『장자전서(張子全書)』 등이 있다.

231) 호광 편(胡廣 編), 『논어집주대전(論語集註大全)』「위령공(衛靈公)」.

232) 의미가 법의 바깥에 있다 : 『논어집주대전』「위령공(衛靈公)」에는 "법 밖의 의미는 의미가 법의 바깥에 있다는 것이다. 의미는 이 법을 세우는 일이고 이 법을 쓰는 일이며 또한 이 법을 지키는 일이다. 선왕이 사람들에게 차마 하지 못하는 마음이 있어 여기에서 사람들에게 차마 하지 못하는 정사가 있으니, 「관저(關雎)」와 「인지(麟趾)」의 의미가 있는 것이다. 그런 다음에 「주관(周官)」의 법도를 행할 수 있다는 것이 곧 이 의미이다.(法外意者, 意在法之表. 意所以立此法, 所以用此法, 亦所以守此法. 先王有不忍人之心, 斯有不忍人之政, 有「關雎」「麟趾」之意. 然後可以行「周官」之法度, 卽此意也.)"라고 되어 있다.

朱註

又曰:"法立而能守, 則德可久業可大. 鄭聲佞人, 能使人喪其所守, 故放遠之."
장자[張載]가 또 말하였다. "법이 확립되고 이것을 지킬 수 있다면 덕이 오래 갈 수 있고 업적이 커질 수 있다. 정성(鄭聲)과 영인(佞人)은 사람들이 지킬 것을 잃게 하기 때문에 추방하고 멀리하는 것이다.

詳說

○ 出『易』「繫辭」.
'덕가구업가대(德可久業可大 : 덕이 오래 갈 수 있고 업적이 커질 수 있다)'라는 구절은 『주역(周易)』「계사전」에 나온다.[233]

○ 去聲.
'능사인상(能使人喪)'에서 '상(喪 : 잃다)'자는 거성이다.

○ 和靖尹氏曰:"此事易惑人."[234]
'정성영인, 능사인상기소수, 고방원지(鄭聲佞人, 能使人喪其所守, 故放遠之 : 정성과 영인은 사람들이 지킬 것을 잃게 하기 때문에 추방하고 멀리하는 것이다)'에 대해, 화정 윤씨(和靖尹氏 : 尹焞)[235]가 말하였다. "이런 일이 사람들을 쉽게 현혹시키기 때문이다."[236]

○ 張氏好古曰:"爲萬世保此法."[237]

---

233) 『주역(周易)』「계사전」에 나온다 : 「계사상(繫辭上)」 5장에 덕(德)과 업(業)에 관한 다음과 같은 언급이 있다. "顯諸仁, 藏諸用, 鼓萬物而不與聖人同憂, 盛德大業至矣哉! 富有之謂大業, 日新之謂盛德.(인(仁)에 드러나고 용(用)에 감추어져 만물을 고무(鼓舞)하지만 성인과 함께 근심하지 않으니, 융성한 덕과 큰 공업(功業)이 지극하다! 넉넉하게 가지게 되는 것을 큰 공업(功業)이라 하고, 날로 새로워지는 것을 융성한 덕(德)이라 한다.)"

234) 호광 편(胡廣 編), 『논어집주대전(論語集註大全)』「위령공(衛靈公)」.

235) 윤돈(尹焞, 1071~1142) : 북송의 성리학자로 낙양 사람이다. 자는 언명(彦明)이고, 자호는 화정처사(和靖處士)이고, 윤원(尹源)의 손자이다. 정이의 문인으로 종신토록 벼슬하지 않았으나 말년에 숭정전설 겸 시강(崇政殿說兼侍講)을 잠시 역임하였다. 저서로는 『화정집(和靖集)』과 『논어맹자해(論語孟子解)』 등이 있다.

236) 이런 일이 사람들을 쉽게 현혹시키기 때문이다 : 『논어집주대전』「위령공(衛靈公)」에는 "공자가 안연에게 사대의 예악으로 말하였다. 그런데 정성을 물리치고 영인을 멀리할 것으로 이었으니, 이런 일이 사람을 쉽게 미혹시키기 때문이다.(孔子告顔子以四代禮樂. 而繼以放鄭聲遠佞人. 蓋此事易惑人也.)"라고 되어 있다.

237) 호광 편(胡廣 編), 『논어집주대전(論語集註大全)』「위령공(衛靈公)」.

장호고(張好古)가 말하였다. "만세를 위해 이 법을 보전하려는 일이다."[238]

朱註

尹氏曰 : "此所謂百王不易之大法. 孔子之作『春秋』, 蓋此意也. 孔顏雖不得行之於時, 然其爲治之法, 可得而見矣."

윤씨가 말하였다. "여기서 말한 것은 모든 왕이 바꿀 수 없는 큰 법이다. 공자가 『춘추(春秋)』를 지은 것도 이런 의도이다. 공자와 안연이 당시에 행할 수 없었을지라도 정치를 하는 법은 알 수 있다."

詳說

○ **朱子曰 : "『春秋』, 亦明聖王之大法, 故伊川『春秋傳』「序」, 引夫子答爲邦之語."**[239]

주자(朱子 : 朱熹)가 말하였다. "『춘추좌전(春秋左傳)』도 성왕의 큰 법을 밝히는 것이기 때문에 이천이 『춘추좌전(春秋左傳)』「서(序)」에서 공자가 나라를 다스리는 일에 답하는 말을 인용하였던 것이다."[240]

○ **南軒張氏曰 : "其大綱見於此, 其目則著於『春秋』."**[241]

238) 만세를 위해 이 법을 보전하려는 일이다 : 『논어집주대전』「위령공(衛靈公)」에는 "사대(四代)의 예악은 모든 왕을 위해 이 법을 세운 것이니, 정성(鄭聲)과 영인(佞人)으로 경계하는 것은 만세를 위해 이 법을 보전하려는 일이다.(四代禮樂爲百王立此法也, 戒以鄭聲佞人爲萬世保此法也.)"라고 되어 있다.

239) 호광 편(胡廣 編), 『논어집주대전(論語集註大全)』「위령공(衛靈公)」.

240) 『춘추좌전(春秋左傳)』도 성왕의 큰 법을 …… 다스리는 것에 답하는 말을 인용하였던 것이다 : 『논어집주대전』「위령공(衛靈公)」에는 "물었다. '이천이 『춘추좌전(春秋左傳)』「서」에서 공자가 나라 다스리는 것에 대해 답한 말을 인용하였습니다. 안자가 일찍이 『춘추(春秋)』의 큰 법을 들었던 것은 무엇 때문입니까?' 주자(朱子 : 朱熹)가 답하였다. '이것은 공자가 『춘추(春秋)』의 큰 법을 안자에게 말한 것이 아닙니다. 삼대에 만들어진 것은 극히 완비되어 공자가 다시 만들 수 없었기 때문에 사대의 예악으로 말하였던 것인데, 모든 왕이 바꿀 수 없는 큰 법을 모아놓은 것일 뿐입니다. 『춘추(春秋)』를 지음에 선한 것은 취하고 악한 것은 주벌했으니, 요점은 또한 성왕의 큰 법을 밝히는 것입니다. 의도가 또한 이와 같을 뿐이기 때문에 이천이 인용해서 본보기로 삼았던 것입니다.(問 : '伊川『春秋傳』「序」, 引夫子答爲邦之語, 惟顏子嘗聞春秋大法, 何也.' 朱子曰 : '此不是孔子將春秋大法向顏子說. 蓋三代制作極備矣, 孔子更不可復作, 故告以四代禮樂, 只是集百王不易之大法. 其作春秋, 善者則取之, 惡者則誅之, 要亦明聖王之大法. 意亦只是如此, 故伊川引之爲樣耳.')"라고 되어 있다.

241) 호광 편(胡廣 編), 『논어집주대전(論語集註大全)』「위령공(衛靈公)」. 장식(張栻), 『계사논어해(癸巳論語解)』「위령공(衛靈公)」.

남헌 장씨(南軒張氏 : 張栻)가 말하였다. "그 대강은 여기에 있고 그 세목은 『춘추좌전(春秋左傳)』에 있다."[242]

○ **潛室陳氏曰 : "孔子爲學者言, 止言經世之大綱. 孟子爲時君言, 當論濟時之急務, 帛肉井地, 是也."**[243]

'공안수부득행지어시, 연기위치지법, 가득이견의(孔顔雖不得行之於時, 然其爲治之法, 可得而見矣 : 공자와 안연이 당시에 행할 수 없었을지라도 정치를 하는 법은 알 수 있다)'에 대해, 잠실 진씨(潛室陳氏 : 陳埴)가 말하였다. "공자가 배우는 사람들을 위해 말한 내용은 단지 경세의 대강을 말한 것이다. 맹자가 당시의 임금을 위해 말한 내용은 당시를 구제하기 위해 급선무로 논의해야 하는 사안들이니, 누에·목축·정전법이 여기에 해당한다."

○ **爲邦, 此章之題目.**

'위방(爲邦 : 나라를 다스리다)'이 이 장의 제목이다.

---

242) 그 대강은 여기에 있고 그 세목은 『춘추좌전(春秋左傳)』에 있다 : 『논어집주대전』「위령공(衛靈公)」에는 "성인이 사대의 일을 거울삼아 빼고 더해 모든 왕들이 바꿀 수 없는 전적으로 삼았으니, 이것이 그 대강이다. 그 대강은 여기에 있고 그 세목은 『춘추좌전(春秋左傳)』에 있다.(聖人監四代之事而損益之, 以爲百王不易之典, 此其大綱也. 其綱見於此, 而其目則著於春秋.)"라고 되어 있다.

243) 호광 편(胡廣 編), 『논어집주대전(論語集註大全)』「위령공(衛靈公)」.

[15-11-1]

子曰："人無遠慮, 必有近憂."
공자가 말하였다. "사람이 멀리 생각하지 않으면 반드시 가깝게 근심이 있게 된다."

朱註

蘇氏曰："人之所履者, 容足之外, 皆爲無用之地, 而不可廢也. 故慮不在千里之外, 則患在几席之下矣."
소씨(蘇氏：蘇軾)[244]가 말하였다. "사람이 밟는 것은 발을 딛는 일 이외에는 모두 쓸데없는 땅이지만 버릴 수는 없다. 그러므로 생각이 천리의 밖까지 미치지 않으면 우환이 자리의 아래에 있게 된다."

詳說

○ 而讀如然字義.
'이불가폐야(而不可廢也)'에서 '이(而)'자는 '그러나[然]'라는 글자의 의미처럼 읽는다.

○ 先設喩.
'인지소리자, 용족지외, 개위무용지지, 이불가폐야(人之所履者, 容足之外, 皆爲無用之地, 而不可廢也：사람이 밟는 것은 발을 딛는 일 이외에는 모두 쓸데없는 땅이지만 버릴 수는 없다)'라는 구절은 먼저 비유를 한 것이다.

○ 有釋無訓.
경문의 풀이는 있으나 훈고는 없다.

○ 覺軒蔡氏曰："蘇氏以地言, 若以時言, 亦通."[245]
각헌 채씨(覺軒蔡氏)가 말하였다. "소씨는 땅으로 말하였는데, '때'로 말해도 통

---

244) 소식(蘇軾：1037~1101)：송나라 때 학자로 자가 자첨(子瞻)·화중(和仲)이고, 호가 철관도인(鐵冠道人)·동파거사(東坡居士)이며, 한족(漢族)으로 미주 미산(眉州眉山) 사람이다. 시부(詩賦) 등 문예와 학문에 뛰어난 재능을 보여 세상 사람들이 소동파(蘇東坡) 또는 소선(蘇仙)이라고 불렀으며, 한유(韓愈) 및 구양수(歐陽脩) 등과 함께 고문운동을 전개한 공헌이 크다. 저서로는 『동파집(東坡集)』·『동파역전(東坡易傳)』·『서전(書傳)』·『논어설(論語說)』 등이 있다.

245) 호광 편(胡廣 編), 『논어집주대전(論語集註大全)』「위령공(衛靈公)」.

한다."[246]

○ 雙峰饒氏曰: "若云慮不及千百年之遠, 則患在朝夕之近矣, 意方足."[247]

'려부재천리지외, 칙환재궤석지하의(慮不在千里之外, 則患在几席之下矣: 생각이 천리의 밖까지 미치지 않으면 우환이 궤석의 아래에 있게 된다)'에 대해, 쌍봉 요씨(雙峰饒氏: 饒魯)가 말하였다. "'생각이 천년 백년 미치지 못하면 우환이 아침저녁으로 가깝다.'라고 한다면 의미가 풍족하게 된다."[248]

○ 『集註』, 引蘇說之意, 蓋欲讀者之因橫以推竪也.

『논어집주(論語集註)』에서 소씨의 설명을 인용한 의도는 독자들이 곁에 있는 것으로 말미암아 견고한 것까지 미루도록 한 것이다.

○ '遠慮', 此章之題目.

'원려(遠慮: 멀리 생각하다)'가 이 장의 제목이다.

---

246) 소씨는 땅으로 말하였는데, '때'로 말해도 통한다: 『논어집주대전』「위령공(衛靈公)」에는 "소씨의 말을 살펴보면 멀고 가까움을 땅으로 설명하였다. 멀고 가까움을 '때'로 설명해도 통할 것 같다. 이를테면 나라에서 하나의 법도를 세우는데, 길고 멀리 생각하지 않으면 눈앞에서 바로 가까운 우환이 있게 된다.(按蘇氏之說, 遠近以地言. 若遠近以時言, 恐亦可通. 如國家立一法度, 若不爲長遠之慮, 則目前即有近憂矣.)"라고 되어 있다.

247) 호광 편(胡廣 編), 『논어집주대전(論語集註大全)』「위령공(衛靈公)」.

248) '생각이 천년 백년 미치지 못하면 …… 의미가 풍족하게 된다: 『논어집주대전』「위령공(衛靈公)」에는 "소씨는 단지 땅의 멀고 가까움으로 설명해서 '때'의 멀고 가까움으로 설명한 것보다 부족하다. '생각이 천년 백년 미치지 못하면 우환이 아침저녁으로 가깝다.'라고 한다면 의미가 풍족하게 된다.(蘇氏只說得地之遠近, 欠說時之遠近. 若云慮不及千百年之遠, 則患在旦夕之近矣, 意方足.)"라고 되어 있다.

[15-12-1]

子曰 : "已矣乎. 吾未見好德如好色者也."

공자가 말하였다. "어쩔 수 없구나! 나는 덕을 좋아하기를 여색을 좋아하듯이 하는 사람을 본 적이 없다."

朱註

好, 去聲.

'호덕여호색(好德如好色)'에서 '호(好 : 좋아하다)'자는 거성이다.

詳說

○ 新安陳氏曰 : "已見「子罕」篇, 此加上三字, 而警人之意愈切."[249)]

신안 진씨(新安陳氏 : 陳櫟)가 말하였다. "『논어(論語)』「자한(子罕)」에 이미 있는데,[250)] 여기에서는 '어쩔 수 없구나[已矣乎]'라는 말을 덧붙여서 사람들의 마음이 더욱 절실하게 되도록 경계하였다."

朱註

已矣乎, 歎其終不得而見之也.

'어쩔 수 없구나[已矣乎]'라고 한 말은 끝내 그런 사람을 볼 수 없는 사안에 대해 한탄한 것이다.

詳說

○ 有釋無訓.

경문의 풀이는 있으나 훈고는 없다.

○ 慶源輔氏曰 : "警人使知自勉也."[251)]

경원 보씨(慶源輔氏 : 輔廣)[252)]가 말하였다. "사람들에게 경계해 스스로 힘쓰게 할

249) 호광 편(胡廣 編), 『논어집주대전(論語集註大全)』「위령공(衛靈公)」.

250) 『논어(論語)』「자한(子罕)」에 이미 있는데 : 『논어(論語)』「자한(子罕)」에 "子曰 : 吾未見好德如好色者也."라는 말이 동일하게 있다.

251) 호광 편(胡廣 編), 『논어집주대전(論語集註大全)』「위령공(衛靈公)」.

252) 보광(輔廣) : 남송 조주(趙州) 사람으로, 남도(南渡)한 뒤 수주(秀州) 숭덕(崇德)에 살았다. 자는 한경(漢卿)이고, 호는 잠암(潛庵)이다. 보규(輔逵)의 아들이다. 부은(父恩)으로 보의랑(保

것을 알게 하였다."[253]

○ 已矣乎, 汎歎之辭, 未必爲衛靈公發也. 蓋彼主好色言, 此主好德言.

'어쩔 수 없구나[已矣乎]'라고 한 것은 일반적으로 한탄하는 말이지 굳이 위령공 때문에 한 말은 아니다. 저기에서는 색을 좋아하는 것을 중심으로 말했고, 여기에서는 덕을 좋아하는 것을 중심으로 말하였다.

○ '好德', 此章之題目.

'호덕(好德 : 덕을 좋아하다)'이 이 장의 제목이다.

義郞)이 되고, 네 차례 과거 시험을 보았지만 번번이 떨어졌다. 충훈랑(忠訓郞)에 임명되었다. 처음에는 여조겸(呂祖謙)에게 배웠지만 뒤에 주희(朱熹)를 사사하였다. 영종(寧宗) 초에 위학(僞學)을 금하자 학생들이 다들 달아났지만 그는 동요하지 않았다. 정주(程朱)가 주장한 지경(持敬)을 덕에 나아가는 바탕으로 여겨 강조하였다. 가정(嘉定) 초에 조정에 글을 올려 시비성패(是非成敗)의 상황에 대해 거듭 강조하였다. 나중에 귀향하여 전이서원(傳貽書院)을 지으니 사람들이 전이선생(傳貽先生)이라 불렀다. 저서에 『어맹학용답문(語孟學庸答問)』과 『사서찬소(四書纂疏)』, 『육경집해(六經集解)』, 『시동자문(詩童子問)』, 『통감집의(通鑑集義)』 등이 있었는데, 대개 없어졌다.

253) 사람들에게 경계해 스스로 힘쓰게 할 것을 알게 했다 : 『논어집주대전』「위령공(衛靈公)」에는 "끝내 그런 사람을 만날 수 없을까 스스로 염려되었기 때문에 사람들에게 경계해 스스로 힘쓰게 할 것을 알게 하였다.(自恐其終不獲見, 所以警人使知自勉也.)"라고 되어 있다.

[15-13-1]

子曰："臧文仲，其竊位者與．知柳下惠之賢，而不與立也．"
공자가 말하였다. "장문중(臧文仲)[254]은 그 자리를 도둑질한 자일 것이다. 유하혜(柳下惠)[255]가 어진 줄 알면서도 함께 서지 않는구나!"

朱註

者與之與，平聲．竊位，言不稱其位，而有愧於心，如盜得而陰據之也．柳下惠，魯大夫展獲，字禽，食邑柳下，謚曰惠．與立，謂與之幷立於朝．

'자여(者與)'에서 '여(與)'자는 평성이다. '지위를 도둑질했다[竊位]'는 말은 자리에 걸맞지 않아 마음에 부끄러움이 있으니 도둑질해서 얻고 몰래 점거한 것과 같다는 말이다. 유하혜는 노나라 대부 전획(展獲)으로, 자는 금(禽)이고, 식읍은 유하(柳下)이며, 시호를 혜(惠)라고 하였다. '함께 선다[與立]'라는 것은 그와 함께 조정에 선다는 말이다.

詳說

○ 去聲．

'불칭(不稱)'에서 '칭(稱 : 걸맞지 않다)'자는 거성이다.

○ 德不稱位．

'자리에 걸맞지 않다[不稱其位]'는 말은 덕이 자리에 걸맞지 않다는 뜻이다.

---

254) 장문중(臧文仲) : 노(魯)나라의 대부 장손진(臧孫辰)이다. 文(문)은 시호이고 仲(중)은 항렬로 공자와 동시대 사람이다.

255) 유하혜(柳下惠) : 춘추 시대 노(魯)나라 사람으로 대부(大夫)를 지냈다. 성은 전(展)씨고, 이름은 획(獲)이며, 자는 금(禽)이다. 유하(柳下)는 식읍(食邑)의 이름이고, 혜(惠)는 시호다. 유하계(柳下季) 또는 유사사(柳士師) 등으로 불린다. 일찍이 사사(士師)라는 관직을 지내면서 형옥(刑獄)을 맡았는데, 세 번 쫓겨나자 사람들이 떠나기를 권하였다. 그러자 바른 도리로 남을 섬긴다면 어디를 간들 쫓겨나지 않겠으며, 도를 굽혀 남을 섬길 바에는 하필 부모님의 나라를 떠나겠느냐고 대답하였다. 노나라 희공(僖公) 26년 제(齊)나라가 노나라를 공격하자 희공이 전희(展喜)를 보내 호군(犒軍)을 명분으로 삼아 제나라에 철군을 설득하라고 하였다. 전희가 먼저 그에게 어떻게 말해야 할지 물어보았다. 어질고 덕이 있어 공자(孔子)로부터 칭송을 받았다. 동생이 유명한 도적 도척(盜跖)이었다. 낯선 여자와 하룻밤을 지내고도 음란(淫亂)하지 않아 조행(操行)이 있는 남자로 불린다.

○ 按『孟子註』, 作居柳下, 蓋食邑而因居其地, 二註, 互相發也.

살펴보건대, 『맹자집주(孟子集註)』에서는 "유하(柳下)에 거주하였다."로 되어 있으니,[256] 식읍이었기 때문에 그 땅에 거주하였다는 것이다. 두 주석이 서로 밝혀준다.

○ 音潮.

'어조(於朝)'에서 '조(朝 : 조정)'자는 음이 조(潮)이다.

○ 釋間訓.

경문의 풀이 사이에 훈고를 하였다.

○ 此下則論也.

이 아래로는 경문의 의미 설명이다.

朱註

范氏曰 : "臧文仲爲政於魯, 若不知賢, 是不明也, 知而不擧, 是蔽賢也.

범씨(范氏 : 范祖禹)[257]가 말하였다. "장문중이 노나라에서 정사를 행하면서 어진 이를 알아보지 못했다면 명철하지 못한 것이고, 알아보고도 등용하지 않았다면 어진 이를 가린 것이다.

詳說

○ 先假說.

'약부지현, 시불명야(若不知賢, 是不明也 : 어진 이를 알아보지 못했다면 명철하지 못한 것이고)'는 먼저 가정하여 말하였다.

---

256) 『맹자집주(孟子集註)』에서는 "유하(柳下)에 거주하였다."로 되어 있으니 : 『맹자(孟子)』「공손추상(公孫丑上)」에 "유하혜(柳下惠)는 더러운 군주를 섬기는 데 부끄러워하지 않으며 …… 잡아당겨 멈추게 하면 멈춘 것은 이 또한 떠나감을 좋게 여기지 않은 것이다.(柳下惠, 不羞汚君 …… 援而止之而止者, 是亦不屑去.)"라고 하였고, 그 『집주(集註)』에서는 "유하혜는 노나라 대부 전금이니, 유하에 거주하였고 시호를 혜(惠)라 하였다.(柳下惠, 魯大夫展禽, 居柳下而諡惠也.)"라고 주석하였다.

257) 범조우(范祖禹 : 1041~1098) : 송나라 때 학자로 자가 순보(淳甫)·순부(淳夫)·순부(純父), 또는 몽득(夢得)이고, 성도 화양(成都華陽) 사람이다. 정자(程子)를 사사(師事)하였으며, 사마광(司馬光)을 추종하였다. 저서로는 『시해(詩解)』·『고문효경설(古文孝經說)』·『제의(祭儀)』·『경서요언(經書要言)』 등이 있다.

○ 蔽賢, 出『孟子』「離婁」.

'어진 이를 가린다[蔽賢]'라는 말은 『맹자(孟子)』「이루」가 출처이다.[258]

○ 雙峯饒氏曰 : "若與惠幷立, 便被他形出己之短, 所以蔽而不進之."[259]

'지이불거, 시폐현야(知而不擧, 是蔽賢也 : 알아보고도 등용하지 않았다면 어진 이를 가린 것이다)'에 대해, 쌍봉 요씨(雙峰饒氏 : 饒魯)가 말하였다. "유하혜와 함께 나란히 조정에 서면 그가 자신의 단점을 드러내기 때문에, 가려서 나오지 못하게 했던 것이다."[260]

○ 惠之三已, 必是出於文仲之意歟.

유하혜가 세 번 그만둔 것은 반드시 장문중의 생각에서 나온 사안일 것이다.

朱註

> 不明之罪小, 蔽賢之罪大. 故孔子以爲不仁, 又以爲竊位."
>
> 명철하지 못한 죄는 작고 어진 이를 가린 죄는 크다. 그러므로 공자가 어질지 않다고 여겼고, 또 지위를 도둑질하였다고 생각하였다."

詳說

○ 新安陳氏曰 : "心術之私不仁也."[261]

'불명지죄소, 폐현지죄대(不明之罪小, 蔽賢之罪大 : 명철하지 못한 죄는 작고 어진 이를 가린 죄는 크다)'에 대해, 신안 진씨(新安陳氏 : 陳櫟)가 말하였다. "속마음이 사사로워 어질지 않은 것이다."[262]

---

258) '어진 이를 가린다[蔽賢]'라는 말은 『맹자(孟子)』「이루」가 출처이다 : 『맹자(孟子)』「이루하(離婁下)」에 "맹자가 말하였다. '말에 실상이 없는 것은 길하지 못하고, 길하지 못한 것의 실제는 어진 이를 은폐하는 일이 그것에 해당된다.'(孟子曰 : '言無實不祥, 不祥之實, 蔽賢者當之.')"라는 말이 있다.

259) 호광 편(胡廣 編), 『논어집주대전(論語集註大全)』「위령공(衛靈公)」.

260) 유하혜와 함께 나란히 조정에 서면 …… 가려서 나오지 못하게 했던 것이다 : 『논어집주대전』「위령공(衛靈公)」에는 "이런 생각이 있었던 것 같다. 사람을 도둑질한 자는 남들이 그것을 알고 알릴까 두려워한다. 장문중은 스스로 윗자리를 맡고 또한 스스로 뛰어난 것도 있었다. 그런데 유하혜와 함께 나란히 조정에 서면 그가 자신의 단점을 드러내기 때문에 가려서 나오지 못하게 했던 것이다.(恐有此等意思. 竊人物者, 恐人見得便證出他來. 臧文仲自居上位, 亦自有所長. 若與柳下惠並立, 便被他形出己之短, 所以蔽而不進之.)"라고 되어 있다.

261) 호광 편(胡廣 編), 『논어집주대전(論語集註大全)』「위령공(衛靈公)」.

○ 見前篇子産章註.

'공자이위불인(孔子以爲不仁 : 공자가 어질지 않다고 하였고)'에 대해서는 앞 편의 자산장(子産章) 주석에 있다.[263]

○ 下展禽, 是三不仁之一, 下與不與立, 蓋互相發.

유하혜(柳下惠 : 展禽)를 하대했다는 것은 세 가지 어질지 못한 일 가운데 하나이다. 하대했다는 것과 함께 서지 못하게 했다는 것은 서로 드러내는 일이다.

○ 新安陳氏曰 : "文仲, 魯賢大夫, 夫子不雷同, 而贊之大公至正之心也."[264]

'우이위절위(又以爲竊位 : 지위를 도둑질하였다고 하였다)'에 대해, 신안 진씨(新安陳氏 : 陳櫟)가 말하였다. "장문중은 노나라의 어진 대부인데, 공자가 맹목적으로 따르지 않았으니, 현명함이 아주 공평하고 지극히 바른 마음이다."[265]

---

262) 속마음이 사사로워 어질지 않은 것이다 : 『논어집주대전』「위령공(衛靈公)」에는 "명철하지 못한 것은 지식이 어두워 지혜롭지 못한 것이다. 어진 이를 가리는 것은 속마음이 사사로워 어질지 않은 것이다. 그러니 어찌 직위를 도둑질해서 자신의 사유로 여기고 다시 직위를 국가에서 어진 이를 기다리는 공평한 것으로 여기지 않음이 아니겠는가? 장문중은 노나라의 어진 대부인데, 공자가 맹목적으로 따르지 않았으니, 현명함이 아주 공평하고 지극히 바른 마음이다.(不明者, 知識之暗, 不智也. 蔽賢, 則心術之私, 不仁也. 豈非偷竊職位, 以爲己之私有, 而不復以職位爲國家待賢之公器歟. 文仲, 魯賢大夫, 夫子不雷同, 而賢之大公至正之心也.)"라고 되어 있다.

263) 앞 편의 자산장(子産章) 주석에 있다 : 『논어(論語)』「공야장(公冶長)」에 "공자가 자산(子産)에 대해 평가하였다. '군자의 도가 네 가지 있었으니, 몸가짐이 공손하며, 윗사람을 섬김이 공경스러우며, 백성을 기름이 은혜로우며, 백성을 부림에 의로웠다.'"라고 한 구절에 대해 『집주(集註)』에서 "오씨(吳氏)가 말하였다. '그 일을 하나하나 열거하여 꾸짖는 것은 그의 선한 점이 많은 것이니, 장문중(臧文仲)이 인(仁)하지 못한 것이 세 가지이고 지혜롭지 못한 것이 세 가지라 한 말이 이것이다. 그 일을 하나하나 열거하여 칭찬하는 것은 오히려 미진한 점이 있는 것이니, 자산(子産)이 군자의 도가 네 가지 있다는 말이 이것이다. 오늘날 간혹 한마디 말로써 한 사람을 총평하고, 한 가지 일을 가지고 한때를 단정 지으려고 하는데, 모두 잘못된 것이다.'(吳氏曰 : '數其事而責之者는 其所善者多也, 臧文仲不仁者三, 不知者三, 是也. 數其事而稱之者는 猶有所未至也, 子産有君子之道四焉, 是也. 今或以一言蓋一人, 一事蓋一時, 皆非也.')"라고 하였다.

264) 호광 편(胡廣 編), 『논어집주대전(論語集註大全)』「위령공(衛靈公)」.

265) 장문중은 노나라의 어진 대부인데 …… 아주 공평하고 지극히 바른 마음이다 : 『논어집주대전』「위령공(衛靈公)」에는 "명철하지 못한 것은 지식이 어두워 지혜롭지 못한 것이다. 어진 이를 가리는 것은 속마음이 사사로워 어질지 않은 것이다. 그러니 어찌 직위를 도둑질해서 자신의 사유로 여기고 다시 직위를 국가에서 어진 이를 기다리는 공평한 것으로 여기지 않음이 아니겠는가? 장문중은 노나라의 어진 대부인데, 공자가 맹목적으로 따르지 않았으니, 현명함이 아

○ **文仲事, 『語』中凡兩見, 而皆作貶辭. 武仲防後事, 亦然.**

장문중에 관한 일은 『논어(論語)』에서 두 번 보이는데 모두 깎아내리는 말로 되어 있다.[266] 장무중(臧武仲)이 방읍(防邑)을 가지고 노나라에 후계자를 세울 것을 요구한 일에서도 그렇다.[267]

○ **'竊位', 此章之題目.**

'절위(竊位 : 자리를 도둑질하다)'가 이 장의 제목이다.

주 공평하고 지극히 바른 마음이다.(不明者, 知識之暗, 不智也. 蔽賢, 則心術之私, 不仁也. 豈非偸竊職位, 以爲己之私有, 而不復以職位爲國家待賢之公器歟. 文仲, 魯賢大夫, 夫子不雷同, 而賢之大公至正之心也.)"라고 되어 있다.

266) 장문중에 관한 일은 『논어(論語)』에서 두 번 보이는데 모두 깎아내리는 말로 되어 있다 : 『논어(論語)』「공야장(公冶長)」에 "공자가 말하였다. '장문중(臧文仲)이 큰 거북을 보관하고 있는데, 기둥머리 두공(斗拱)에는 산 모양을 조각하고 들보 위 동자기둥에는 수초를 그렸으니, 어찌 지혜롭다 하겠는가?'(子曰 : '臧文仲居蔡, 山節藻梲, 何如其知也.')"라는 말이 있다. 여기서 '자리를 도둑질하였다.'라는 말과 합치면, 두 번 깎아내리는 말을 한 것이 된다.

267) 장무중(臧武仲)이 방읍(防邑)을 가지고 …… 세울 것을 요구한 일에서도 그렇다 : 『논어(論語)』「헌문(憲問)」에 "공자가 말하였다. '장무중이 방읍을 가지고 노나라에 후계자를 세워줄 것을 요구하였으니, 비록 임금을 협박하지 않았다고 말하나, 나는 믿지 않는다.'(子曰 : '臧武仲, 以防求爲後於魯, 雖曰不要君, 吾不信也.')"라고 한 말이 있다.

[15-14-1]

子曰："躬自厚, 而薄責於人, 則遠怨矣."
공자가 말하였다. "자신에게는 많이 책망하고 남에게는 적게 책망한다면 원망이 멀어질 것이다."

朱註

遠, 去聲. 責己厚, 故身益修, 責人薄, 故人易從, 所以人不得而怨之.
'원원의(遠怨矣)'에서 '원(遠 : 멀어지다)'자는 거성이다. 자신을 책망하기를 많이 하기 때문에 자신이 더욱 닦여지고, 남을 책망하기를 적게 하기 때문에 사람들이 쉽게 따르니, 사람들이 원망할 수 없는 까닭이다.

詳說

○ 本文, 一責字, 幷承厚薄, 故註兩擧責字.
본문에서 '책망한다[責]'는 말 하나가 '많이[厚]'와 '적게[薄]'에 아울러 이어지기 때문에 『논어집주(論語集註)』에서는 두 번 '책망한다[責]'는 말을 들었다.

○ 去聲.
'고인이(故人易)'에서 '이(易 : 쉽다)'자는 거성이다.

○ 有釋無訓.
경문의 풀이는 있으나 훈고는 없다.

○ 新安陳氏曰："修己待人, 當然之理也, 非爲求遠怨, 而爲之遠怨, 乃自然之效."[268]
신안 진씨(新安陳氏)가 말하였다. "자신을 닦아 남을 대하는 것은 당연한 이치로, 원망을 멀리하기를 구하는 것이 아니지만 원망을 멀리하니 자연스러운 효과이다."[269]

---

268) 호광 편(胡廣 編), 『논어집주대전(論語集註大全)』「위령공(衛靈公)」.

269) 자신을 닦아 남을 대하는 것은 …… 자연스러운 효과이다 : 『논어집주대전』「위령공(衛靈公)」에는 "이것은 상(商)나라의 탕 임금이 자신을 단속한 것으로 그것에 미치지 못했으면 남들에게 완비되기를 요구하지 않는다는 의미이다. 자신을 닦아 남을 대하는 것은 당연한 이치로 원망을 멀리하기를 구하는 사안이 아니지만 원망을 멀리하게 되는 일이 자연스러운 효과이다.(此卽成湯檢身, 若不及與人不求備之意. 修己待人, 當然之理也, 非爲求遠怨, 而後爲之遠怨, 乃自然之效耳.)"라고 되어 있다.

○ 朱子曰："呂伯恭性褊急，因病中讀『論語』，至躬自厚而薄責於人，遂一向如此寬厚和易，此可爲變化氣質之法."[270]

주자(朱子：朱熹)가 말하였다. "여백공(呂伯恭：呂祖謙)[271]은 성격이 편협하고 급했는데, 병중에 『논어(論語)』를 읽고 깨달아 자신에게는 많이 책망하고 남에게는 적게 책망되었고, 마침내 한결같이 이와 같이 하여 너그럽고 인정 많으며 온화하고 상냥하게 되었으니, 이것이 기질을 변화시킬 수 있는 방법이다."[272]

---

270) 호광 편(胡廣 編), 『논어집주대전(論語集註大全)』「위령공(衛靈公)」.

271) 여조겸(呂祖謙, 1137~1181)：남송 시대의 유학자이며 사학자이다. 자는 백공(伯恭), 호는 동래(東萊)이다. 인격과 학식으로 당시 학자들의 존경을 받았고, 주자, 장식(張栻), 육구연(陸九淵)과 교유하였다. 일찍이 정자의 문인에게서 수업했는데, 주자의 학문과 육구연의 학문을 조화시키고자 하여 아호(鵝湖) 모임을 주선하기도 하였다. 주자와 함께 『근사록』을 찬했으며, 『춘추(春秋)』·『사기(史記)』의 뜻을 따라 『대사기(大事記)』를 저술하였다. 이밖에 『고주역(古周易)』, 『춘추좌씨전설(春秋左氏傳說)』 등을 지었다.

272) 여백공(呂伯恭：呂祖謙)은 성격이 편협하고 …… 기질을 변화시킬 수 있는 방법이다：『논어집주대전』「위령공(衛靈公)」에는 "'많이[厚]'는 자책을 거듭하는 것으로 책망하고 또 책망하며 쌓아서 멈추지 않는다는 의미이다. 여백공은 성격이 편편하고 급했는데, 병중에 『논어(論語)』를 읽고 깨달아 자신에게는 많이 책망하고 남에게는 적게 책망되었고, 마침내 한결같이 이와 같이 하여 너그럽고 인정 많으며 온화하고 상냥하게 되었으니, 이것이 기질을 변화시킬 수 있는 방법이라고 말할 수 있다.(厚是自責得重，責了又責，積而不己之意. 呂伯恭，性褊急，只因病中讀『論語』，至躬自厚而薄責於人，遂一向如此寬厚和易，此可謂變化氣質之法.)"라고 되어 있다.

[15-15-1]

子曰 : "不曰如之何如之何者, 吾未如之何也已矣."
공자가 말하였다. "'어찌해야 할까, 어찌해야 할까!'라고 말하지 않는 사람은 나도 어찌할 수가 없을 뿐이다."

朱註

如之何如之何者, 熟思而審處之辭也.
'어찌해야 할까, 어찌해야 할까!'라는 것은 익숙할 정도로 생각하고 살펴서 처신한다는 말이다.

詳說

○ 與本文者字, 其用微不同.
본문의 '여지하자(如之何者)'에서 '자(者)'자와는 그 쓰임이 미세하게 같지 않다.

○ 上聲.
'심처(審處)'에서 '처(處 : 처신한다)'자는 상성이다.

○ 雙峯饒氏曰 : "上如之何, 是思而處之, 下如之何, 是思之熟, 而處之審也."273)
쌍봉 요씨(雙峰饒氏 : 饒魯)가 말하였다. "앞의 '어찌해야 할까[如之何]'라는 말은 생각해서 처신한다는 것이고, 뒤의 '어찌할 수 없다[如之何]'라는 말은 생각을 익숙할 정도로 해서 처신하는 것이 자세하다는 뜻이다."

○ 訓.
훈고이다.

朱註

不如是而妄行, 雖聖人亦無如之何矣.
이와 같이 하지 않고 함부로 행한다면, 성인일지라도 어찌할 수가 없다는 것이다.

273) 호광 편(胡廣 編), 『논어집주대전(論語集註大全)』「위령공(衛靈公)」.

詳說

○ **朱子曰 : "率意."**[274]

'망행(妄行 : 함부로 행한다면)'에 대해, 주자(朱子 : 朱熹)가 말하였다. "경솔하게 하는 것이다."[275]

○ **吾.**

'성인(聖人)'이라는 글자는 경문 '오말여지하야이의(吾末如之何也已矣)'에서 '오(吾 : 나도)'자이다.

○ **末**

'역무(亦無)'에서 '무(無 : 없다)'자는 경문 '오말여지하야이의(吾末如之何也已矣)'에서 '말(末 : 없다)'자이다.

○ **此如之何, 與上二如之何, 其義不同. 當與前篇法語章參看, 言敎無所施也.**

여기에서 '어찌할 수 없다[如之何]'라는 말은 앞에서 두 번 '어찌해야 할까[如之何]'라고 한 것과는 그 의미가 같지 않다. 앞 편의 법어장(法語章)과 참고해서 보면,[276] 교화를 베풀 곳이 없음을 말한 것이다.

○ **釋畢.**

경문의 풀이가 끝났다.

---

274) 호광 편(胡廣 編), 『논어집주대전(論語集註大全)』「위령공(衛靈公)」.

275) 경솔하게 하는 것이다 : 『논어집주대전』「위령공(衛靈公)」에는 "생각을 세 번 반복하고자 하는 것일 뿐이다. 경솔하게 함부로 행동한다면 성인일지라도 어떻게 달리 할 것이 없다.(只是要再三反覆思量. 若率意妄行, 雖聖人亦無柰他何.)"라고 되어 있다.

276) 앞 편의 법어장(法語章)과 참고해서 보면 : 『논어(論語)』「자한(子罕)」에 "공자가 말하였다. '모범으로 해주는 말은 따르지 않을 수 있겠는가? 잘못을 고치는 것이 중요하다. 완곡하게 해주는 말은 기뻐하지 않을 수 있겠는가? 그 실마리를 찾는 것이 중요하다. 기뻐하기만 하고 실마리를 찾지 않으며, 따르기만 하고 잘못을 고치지 않는다면 내 그를 어찌할 수가 없다.'(子曰 : '法語之言, 能無從乎. 改之爲貴. 巽與之言, 能無說乎. 繹之爲貴. 說而不繹, 從而不改, 吾末如之何也已矣.')"라는 말이 있다.

[15-16-1]

子曰："群居終日，言不及義，好行小慧，難矣哉."
공자가 말하였다. "여럿이 함께 있으며 하루를 마치는데도 말이 의리에 미치지 못하고 작은 지혜를 행하기 좋아한다면 환난이 있을 것이다."

朱註

好，去聲.
'호행소혜(好行小慧)'에서 '호(好 : 좋아한다)'자는 거성이다.

詳說

○ 朱子曰："必群居終日而如此，尤見得下二句爲亂道."[277]
주자(朱子 : 朱熹)가 말하였다. "반드시 여럿이 함께 있으며 하루를 마쳤는데도 이와 같다면 아래의 두 구절이 도를 어지럽힐 것을 더욱 안다는 뜻이다."[278]

朱註

小慧私智也.
'작은 지혜[小慧]'는 사사로운 지혜이다.

詳說

○ 朱子曰："發於計較利欲之私."[279]
주자(朱子 : 朱熹)가 말하였다. "이욕을 따지는 사사로움에서 나왔다."[280]

---

277) 호광 편(胡廣 編), 『논어집주대전(論語集註大全)』「위령공(衛靈公)」.

278) 반드시 여럿이 함께 있으며 …… 도를 어지럽힐 것을 더욱 안다는 뜻이다 : 『논어집주대전』「위령공(衛靈公)」에는 "아래의 세 구절은, 첫 번째 구절을 따를지라도 여럿이 함께 있으며 하루를 마쳤는데도 이와 같다면 아래의 두 절이 도를 어지럽힐 것을 더욱 안다는 뜻이다. 의리에 미치지 못하고 학식이 없는 시골 사람은 대부분 이와 같다는 말이다. 의리에 미치지 못한다고 이미 말했는데 작은 지혜를 행하기 좋아할 뿐이라면, 사악하고 위험한 소인배라는 것이 분명하다.(下三句，雖從第一句帶下來，必群居終日而如此，尤見得下二句爲亂道. 言不及義無學識之村人多如此. 旣言不及義，而惟止好行小慧，則其爲邪惡傾險之小輩審矣. 欲免於罪過，難矣哉.)"라고 되어 있다.

279) 호광 편(胡廣 編), 『논어집주대전(論語集註大全)』「위령공(衛靈公)」.

280) 이욕을 따지는 사사로움에서 나왔다 : 『논어집주대전』「위령공(衛靈公)」에는 "어떤 이가 물었

○ 訓.

훈고이다.

朱註

言不及義, 則放辟邪侈之心滋, 好行小慧, 則行險僥倖之機熟.

말이 의리에 미치지 못하면 제멋대로 하고 사치함이 늘어날 것이며, 작은 지혜를 행하기 좋아한다면, 위험한 짓을 하고 요행을 바라는 틀이 익숙해질 것이다.

詳說

○ 僻同.

'방벽(放辟)'에서 '벽(辟 : 제멋대로 하다)'자는 벽(僻)과 같다.

○ 放辟邪侈, 四字, 出『孟子』「梁惠王」.

'방벽사치(放辟邪侈 : 제멋대로 하고 사치함)'이라는 네 글자는 『맹자(孟子)』「양혜왕」에 나온다.[281]

○ 行險僥倖, 四字, 出『中庸』.

'행험요행(行險僥倖 : 위험한 짓을 하고 요행을 바람)'이라는 네 글자는 『중용(中庸)』에 나온다.[282]

다. '지혜는 진실로 명철함을 말합니다.' 답하였다. '작은 지혜는 의리에 근본하지 않고 이욕을 따지는 사사로움에서 나온 것일 뿐입니다.'(或問 : '慧固明智之稱.' 曰 : '小慧則不本於義理, 而發於計較利欲之私耳.')"라고 되어 있다.

281) '방벽사치(放辟邪侈 : 제멋대로 하고 사치함)'이라는 네 글자는 『맹자(孟子)』「양혜왕」에 나온다 : 『맹자(孟子)』「양혜왕상(梁惠王上)」에 "맹자가 말하였다. '떳떳한 생업이 없으면서도 떳떳한 마음을 가지고 있는 사람은 오직 선비만이 가능한 것이고, 백성으로 말하면 떳떳이 살 수 있는 생업이 없으면 그 때문에 떳떳한 마음이 없어지는 것입니다. 만일 떳떳한 마음이 없어진다면 제멋대로 하고 사치함을 하지 않음이 없을 것이니, 죄에 빠지게 한 뒤에 그것에 따라서 형벌을 준다면, 이는 백성을 그물질하는 것입니다. 어찌 인인(仁人)이 지위에 있으면서 백성을 그물질하는 짓을 할 수 있겠습니까?'(曰 : '無恒產而有恒心者, 惟士爲能, 若民則無恒產, 因無恒心. 苟無恒心, 放辟邪侈, 無不爲已, 及陷於罪然後, 從而刑之, 是罔民也. 焉有仁人在位, 罔民而可爲也.')"라는 말이 있다.

282) '행험요행(行險僥倖 : 위험한 짓을 하고 요행을 바람)'이라는 네 글자는 『중용(中庸)』에 나온다 : 『중용장구(中庸章句)』 제14장에 "그러므로 군자는 평이한 도리를 행하면서 천명을 기다리고, 소인은 위험한 짓을 하면서 요행을 바란다.(故君子居易以俟命, 小人行險以幸.)"라는 말이 있다.

○ 朱子曰："無學識傾險之小輩."283)

'호행소혜, 즉행험요행지기숙(好行小慧, 則行險僥倖之機熟 : 작은 지혜를 행하기 좋아한다면, 위험한 짓을 하고 요행을 바라는 틀이 익숙해질 것이다)'에 대해, 주자(朱子 : 朱熹)가 말하였다. "학식이 없고 위험한 소인배이다."284)

○ 雙峰饒氏曰："兩事, 實相因."285)

쌍봉 요씨(雙峰饒氏 : 饒魯)가 말하였다. "두 가지 일은 실제로 서로 원인이 된다."286)

○ 機權.

'위험한 짓을 하고 요행을 바라는 틀[行險僥倖之機]'이라는 말에서 '틀[機]'이라는 말은 기지와 권모이다.

朱註

難矣哉者, 言其無以入德, 而將有患害也.

'환난이 있을 것이다[難矣哉]'라는 구절은 덕에 들어갈 방법이 없어 환난과 피해가 있을 것이라는 말이다.

詳說

○ 胡氏曰："言不及義, 故無以入德, 好行小慧, 故將有患害."287)

호씨(胡氏 : 胡泳)가 말하였다. "말이 의리에 미치지 못하기 때문에 덕에 들어갈 방법이 없고, 작은 지혜를 행하기 좋아하기 때문에 환난과 피해가 있을 것이다."288)

---

283) 호광 편(胡廣 編), 『논어집주대전(論語集註大全)』「위령공(衛靈公)」.

284) 학식이 없고 위험한 소인배이다 : 『논어집주대전』「위령공(衛靈公)」에는 "의리에 미치지 못한다고 이미 말했는데 작은 지혜를 행하기 좋아할 뿐이라면, 사악하고 위험한 소인배라는 것이 분명하다.(旣言不及義, 而惟止好行小慧, 則其爲邪惡傾險之小輩審矣. 欲免於罪過, 難矣哉.)"라고 되어 있다.

285) 호광 편(胡廣 編), 『논어집주대전(論語集註大全)』「위령공(衛靈公)」.

286) 두 가지 일은 실제로 서로 원인이 된다 : 『논어집주대전』「위령공(衛靈公)」에는 "이것은 두 가지 일일지라도 그것들이 실제로 서로 원인이 된다.(此雖兩事其實相因.)"라고 되어 있다.

287) 호광 편(胡廣 編), 『논어집주대전(論語集註大全)』「위령공(衛靈公)」.

288) 말이 의리에 미치지 못하기 때문에 …… 환난과 피해가 있을 것이다 : 『논어집주대전』「위령공(衛靈公)」에는 "『논어집주(論語集註)』에서 말한 것은 늘어나는 일이라면 그 마음이 날로 하루씩 성대하게 되고, 익숙해지는 일이라면 그 기틀이 날로 하루씩 깊어지게 되어 이 지경이 된 것은 여럿이 함께 있으며 하루를 마쳤는데도 이와 같다는 뜻이다. 말이 의리에 미치지 못하기 때문에 덕에 들어갈 방법이 없고, 작은 지혜를 행하기 좋아하기 때문에 환난과 피해가 있을

○ 釋畢.

경문의 풀이가 끝났다.

것이다.(註所謂滋則其心日甚一日, 熟則其機日深一日, 所以至此者, 以其群居而終日如此也. 言不及義, 故無以入德, 好行小慧, 故將有患害焉.)"라고 되어 있다.

[15-17-1]

子曰："君子義以爲質, 禮以行之, 孫以出之, 信以成之, 君子哉."
공자가 말하였다. "군자는 의로 바탕을 삼아 예로 그것을 행하고 겸손함으로 내어놓으며 믿음으로 그것을 이루니, 군자답구나!"

朱註

孫, 去聲.
'손이출지(孫以出之)'에서 '손(孫 : 겸손함)'자는 거성이다.

詳說

○ 二君子, 相呼應.
앞 뒤에 있는 두 개의 '군자(君子)'자가 서로 호응한다.

朱註

義者, 制事之本. 故以爲質幹, 而行之必有節文, 出之必以退遜, 成之必在誠實, 乃君子之道也.
의라는 것은 일을 제재하는 근본이다. 그러므로 그것을 근간으로 삼아 행할 때는 반드시 예절로 드러냄이 있고, 내어놓을 때는 반드시 겸손함으로 하며, 이룰 때는 반드시 성실함이 있으니, 바로 군자의 도이다.

詳說

○ 朱子曰："先決其當否."[289]
'의자, 제사지본(義者, 制事之本 : 의라는 것은 일을 제재하는 근본이다)'에 대해, 주자(朱子 : 朱熹)가 말하였다. "먼저 마땅한지 그렇지 않은지를 구별하는 일이다."[290]

○ 一作幹, 下同.
'질간(質榦)'에서 '간(榦)'자는 어떤 판본에는 '간(幹)'자로 되어 있는데, 아래에서

---

289) 호광 편(胡廣 編), 『논어집주대전(論語集註大全)』「위령공(衛靈公)」.
290) 먼저 마땅한지 그렇지 않은지를 구별하는 일이다 : 『논어집주대전』「위령공(衛靈公)」에는 "의로 바탕을 삼으니, 일을 제재함에 먼저 마땅한지 그렇지 않은지를 구별하는 일이다.(義以爲質, 是制事先決其當否了.)"라고 되어 있다.

도 같다.

○ 猶體也.

'이위질간(以爲質幹 : 근간으로 삼아)'은 본체와 같다.

○ 雙峰饒氏曰 : "質是坏朴."[291]

'이위질간(以爲質幹 : 근간으로 삼아)'에 대해, 쌍봉 요씨(雙峰饒氏 : 饒魯)가 말하였다. "바탕은 아직 굽지 않아 질박한 것이다."[292]

○ 朱子曰 : "辭氣婉順, '是用和爲貴.'[293]"

'행지필유절문, 출지필이퇴손(而行之必有節文, 出之必以退遜 : 행할 때는 반드시 예절로 드러냄이 있고, 내어놓을 때는 반드시 겸손함으로 하며)'에 대해, 주자(朱子 : 朱熹)가 말하였다. "말의 기세가 은근하게 이어지는 것은 '예의 쓰임은 온화함을 귀하게 여긴다.'[294]라고 해서이다."

○ 於禮變以作有, 於信變以作在, 蓋有衡尺於其間.

'성지필재성실(成之必在誠實 : 이룰 때는 반드시 성실함이 있으니)'은 예에서 변화해서 예절로 드러냄이 있게 하고, 믿음에서 변화해서 성실함이 있게 하니, 그 사이에 살펴 정하고 헤아림이 있다는 말이다.

○ 朱子曰 : "是終始誠實以成此一事, 非是遜以出之後, 方信以成之也. 無信則義禮遜皆是僞."[295]

'성지필재성실(成之必在誠實 : 이룰 때는 반드시 성실함이 있으니)'에 대해, 주자(朱子 : 朱熹)가 말하였다. "처음부터 끝까지 성실함으로 이 한 가지 일을 이루니, 겸손함으로 내어놓은 다음에 믿음으로 이루는 것이 아니다. 믿음이 없으면 의·예·겸손함이 모두 거짓이다."[296]

---

291) 호광 편(胡廣 編), 『논어집주대전(論語集註大全)』「위령공(衛靈公)」.

292) 바탕은 아직 굽지 않아 질박한 것이다 : 『논어집주대전』「위령공(衛靈公)」에는 "當然處是義, 質是箇坯朴."라고 되어 있다.

293) 호광 편(胡廣 編), 『논어집주대전(論語集註大全)』「위령공(衛靈公)」. 『주자어류(朱子語類)』 권45 「위령공(衛靈公)」.

294) 예의 쓰임은 온화함을 귀하게 여긴다 : 『논어(論語)』「학이(學而)」에 "유자가 말하였다. '예의 쓰임은 온화함을 귀하게 여긴다.'(有子曰 : '禮之用, 和爲貴.')"라는 말이 있다.

295) 호광 편(胡廣 編), 『논어집주대전(論語集註大全)』「위령공(衛靈公)」.

296) 처음부터 끝까지 성실함으로 이 한 가지 …… 의·예·겸손함이 모두 거짓이다 : 호광 편(胡廣 編), 『논어집주대전(論語集註大全)』「위령공(衛靈公)」에는 "'믿음으로 그것을 이룬다.'라는 말은 처음부터 끝까지 성실함으로 이 한 가지 일을 이루는 것이니, 겸손함으로 내어놓은 다음에

○ 有釋無訓.

경문의 풀이는 있으나 훈고는 없다.

朱註

程子曰 : "義以爲質, 如質幹然. 禮行此, 孫出此, 信成此. 此四句, 只是一事, 以義爲本."

정자가 말하였다. "'의로 바탕을 삼는다.'라는 말은 근간과 같이 하는 일이다. 그런데 예는 이것을 행하고, 겸손함은 이것으로 내어놓으며, 믿음은 이것을 이루는 것이다. 이 네 구절은 한 가지 일일 뿐이니, 의를 근본으로 삼은 것이다."

詳說

○ 伯子.

'정자왈(程子曰)'에서 '정자(程子)'는 형 정호(程顥)이다.

○ 四字, 釋質字.

'여질간연(如質幹然 : 근간과 같이 하는 일이다)'이라는 네 글자는 '바탕[質]'이라는 글자를 풀이한 것이다.

○ 陳氏曰 : "四者, 只於日用間, 驗之可見."297)

진씨(陳氏)가 말하였다. "네 가지는 단지 날마다 쓰는 사이에 경험해서 알 수 있다."298)

믿음으로 이루는 것이 아니다. …… 그러므로 예로 행하고 겸손함으로 내어놓으니, 예의 쓰임은 온화함을 귀하게 여기는 것이다. 의는 온화하지 않아 예로 행해 자신이 스스로 온화하게 한다. 그러나 예는 또 엄격하기 때문에 겸손함으로 내어놓으면 넉넉하고 야박하지 않다. 믿음은 순박한 진실이 우선이니, 믿음이 없으면 의·예·겸손함이 모두 거짓이다.(信以成之者, 是終始誠實以成此一事, 却非是遜以出之後, 方信以成之也. …… 故用禮以行之, 孫以出之, 是用和爲貴. 義不和, 用禮以行之, 己自和. 然禮又嚴, 故遜以出之, 便從容不迫. 信是朴實頭做, 無信則義禮遜皆是僞.)"라고 되어 있다.

297) 호광 편(胡廣 編), 『논어집주대전(論語集註大全)』「위령공(衛靈公)」.

298) 네 가지는 단지 날마다 쓰는 사이에 경험해서 알 수 있다 : 『논어집주대전』「위령공(衛靈公)」에는 "네 가지는 한 가지 일로 날마다 쓰는 것에서 물으며 경험함에 저절로 드러난다.(四者, 皆一套事, 只於日用, 問驗之自見.)"라고 되어 있다.

朱註

又曰：“敬以直內，則義以方外，義以爲質，則禮以行之，孫以出之，信以成之.” 정자가 또 말하였다. “경으로 마음을 곧게 하면 의로 밖을 방정하게 할 것이고, 의로 바탕을 삼으면, 예로 그것을 행하고 겸손함으로 그것을 내어놓으며 믿음으로 그것을 이룬다.”

詳說

○ 伯子

'우왈(又曰)'의 주체는 형 정호(程顥)이다.

○ 出『易』「坤·文言」.

'경이직내, 즉의이방외(敬以直內，則義以方外：경으로 마음을 곧게 하면 의로 밖을 방정하게 할 것이고)'는 『주역(周易)』「곤괘(坤卦)·문언전」에 나온다.299)

○ 南軒張氏曰：“是義爲用也.”300)

'경이직내, 즉의이방외(敬以直內，則義以方外：경으로 마음을 곧게 하면 의로 밖을 방정하게 할 것이고)'에 대해, 남헌 장씨(南軒張氏：張栻)가 말하였다. “의가 작용이 된 것이다.”301)

○ 潛室陳氏曰：“敬爲體.”302)

'경이직내, 즉의이방외(敬以直內，則義以方外：경으로 마음을 곧게 하면 의로 밖을 방정하게 할 것이고)'에 대해, 잠실 진씨(潛室陳氏：陳埴)가 말하였다. “경이 본체가 된 것이다.”303)

---

299) 『주역(周易)』「곤괘(坤卦)·문언전」에 나온다：『주역(周易)』「곤괘·문언전」에 “곧음은 그 바름이요 방정함은 그 의(義)이니, 군자가 경으로 안을 곧게 하고 의로 밖을 방정하게 하여 경과 의가 확립되면, 덕(德)이 외롭지 않다.(直，其正也，方，其義也，君子敬以直內，義以方外，敬義立而德不孤.)”라는 말이 있다.

300) 호광 편(胡廣 編), 『논어집주대전(論語集註大全)』「위령공(衛靈公)」. 장식(張栻), 『계사논어해(癸巳論語解)』「위령공(衛靈公)」.

301) 의가 작용이 된 것이다：호광 편(胡廣 編), 『논어집주대전(論語集註大全)』「위령공(衛靈公)」에는 “의로 밖을 방정하게 하는 것은 의가 작용이 된 것이다. 그런데 이 장에서는 의를 본체로 삼았다.(義以方外，是義爲用也，而此章則以義爲體.)”라고 되어 있다.

302) 호광 편(胡廣 編), 『논어집주대전』「위령공(衛靈公)」.

303) 경이 본체가 된 것이다：『논어집주대전』「위령공(衛靈公)」에는 “경으로 안을 곧게 하면 의가 바로 밖을 방정하게 하니, 경은 본체가 된 것이고 의는 작용이 된 것이다. 의로 바탕을 삼으면

○ 南軒張氏曰: "是義爲體也."[304]

'의이위질, 즉례이행지, 손이출지, 신이성지(義以爲質, 則禮以行之, 孫以出之, 信以成之: 의로 바탕을 삼으면, 예로 그것을 행하고 겸손함으로 그것을 내어놓으며 믿음으로 그것을 이룬다)'에 대해, 남헌 장씨(南軒張氏: 張栻)가 말하였다. "의가 본체가 된 것이다."[305]

○ 潛室陳氏曰: "禮孫信爲用."[306]

'의이위질, 즉례이행지, 손이출지, 신이성지(義以爲質, 則禮以行之, 孫以出之, 信以成之: 의로 바탕을 삼으면, 예로 그것을 행하고 겸손함으로 그것을 내어놓으며 믿음으로 그것을 이룬다)'에 대해, 잠실 진씨(潛室陳氏: 陳埴)가 말하였다. "예 · 겸손함 · 믿음은 작용이다."[307]

○ 新安陳氏曰: "此章本無敬以直內意. 程子又推本言之."[308]

신안 진씨(新安陳氏: 陳櫟)가 말하였다. "이 장에는 본래 '경으로 안을 곧게 한다.'라는 의미가 없다. 정자(程子)가 또 근본을 미루어 말한 것이다."

○ 言於此雖爲體, 又有爲用處云爾.

'의이위질, 즉례이행지, 손이출지, 신이성지(義以爲質, 則禮以行之, 孫以出之, 信以成之: 의로 바탕을 삼으면, 예로 그것을 행하고 겸손함으로 그것을 내어놓으며 믿음으로 그것을 이룬다)'는 구절을 볼 때, 여기에서 비록 본체가 될지라도 또한 작용이 되는 것이 있다고 말하였다.

예로 이 의를 행하는 것이고, 겸손함으로 이 의를 내어놓는 것이며, 믿음으로 이 의를 이루는 것이니. 의는 본체가 된 것이고 나머지 세 가지는 작용이 된 것이다.(敬以直內, 則義乃方外, 是敬爲體而義爲用. 若以義爲質, 則禮行此義者也, 孫出此義者也, 信成此義者也, 是義爲體, 而三者爲用矣.)"라고 되어 있다.

304) 호광 편(胡廣 編), 『논어집주대전(論語集註大全)』「위령공. 장식(張栻), 『계사논어해(癸巳論語解)』「위령공(衛靈公)」.

305) 의가 본체가 된 것이다: 호광 편(胡廣 編), 『논어집주대전(論語集註大全)』「위령공(衛靈公)」에는 "의로 밖을 방정하게 하는 것은 의가 작용이 된 것이다. 그런데 이 장에서는 의로 본체를 삼았다.(義以方外, 是義爲用也, 而此章則以義爲體.)"라고 되어 있다.

306) 호광 편(胡廣 編), 『논어집주대전(論語集註大全)』「위령공(衛靈公)」.

307) 예 · 겸손함 · 믿음은 작용이다: 『논어집주대전』「위령공(衛靈公)」에는 "의로 바탕을 삼으면 예로 이 의를 행하는 것이고, 겸손함으로 이 의를 내어놓는 것이며, 믿음으로 이 의를 이루는 것이니. 의는 본체가 된 것이고 나머지 세 가지는 작용이 된 것이다.(若以義爲質, 則禮行此義者也, 孫出此義者也, 信成此義者也, 是義爲體, 而三者爲用矣.)"라고 되어 있다.

308) 호광 편(胡廣 編), 『논어집주대전(論語集註大全)』「위령공(衛靈公)」.

○ '義以爲質', 此章之題目.

'의이위질(義以爲質 : 의로 바탕을 삼는다)'이 이 장의 제목이다.

[15-18-1]

子曰 : "君子病無能焉, 不病人之不己知也."
공자가 말하였다. "군자는 자신의 무능함을 병으로 여기고 남이 자신을 알아 주지 못하는 것을 병으로 여기지 않는다."

詳說

○『集註』, 無文.
『논어집주(論語集註)』에는 글[주석]이 없다.[309]

309) 『논어집주(論語集註)』에 주자의 해석이나 설명이 없다는 말이다.

[15-19-1]

子曰："君子疾沒世而名不稱焉."
공자가 말하였다. "군자는 종신토록 이름이 일컬어지지 못하는 것을 싫어한다."

朱註

范氏曰："君子學以爲己, 不求人知, 然沒世, 而名不稱焉, 則無爲善之實, 可知矣."
범씨(范氏：范祖禹)310)가 말하였다. "군자는 배움으로써 자신을 위하고 남이 알아주기를 구하지 않을지라도, 종신토록 이름이 일컬어지지 않는다면 선을 행한 실적이 없음을 알 수 있다."

詳說

○ 去聲.
'학이위(學以爲)'에서 '위(爲：위하다)자는 거성이다.

○ 見上篇.
'위기(爲己)'에서 '기(己：자신)자의 설명은 앞 편에 보인다.

○ 雙峰饒氏曰："蓋棺公論乃定."311)
쌍봉 요씨(雙峰饒氏：饒魯)가 말하였다. "관 뚜껑이 덮여야 공론이 정해진다."312)

○ 所以疾之.
'명불칭언, 즉무위선지실(名不稱焉, 則無爲善之實：이름이 일컬어지지 않는다면 선

310) 범조우(范祖禹：1041~1098)：송나라 때 학자로 자가 순보(淳甫)·순부(淳夫)·순부(純父), 또는 몽득(夢得)이고, 성도 화양(成都華陽) 사람이다. 정자(程子)를 사사(師事)하였으며, 사마광(司馬光)을 추종하였다. 저서로는 『시해(詩解)』·『고문효경설(古文孝經說)』·『제의(祭儀)』·『경서요언(經書要言)』 등이 있다.

311) 호광 편(胡廣 編), 『논어집주대전(論語集註大全)』「위령공(衛靈公)」.

312) 관 뚜껑이 덮여야 공론이 정해진다：『논어집주대전』「위령공(衛靈公)」에는 "'종신토록'이라고 한 것은 관 뚜껑이 덮여야 일이 이에 살아 있을 때를 정한다는 말이다. 간혹 이름을 구할 수 있으나 죽은 다음에 잘못을 꾸미게 한다면 공론이 정해질 수가 없고 일컬을 만한 실적이 있는 것이 아니니 반드시 사람들에게 일컬어질 수가 없다. 죽은 다음에 일컬을 만한 이름이 있다면 진실로 선함이 있음을 알 수 있다.(言沒世者, 蓋棺事乃定生前. 或可干名, 沒後却粧點, 不得公論方定, 非有可稱之實者, 必不見稱於人. 沒後有名可稱, 則眞有善可知.)"라고 되어 있다.

을 행한 실적이 없다)'이기 때문에 미워한다.

○ 以論釋之, 無訓.

경문의 의미 설명으로 풀이하였고, 훈고는 없다.

○ 胡氏曰 : "范氏合上二章爲一意."[313)]

호씨(胡氏 : 胡泳)가 말하였다. "범씨는 위의 두 장을 합해서 하나의 의미로 만들었다."

○ 厚齋馮氏曰 : "病, 病我也, 疾, 疾人也."[314)]

후재 풍씨(厚齋馮氏 : 馮椅)[315)]가 말하였다. "'병으로 여긴다[病]'는 것은 자신을 병으로 여긴다는 말이다. '싫어한다[疾]'는 것은 다른 사람을 싫어한다는 뜻이다."

○ 朱子曰 : "偏持好名之戒. 將恐廉隅毁頓, 其弊有甚於好名."[316)]

주자(朱子 : 朱熹)가 말하였다. "이름을 좋아하는 것을 치우치게 지키는 사안에 대한 경계이다. 단정한 품성이 어그러질까 염려되니, 그 폐단은 이름을 좋아하는 것보다 심하다."[317)]

○ 齊氏曰 : "長而無述, 孔子責之, 五十無聞, 孔子歎之, 沒世無稱, 孔子疾之. 然則學者, 亦可以勉矣."[318)]

제씨(齊氏 : 齊夢龍)[319)]가 말하였다. "장성했는데도 일컬을 만한 것이 없으면 공자

---

313) 호광 편(胡廣 編), 『논어집주대전(論語集註大全)』「위령공(衛靈公)」.

314) 호광 편(胡廣 編), 『논어집주대전(論語集註大全)』「위령공(衛靈公)」에 풍의(馮椅)의 말로 "病之者, 病我也, 疾之者, 疾人也."라고 실려 있다.

315) 풍의(馮椅) : 남송 시대의 역학자로 송나라 남강(南康) 도창(都昌) 사람이며, 자는 기지(奇之) 또는 의지(儀之)이고, 호는 후재(厚齋)이다. 풍거비(馮去非)의 아버지이다. 강서운사간판공사(江西運司幹辦公事)와 상고현령(上高縣令) 등을 지냈다. 이후 사직하고 강학(講學)과 연구에 전념하였다. 주희(朱熹)에게 수학했고, 역학(易學)에 정밀하였다. 저서로는 『후재역학(厚齋易學)』 52권만이 사고전서에 실려 있다.

316) 호광 편(胡廣 編), 『논어집주대전』「위령공(衛靈公)」.

317) 이름을 좋아하는 것을 …… 그 폐단은 이름을 좋아하는 것보다 심하다 : 『논어집주대전』「위령공(衛靈公)」에는 "이름을 좋아하는 것을 경계로 삼은 것은 진실로 그렇다. 그러나 이 말을 치우치게 지키면 단정한 품성이 어그러질까 염려되니, 그 폐단은 이름을 좋아하는 것보다 심하다. 그러므로 군자는 종신토록 이름이 일컬어지지 않는 것을 싫어한다.(以好名爲戒, 此固然矣. 然偏持此論, 將恐廉隅毁頓, 其弊有甚於好名. 故君子疾沒世而名不稱焉.)"라고 되어 있다. 박문호(朴文鎬)가 편집·축약하여 인용한 것으로 보인다.

318) 호광 편(胡廣 編), 『논어집주대전(論語集註大全)』「위령공(衛靈公)」.

319) 제몽룡(齊夢龍) : 남송 시대의 역학자로 강서 덕흥 사람이며, 자는 각옹(覺翁)이며, 호는 절초

가 책망했고,[320] 오십이 되었는데도 알려짐이 없으면 공자가 한탄하였으며,[321] 종신토록 이름이 일컬어지지 않는 것을 공자가 싫어하였다. 그렇다면 학자들이 또한 이에 힘써야 할 것이다."[322]

○ '名'字, 此章之題目.

'명(名 : 이름)'이 이 장의 제목이다.

(節初)이다. 저서로는 『주역부설괘변도(周易附說卦變圖)』 등이 있으나 전하지 않는다.

320) 장성했는데도 일컬을 만한 것이 없으면 공자가 책망했고 : 『논어(論語)』「헌문(憲問)」에 "어려서는 공손하지 못하고, 장성해서는 칭찬할 만한 일이 없고, 늙어서는 죽지 않는 것이 바로 적(賊)이다.(幼而不孫弟, 長而無述焉, 老而不死, 是爲賊.)"라는 말이 있다.

321) 오십이 되었는데도 알려짐이 없으면 공자가 한탄하였으며 : 『논어(論語)』「자한(子罕)」에 "공자가 말하였다. '후생(後生)이 두려울 만하니 앞으로 오는 자들이 나의 지금보다 못할 줄을 어찌 알겠는가? 그러나 40~50세가 되어도 알려짐이 없으면 그 또한 그다지 두려울 것이 없는 뜻이다.'(子曰 : '後生可畏, 焉知來者之不如今也. 四十五十而無聞焉, 斯亦不足畏也.')"라는 말이 있다.

322) 장성했는데도 일컬을 만한 것이 …… 학자들이 또한 이에 힘써야 할 것이다 : 『논어집주대전』「위령공(衛靈公)」에는 "선을 행한 이름이 있는 것을 구하는 일은 진실로 군자가 부끄러워하는 일이고, 종신토록 선을 행한 실적이 없는 것도 군자가 싫어하는 일이다. 그러므로 장성했는데도 일컬을 만한 것이 없으면 공자가 책망했고, 오십이 되었는데도 알려짐이 없으면 공자가 한탄하였으며, 종신토록 이름이 일컬어지지 않는 것을 공자가 싫어하였다. 그렇다면 학자들은 또한 여기에 힘써야 할 것이다.(求有爲善之名, 固君子之所羞, 終無爲善之實, 亦君子之所惡. 故長而無述, 孔子責之, 四十五十而無聞, 孔子歎之, 沒世而無稱, 孔子疾之. 然則學者, 亦可以勉矣.)"라고 되어 있다.

[15-20-1]

子曰 : "君子求諸己, 小人求諸人."
공자가 말하였다. "군자는 자신에게서 찾고, 소인은 남에게서 찾는다."

朱註

謝氏曰 : "君子無不反求諸己, 小人反是, 此君子小人所以分也."
사씨가 말하였다. "군자는 자신에게 돌이켜 찾지 않음이 없고, 소인은 이와 반대로 하니, 이것이 군자와 소인이 분별되는 까닭이다."

詳說

○ 有釋無訓.
경문의 풀이는 있으나 훈고는 없다.

○ 此則言外之意.
'此君子小人所以分也(차군자소인소이분야 : 이것이 군자와 소인이 분별되는 까닭이다)'라는 구절을 보면, 이는 말 밖에 있는 의미이다.

朱註

楊氏曰 : "君子雖不病人之不己知, 然亦疾沒世而名不稱也. 雖疾沒世而名不稱, 然所以求者亦反諸己而已. 小人求諸人, 故違道干譽, 無所不至. 三者, 文不相蒙, 而意實相足, 亦記言者之意."
양씨(楊氏 : 楊時)[323]가 말하였다. "군자는 남이 자신을 알아주지 못함을 병으로 여기지 않을지라도 또한 종신토록 이름이 일컬어지지 않는 것을 싫어한다. 종신토록 이름이 일컬어지지 않는 것을 싫어할지라도 구하는 것은 또한 자신에게 돌이킬 뿐이다. 소인은 남에게 구하기 때문에 도를 어기고 명예를 구하여 이르지 못하는 것이 없다. 세 가지는 글이 서로 이어지지 않으나 의미는 서로 충족

---

323) 양시(楊時 : 1053~1135) : 북송 시대 사람으로 자는 중립(中立)이고, 호는 구산(龜山)이다. 먼저 정호(程顥)와 정이(程頤)에게 배워서 유작(游酢)·여대림(呂大臨)·사양좌(謝良佐)와 함께 '정문사대제자(程門四大弟子)'라고 불렀으며, 나종언(羅從彦)·이동(李侗)과 함께 '남검삼선생(南劍三先生)'이라고도 불려졌다. 만면에 구산(龜山)에 은거하여 학자들이 '구산선생'이라고 하였다. 저서로는 『구산집(龜山集)』·『구산어록』·『이정수언(二程粹言)』 등이 있다.

되니, 또한 기록한 자의 뜻일 것이다."

詳說

○ **此二然字, 與上註一然字, 其語意同.**

'군자수불병인지불기지, 연역질몰세이명불칭야. 수질몰세이명불칭, 연소이구자역반제기이이(君子雖不病人之不己知, 然亦疾沒世而名不稱也. 雖疾沒世而名不稱, 然所以求者亦反諸己而已)'라는 구절을 볼 때, 여기에서 두 번 '~할지라도[然]'라고 한 것은 앞의 주석에서 한 번 '~할지라도[然]'라고 한 것[324]과 그 말의 의미가 같다.

○ **四字, 出『書』「大禹謨」.**

'소인구저인, 고위도간예(小人求諸人, 故違道干譽 : 소인은 남에게 구하기 때문에 도를 어기고 명예를 구하여)'에서 '위도간예(違道干譽)'라는 네 글자는 『서경(書經)』「대우모」에 나온다.[325]

○ **各爲章.**

'삼자, 문불상몽(三者, 文不相蒙 : 세 가지는 글이 서로 이어지지 않으나)은 각기 문장이 된다는 말이다.

○ **朱子曰 : "楊氏說雖巧, 而有益於學者."**[326]

주자(朱子 : 朱熹)가 말하였다. "양씨의 설명이 교묘할지라도 배우는 자들에게는 유익하다."[327]

○ **胡氏曰 : "楊氏合三章爲一意."**[328]

호씨(胡氏 : 胡泳)가 말하였다. "양씨는 세 장(章)을 합하여 하나의 의미를 만들

---

324) 앞의 주석에서 한 번 '~할지라도[然]'라고 한 것 : 앞의 경문 "군자는 종신토록 이름이 일컬어지지 못하는 것을 싫어한다.(君子疾沒世而名不稱焉.)"라는 구절에 대한 주자의 주석 가운데 "범씨가 말하였다. '군자는 배움으로써 자신을 위하고, 남이 알아주기를 구하지 않을지라도 종신토록'(范氏曰 : '君子學以爲己, 不求人知, 然沒世,')"에서 '연(然)'자를 말한다.

325) 『서경(書經)』「대우모」에 나온다 : 『서경(書經)』「대우모」에 "도를 어기면서 백성들의 칭송을 구하지 말고, 백성들의 뜻을 거스르면서 자신이 바라는 것을 좇지 말라.(罔違道以干百姓之譽, 罔咈百姓, 以從己之欲.)"라는 말이 있다.

326) 호광 편(胡廣 編), 『논어집주대전(論語集註大全)』「위령공(衛靈公)」.

327) 양씨의 설명이 교묘할지라도 배우는 자들에게는 유익하다 : 『논어집주대전』「위령공(衛靈公)」에는 "어떤 이가 물었다. '양씨의 설명은 아주 교묘합니다.' 주자(朱子 : 朱熹)가 답하였다. '교묘할지라도 배우는 자들에게는 유익합니다.'(或問 : '楊氏之說, 似太巧.' 朱子曰 : '雖巧而有益于學者.')"라고 되어 있다.

328) 호광 편(胡廣 編), 『논어집주대전(論語集註大全)』「위령공(衛靈公)」.

었다."[329]

○ 圈下幷論兩章, 固多有之, 而其幷論三章者, 蓋罕見云.

동그라미(○ : 圈) 아래에서[330] 두 장(章)을 아울러 설명한 곳은 진실로 많지만 세 장을 아울러 설명한 곳은 드물다.

---

329) 양씨는 세 장(章)을 합하여 하나의 의미를 만들었다 : 『논어집주대전』「위령공(衛靈公)」에는 "범씨는 두 장을 합하여 하나의 의미를 만들었고, 양씨는 여기에서 또 세 장을 합하여 하나의 의미를 만들었다. 반복해서 서로 두루 갖춘 것이 공자가 말한 의미는 아닐지라도 기록하는 사람이 그것들을 취해서 서로 충족되게 하였다.(范氏合上二章爲一意, 楊氏於此又合三章爲一意文意. 反覆互相周備, 雖非夫子立言之旨, 記者取而相足也.)"라고 되어 있다. 세 장(章)은, 경문 15－18 "군자는 자신의 무능함을 병으로 여기고 남이 자신을 알아주지 못하는 것을 병으로 여기지 않는다.(君子病無能焉, 不病人之不己知也.)" 15－19 "군자는 종신토록 이름이 일컬어지지 못하는 것을 싫어한다.(君子疾沒世而名不稱焉.)" 15－20 "군자는 자신에게서 찾고, 소인은 남에게서 찾는다.(君子求諸己, 小人求諸人.)"라는 구절을 말한다. 두 장(章)은, 경문 15－18과 15－19로, 범씨의 주장은 15－19의 주자의 주석[朱註]에서 "범씨왈(范氏曰)"에 보인다.

330) 동그라미(○ : 圈) 아래에서 : 이는 위의 "양씨왈(楊氏曰)" 아래에 있는 주석을 말한다.

[15-21-1]

子曰："君子矜而不爭, 群而不黨."
공자가 말하였다. "군자는 씩씩하지만 다투지 않고, 무리를 짓지만 편당하지 않는다."

朱註

莊以持己曰矜. 然無乖戾之心, 故不爭. 和以處, 衆曰群. 然無阿比之意, 故不黨.
성대하게 자신을 지키는 일을 씩씩함이라고 한다. 그러나 어그러진 마음이 없기 때문에 다투지 않는다. 온화하게 여러 사람들과 처하는 일을 무리를 짓는다고 한다. 그러나 한쪽으로 결탁하는 뜻이 없기 때문에 편당하지 않는다.

詳說

○ 上聲.
'화이처(和以處)'에서 '처(處)'자는 상성이다.

○ 必二反.
'무아비(無阿比)'에서 '비(比 : 편당하다)'는 '필(必)'과 '이(二)'의 반절(反切)이다.

○ 因訓而遂釋之.
훈고에 따라 마침내 경문을 풀이하였다.

○ 此章二句語意, 與威而不猛相似.
이 장의 두 구절의 의미는 '위엄이 있으면서도 사납지 않다.'[331]라는 말과 서로 비슷하다.

---

331) 위엄이 있으면서도 사납지 않다 : 『논어(論語)』「술이(述而)」에 "공자는 온화하면서도 엄숙하고, 위엄이 있으면서도 사납지 않으며, 공손하면서도 편안하였다.(子溫而厲, 威而不猛, 恭而安.)"라는 말이 있다.

[15-22-1]

子曰："君子不以言擧人, 不以人廢言."
공자가 말하였다. "군자는 말을 가지고 사람을 천거하지 않고, 사람을 가지고 말을 버리지 않는다."

詳說

○ 『集註』無文.
『논어집주(論語集註)』에는 글[주석]이 없다.332)

○ 南軒張氏曰："以言擧人, 則行不踐者, 進矣."333)
남헌 장씨(南軒張氏 : 張栻)가 말하였다. "말을 가지고 사람을 천거하면 행동으로 실천하지 않는 자들이 나온다."334)

○ 新安陳氏曰："孔子因宰予而觀行."335)
신안 진씨(新安陳氏 : 陳櫟)가 말하였다. "공자가 재여(宰予)336) 때문에 행동을 보게 되었다."337)

---

332) 『논어집주(論語集註)』에 주자의 해석이나 설명이 없다는 말이다.

333) 호광 편(胡廣 編), 『논어집주대전(論語集註大全)』「위령공(衛靈公)」. 장식(張栻), 『계사논어해(癸巳論語解)』「위령공(衛靈公)」.

334) 말을 가지고 사람을 천거하면 행동으로 실천하지 않는 자들이 나온다 : 『논어집주대전』「위령공(衛靈公)」에는 "말을 가지고 사람을 천거하면 행동으로 실천하지 않는 자들이 나오니, 이는 진실로 안 된다. 그런데 소인들이 말을 했을지라도 선한 것이라면 또한 그것이 선한 일임을 방해하지 않으니, 사람을 가지고 버리면 선한 말이 버려지기 때문이다. 그러므로 군자는 말을 가지고 사람을 천거하지 않고, 또한 사람을 가지고 말을 버리지 않으니, 공평한 마음은 가림이 없기 때문이다.(以言擧人, 則行不踐者, 進矣, 此固不可也. 然而雖使小人言之而善, 亦不害其爲善者也. 以人廢之, 則善言棄矣. 故君子雖不以言擧人, 而亦不以人廢言, 公心無蔽也.)"라고 되어 있다.

335) 호광 편(胡廣 編), 『논어집주대전(論語集註大全)』「위령공(衛靈公)」.

336) 재여(宰予 , B.C.522~ B.C.458) : 춘추 시대 말기 노(魯)나라 사람으로, 자는 자아(子我) 또는 재아(宰我)라 하였다. 공자(孔子)의 제자로, 언어에 뛰어났다. 일찍이 제(齊)나라에서 벼슬하여 임치대부(臨淄大夫)가 되었다. 공자가 3년상을 지내도록 한 것에 대해 이의(異議)를 제기해 공자로부터 불인(不仁)하다는 비난을 들었다.

337) 공자가 재여(宰予) 때문에 행동을 보게 되었다 : 『논어집주대전』「위령공(衛靈公)」에는 "군자는 그 말이 훌륭하다고 해서 갑자기 그 사람을 천거해 등용하지 않으니, 그 사람의 행동이 대부분 말에 미치지 못하기 때문이다. 또한 그 사람이 악하다고 해서 그 말의 훌륭한 것을 버리

○ 華陽范氏曰 : "孟子取陽虎之言."

화양 범씨(華陽范氏 : 范祖禹)[338]가 말하였다. "맹자는 양호의 말을 취하였다.[339]"

지 않으니, 훌륭한 한 마디라도 없애서는 안 되기 때문이다. 이를테면 공자는 재여가 늦잠을 잔 것 때문에 말을 들으면 반드시 행동을 보았고, 맹자는 양호의 '부를 쌓으면 어질지 못하고 어질면 부를 쌓지 못하다.'라는 말을 없애지 않았으니, 성현의 마음은 공평해서 이처럼 가리는 것이 없기 때문이다.(君子不以其言之善, 而遽舉用其人, 以人之行多不及言故也. 亦不以其人之惡而廢其言之善, 以一言之善, 自不可没故也. 如孔子因宰予晝寢, 而聽言必觀行, 孟子不没陽虎爲富不仁之言, 聖賢之心公而無蔽故如此.)"라고 되어 있다. 『논어(論語)』「공야장(公冶長)」에는 "재여가 낮잠을 자자, 공자가 말하였다. '썩은 나무는 조각할 수 없고, 거름흙으로 쌓은 담장은 흙손질 할 수가 없다. 내 재여에 대해 꾸짖을 것이 있겠는가!' 공자가 말하였다. '내가 처음에는 남에 대하여 그의 말을 듣고 그의 행실을 믿었으나, 이제 나는 남에 대하여 그의 말을 듣고 다시 그의 행실을 살펴보게 되었다. 나는 재여 때문에 이 버릇을 고치게 되었다.'(宰予晝寢, 子曰 : '朽木不可雕也, 糞土之墻, 不可杇也, 於予與何誅!' 子曰 : '始吾於人也, 聽其言而信其行, 今吾於人也, 聽其言而觀其行, 於予與, 改是.')"라고 되어 있다.

338) 범조우(范祖禹 : 1041~1098) : 송나라 때 학자로 자가 순보(淳甫) · 순부(淳夫) · 순부(純父), 또는 몽득(夢得)이고, 성도 화양(成都華陽) 사람이다. 정자(程子)를 사사(師事)하였으며, 사마광(司馬光)을 추종하였다. 저서로는 『시해(詩解)』 · 『고문효경설(古文孝經說)』 · 『제의(祭儀)』 · 『경서요언(經書要言)』 등이 있다.

339) 맹자는 양호의 말을 취하였다 : 『맹자(孟子)』「등문공상(滕文公上)」에는 "양호(陽虎)가 말하였다. '부자가 되는 일을 하면 어질지 못하고, 어질면 부자가 못 된다.'(陽虎曰 : '爲富不仁矣, 爲仁不富矣.')"라고 되어 있다.

[15-23-1]

子貢問曰:“有一言而可以終身行之者乎?” 子曰:“其恕乎. 己所不欲, 勿施於人.”
자공이 물었다. “한마디 말로 종신토록 행할 만한 것이 있습니까?” 공자가 말하였다. “서(恕)일 것이다. 자신이 하고 싶지 않은 것은 남에게 베풀지 말라는 뜻이다.”

詳說

○ 雙峰饒氏曰:“此問在未聞一貫之先. 子貢多學, 欲知博中之約, 遂發此問. 一言, 是一字.”340)
쌍봉 요씨(雙峰饒氏:饒魯)가 말하였다. “이 질문은 하나로 꿰뚫었다는 말을 듣기 전에 했던 말이다. 자공은 많이 배워 널리 하는 가운데 그 요점을 알고 싶어 이 질문을 했던 것이다. 한마디 말은 한 글자이다.”341)

朱註

推己及物, 其施不窮, 故可以終身行之.
자신을 미루어 남에게 미치면, 그 베풂이 무궁하기 때문에 종신토록 행할 수 있는 것이다.

詳說

○ 當與前篇大祭註參看.
앞 편에 있는 ‘큰 제사에 대한 주석’342)을 참고해야 한다.

---

340) 호광 편(胡廣 編), 『논어집주대전(論語集註大全)』「위령공(衛靈公)」.

341) 이 질문은 하나로 꿰뚫었다는 말을 듣기 전에 …… 한마디 말은 한 글자이다: 『논어집주대전』「위령공(衛靈公)」에는 “이 질문은 하나로 꿰뚫었다는 말을 듣기 전에 했던 것이다. 자공은 많이 배워 널리 하는 가운데 그 요점을 알고 싶어 이 질문을 하였다. 한마디 말은 한 글자이기 때문에 오직 서(恕)라는 한 글자로 답한 것이다.(此問在未聞一貫之先. 子貢多學欲知博中之約遂發此問. 一言, 是一字, 所以只以一恕字答之.)”라고 되어 있다.

342) 큰 제사에 대한 주석: 『논어(論語)』「안연(顔淵)」에 “중궁(仲弓)이 인(仁)을 묻자, 공자가 말하였다. ‘문을 나갔을 때는 큰손님을 뵙는 듯이 하며, 백성에게 일을 시킬 때는 큰 제사(祭祀)를 받들 듯이 하고, 자신이 하고자 하지 않는 것을 남에게 베풀지 말아야 하니, 이렇게 하면 나라

○ 勿施之施.

'그 베풂[其施]'이라는 말에서 '베풂[施]'이라는 글자는 '베풀지 말라[勿施]'고 할 때의 '베풀다[施]'는 것이다.'

○ 有釋無訓.

경문의 풀이는 있으나 훈고는 없다.

朱註

尹氏曰 : "學貴於知要, 子貢之問, 可謂知要矣. 孔子告以求仁之方也, 推而極之, 雖聖人之無我, 不出乎此, 終身行之不亦宜乎."

윤씨가 말하였다. "학문은 요점을 아는 것을 귀하게 여기니, 자공의 질문은 요점을 알았다고 할 수 있다. 공자는 그에게 인을 구하는 방법을 말해 주었으니, 미루어 지극하게 한다면, 성인의 무아(無我)의 경지라 할지라도 여기에서 벗어나지 않으니, 종신토록 행함이 당연하지 않겠는가?"

詳說

○ 當與前篇一言蔽註參看.

앞 편에서 '한마디의 말로 대표할 수 있다'라는 주석[343]과 함께 보아야 한다.

에서도 원망함이 없으며, 집안에서도 원망함이 없을 것이다.' 중궁(仲弓)이 말하였다. '제가 비록 불민할지라도 이 말씀을 일삼겠습니다.'(仲弓問仁, 子曰 : '出門如見大賓, 使民如承大祭, 己所不欲, 勿施於人, 在邦無怨, 在家無怨.' 仲弓曰 : '雍雖不敏, 請事斯語矣.')"라는 말이 있고, 『논어집주(論語集註)』에 "경(敬)으로써 자신을 지키고, 서(恕)로써 남에게 미친다면 사의(私意)가 용납할 곳이 없어서 마음의 덕이 온전해질 것이다. 안에서나 밖에서나 원망함이 없다는 것은 또한 그 효험으로써 말씀한 것이니, 스스로 돌아보게 한 것이다.(敬以持己, 恕以及物, 則私意無所容, 而心德全矣. 內外無怨, 亦以其效言之, 使以自考也.)"라고 되어 있다.

343) '한마디의 말로 대표할 수 있다.'라는 주석 : 『논어(論語)』「위정(爲政)」에 "공자가 말하였다. '『시경(詩經)』 3백 편의 뜻을 한마디의 말로 대표할 수 있으니, '생각에 간사함이 없다.'는 말이다.'(子曰 : '詩三百, 一言以蔽之, 曰 : '思無邪'')"라는 말이 있고, 『논어집주(論語集註)』에서 "『시경(詩經)』은 311편인데, 3백 편이라고 말한 것은 큰 수를 든 것이다. 폐(蔽)라는 글자는 덮는다[蓋]는 말과 같다. '생각에 간사함이 없다[思無邪]'라는 말은 「노송(魯頌)·경(駉)」의 내용이다. 모든 시에서 선(善)을 말한 것은 사람의 착한 마음을 감동시켜 분발하게 할 수 있고, 악을 말한 것은 사람의 방탕한 마음을 징계할 수 있으니, 그 효용은 사람들이 바른 성정을 얻는 데 돌아갈 뿐이다. 그러나 그 말이 은미하고 완곡하며, 또 각각 한 가지 일로 말미암아 말한 것이어서 그 전체를 곧바로 가리킨 것을 찾는다면, 이 말처럼 분명하고도 뜻을 다한 것

○ 見「雍也」及『孟子』「盡心」.

'공자고이구인지방야(孔子告以求仁之方也 : 공자는 그에게 인을 구하는 방법을 말해 주었으니)'라는 구절은 『논어(論語)』「옹야(雍也)」와 『맹자(孟子)』「진심」에 있다.344)

이 없다. 그러므로 공자가 '『시경(詩經)』 3백 편에 이 한마디 말이 그 뜻을 충분히 다 덮을 수 있다.'라고 했던 것이니, 사람에게 보여준 뜻이 또한 깊고 간절하다.(詩三百十一篇, 言三百者, 擧大數也. 蔽, 猶蓋也. 思無邪, 「魯頌駉」篇之辭. 凡詩之言, 善者, 可以感發人之善心, 惡者, 可以懲創人之逸志, 其用, 歸於使人得其情性之正而已. 然其言微婉, 且或各因一事而發, 求其直指全體, 則未有若此之明且盡者. 故夫子言詩三百篇, 而惟此一言, 足以盡蓋其義, 其示人之意亦深切矣.)"라고 하였다.

344) 『논어(論語)』「옹야(雍也)」와 『맹자(孟子)』「진심」에 있다 : 『논어(論語)』「옹야(雍也)」에서 "자공이 말하였다. '만일 백성에게 은혜를 널리 베풀어 많은 사람을 구제한다면 어떻겠습니까? 인(仁)하다고 할 만합니까?' 공자 답하였다. '어찌 인을 일삼는 데 그치겠는가. 반드시 성인일 것이다. 요순(堯舜)도 이에 있어서는 오히려 부족하게 여기셨을 것이다. 인자(仁者)는 자신이 서고자 함에 남도 서게 하며, 자신이 통달하고자 함에 남도 통달하게 하는 것이다. 가까운 데서 취해 비유할 수 있으면 인을 하는 방법이라고 말할 만하다.'(子貢曰 : '如有博施於民而能濟衆, 何如. 可謂仁乎.' 子曰 : '何事於仁. 必也聖乎. 堯舜其猶病諸. 夫仁者, 己欲立而立人, 己欲達而達人. 能近取譬, 可謂仁之方也已.')"라고 하였다. 『맹자(孟子)』「진심상(盡心上)」에서 "서(恕)를 힘써서 행하면 인(仁)을 구함이 이보다 가까울 수 없다.(强恕而行, 求仁莫近焉.)"라고 하였고, "맹자가 말하였다. '군자가 물건에 대해서는 사랑하기만 하고 인(仁)하지 않으며, 백성에 대해서는 인하기만 하고 친하지 않으니, 친척을 친히 하고서 백성을 인하게 하고, 백성을 인하게 하고서 물건을 사랑하는 것이다.'(孟子曰 : '君子之於物也, 愛之而弗仁, 於民也, 仁之而弗親, 親親而仁民, 仁民而愛物.')" 또 "맹자가 말하였다. '지혜로운 자는 알지 않음이 없으나, 마땅히 힘써야 할 일을 급선무로 여기고, 인자는 사랑하지 않음이 없으나, 어진 이를 친히 함을 급선무로 여기니, 요순(堯舜)의 지혜로 물건을 두루 알지 않음은 먼저 해야 할 일을 급히 여겼기 때문이고, 요순의 인으로 사람을 두루 사랑하지 않음은 어진 이를 친히 함을 급히 여겼기 때문이다.'(孟子曰 : '知者無不知也, 當務之爲急, 仁者無不愛也, 急親賢之爲務, 堯舜之知, 而不徧物, 急先務也, 堯舜之仁, 不徧愛人, 急親賢也.')"라고 하였다. 「진심하(盡心下)」에서 "맹자가 말하였다. '인하지 못하다, 양혜왕이여! 인자는 그 사랑하는 바로써 사랑하지 않는 바에 미치고, 인하지 못한 자는 사랑하지 않는 바로써 사랑하는 바에 미친다.' 공손추가 말하였다. '무슨 말씀입니까?' '양혜왕이 토지 때문에 그 백성을 해치며 싸우게 하였다가 대패하고는, 다시 싸우려다가 이기지 못할까 두려우므로 그 사랑하는 자제를 내몰아서 여기에 희생시켰으니, 이것을 사랑하지 않는 바로써 사랑하는 바에 미친다고 하는 것이다.'(孟子曰 : '不仁哉, 梁惠王也. 仁者以其所愛, 及其所不愛, 不仁者, 以其所不愛, 及其所愛.' 公孫丑曰 : '何謂也.' '梁惠王以土地之故, 糜爛其民而戰之, 大敗, 將復之, 恐不能勝, 故驅其所愛子弟, 以殉之, 是之謂以其所不愛, 及其所愛也.')" 또 "맹자가 말하였다. '사람들은 모두 차마 못하는 마음을 가지고 있으니, 차마 하는 바에까지 도달한다면 인이고, 사람들은 모두 하지 않는 바가 있으니, 하는 바에까지 도달한다면

○ 南軒張氏曰 : "推其至, 則仁也."345)

'추이극지(推而極之 : 미루어 지극하게 한다면)'에 대해, 남헌 장씨(南軒張氏 : 張栻)가 말하였다. "그 지극한 경지까지 미루면 인(仁)이다."346)

○ 二字見「子罕」.

'성인지무아(聖人之無我)'에서 '무아(無我)' 두 글자는 『논어(論語)』「자한(子罕)」에 보인다.347)

○ 新安陳氏曰 : "視人猶己."348)

'수성인지무아(雖聖人之無我 : 성인의 무아(無我)의 경지라 할지라도)'에 대해, 신안 진씨(新安陳氏 : 陳櫟)가 말하였다. "남들을 자신처럼 보았다."349)

○ 陳氏曰 : "漢以來, 恕字之義不明, 有謂善恕己. 范忠宣亦謂恕己, 恕字已上著不得."350)

'불출호차, 종신행지불역의호(不出乎此, 終身行之不亦宜乎 : 여기에서 벗어나지 않으니, 종신토록 행함이 당연하지 않겠는가?)'에 대해, 진씨가 말하였다. "한(漢)나라 이후로 '서(恕)'라는 글자의 의미가 분명하지 않아 '자신의 인애(仁愛)하는 마음을

의(義)이다.'(孟子曰 : '人皆有所不忍, 達之於其所忍, 仁也, 人皆有所不爲, 達之於其所爲, 義也.')"라고 하였다.

345) 호광 편(胡廣 編), 『논어집주대전(論語集註大全)』「위령공(衛靈公)」. 장식(張栻), 『계사논어해(癸巳論語解)』「위령공(衛靈公)」.

346) 그 지극한 경지까지 미루면 인(仁)이다 : 『논어집주대전』「위령공(衛靈公)」에는 "사람의 우환은 스스로 사사롭게 하는 것보다 큰 것이 없다. 서(恕)는 그 사욕을 극복하여 공평한 이치를 넓히는 것이다 '자신이 하고 싶지 않은 것은 남에게 베풀지 말라.'라는 것은 서의 방법으로 종신토록 행해야 될 것이고, 그 지극한 경지까지 미루면 인인 것이다. 충(忠)과 서는 본체와 작용이다. 단지 서를 행할 것만 말하면, 힘을 써야 할 곳에서 말한 것이니, 서를 행하는 것이라면 충은 터득해서 보존하게 되는 것이다.(人之患莫大於自私. 恕者, 所以克其私, 而擴公理也. 己所不欲, 勿施於人, 恕之方也, 是所當終身而行之者, 極其至, 則仁也. 忠恕, 體用也. 獨言行恕者, 蓋於其用力處言之, 行恕, 則忠可得而存矣.)"라고 되어 있다.

347) '무아(無我)'라는 말은 「자한(子罕)」에 보인다 : 『논어(論語)』「자한(子罕)」에 "공자는 네 가지의 마음이 전혀 없었으니, 사사로운 뜻이 없었고, 기필함이 없었으며, 집착함이 없었고, 사사로운 자신이 없었다.(子絶四, 毋意, 毋必, 毋固, 毋我.)"라는 말이 있다.

348) 호광 편(胡廣 編), 『논어집주대전』「위령공(衛靈公)」.

349) 남들을 자신처럼 보았다 : 『논어집주대전』「위령공(衛靈公)」에는 "남들을 자신처럼 보고, 한결같이 보고 동일하게 인(仁)하니, 이것은 성인이 무아의 경지에 있기 때문이다. 오직 사사로운 자신이 없기를 도모하기 때문에 인을 쓰는 것이 저절로 이처럼 된다.(視人猶己, 一視同仁, 此聖人之無我也. 惟其畧無私己, 故仁之用自然如此.)"라고 되어 있다.

350) 호광 편(胡廣 編), 『논어집주대전(論語集註大全)』「위령공(衛靈公)」.

잘 확충하는 것[恕己]'이라고 하였다. 범충선(范忠宣 : 范純仁)[351]도 그렇게 말했으니, 서(恕)라는 글자는 핵심을 얻지 못하였다."[352]

○ **'恕'字, 此章之題目.**

'서(恕 : 헤아리다)'자가 이 장의 제목이다.

---

351) 범순인(范純仁, 1027~1101) : 북송 소주(蘇州) 오현(吳縣, 강소성 蘇州市) 사람으로, 자는 요부(堯夫)이고, 범중엄(范仲淹)의 둘째 아들이다. 인종(仁宗) 황우(皇祐) 원년(1049)에 진사가 되었다. 아버지가 돌아가신 뒤 출사(出仕)하여 양성지현(襄城知縣)이 되었다. 이후 시어사(侍御史)와 동지간원(同知諫院)을 지냈다. 왕안석(王安石) 변법(變法)의 부당성에 대해 격렬하게 비판하다가 하중부지주(河中府知州)로 쫓겨났다. 성도로전운사(成都路轉運使)로 옮겼는데, 신법(新法)이 불편하다 하여 주현(州縣)이 급격하게 시행하지 못하도록 경계하였다. 철종(哲宗) 때 급사중(給事中)이 되었다. 원우(元祐) 원년(1086)에 동지추밀원사(同知樞密院事)에 올랐다. 나중에 재상이 되었고, 철종이 친정(親政)하자 영주안치(永州安置)로 폄적되었다. 휘종(徽宗)이 즉위한 뒤 관문전대학사(觀文殿大學士)에 임명되어 즉시 입궐하여 뵈라고 재촉했지만 눈병 때문에 귀향을 청하였다. 가학(家學)을 이어받고 호원(胡瑗), 손복(孫復)의 학문을 계승하였다. 학문은 충신(忠信)을 체(體)로 삼고 육경(六經)을 공(功)으로 삼았고, 충서(忠恕)를 중시하였다. 시호는 충선(忠宣)이다. 저서에 『범충선문집(范忠宣文集)』이 있다.

352) 한(漢)나라 이후로 '서(恕)'라는 …… 글자는 핵심을 얻지 못했다 : 『논어집주대전』「위령공(衛靈公)」에는 "'자신이 하고 싶지 않은 것은 남에게 베풀지 말라.'라는 것은 단지 한쪽으로 설명한 것이다. 그 내용은 원하지 않는 것을 베풀지 말라는 것뿐만이 아니라 자신이 원하는 것은 반드시 남에게 베풀어 자신이 효도하고 공손하고자 하는 것과 같이 하면, 남들도 효도하고 공손하고자 하니, 반드시 자신이 효도하고 공손하고자 하는 것을 미루어 사람들에게 미쳐 그들까지 또한 효도하고 공손하고자 하는 마음을 이루게 하는 것이 바로 서(恕)라는 말이다. 단지 자신의 마음이 유행하는 것을 미뤄 사물에 미쳤을 뿐인데 서의 의미가 넓고 커졌다. 한나라 이후로 '서'라는 글자의 의미가 분명하지 않아 '자신의 인애(仁愛)하는 마음을 잘 확충하여 근본을 헤아리는 것[恕己量主]'이라고 하였다. 범충선(范忠宣 : 范純仁)도 자신의 마음을 헤아리는 것이라고 하였으니, 남을 헤아리는 것을 알지 못해 서(恕)라는 글자가 핵심을 얻지 못하였다.(己所不欲勿施於人, 只就一邊論. 其實不止勿施所不欲者, 凡己所欲者, 須要施於人, 方可如己欲孝欲弟, 人亦欲孝欲弟, 必推己所欲孝欲弟者以及人, 使人亦得以遂其欲孝欲弟之心, 便是恕. 只是推己之心流行到那物而已, 恕之義甚闊大. 自漢以來, 恕字之義不明, 有謂善恕己量主. 范忠宣亦謂以恕己之心, 恕人不知, 恕字就己上著不得.)"라고 되어 있다.

[15-24-1]

子曰 : "吾之於人也, 誰毁誰譽. 如有所譽者, 其有所試矣.
공자가 말하였다. "내가 사람들에 대해 누구를 훼방하고 누구를 칭찬하겠는가? 칭찬할 것이 있으면 시험해 봄이 있다.

朱註

譽, 平聲. 毁者, 稱人之惡, 而損其眞, 譽者, 揚人之善, 而過其實.
'여유소예자(如有所譽者)'에서 '예(譽 : 칭찬하다)'자는 평성이다. '훼방한다[毁]'는 것은 사람들의 악을 말하여 그 참모습을 덜어내는 일이고, '칭찬한다[譽]'는 것은 사람들의 선을 드러내 사실보다 지나치게 하는 일이다.

詳說

○ 訓畢.
훈고가 끝났다.

朱註

夫子無是也. 然或有所譽者, 則必嘗有以試之, 而知其將然矣.
그런데 공자에게는 이런 것이 없었다. 그러나 간혹 칭찬할 경우에는 반드시 일찍이 시험했으니, 그렇게 될 줄 알았던 것이다.

詳說

○ 襯誰字.
'이런 것이 없었다.[無是]'에서 '없었다[無]'라는 글자는 경문에서 '누구[誰]'라는 글자에 가깝다.

○ 毁譽.
'이런 것이 없었다.[無是]'에서 '이런 것[是]'은 '훼방한다'와 '칭찬한다'이다.

○ 朱子曰 : "雍也南面之類."[353]
주자(朱子 : 朱熹)가 말하였다. "'옹은 남면하게 해도 된다.'[354]라는 종류이다."[355]

---

353) 『주자어류(朱子語類)』 권45, 「논어27(論語二十七)」, 57조목.
354) 옹은 남면하게 해도 된다 : 『논어(論語)』「옹야(雍也)」에 "공자가 말하였다. '옹(雍 : 仲弓)은 남

○ 又曰：“毁者，惡未著而遽詆之，譽者，善未著而亟稱之，試者，驗其將然之辭．欲人之善也，故有試而知其賢，則善雖未著，已進而譽之．”356)

주자(朱子：朱熹)가 또 말하였다. “훼방한다는 것은 악이 아직 드러나지 않았는데 갑자기 들추어내는 일이고, 칭찬한다는 것은 선이 아직 드러나지 않았는데 벌써 칭찬하는 일이다. 시험해 본다는 것은 그렇게 될 것을 시험한다는 말이다. 사람들이 선하게 되도록 바라기 때문에 시험하여 그 현명함을 알면 선이 아직 드러나지 않았을지라도 벌써 나아가 칭찬한다.”357)

○ 釋畢．

경문의 풀이가 끝났다.

○ 譽時，雖似過其實，而到已然時，則非過實．

칭찬할 때는 그 사실을 지나친 것 같아도 이미 그런 때가 되면 진실을 지나친 것이 아니다.

○ 『集註』毁譽云云，通已然將然而言，此其正訓也．小註云云，此則觀本文之意而爲訓耳．

면해도 된다.’(子曰：‘雍也，可使南面.’)”라는 말이 있다.

355) 옹은 남면하게 해도 된다는 것이다：『주자어류(朱子語類)』 권45, 「논어27(論語二十七)」, 57조목에 “선생이 ‘칭찬하는 것이 있으면 시험해 봄이 있는 것이다.’라는 몇 구절을 말하자 계통이 앉아 있다가 ‘‘옹은 남면하게 해도 된다.’라는 종류가 여기에 해당합니다.’라고 하였고, 선생이 그렇다고 하였다.(先生說‘如有所譽者，其有所試矣’數句，季通在坐，證曰：‘雍也可使南面之類，是也，’ 先生然之.)”라는 말이 있다.

356) 호광 편(胡廣 編), 『논어집주대전(論語集註大全)』「위령공(衛靈公)」.

357) 훼방한다는 것은 악이 아직 …… 드러나지 않았을지라도 벌써 나아가 칭찬한다：『논어집주대전』「위령공(衛靈公)」에는 “어떤 이가 ‘훼방하고 칭찬한다.’라는 말에 대해 물었다. 답하였다. ‘훼방한다는 것은 악이 아직 드러나지 않았는데 갑자기 들추어내는 일이고, 칭찬한다는 것은 선이 아직 드러나지 않았는데 벌써 칭찬하는 일입니다. 시험해 본다는 것은 그렇게 될 것을 시험한다는 말입니다. 성인의 마음은 광명정대하고 균등하게 베풀어 조금도 틀림이 없기 때문에 사람들의 선악을 말함에 조금도 그 사실을 지나침이 없습니다. 그러나 사람들이 선하게 되도록 바라기 때문에 단지 시험하여 그 현명함을 알면 선이 아직 드러나지 않았을지라도 벌써 나아가 칭찬하고, 사람들이 악하게 되도록 바라지 않기 때문에 악이 아직 드러나지 않은 경우에는 그가 선하지 않다는 것을 확실히 알지라도 갑자기 먼저 들추어내지 않습니다. 이것이 칭찬할 사안은 말하지만 훼방할 사안은 말하지 않는 까닭입니다.’(或問：‘毁譽之說.’ 曰：‘毁者，惡未著而遽詆之，譽者，善未著而亟稱之也．試者，驗其將然之辭．聖人之心，光明正大，稱物平施，無毫髮之差，故人之善惡稱之，未有少有過其實者．然以欲人之善也，故但有試而知其賢，則善雖未顯，已進而譽之矣，不欲人之惡也，故惡之未著者，雖有以決知其不善，而卒未嘗遽詆之也．此所以言譽而不言毁.’)”라고 되어 있다.

『논어집주(論語集註)』에 훼방하고 칭찬하는 사안에 대해 말한 것은 이미 그런 것과 그렇게 될 것을 합해서 말하였으니, 이것은 그 바른 훈고이다. 소주(小註)에서 말한 것은 경문의 의미를 보고 훈고할 것일 뿐이다.

朱註

> 聖人善善之速, 而無所苟如此.
> 성인이 선을 선하게 여겨 빨리 해도 구차히 하는 것이 없음이 이와 같았다.

詳說

○ 急也.

'선선지속(善善之速)'에서 '속(速 : 빨리 한다)'자는 서두른다는 뜻이다.

○ 有譽.

'선선지속(善善之速 : 성인이 선을 선하게 여겨 빨리 해도)'은 칭찬할 사안이 있다는 말이다.

○ 有試.

'구차히 하는 것이 없음[無所苟]'은 시험하는 것이다.

○ 此則言外之主意.

'이무소구여차(而無所苟如此 : 구차히 하는 것이 없음이 이와 같았다)'라는 구절을 볼 때, 이것은 말 밖의 중심이 되는 의미이다.

朱註

> 若其惡惡, 則已緩矣. 是以雖有以前知其惡, 而終無所毁也.
> 악을 미워하는 것이라면 이미 느슨하다. 이 때문에 미리 그 악을 알지라도 끝내 그를 훼방하는 일이 없다.

詳說

○ 去聲.

'오악(惡惡)'에서 '오(惡 : 미워하다)'자는 거성이다.

○ 此則言外之賓意, 而亦不害爲申釋誰毁二字之義云.

이것은 말 밖의 부수적인 의미이고, 또한 '누구를 훼방하겠는가?[誰毁]'라는 말의 의미를 거듭 풀이하는 데 방해되지 않는다.

○ 朱子曰 : "聖人有譽無毁, 正『春秋傳』善善長惡惡短之意, 非若後世所謂恥言人過而全無黑白者."[358]

주자(朱子 : 朱熹)가 말하였다. "성인이 칭찬하는 사안은 있고 훼방하는 사안은 없다는 말은 바로 『춘추공양전(春秋公羊傳)』에서 '선함을 선하게 여길 때는 길게 하고 악함을 악하게 여길 때는 짧게 한다.'[359]라는 의미이니, 후세에 사람이 잘못했는데도 흑백이 전혀 없다고 부끄럽게 말하는 것과는 같지 않다."[360]

○ 毁譽不可有, 是非不可無.

훼방하는 것과 칭찬하는 것은 있어서는 안 되고, 옳은 것과 그른 것은 없어서는 안 된다.

[15-24-2]

斯民也, 三代之所以直道而行也."

이 백성들은 삼대 시대에 곧은 도로 행해 왔기 때문이다."

---

358) 호광 편(胡廣 編), 『논어집주대전(論語集註大全)』「위령공(衛靈公)」.

359) 선함을 선하게 여길 때는 길게 하고 악함을 악하게 여길 때는 짧게 한다 : 『춘추공양전(春秋公羊傳)』「소공(昭公)」 20년에 "훌륭한 점을 칭찬할 때는 길게 하고 나쁜 점을 비평할 때는 짧게 한다.(善善長, 惡惡短.)"라는 말이 있다.

360) 성인이 칭찬하는 것은 있고 …… 부끄럽게 말하는 것과는 같지 않다 : 『논어집주대전』「위령공(衛靈公)」에는 "이것이 칭찬할 사안은 말하고 훼방할 사안은 말하지 않는 까닭이니, 후세에 사람이 잘못했는데도 흑백이 전혀 없다고 부끄럽게 말하는 것과는 같지 않다. 다만 먼저 기리는 선이 있고 미리 들추어내는 악이 없는 것은 성인의 마음이다. '칭찬하는 것은 있고 훼방하는 것이 없는 것과 같다.'라고 한다면 성인의 마음에 치우침이 있는 것이다. '칭찬하는 것이 있고 훼방하는 것이 없다.'라고 한다면 바로 선함을 선하게 여길 때는 길게 하고 악함을 악하게 여길 때는 짧게 한다는 의미이다. 그러니 바로 『서경(書經)』「대우모(大禹謨)」에서 '죄 없는 사람을 죽일 바에는 차라리 정상적으로 법을 쓰지 않는 실수를 범하는 것이 낫고, 죄가 의심스러우면 가볍게 하고 공이 의심스러우면 무겁게 한다.'라는 말이고, 『춘추좌전(春秋左傳)』에서 '선함을 선하게 여길 때는 길게 하고 악함을 악하게 여길 때는 짧게 한다.'라는 말이다.(此所以言譽而不言毁, 蓋非若後世所謂耻言人過而全無黑白者. 但有先褒之善而無豫詆之惡, 則是聖人之心耳. 曰若有譽而無毁, 則聖人之心爲有所倚矣. 曰有譽無毁, 是乃善善速惡惡緩之意, 正書所謂與其殺不辜寧失不經. 罪疑惟輕功疑惟重, 春秋傳所謂善善長惡惡短.)"라고 되어 있다.

朱註

斯民者, 今此之人也. 三代, 夏·商·周也. 直道, 無私曲也.

'이 백성들[斯民者]'은 지금의 이 사람들이다. 삼대는 하나라·상나라·주나라이다. 곧은 도는 사사롭게 왜곡하는 사안이 없다.

詳說

○ 雙峯饒氏曰: "民字卽上人字. 但人對己而言, 民對君而言."361)

쌍봉 요씨(雙峰饒氏: 饒魯)가 말하였다. "백성들은 바로 위의 경문에서 '사람들[人]'이다. 다만 사람들은 자신과 상대해서 하는 말이고, 백성들은 임금과 상대해서 하는 말이다."362)

○ 皆指其盛時.

'삼대, 하·상·주야(三代, 夏·商·周也: 삼대는 하나라·상나라·주나라이다)'는 모두 그 나라들이 흥성할 때를 가리킨다.

○ 訓畢.

훈고가 끝났다.

○ 程子曰: "直道而行, 毁譽公也."363)

정자가 말하였다. "도를 곧게 해서 행하니, 훼방하고 칭찬하는 것이 공평하다."364)

---

361) 호광 편(胡廣 編), 『논어집주대전(論語集註大全)』「위령공(衛靈公)」.

362) 백성들은 바로 위의 경문에서 …… 백성들은 임금과 상대해서 하는 말이다: 『논어집주대전』「위령공(衛靈公)」에는 "아래 경문에서 백성이라는 말은 바로 위의 경문에서 사람이라는 말이다. 다만 사람들은 자신과 상대해서 하는 말이고, 백성들은 임금과 상대해서 하는 말이다. 삼대라는 말이 위에 있기 때문에 지금의 이 백성들이라고 하는 것은 삼대의 백성과 같다. 다만 삼대에는 교화가 행해지고 풍속이 아름다워 좋고 나쁜 것이 그 참됨을 얻었다. 후세에는 교화가 밝지 않고 풍속이 아름답지 않아 곧은 것이 변하여 굽게 되었기 때문에 사람들의 악을 말하여 그 참됨을 덜어내고, 사람들의 선을 드러내 진실을 지나치는 것이 있다. 그런데 나는 사람들에게 그렇게 하지 않으니, 지금의 이 사람들을 삼대의 곧은 도의 백성들이라고 보고 후대의 굽은 도의 백성들이라고 보지 않는다.(下面民字, 卽上面人字. 但人對己而言, 民對君而言. 緣有三代字在上, 故言今此之民, 與三代之民一般. 但三代化行俗美, 好惡得其眞. 後世教化不明, 風俗不美, 直變爲枉, 所以有稱人惡而損其眞, 楊人善而過其實者. 吾之於人則不然. 蓋視今此之人爲三代直道之民, 而不視之爲後世枉道之民也.)"라고 되어 있다.

363) 주희, 『논어정의(論語精義)』「위령공(衛靈公)」.

364) 도를 곧게 해서 행하니, 훼방하고 칭찬하는 것이 공평하다: 주희, 『논어정의(論語精義)』「위령공(衛靈公)」에는 "명도가 말하였다. '곧은 도가 행해져 훼방하고 칭찬하는 것이 공평하다.'(明

朱註

言吾之所以無所毁譽者, 蓋以此民卽三代之時, 所以善其善惡其惡, 而無所私曲之民,

내가 훼방하고 칭찬하는 사안이 없는 것은 이 사람들은 바로 삼대 시대에 그 선을 선하게 여기고 그 악을 미워해서 사사롭게 왜곡하는 사안이 없는 백성이기 때문에

詳說

○ 承上誰毁誰譽.

'내가 훼방하고 칭찬하는 사안이 없는 것은[言吾之所以無所毁譽者]'은 앞의 경문에서 '누구를 훼방하고 누구를 칭찬하겠는가?'라는 말을 이어받은 것이다.

○ 去聲

'오기악(惡其惡)'에서 '오(惡 : 미워하다)'자는 거성이다.

○ 朱子曰 : "所以二字本虛, 然意味乃在此."365)

주자(朱子 : 朱熹)가 말하였다. "'소이선기선(所以善其善)'에서 '소이(所以)'라는 말은 본래 비어 있는 글자이지만 의미가 바로 여기에 있다."

○ 添之民二字.

'무소사곡지민(無所私曲之民)'에서 볼 때, '곧은 도는 사사롭게 왜곡하는 사안이 없다[直道, 無私曲也.]'라는 위의 주석에서 '지민(之民)'이라는 두 글자를 보탰다.

○ 釋畢.

'소이선기선오기악(所以善其善惡其惡)에서 경문의 풀이가 끝났다.

○ 雙峰饒氏曰 : "不視之爲後世枉道之民."366)

'무소사곡지민(無所私曲之民 : 사사롭게 왜곡하는 것이 없는 백성이기 때문에)'에 대해, 쌍봉 요씨(雙峰饒氏 : 饒魯)가 말하였다. "후세에 굽은 도의 백성으로 보지 않았다."

○ 新安陳氏曰 : "好善忠厚之心, 與善善惡惡無私曲之心, 幷行而不相悖也."367)

道曰 : '直道行, 毁譽公也.')"라고 되어 있다.

365) 호광 편(胡廣 編), 『논어집주대전(論語集註大全)』「위령공(衛靈公)」.

366) 호광 편(胡廣 編), 『논어집주대전(論語集註大全)』「위령공(衛靈公)」.

367) 호광 편(胡廣 編), 『논어집주대전(論語集註大全)』「위령공(衛靈公)」.

신안 진씨(新安陳氏 : 陳櫟)가 말하였다. "선을 좋아하고 진실하고 두터운 마음은 선을 선하게 여기고 악을 미워하며 사사롭게 왜곡함이 없는 마음과 함께 행하여도 서로 어그러지지 않는다."[368)]

○ 有譽主己言, 直道主民言.

칭찬함이 있다는 것은 자신을 중심으로 해서 말하였고, 곧은 도는 백성을 중심으로 해서 말한 것이다.

朱註

故我今亦不得而枉其是非之實也.

내가 지금 또한 그 옳고 그른 사실에 대해 굽힐 수 없다는 말이다.

詳說

○ 此補本文未足之意也. 若又補『集註』未足之意, 則曰不得枉其是非之實, 故無毁無譽也.

여기에서는 본문에서 충분하지 않은 의미를 보완하였다. 『논어집주(論語集註)』에서 충분하지 않은 의미를 또 보완한다면, '옳고 그름의 사실을 굽힐 수 없기 때문에 훼방하고 칭찬함이 없다'라는 뜻이다.

○ 新安陳氏曰 : "此句繳上誰毁誰譽之意."[369)]

---

368) 선을 좋아하고 진실하고 두터운 마음은 …… 함께 행하여도 서로 어그러지지 않는다 : 『논어집주대전』「위령공(衛靈公)」에는 "윤씨의 의도는 간략해서 분명하지 않으니, 주자(朱子 : 朱熹)가 그 설명을 가지고 자세하게 드러냈다. 선을 선하게 여기고 악을 미워하며 사사롭게 왜곡함이 없는 사안은 바로 사람의 마음과 하늘의 이치가 있는 것은 모든 세대가 하루 같은 것이다. 삼대의 사람들의 마음이 이와 같고, 지금 사람들의 마음이 또 이와 같으니, 성인이 그 사이에 사사로움을 용납할 수 없다. 그러나 먼저 기리는 선이 있고 미리 헐뜯는 악이 없는 것은 선을 선하게 여기는 일을 서두르고 악을 미워하는 일을 느슨하게 마음이 그 사이에 행해지지 않은 적이 없는 것이다. 선을 좋아하고 진실하고 두터운 마음은 선을 선하게 여기고 악을 미워하며 사사롭게 왜곡함이 없는 마음과 함께 행하여도 서로 어그러지지 않는다.(尹氏之意, 畧而未明, 朱子就其說, 而發明得精切至到耳. 善善惡惡, 無所私曲, 乃人心天理所在, 萬世如一日也. 三代之人心如此, 今日之人心亦如此, 聖人不得容私於其間也. 然有先褒之善, 而無豫詆之惡, 善善急惡惡緩之心, 未嘗不行乎其間焉. 好善忠厚之心, 與善善惡惡無私曲之心, 並行而不相悖也.)"라고 되어 있다.

369) 호광 편(胡廣 編), 『논어집주대전(論語集註大全)』「위령공(衛靈公)」에는 "此句繳上一截誰毁誰譽之意."로 되어 있다.

신안 진씨(新安陳氏 : 陳櫟)가 말하였다. "이 구절에서는 앞의 경문에서 '누구를 훼방하고 누구를 칭찬하겠는가?[誰毁誰譽]'라는 말의 의미와 연결시켰다."

朱註

尹氏曰 : "孔子之於人也, 豈有意於毁譽之哉. 其所以譽之者, 蓋試而知其美故也. 斯民也, 三代所以直道而行, 豈得容私於其間哉."

윤씨가 말하였다. "공자가 사람들에게 어찌 훼방하고 칭찬하는 데 마음을 두겠는가? 그가 칭찬한 것은 시험해서 그 아름다움을 알았기 때문이다. 이 백성들은 삼대 시대에 곧은 도를 행한 것이니, 어찌 그 사이에 사사로움을 용납할 수 있겠는가?"

詳說

○ 南軒張氏曰 : "因其有是實而稱之."[370]

남헌 장씨가 말하였다. "그런 사실이 있는 데 말미암아 말한 것이다."[371]

○ 美實二字, 皆似以已然言, 與『集註』之意, 微不同.

'미실(美實 : 아름다움과 사실)' 두 글자는 이미 그런 것을 가지고 말한 것으로, 『논어집주(論語集註)』의 의미와는 약간 다르다.

○ 新安陳氏曰 : "尹氏之意略而未明, 朱子就其說, 而發明得親切至到耳."[372]

신안 진씨(新安陳氏 : 陳櫟)가 말하였다. "윤씨의 의도는 간략해서 분명하지 않으

---

370) 호광 편(胡廣 編), 『논어집주대전(論語集註大全)』「위령공(衛靈公)」. 장식(張栻), 『계사논어해(癸巳論語解)』「위령공(衛靈公)」.

371) 그런 사실이 있는 데 말미암아 말한 것이다 : 『논어집주대전』「위령공(衛靈公)」에서 "'누구를 훼방하고 누구를 칭찬하겠는가?'라고 한 구절은 내가 사람들에게 애초부터 훼방하고 칭찬할 의도가 없다는 말이다. 그런데 '칭찬할 것이 있다.'라는 것은 반드시 시험해 봐서 그런 사실이 있는 데 말미암아 말한 것이다. 춘추 시대는 풍속이 아름답지 않을지라도 백성들에게는 고금의 차이가 없으니, 삼대 시대에 곧은 도를 행한 것은 또한 이 백성들이다. 이치를 따르는 것이 곧음이다. 훼방하고 칭찬하는 사안은 저것에 있으니, 이치를 따를 뿐이다. 선왕이 덕을 명령하여 죄를 토벌한 일도 이와 같다.(誰毁誰譽, 謂吾於人初無毁譽之意也. 而有所譽者, 必有所試也, 因其有是實而稱之. 春秋之時, 風俗雖不美然民無古今之異, 三代所以直道而行者, 亦斯民也. 順理之謂直, 可毁可譽在彼, 循其理而已. 先王命德討罪, 亦若是也.)"라고 되어 있다.

372) 호광 편(胡廣 編), 『논어집주대전(論語集註大全)』「위령공(衛靈公)」에는 "發明得親切至到耳"가 "發明得精切至到耳"로 되어 있다.

니, 주자(朱子 : 朱熹)가 그 설명을 가지고 자세하게 드러냈다."

○ **'誰毁誰譽', 此章之題目.**

'수훼수예(誰毁誰譽 : 누구를 훼방하고 누구를 칭찬하겠는가?)'가 이 장의 제목이다.

[15-25-1]

子曰："吾猶及史之闕文也，有馬者借人乘之，今亡矣夫."
공자가 말하였다. "나는 여전히 사관들이 글을 빼놓고 기록하지 않는 것과 말[馬]을 가진 자가 남에게 빌려주어 타게 하는 것에 미치고 있는데, 지금에는 그것마저도 없어졌다."

朱註

夫，音扶. 楊氏曰："史闕文，馬借人此二事，孔子猶及見之，今亡矣，夫悼時之益偸也.

'금망의부(今亡矣夫)'에서 '부(夫)'자는 음이 부(扶)이다. 양씨(楊氏：楊時)[373]가 말하였다. 사관이 글을 빼놓는 것과 말[馬]을 가진 자가 남에게 빌려주는 두 가지 일을 공자도 여전히 미쳐서 보고 있는데, 지금에는 그것마저도 없어졌으니, 시대가 더욱 구차해진 부분을 서글퍼한 것이다.

詳說

○ 和靖尹氏曰："良史闕疑以待能者."[374]

'사궐문(史闕文：사관이 글을 빼놓는 것)'에 대해, 화정 윤씨(和靖尹氏：尹焞)가 말하였다. "훌륭한 사관은 의심나는 것을 빼놓아 능력 있는 자를 기다린다."

○ 齊氏曰："子路車馬與朋友共之意. 三代無乘馬者，蓋駕車而乘之."[375]

'유마차인차이사, 공자유급견지, 금망의(有馬借人此二事，孔子猶及見之，今亡矣：말을 가진 자가 남에게 빌려주는 두 가지 일을 공자도 여전히 미쳐서 보고 있는데, 지금에는 그것마저도 없어졌으니)'에 대해, 제씨(齊氏：齊夢龍)가 말하였다. "자로가 수레와 말을 친구들과 공유했다는 의미이다. 삼대 시대에는 말을 타는 경우가 없었으니, 수레에 걸어서 탔다는 뜻이다."[376]

---

373) 양시(楊時：1053~1135)：북송 시대 사람으로 자는 중립(中立)이고, 호는 구산(龜山)이다. 먼저 정호(程顥)와 정이(程頤)에게 배워서 유작(游酢)·여대림(呂大臨)·사양좌(謝良佐)와 함께 '정문사대제자(程門四大弟子)'라고 불렀으며, 나종언(羅從彦)·이동(李侗)과 함께 '남검삼선생(南劍三先生)'이라고도 불려졌다. 만면에 구산(龜山)에 은거하여 학자들이 '구산선생'이라고 하였다. 저서로는 『구산집(龜山集)』·『구산어록』·『이정수언(二程粹言)』 등이 있다.

374) 호광 편(胡廣 編), 『논어집주대전(論語集註大全)』「위령공(衛靈公)」.

375) 호광 편(胡廣 編), 『논어집주대전(論語集註大全)』「위령공(衛靈公)」.

○ 添見字.

'급견지(及見之)'에서 '견(見 : 보다)'자는 첨가한 말이다.

○ 無同.

'금망의부(今亡矣夫)'에서 '망(亡 : 없다)'자는 무(無)자와 같다.

○ 時俗.

'도시지익투(悼時之益偸)'에서 '시(時 : 시대)'자는 '당시의 풍속[時俗]'이다.

○ 薄也.

'도시지익투(悼時之益偸)'에서 '투(偸)'자는 '야박해졌다[薄]'는 뜻이다.

○ 有釋無訓.

경문의 풀이는 있으나 훈고는 없다.

○ 此下則論也.

이 아래로는 경문의 의미 설명이다.

朱註

愚謂此必有爲而言, 蓋雖細故, 而時變之大者, 可知矣.

내가 생각하건대, 이것은 반드시 까닭이 있어 말한 사안이니, 하찮은 문제일지라도 시대의 변화가 큰 것을 알 수 있다.

詳說

○ 去聲.

'유위(有爲)'에서 '위(爲 : 까닭)'자는 거성이다.

○ 『大全』曰 : "偶見有此事."377)

『논어집주대전』에서 말하였다. "우연히 이 일이 있음을 안 것이다."378)

---

376) 자로가 수레와 말을 친구들과 …… 수레에 걸어서 탔다는 뜻이다 : 『논어집주대전』「위령공(衛靈公)」에는 "삼대 시대에는 말을 타는 경우가 없었으니, 이른바 '탄다[乘]'는 것은 이를테면 『시경(詩經)』에서 '흰털이 섞인 검은 네 마리 말을 탔다.'라는 것과 '누런 네 마리 말을 탔다.'라는 것으로 네 마리 말을 수레에 걸어 탔다는 뜻이다. '남에게 빌려주어 타게 한다.'라는 것에는 자로가 거마를 친구들과 공유했다는 의미가 있다.(三代無乘馬者, 所謂乘, 如『詩』言乘乘鴇, 乘乘黃, 蓋四馬駕車而乘之也. 借人乘之, 蓋有子路車馬與朋友共之意.)"라고 되어 있다.

377) 호광 편(胡廣 編), 『논어집주대전(論語集註大全)』「위령공(衛靈公)」.

378) 우연히 이 일이 있을 것을 안 것이다 : 『논어집주대전』「위령공(衛靈公)」에는 "생각하건대 반

○ 史自是己見, 馬自私己有.

사관은 자신의 견해를 스스로 옳다고 여기는 사람이고, 말은 자신이 소유한 물건을 스스로 사사롭게 하는 대상이다.

○ 推之他事.

'수세고, 이시변지대자(雖細故, 而時變之大者 : 하찮은 문제일지라도 시대의 변화가 큰 것)'는 다른 일에 미룬 것이다.

○ 勉齋黃氏曰 : "古人謙厚之意, 不復見."[379)]

면재 황씨(勉齋黃氏 : 黃榦)가 말하였다. "옛사람들의 겸손하면서 두터운 덕을 다시 볼 수 없다."[380)]

朱註

胡氏曰 : "此章義疑, 不可强鮮."

호씨가 말하였다. "이 장의 의미에 의심스러운 부분은 억지로 풀이해서는 안 된다."

詳說

○ 文義有疑.

'차장의의(此章義疑)'에서 '의의(義疑)'라는 말은 문장의 의미에 의심이 있다는 뜻이다.

○ 上聲.

'불가강(不可强)'에서 '강(强 : 억지로)'자는 상성이다.

○ 趙氏曰 : "二事大小精粗, 實不相幷, 故又載胡氏說于後, 亦闕疑之意."[381)]

조씨(趙氏)가 말하였다. "두 가지 일은 크고 작음과 정밀하고 거침에 실로 서로 아우를 수 없기 때문에 또 뒤에 호씨의 말을 실었는데, 또한 의심스러운 것은 빼놓는다는 의미이다."

드시 또는 우연히 이 일이 있을 것을 안 것이다.(意必偶見有此事.)"라고 되어 있다.

379) 호광 편(胡廣 編), 『논어집주대전(論語集註大全)』 「위령공(衛靈公)」.

380) 옛사람들의 겸손하면서 두터운 덕을 다시 볼 수 없다 : 『논어집주대전』 「위령공(衛靈公)」에는 "'지금에는 그것마저도 없어졌다.'라는 구절은 옛사람들의 겸손하면서 두터운 덕을 다시 볼 수 없다는 사안에 대해 탄식한 것이다.(今亡矣, 夫歎古人謙厚之意不復見也.)"라고 되어 있다.

381) 호광 편(胡廣 編), 『논어집주대전(論語集註大全)』 「위령공(衛靈公)」.

[15-26-1]

> 子曰："巧言, 亂德, 小不忍則, 亂大謀."
> 공자가 말하였다. "교묘한 말은 덕을 어지럽히고, 작은 것을 참지 못하면 큰 계책을 어지럽힌다."

朱註

> 巧言, 變亂是非, 聽之使人喪其所守. 小不忍, 如婦人之仁, 匹夫之勇, 皆是.
> 교묘한 말은 옳고 그름을 바꾸어 어지럽게 하니, 이것을 들으면 사람이 자신이 지키는 것을 잃게 한다. '작은 것을 참지 못한다.'라는 말은 부인의 인(仁)382)과 필부의 용맹383)과 같은 것들이 모두 여기에 해당한다.

詳說

○ 去聲.
'사인상(使人喪)'에서 '상(喪 : 잃다)'자는 거성이다.

○ 與首篇巧言註, 微不同.
'교언, 변란시비(巧言, 變亂是非 : 교묘한 말은 옳고 그름을 바꾸어 어지럽게 하니)'의 구절을 볼 때, 첫 편의 '교묘한 말[巧言]'에 대한 주석384)과는 약간 다르다.

○ 見『史記』「淮陰侯傳」.
'부인지인(婦人之仁)'에 대해서는 『사기(史記)』「회음후열전(淮陰侯列傳)」에 보인다.385)

---

382) 부인의 인(仁) : 남자로서 과단성이 부족하고 하찮은 인정을 베풂을 비유하는 말이다

383) 필부의 용기 : 혈기만 믿고 함부로 행동하는 소인의 용기를 이른다.

384) 첫 편의 '교묘한 말[巧言]'에 대한 주석 : 『논어(論語)』「학이(學而)」에서 "공자가 말하였다. '말을 좋게 하고 얼굴빛을 곱게 꾸미는 사람이 인(仁)한 이가 적다.'(子曰 : '巧言令色, 鮮矣仁.')"라는 구절에 대해 "교(巧)는 좋게 함이고, 영(令)은 잘함이다. 그 말을 좋게 하고 그 얼굴빛을 좋게 하여 외면에 꾸미기를 지극히 해서 남을 기쁘게 하기를 힘쓴다면, 인욕(人慾)이 함부로 부려져서 본심의 덕이 없어질 것이다. 성인은 말이 박절하지 않아서 오로지 적다고만 말하였으니, 그렇다면 인한 자가 절대로 없음을 알 수 있는 것이다. 배우는 자들이 마땅히 깊이 경계해야 할 것이다.(巧, 好, 令, 善也. 好其言, 善其色, 致飾於外, 務以悅人, 則人欲肆而本心之德, 亡矣. 聖人辭不迫切, 專言鮮, 則絕無可知, 學者所當深戒也.)"라고 주석하였다.

385) 『사기(史記)』「회음후열전(淮陰侯列傳)」에 보인다 : 『사기(史記)』「회음후열전(淮陰侯列傳)」에 "항왕은 사람을 보면 공경하고 자애로우며 말이 온화하다. 사람이 병이 들면 눈물을 흘리며

○ 朱子曰 : "不能忍其愛."386)

'소불인(小不忍 : 작은 것을 참지 못한다)'에 대해, 주자(朱子 : 朱熹)가 말하였다. "그 사랑을 참을 수 없는 것이다."387)

○ 見『孟子』「梁惠王」.

'필부지용(匹夫之勇)'은 『맹자(孟子)』「양혜왕」에 보인다.388)

○ 朱子曰: "不能忍其忿."389)

'필부지용(匹夫之勇)'에 대해, 주자(朱子 : 朱熹)가 말하였다. "그 분노를 참을 수 없는 것이다."

○ 訓兼釋.

훈고에 경문의 풀이를 겸하였다.

○ 雲峯胡氏曰 : "亂大謀, 彼自亂彼之事. 亂德非惟自亂, 且能亂人之心術."390)

운봉 호씨(雲峯胡氏 : 胡炳文)가 말하였다. "'큰 계책을 어지럽힌다.'라는 말은 저것이 저절로 저것의 일을 어지럽히는 것이다. '덕을 어지럽힌다.'라는 말은 스스로 어지럽힐 뿐만 아니라 또 남의 마음까지 어지럽힐 수 있는 것이다."391)

음식을 나눠 가져간다. 그런데 사람이 공이 있어 봉지를 주고 벼슬을 줄 경우에는 도장이 닳아 없어질 때까지 차마 줄 수 없으니, 이것은 부인의 인이다.(項王見人, 恭敬慈愛, 言語嘔嘔. 人有疾病, 涕泣分食飲至, 使人有功, 當封爵者, 印刓弊忍不能予, 此所謂婦人之仁也.)"라고 되어 있다.

386) 호광 편(胡廣 編), 『논어집주대전(論語集註大全)』「위령공(衛靈公)」.

387) 그 사랑을 참을 수 없는 것이다 : 『논어집주대전』「위령공(衛靈公)」에 "어떤 이가 물었다. '부인의 인과 필부의 용맹은 강약이 같지 않은데 동일하게 참지 못하는 것은 무엇 때문입니까?' 주자(朱子 : 朱熹)가 답하였다. '참는다는 의미는 금하고 하지 않는 것을 말하니, 부인의 인(仁)은 그 사랑을 참을 수 없는 것이고, 필부의 용맹은 그 분노를 참을 수 없는 것이다.'(或問 : 婦人之仁, 匹夫之勇, 强弱不同, 同爲不忍, 何也. 朱子曰 : 忍之義, 禁而不發之謂, 婦人之仁, 不能忍其愛也, 匹夫之勇, 不能忍其忿也.)"라고 하였다.

388) 『맹자(孟子)』「양혜왕」에 보인다 : 『맹자(孟子)』「양혜왕하(梁惠王下)」에 "왕이 말하였다. '훌륭합니다. 선생님의 말씀이여! 과인에게는 병통이 있으니, 과인은 용맹을 좋아합니다.' 맹자(孟子)께서 대답하였다. '왕께서는 작은 용맹을 좋아하지 마소서. 칼을 어루만지고 상대방을 노려보며 '네가 어찌 감히 나를 당하겠는가?'라고 하니, 이것은 필부의 용맹이라서 한 사람을 상대하는 것이니, 왕께서는 용맹을 크게 하소서.(王曰 : '大哉. 言矣. 寡人有疾, 寡人, 好勇.' 對曰 : '王請無好小勇, 夫撫劍疾視曰 : '彼惡敢當哉', 此匹夫之勇, 敵一人者也, 王請大之.')"라는 말이 있다.

389) 호광 편(胡廣 編), 『논어집주대전(論語集註大全)』「위령공(衛靈公)」.

390) 호광 편(胡廣 編), 『논어집주대전(論語集註大全)』「위령공(衛靈公)」.

391) '큰 계책을 어지럽힌다.'라는 말은 …… 남의 마음까지 어지럽힐 수 있는 것이다 : 『논어집주

[15-27-1]

子曰："衆惡之, 必察焉, 衆好之, 必察焉."
공자가 말하였다. "여러 사람이 그를 미워할지라도 반드시 살펴보고, 여러 사람이 그를 좋아할지라도 반드시 살펴보아야 한다."

朱註

惡好, 幷去聲. 楊氏曰："惟仁者, 能好惡人, 衆好惡之而不察,
'중오지(衆惡之)'에서 '오(惡 : 미워하다)'자와 '중호지(衆好之)'에서 '호(好 : 좋아하다)'자는 모두 거성이다. 양씨(楊氏 : 楊時)[392]가 말하였다. "인자만이 사람을 좋아하고 미워할 수 있으니, 여러 사람이 좋아하고 미워한다고 살펴보지 않으면

詳說

○ 見「里仁」.
'유인자, 능호오인(惟仁者, 能好惡人 : 인자만이 사람을 좋아하고 미워할 수 있으니)'는 『논어(論語)』「이인(里仁)」에 보인다.[393]

○ 衆未必皆仁者.
'유인자, 능호오인(惟仁者, 能好惡人 : 인자만이 사람을 좋아하고 미워할 수 있으니)'

대전』「위령공(衛靈公)」에는 "'큰 계책을 어지럽힌다.'라는 말은 저것이 저절로 저것의 일을 어지럽히는 것이다. '덕을 어지럽힌다.'는 말은 스스로 어지럽힐 뿐만 아니라 또 남의 마음까지 어지럽힐 수 있는 것이다. 옳고 그름에는 정해진 이치가 있는데, 저들은 옳은 것을 그르다고 하고, 그른 것을 옳다고 하여 듣는 자들이 지키는 것을 잃게 하니, 사람들의 마음에 피해를 주는 일이 이보다 큰 것이 없다. 부인의 인은 악에 부드러워 결단력이 없고, 필부의 용맹은 악에 강하여 드세다.(亂大謀, 彼自亂彼之事. 亂德, 非唯自亂其心術, 且能亂人之心術. 是非有定理, 而彼以是爲非, 以非爲是, 使聽者, 失其所守, 爲人心之害, 莫大焉. 婦人之仁, 柔惡爲無斷, 匹夫之勇, 剛惡爲强梁.)"라고 되어 있다.

392) 양시(楊時 : 1053~1135) : 북송 시대 사람으로 자는 중립(中立)이고, 호는 구산(龜山)이다. 먼저 정호(程顥)와 정이(程頤)에게 배워서 유작(游酢)·여대림(呂大臨)·사양좌(謝良佐)와 함께 '정문사대제자(程門四大弟子)'라고 불렀으며, 나종언(羅從彦)·이동(李侗)과 함께 '남검삼선생(南劍三先生)'이라고도 불려졌다. 만면에 구산(龜山)에 은거하여 학자들이 '구산선생'이라고 하였다. 저서로는 『구산집(龜山集)』·『구산어록』·『이정수언(二程粹言)』 등이 있다.

393) 「이인(里仁)」에 보인다 : 『논어(論語)』「이인(里仁)」에 "공자가 말하였다. '인자(仁者)만이 사람을 좋아하며, 사람을 미워할 수 있다.'(子曰 : '惟仁者, 能好人, 能惡人.')"라는 말이 있다.

이라는 구절을 볼 때, 여러 사람이 반드시 모두 인자인 것은 아니다.

○ 一擧兩察字.

'중호오지이불찰(衆好惡之而不察)'에서 '찰(察)'은 경문에서 두 번 '살펴본다[察]'라고 하였지만, 한 번으로 들었다.

朱註

則或蔽於私矣.

간혹 사사로움에 가려질 수 있다.

詳說

○ 所以必察.

'혹폐어사의(或蔽於私矣 : 간혹 사사로움에 가려질 수 있다)'는 반드시 살펴보는 까닭이 된다.

○ 胡氏曰 : "非謂衆人之好惡皆非也, 特恐其或蔽於私, 故詳審."394)

'혹폐어사의(或蔽於私矣 : 간혹 사사로움에 가려질 수 있다)'에 대해, 호씨(胡氏 : 胡泳)가 말하였다. "여러 사람이 좋아하고 미워하는 사안이 모두 틀렸다는 것이 아니라 단지 사사로움에 가려질까 염려되기 때문에 자세히 살핀다는 말이다."395)

○ 雙峰饒氏曰 : "我心無私意, 方能察之."396)

'혹폐어사의(或蔽於私矣 : 간혹 사사로움에 가려질 수 있다)'에 대해, 쌍봉 요씨(雙峰饒氏 : 饒魯)가 말하였다. "나의 마음에 사사로운 의도가 없기 때문에 살펴볼 수 있는 것이다."397)

---

394) 호광 편(胡廣 編), 『논어집주대전(論語集註大全)』「위령공(衛靈公)」.

395) 여러 사람이 좋아하고 미워하는 것이 …… 자세히 살핀다는 말이다 : 『논어집주대전』「위령공(衛靈公)」에는 "살펴본다는 말은 자세히 살피는 것을 뜻하니, 여러 사람이 좋아하고 미워하는 사안이 모두 틀렸다는 것이 아니라 단지 사사로움에 가려질까 염려되기 때문에 더욱 자세히 살핀다는 말이다.(察者, 詳審之謂, 非謂衆人之好惡, 皆非也. 特恐其或蔽於私, 故加詳審耳.)"라고 되어 있다.

396) 호광 편(胡廣 編), 『논어집주대전(論語集註大全)』「위령공(衛靈公)」.

397) 나의 마음에 사사로운 의도가 없기 때문에 살펴볼 수 있는 것이다 : 『논어집주대전』「위령공(衛靈公)」에는 "여러 사람이 좋아하고 미워할지라도 진실로 살펴봐야 한다. 그러나 나의 마음에 사사로운 의도가 없어야 살펴볼 수 있다. 사사로운 의도가 있으면, 여러 사람이 좋아하고 미워하는 사안이 타당할지라도 내가 도리어 틀릴 수 있기 때문에, 인자만이 사람을 좋아하고

○ 以論釋之, 無訓.

경문의 의미 설명으로 풀이하였고, 훈고는 없다.

○ 河東侯氏曰 : "仲子之廉, 匡章之不孝."[398]

하동 후씨(河東侯氏)가 말하였다. "중자(仲子)의 청렴함[399]과 광장(匡章)의 불효[400]이다."[401]

○ 華陽范氏曰 : "獨立鄉原."

미워할 수 있는 것이다.(衆好惡, 固當察. 然我心無私意, 方能察之. 若有私意, 則衆好惡之, 得其當者, 我反以爲非矣, 所以惟仁者能好惡人也.)"라고 되어 있다.

398) 채절(蔡節), 『논어집설(論語集說)』「위령공(衛靈公)」.

399) 중자(仲子)의 청렴함 : 『맹자(孟子)』「등문공하(滕文公下)」에서 "광장(匡章)이 말하였다. '진중자(陳仲子)는 어찌 참으로 청렴한 선비가 아니겠습니까? 오릉(於陵)에 있을 때 3일 동안 먹지 못하여 귀에는 들리는 것이 없으며 눈에는 보이는 것이 없었습니다. 우물가에 오얏을 굼벵이가 반이 넘게 파먹은 것을 기어가서 먹어 세 번 삼킨 뒤에야 귀에 들리는 것이 있었고 눈에 보이는 것이 있었습니다.' 맹자가 말하였다. '제국(齊國)의 선비 중에 내 반드시 중자(仲子)를 엄지손가락으로 여기겠다. 그러나 중자가 어찌 청렴일 수 있겠는가? 중자의 지조를 그대로 채우려면 지렁이가 된 뒤에야 될 것이다.……'(匡章曰 : '陳仲子, 豈不誠廉士哉. 居於陵, 三日不食, 耳無聞, 目無見也. 井上有李螬食實者過半矣, 匍匐往將食之, 三咽然後, 耳有聞, 目有見.' 孟子曰 : '於齊國之士, 吾必以仲子, 爲巨擘焉. 雖然仲子惡能廉. 充仲子之操, 則蚓而後可者也.……')"라고 하였다.

400) 광장(匡章)의 불효 : 『맹자(孟子)』「이루하(離婁下)」에서 "공도자(公都子)가 말하였다. '광장(匡章)을 온 나라 사람들이 모두 '불효한다'라고 하는데, 선생님께서 그와 교유하시고 또 따라서 예우하시니, 어째서인지 감히 묻겠습니다.' 맹자가 말하였다. '세속에서 이른바 불효라고 하는 것이 다섯 가지이니, 사지(四肢)를 게을리하여 부모의 봉양을 돌보지 않음이 첫 번째 불효이고, 장기 두고 바둑 두며 술 마시기를 좋아하여 부모의 봉양을 돌보지 않음이 두 번째 불효이며, 재물을 좋아하며 처자(妻子)를 사사로이 하여 부모의 봉양을 돌보지 않음이 세 번째 불효이고, 귀와 눈의 하고자 함을 따라 부모를 욕되게 함이 네 번째 불효이며, 용맹을 좋아하고 싸우며 사나워서 부모를 위태롭게 함이 다섯 번째 불효이다. 장자(章子)가 이 중에 한 가지라도 있는가?'(公都子曰 : '匡章, 通國皆稱'不孝'焉, 夫子與之遊, 又從而禮貌之, 敢問何也.' 孟子曰 : '世俗所謂不孝者五, 惰其四肢, 不顧父母之養, 一不孝也, 博奕好飮酒, 不顧父母之養, 二不孝也, 好貨財, 私妻子, 不顧父母之養, 三不孝也, 從耳目之欲, 以爲父母戮, 四不孝也, 好勇鬪狠, 以危父母, 五不孝也. 章子有一於是乎.')"라고 하였다.

401) 하동 후씨(河東侯氏)가 말하였다. "중자(仲子)의 청렴함과 광장(匡章)의 불효이다 : 채절(蔡節), 『논어집설(論語集說)』「위령공(衛靈公)」에는 남헌 장씨(南軒張氏)가 한 말로 되어 있으며, "진실로 같이 여기는 것이지만 진중자의 청렴함과 광장의 불효는 여러 사람이 헷갈리는 일이어서 군자가 반드시 살펴보아야 한다. 여러 사람에게서 취할지라도 홀로 선하고 악한지를 살펴야 이것이 숨김이 없는 일이기 때문이다.(固所同也, 然陳仲子之廉, 匡章之不孝, 衆人之所惑, 而君子之所必察也. 取於衆而察於獨善惡, 斯無遁矣.)"라고 하였다.

화양 범씨(華陽范氏 : 范祖禹)[402]가 말하였다. "향원(鄕原)[403]은 독립시켰다."

○ '察'字, 此章之題目.

'찰(察 : 살펴보다)'자가 이 장의 제목이다.

---

402) 범조우(范祖禹 : 1041~1098) : 송나라 때 학자로 자가 순보(淳甫)·순부(淳夫)·순부(純父), 또는 몽득(夢得)이고, 성도 화양(成都華陽) 사람이다. 정자(程子)를 사사(師事)하였으며, 사마광(司馬光)을 추종하였다. 저서로는 『시해(詩解)』·『고문효경설(古文孝經說)』·『제의(祭儀)』·『경서요언(經書要言)』 등이 있다.

403) 향원(鄕原) : 『논어(論語)』「양화(陽貨)」에서 "공자가 말하였다. '향원(鄕原)은 덕(德)의 적(賊)이다.'(子曰 : '鄕原, 德之賊也.')"라고 하였다.

[15-28-1]

子曰:“人能弘道, 非道弘人.”
공자가 말하였다. “사람이 도를 넓히는 것이지 도가 사람을 넓히는 것이 아니다.”

朱註

弘, 廓而大之也.
‘넓힌다[弘]’는 말은 넓혀서 크게 하는 일이다.

詳說

○ 苦郭反.
‘곽이대지야(廓而大之也)’에서 ‘곽(廓 : 넓다)은 ‘고(苦)’와 ‘곽(郭)’의 반절(反切)이다.

○ 弘毅章, 以德言, 此章以事言, 故訓有不同.
홍의장(弘毅章)에서는 덕으로 말했고,404) 이 장에서는 일을 말했기 때문에 훈고가 같지 않다.

○ 訓.
훈고이다.

朱註

人外無道, 道外無人.
사람 밖에 도가 없고, 도 밖에 사람이 없다.

詳說

○ 『大全』曰:“人之身, 乃道之所寓.”405)
‘인외무도(人外無道 : 사람 밖에 도가 없고)’에 대해, 『논어집주대전』에서 말하였다.

---

404) 홍의장(弘毅章)에서는 덕으로 말했고 : 『논어(論語)』「태백(泰伯)」에서 “증자가 말하였다. ‘선비는 도량이 넓고 뜻이 굳세지 않으면 안 된다. 책임이 무겁고 길이 멀기 때문이다.’(曾子曰 : ‘士不可以不弘毅, 任重而道遠.’)”라고 하였다.

405) 호광 편(胡廣 編), 『논어집주대전(論語集註大全)』「위령공(衛靈公)」에는 “人之身, 即道之所寓.”라고 되어 있다.

"사람의 몸은 도가 깃드는 곳이다."

○ 『大全』曰 : "道, 卽人之所以爲人之理."406)

'도외무인(道外無人 : 도 밖에 사람이 없다)'에 대해, 『논어집주대전』에서 말하였다. "도는 곧 사람이 사람의 이치를 지니게 되는 까닭이다."

○ 理與氣, 元不相離.

리와 기는 원래 서로 분리될 수 없다.

朱註

然人心有覺, 而道體無爲, 故人能大其道, 道不能大其人也.

그러나 사람의 마음은 지각이 있고, 도의 본체는 함이 없기 때문에 사람이 도를 크게 할 수 있고 도가 사람을 크게 할 수 없다.

詳說

○ 添心字.

'사람의 마음은 지각이 있다[人心有覺]'는 말에는 마음[心]'이라는 말이 더해졌다.

○ 無作爲.

'함이 없다[無爲]'는 말은 작위함이 없다는 뜻이다.

○ 釋畢.

경문의 풀이가 끝났다.

○ 朱子曰 : "道如扇, 人如手, 手能播扇. 扇如何播手."407)

주자(朱子 : 朱熹)가 말하였다. "도는 부채와 같고 사람은 손과 같으니, 손은 부채를 흔들 수 있다. 부채가 어떻게 손을 흔들겠는가?"408)

○ 按 : 李華西風板詩之譬, 與朱子此說相反. 蓋急於左袒理發陰詆栗谷, 而自不覺其與朱子背馳, 眞可謂奇蘆沙之同德.

---

406) 호광 편(胡廣 編), 『논어집주대전(論語集註大全)』「위령공(衛靈公)」.

407) 호광 편(胡廣 編), 『논어집주대전(論語集註大全)』「위령공(衛靈公)」.

408) 도는 부채와 같고 사람은 손과 …… 부채가 어떻게 손을 흔들겠는가 : 호광 편(胡廣 編), 『논어집주대전(論語集註大全)』「위령공(衛靈公)」에는 "'사람이 도를 넓힐 수 있다'는 구절에 대해 물었다. 답하였다. '도는 부채와 같고 사람은 손과 같으니, 손은 부채를 흔들 수 있습니다. 부채가 어떻게 손을 흔들겠습니까?(問: '人能弘道.' 朱子曰 : '道如扇, 人如手, 手能搖扇. 扇如何搖手.')"라고 되어 있다.

살펴보건대, 이화서(李華西 : 李恒老)[409]의 풍판시(風板詩)의 비유[410]는 주자의 이 설명과 서로 반대이다. 리(理)의 발동을 편하게 하고 은근히 율곡(栗谷 : 李珥)[411]을 나무라는 것에 급해 스스로 주자와 등지고 달려가는 것을 깨닫지 못했으니, 진실로 노사(蘆沙 : 奇正鎭)[412]에 의지한 것과 같은 덕이라고 할 수 있다.

---

409) 이항로(李恒老, 1792~1868) : 본관은 벽진(碧珍), 초명은 광로(光老)였으나 철종 사친(私親)의 이름을 피하여 개명하였다. 자는 이술(而述)이고 호는 화서(華西)로 경기도 양평 출신이다. 위정척사의 정신으로 국가의 정체성을 지킨 조선말기의 성리학자이다. 주리론(主理論)에 바탕을 두고 존왕양이(尊王攘夷)의 윤리를 강조해 한말 위정척사론과 의병항쟁의 사상적 기초를 다졌다. 리(理)와 기(氣)를 엄격히 구별하고 차등적으로 인식해서 리(理)가 주가 되면 천하가 편안해지고 기(氣)가 주가 되면 천하가 위태로워질 것으로 보았다. 저서로는 『화서집』, 『화동사합편강목(華東史合編綱目)』, 『주자대전차의집보(朱子大全箚疑輯補)』, 『화서아언(華西雅言)』 등이 있다.

410) 풍판시(風板詩)의 비유: 이항로가 심(心)을 리(理)로 보고 지은 시로 주자의 마음[心]에 관한 논의 가운데 '심(心)이 한 몸[一身]의 주재'라고 하는 것과 심(心)과 리(理)가 일치할 수 있다는 점이 중요한 문제로 등장한다. 이항로는 리기론(理氣論)에서 주재라는 개념은 절대로 기(氣)에 적용될 수 없고 리(理)에만 적용될 수 있는 것으로 보았다. 인간은 리(理)를 품부 받아 성(性)으로 삼고 기(氣)를 받아 몸으로 삼는다. 사람의 마음은 하나의 태극을 갖추고 있고, 그 발하지 않는 것이 성(性)이고 체(體)가 수립되는 근거이다. 이미 발한 것은 정(情)이며 용(用)이 행해지는 근거이다. 여기에서 리(理)로서의 성(性)은 마음[心]에 갖추어져 있다. 성인의 단계에서 상정되는 심(心)과 리(理)의 일치는 보편성을 띠면서 이해되는데, 이것이 이항로의 제자들 사이에 심설논쟁(心說論爭)을 불어 일으키는 사유의 핵심이 된다.

411) 이이(李珥, 1536~1584) : 조선 중기의 학자 · 문신이다. 강원도 강릉 출생이고 본관은 덕수(德水)이며 자는 숙헌(叔獻)이고 호는 율곡(栗谷) · 석담(石潭) · 우재(愚齋)이며 아명은 현룡(見龍)이다. 어려서부터 어머니 사임당 신씨(師任堂申氏)에게서 한문을 배웠는데, 16세에 어머니를 여의고, 19세에 금강산에 들어가 불경을 연구하다가 다시 유학에 전념하였다. 관직에 있으면서 당쟁의 조정에 힘쓰는 한편, 여러 가지 폐정을 개혁하고 민생을 안정시켰으며, 후에 『향약』을 지었다. 또 성리학을 깊이 연구하여 자신의 학설을 정립했는데, 주리파 · 주기파로 나누어진 성리학의 양대 산맥에서 주기파의 종주로 사상계 · 정치계에 큰 영향을 끼쳤다. 조선 유학계에 이황(李滉)과 쌍벽을 이루는 학자로 기호학파(畿湖學派)를 형성했고, 이황의 이기이원론에 대하여 기발이승일도설(氣發理乘一途說)을 주장, 이 사상의 차이가 당쟁과 관련되어 오랫동안 논쟁의 중심이 되었다. 학문을 민생의 문제와 직결시켰고, 10만 양병설 및 대동법(大同法) 등의 실시에 노력하였다. 저서로는 『율곡전서(栗谷全書)』와 『성학집요(聖學輯要)』, 『경연일기(經筵日記)』, 『격몽요결(擊蒙要訣)』 등이 있다.

412) 기정진(奇正鎭 : 1798~1879) : 조선 후기 학자로 본관은 행주(幸州)이고 초명은 금사(金賜)이며 자는 대중(大中)이고 호는 노사(蘆沙)이다. 성리학에 대한 독자적인 궁리와 사색을 통하여 이일분수(理一分殊) 이론에 의한 독창적인 리(理)의 철학을 수립하였다. 저서로는 『노사집(蘆沙集)』과 『답문유편(答問類編)』 등이 있다.

朱註

張子曰 : "心能盡性, 人能弘道也. 性不知檢其心, 非道弘人也."

장자(張子 : 張載)가 말하였다. "마음이 성을 다할 수 있으니, 사람이 도를 크게 할 수 있는 것이다. 성은 마음을 검속할 줄 모르니, 도가 사람을 크게 함이 아니다."

詳說

○ **三字, 出『中庸』.**

'능진성(能盡性 : 성을 다할 수 있으니)'이라는 세 글자는 『중용(中庸)』에 나온다.[413]

○ **潛室陳氏曰 : "性指道."**[414]

'심능진성(心能盡性 : 마음이 성을 다할 수 있으니)'에 대해, 잠실 진씨(潛室陳氏 : 陳埴)가 말하였다. "성은 도를 가리킨다."[415]

○ **心, 氣也, 性, 理也. 氣有作爲, 而理無作爲.**

마음은 기(氣)이고, 성(性)은 리(理)이다. 기(氣)에는 작위가 있고 리(理)에는 작위가 없다.

○ **'弘道', 此章之題目.**

'홍도(弘道 : 도를 크게 하다)'가 이 장의 제목이다.

---

413) 『중용장구(中庸章句)』 제22장에 "惟天下至誠, 爲能盡其性. 能盡其性, 則能盡人之性 ; 能盡人之性, 則能盡物之性 ; 能盡物之性, 則可以贊天地之化育 ; 可以贊天地之化育 則可以與天地參矣.(오직 천하에 지극히 성실한 분이어야 그 본성을 다할 수 있다. 그 본성을 다하면 사람의 본성을 다할 것이고, 사람의 본성을 다하면 사물의 본성을 다할 것이며, 사물의 본성을 다하면 천지의 화육을 도울 것이고, 천지의 화육을 도우면 천지와 더불어 참여하게 될 것이다.)"라고 하였다.

414) 호광 편(胡廣 編), 『논어집주대전(論語集註大全)』「위령공(衛靈公)」.

415) 성은 도를 가리킨다 : 호광 편(胡廣 編), 『논어집주대전(論語集註大全)』「위령공(衛靈公)」에는 "'성은 마음을 검속할 줄 모르니'에 대해 물었다. 잠실 진씨가 답하였다. '성은 도를 가리키고 마음은 사람을 가리킨다.'(問 : '性不知檢其心.' 潛室陳氏曰 : '性指道, 心指人.')"라고 되어 있다.

[15-29-1]

子曰 : "過而不改, 是謂過矣."
공자가 말하였다. "잘못이 있는데도 고치지 않으면, 이것을 잘못이라고 한다."

朱註

過而能改, 則復於無過, 唯不改, 則其過遂成, 而將不及改矣.
잘못했으나 고칠 수 있으면 다시 허물이 없게 되니, 허물을 고치지 않을 뿐이라면 그 잘못이 마침내 이루어져 고칠 수 없게 된다.

詳說

○ 先反說此, 其言外之正意也.
'과이능개, 즉부어무과(過而能改, 則復於無過 : 잘못했으나 고칠 수 있으면 다시 허물이 없게 되니)'는 먼저 이것에 대해 반대로 설명하였으니, 그것은 말 밖의 진정한 의미이다.

○ 添二字.
'그 잘못이 마침내 이루어져[其過遂成]'라는 말에서 '마침내 이루어져[遂成]'라는 말을 참가하였다.

○ 有釋無訓.
경문의 풀이는 있으나 훈고는 없다.

[15-30-1]

子曰："吾嘗終日不食, 終夜不寢, 以思, 無益, 不如學也."
공자가 말하였다. "내가 종일토록 밥을 먹지 않고 밤새도록 잠을 자지 않으며 생각해도 유익함은 없었고 배우는 것만 못하였다."

詳說

○ 以思, 句.
'이사(以思 : 생각해도)'에서 구절이 끊어진다.

○ 無益, 句.
'무익(無益 : 유익함은 없었고)'에서 구절이 끊어진다.

○ 句字, 是朱子所著, 蓋嫌其句絶之混於上下, 故別之.
'~에서 구절이 끊어진다[句]'라는 글자는 주자(朱子 : 朱熹)가 설정해놓은 표시이니, 구절이 상하로 뒤섞일까 의심했기 때문에 구별한 것이다.[416]

朱註

此爲思而不學者, 言之. 蓋勞心以必求,
여기에서는 생각하기만 하고 배우지 않는 자를 위하여 말한 것이다. 마음을 수고롭게 하여 반드시 구하는 일은

詳說

○ 見「爲政」.
'생각하기만 하고 배우지 않는 자[思而不學者]'는 『논어(論語)』「위정(爲政)」에 보인다.[417]

○ 去聲.
'차위(此爲)'에서 '위(爲 : 위하여)'자는 거성이다.

---

416) '에서 구절이 끊어진다[句]'라는 글자는 …… 의심했기 때문에 구별한 것이다 : 호광 편(胡廣編), 『논어집주대전(論語集註大全)』「위령공(衛靈公)」.

417) 생각하기만 하고 배우지 않는 자[思而不學者]'는 『논어(論語)』「위정(爲政)」에 보인다 : 『논어(論語)』「위정(爲政)」에 "공자가 말하였다. '배우기만 하고 생각하지 않으면 얻음이 없고, 생각하기만 하고 배우지 않으면 위태롭다.'(子曰 : '學而不思則罔, 思而不學則殆.')"라고 되어 있다.

○ 南軒張氏曰 : "非以思爲無益也."418)

'차위사이불학자, 언지(此爲思而不學者, 言之 : 여기에서는 생각하기만 하고 배우지 않는 자를 위하여 말한 것이다)'에 대해, 남헌 장씨가 말하였다. "생각하는 것이 무익하다는 뜻이 아니다."419)

○ 思.

'마음을 수고롭게[勞心]'라는 말에서 '마음[心]'이라는 말은 생각[思]이다.

○ 朱子曰 : "硬要去做."420)

'노심이필구(勞心以必求 : 마음을 수고롭게 하여 반드시 구하는 일은)'에 대해, 주자(朱子 : 朱熹)가 말하였다. "단단하게 하려는 뜻이다."421)

朱註

> 不如遜志而自得也.
> 뜻을 겸손히 하여 저절로 아는 것만 못하다.

詳說

○ 學.

'뜻을 겸손히 하여[遜志]'는 배움[學]이라는 말이다.

○ 『書』「說命」曰 : "惟學, 遜志."

'불여손지이자득야(不如遜志而自得也 : 뜻을 겸손히 하여 저절로 아는 것만 못하다)'에 대해, 『서경(書經)』「열명」에서 말하였다. "배움은 뜻을 겸손하게 해야 한다."422)

---

418) 호광 편(胡廣 編), 『논어집주대전(論語集註大全)』「위령공(衛靈公)」. 장식(張栻), 『계사논어해(癸巳論語解)』「위령공(衛靈公)」.

419) 생각하는 것이 무익하다는 뜻이 아니다 : 호광 편(胡廣 編), 『논어집주대전(論語集註大全)』「위령공(衛靈公)」에는 "이 장은 생각하는 것이 무익하다는 뜻이 아니라 생각하기만 하고 배우지 않으면 무익하다는 말일 뿐이다.(此章, 非以思爲無益也, 以思而不學, 則無益耳.)"라고 되어 있다.

420) 호광 편(胡廣 編), 『논어집주대전(論語集註大全)』「위령공(衛靈公)」.

421) 단단하게 하려는 뜻이다 : 호광 편(胡廣 編), 『논어집주대전(論語集註大全)』「위령공(衛靈公)」에는 "생각하는 것은 단단하게 하려는 뜻이고, 배우는 것은 이 책에 의지하여 조금이라도 일에 따라 이치에 순응해 나가며 마음을 두는 것이다.(思是硬要去做, 學是依這本子小著心隨事順理去做.)"라고 되어 있다.

422) 배움은 뜻을 겸손하게 해야 한다 : 『서경(書經)』「열명」에는 "배움은 뜻을 겸손하게 해야 하니, 힘써 때로 민첩하게 하면 그 닦여짐이 올 것이고, 독실하게 믿으며 이것을 생각하면 도가 그

○ 朱子曰 : "順理去做."423)

'손지이자득야(遜志而自得也 : 뜻을 겸손히 하여 저절로 아는 것)'에 대해, 주자(朱子 : 朱熹)가 말하였다. "이치에 순응한다."424)

○ 以字逆而字順.

'손지이자득(遜志而自得)'에서 '이(而)'자를 '이(以)'자로 하면 거슬리고 '이(而)'자로 하면 부드럽다.

○ 以論釋之, 無訓.

경문의 의미 설명으로 풀이하였고, 훈고는 없다.

○ 此下, 又申『集註』首句之意.

이 아래에서는 또 『논어집주(論語集註)』 첫 구절의 의미를 거듭하였다.

朱註

李氏曰 : "夫子非思而不學者. 特垂語以敎人爾."

계씨가 말하였다. "공자는 생각하기만 하고 배우지 않는 사람이 아니다. 단지 이런 말을 남겨서 사람들을 가르치려고 한 것일 뿐이다."

詳說

○ 朱子曰 : "聖人說發憤忘食, 却是眞箇. 橫渠言孔子煞喫辛苦來."425)

주자(朱子 : 朱熹)가 말하였다. "성인이 '분발하면 먹는 것도 잊는다.'426)라고 한 것은 진실이다. 장횡거는 '공자가 정말 고생하였다.'라고 하였다."427)

몸에 쌓일 것입니다.(惟學, 遜志, 務時敏, 厥修乃來, 允懷于茲, 道積于厥躬.)"라고 되어 있다.

423) 호광 편(胡廣 編), 『논어집주대전(論語集註大全)』「위령공(衛靈公)」.

424) 이치에 순응한다 : 호광 편(胡廣 編), 『논어집주대전(論語集註大全)』「위령공(衛靈公)」에는 "생각하는 것은 단단하게 하려는 뜻이고, 배우는 것은 이 책에 의지하여 조금이라도 일에 따라 이치에 순응하면서 마음을 두는 것이다.(思是硬要去做, 學是依這本子小著心隨事順理去做.)"라고 되어 있다.

425) 호광 편(胡廣 編), 『논어집주대전(論語集註大全)』「위령공(衛靈公)」. 『주자어류(朱子語類)』 권45 68조목.

426) 분발하면 먹는 것도 잊는다 : 『논어(論語)』「술이(述而)」에 "공자가 말하였다. '너는 어찌 '그의 사람됨이 분발하면 먹는 것도 잊고, 이치를 깨닫는 것이 즐거워서 근심도 잊어 늙음이 닥쳐올 줄도 모른다.'라고 말하지 않았는가?'(子曰 : '女奚不曰 : 「其爲人也, 發憤忘食, 樂以忘憂, 不知老之將至云爾」')"라고 되어 있다.

○ '學'字, 此章之題目.

'학(學 : 배움)'자가 이 장의 제목이다.

427) 성인이 '분발하면 먹는 …… 정말 고생하였다.'라고 하였다 : 호광 편(胡廣 編), 『논어집주대전(論語集註大全)』「위령공(衛靈公)」에는 "물었다. '성인은 진실로 종일토록 밥을 먹지 않고 밤새도록 잠을 자지 않으며 생각합니까?' 답하였다. '성인은 그렇게 했습니다. 성인이 '분발하면 먹는 것도 잊는다.'라는 것은 정말입니다. 오직 장횡거만이 이런 의미를 알고 '공자는 진실로 고생하였다.'라고 하였습니다.'(問 : '聖人眞箇「終日不食終夜不寢以思」否.' 曰 : '聖人也曾恁地來. 聖人說「發憤忘食」, 却是眞箇. 惟橫渠知得此意, 嘗言「孔子煞喫辛苦來」.')"라고 되어 있다.

[15-31-1]

子曰："君子謀道不謀食. 耕也餒在其中矣, 學也祿在其中矣, 君子憂道, 不憂貧."
공자가 말하였다. "군자는 도를 도모하지 먹을 것을 도모하지 않는다. 밭을 갊에 굶주림이 그 속에 있고 학문을 함에 봉록이 그 가운데 있어도 군자는 도를 걱정하지 가난함을 걱정하지 않는다."

朱註

餒, 奴罪反.
'뇌재기중(餒在其中)'에서 '뇌(餒 : 굶주림)'는 '노(奴)'와 '죄(罪)'의 반절(反切)이다.

詳說

○ 朱子曰："將一句統說, 中又分兩脚說, 下面又繳一句."[428]
주자(朱子 : 朱熹)가 말하였다. "한 구절로 통틀어 설명하고, 가운데서 또 둘로 나누어 설명하고는 아래에서 또 한 구절을 이어서 붙였다.[429]

朱註

耕所以謀食, 而未必得食, 學所以謀道, 而祿在其中.
밭을 가는 일은 먹을 것을 도모하는 사안인데도 반드시 먹을 것을 얻지는 못하고, 학문은 도를 도모하는 일인데도 봉록이 그 가운데 있다.

428) 호광 편(胡廣 編), 『논어집주대전(論語集註大全)』「위령공(衛靈公)」.

429) 한 구절로 통틀어 설명하고 …… 아래에서 또 한 구절을 이어서 붙였다 : 호광 편(胡廣 編), 『논어집주대전(論語集註大全)』「위령공(衛靈公)」에는 "'군자는 도를 도모하고 먹을 것을 도모하지 않는다.'라는 말은 한 구절로 통틀어 설명한 것이다. 가운데서 또 둘로 나누어 설명하여 '밭을 갊에 굶주림이 그 속에 있고 학문을 함에 봉록이 그 가운데 있다.'라는 말이다. 그런데 또 사람들이 이 의미를 오해하여 사람들에게 도를 도모해서 먹을 것을 구하라고 가르치는 것으로 여길 것 같았기 때문에 아래로 또 한 구절을 이어 붙여서 군자가 학문을 하는 것은 근심하는 차원이 도에 있을 뿐이지 가난함을 근심하여 배우는 측면이 아니라고 하였다.(君子謀道不謀食, 是將一句統說. 中又分兩脚說, 耕也, 餒在其中, 學也, 祿在其中. 又恐人錯認此意, 似敎人謀道以求食. 故下面又繳一句, 謂君子所以爲學者, 所憂在道爾, 非憂貧而學也.)"라고 되어 있다.

詳說

○ 餒.

'반드시 먹을 것을 얻지는 못한다[未必得食]'는 구절은 굶주린다는 말이다.

○ 錯擧本文以便於釋.

'경소이모식, 이미필득식(耕所以謀食, 而未必得食 : 밭을 가는 일은 먹을 것을 도모하는 사안인데도 반드시 먹을 것을 얻지는 못하고)'이라는 구절을 볼 때, 본문을 섞어 거론하여 풀이에 편하게 하였다.

○ 此夫子之善誘.

'학소이모도, 이녹재기중(學所以謀道, 而祿在其中 : 학문은 도를 도모하는 일인데도 봉록이 그 가운데 있다)'이라는 구절로 볼 때, 이는 공자가 잘 인도한 사안이다.

○ 朱子曰 : "凡言在其中, 蓋言不必在而在者矣."430)

'학소이모도, 이녹재기중(學所以謀道, 而祿在其中 : 학문은 도를 도모하는 일인데도 봉록이 그 가운데 있다)'에 대해, 주자(朱子 : 朱熹)가 말하였다. "보통 '그 가운데 있다.'라고 말하는 것은 있기를 기필하지 않아도 있다는 말이다."431)

朱註

> 然其學也, 憂不得乎道而已, 非爲憂貧之故, 而欲爲是以得祿也.
> 그러나 학문을 함에는 도를 얻지 못할까 근심할 뿐이지 가난을 걱정하는 것 때문에 이것을 해서 봉록을 얻으려는 뜻은 아니다.

詳說

○ 去聲.

'비위우빈지고(非爲憂貧之故)'에서 '위(爲 : 때문에)'자는 거성이다.

○ 有釋無訓.

경문의 풀이는 있으나 훈고는 없다.

---

430) 호광 편(胡廣 編), 『논어집주대전(論語集註大全)』「위령공(衛靈公)」.

431) 그 가운데 있다.'라고 말하는 것은 있기를 기필하지 않아도 있다는 말이다 : 호광 편(胡廣 編), 『논어집주대전(論語集註大全)』「위령공(衛靈公)」에는 "보통 '그 가운데 있다.'라고 말하는 것은 그 가운데 있기를 기필하지 않아도 있다는 말이다.(凡言在其中, 蓋言不必在其中, 而在焉者矣.)"라고 되어 있다. 박문호(朴文鎬)가 군더더기를 빼고 인용한 것으로 보인다.

○ 本文耕學二句, 驟看之, 似有計較利祿之意. 故註於不憂貧之釋, 特明其非有所爲而爲學也.

경문에서 '밭 갈고 학문을 한다'는 두 구절은 대충 보면 이익과 봉록을 따지는 뜻이 있는 것으로 보인다. 그러므로 '가난함을 걱정하지 않는다.'라는 구절에 주석하여 풀이함에 '가난을 걱정하는 것 때문에 학문을 해서 봉록을 얻으려는 뜻이 아니다.[其非有所爲而爲學也]'[432]라고 특히 분명히 하였다.

○ 朱子曰 : "君子之心, 見道不見祿."[433]

주자(朱子 : 朱熹)가 말하였다. "군자의 마음은 도를 보고 봉록을 보지 않는다."[434]

○ 雙峰饒氏曰 : "謀以事言, 憂以心言."[435]

쌍봉 요씨(雙峰饒氏 : 饒魯)가 말하였다. "도모한다는 것은 일로 말하였고, 걱정한다는 것은 마음으로 말하였다."[436]

朱註

尹氏曰 : "君子治其本, 而不卹其末, 豈以自外至者, 爲憂樂哉."

윤씨가 말하였다. "군자는 근본을 다스리고 그 지엽을 걱정하지 않으니, 어찌 밖에서 온 것을 가지고 근심하고 즐거워하겠는가?"

---

432) 가난을 걱정하는 것 때문에 …… 봉록을 얻으려는 뜻이 아니다.[其非有所爲而爲學也] : 이 구절을 주자의 주석에서 '非爲憂貧之故, 而欲爲是以得祿也.'라는 구절의 축약으로 보고 해석하였다.

433) 호광 편(胡廣 編), 『논어집주대전(論語集註大全)』「위령공(衛靈公)」.

434) 군자의 마음은 도를 보고 봉록을 보지 않는다 : 『논어집주대전』「위령공(衛靈公)」에는 "학문을 함에 진실로 봉록을 도모하기 위해 하는 것은 아니지만 반드시 봉록을 얻지 못하는 것은 아니니, 밭을 갊에 진실로 굶주림을 구하지 않지만 먹을 것을 반드시 얻는 것이 아닌 것과 같다. 이런 것들이 이와 같을지라도 군자의 마음은 단지 도를 보고 봉록을 보지 않는다.(學固不爲謀祿, 然未必不得祿, 如耕固不求餒, 然未必得食. 雖是如此然, 君子之心, 却只見道不見祿.)"라고 되어 있다.

435) 호광 편(胡廣 編), 『논어집주대전(論語集註大全)』「위령공(衛靈公)」.

436) 도모한다는 것은 말로 …… 마음으로 말하였다 : 『논어집주대전』「위령공(衛靈公)」에는 "첫 머리에서 중점은 도모한다는 말에 있고, 끝에서 중점은 걱정한다는 말에 있다. 도모한다는 것은 일로 말하였고, 걱정한다는 것은 마음으로 말하였다. 도를 도모하는 일은 자연스러운 것이다. 그런데 가난을 걱정하지 않는 것은 가난을 걱정하지 않는 지위에 도달하는 사안으로 어려운 일이다.(首句重在謀字上, 末句重在憂字上. 謀以事言, 憂以心言. 憂道, 自然, 不憂貧, 到不憂貧地位也, 是難事.)"라고 되어 있다.

詳說

○ 道.

‘군자는 근본을 다스린다[君子治其本]’에서 ‘근본[本]’이라는 말은 도(道)를 뜻한다.

○ 憂也.

‘그 지엽을 걱정하지 않는다[不卹其末]’에서 ‘걱정한다[卹]’는 말은 근심한다는 뜻이다.

○ 食.

‘그 지엽을 걱정하지 않는다[不卹其末]’에서 ‘지엽[末]’은 먹을 것이다.

○ 貧富.

‘밖에서 온 것[自外至者]’은 가난함과 부유함이다.

○ 音洛.

‘우락(憂樂)’에서 ‘락(樂 : 즐거워하다)’자는 음이 락(洛)이다.

○ ‘謀道’, 此章之題目.

‘모도(謀道 : 도를 도모하다)’가 이 장의 제목이다.

[15-32-1]

子曰："知及之, 仁不能守之, 雖得之, 必失之.
공자가 말하였다. "지혜가 그것에 미쳤을지라도 인(仁)이 그것을 지킬 수 없으면 그것을 얻었을지라도 반드시 그것을 잃게 될 것이다.

朱註

知, 去聲. 知足以知此理, 而私欲間之, 則無以有之於身矣.
'지급지(知及之)'에서 '지(知 : 지혜)'자는 거성이다. 지혜가 충분히 이 이치를 알 수 있는데, 사사로운 욕심이 끼어들면, 그것을 자신이 소유할 수 없다.

詳說

○ 如字.
'이지(以知)'에서 '지(知)'는 본래의 음으로 읽는다.

○ 吾心之理, 事物之理, 不可分別, 與漆雕開註此理, 當參看.
'지족이지차리(知足以知此理 : 지혜가 충분히 이 이치를 알 수 있는데)'는 내 마음의 이치와 사물의 이치는 분별할 수 없으니, 칠조개가 이 이치를 주석한 것과 함께 참고해야 한다.437)

○ 去聲, 下同.
'사욕간(私欲間)'에서 '간(間 : 끼어들다)'자는 거성으로, 아래에서도 같다.

○ 當理而無私, 乃爲仁.
'사욕간지(私欲間之 : 사사로운 욕심이 끼어들면)'의 의미로 볼 때, 이치에 합당하여 사욕이 없는 것이 인(仁)이다.

---

437) 칠조개가 이 이치를 주석한 것과 함께 참고해야 한다 : 『논어(論語)』「공야장(公冶長)」에 "공자가 칠조개에게 벼슬을 하게 권하자, 그가 '저는 이것에 대해 아직 자신할 수 없습니다.'라고 하니, 공자가 기뻐하였다.(子使漆雕開仕, 對曰 : '吾斯之未能信', 子說.)"라는 말이 있고, 그 『집주(集註)』에서 "칠조개는 공자의 제자로 자(字)는 자약(子若)이다. 이것[斯]은 이 이치를 가리켜 말한 것이고, 자신한다[信]는 것은 참으로 그러함을 알아 털끝만 한 의심도 없음을 말한다. 칠조개는 스스로 '아직 이와 같을 수 없어 사람을 다스릴 수 없습니다.'라고 말하였다. 그러므로 공자가 그의 뜻이 돈독함을 기뻐한 것이다.(漆雕開, 孔子弟子, 字子若. 斯, 指此理而言, 信, 謂眞知其如此而無毫髮之疑也. 開自言未能如此, 未可以治人. 故夫子說其篤志.)"라고 하였다.

○ 得, 蓋指知及而言. 故註不復及雖得句.

경문에서 '얻었을지라도[得]'라고 했는데 지혜가 미친 것을 가리켜 말하였다. 그러므로 주석에서 '얻었을지라도[雖得]'라는 구절을 다시 언급하지 않았다.

○ 有釋無訓.

경문의 풀이는 있으나 훈고는 없다.

○ 程子曰: "此言中人以下."438)

정자가 말하였다. "여기에서는 중인(中人) 이하의 자질에 대해 말하였다."439)

○ 張子曰: "知之非艱, 行之惟艱, 此守所以貴乎篤."440)

장자(張子: 張載)가 말하였다. "아는 일이 어려운 것이 아니라 행하는 일이 어려울 뿐이니, 여기에서 지킴은 돈독한 것을 귀하게 여기는 까닭이다."441)

[15-32-2]

> 知及之, 仁能守之, 不莊以涖之, 則民不敬.
> 지혜가 그것에 미치고 인(仁)이 그것을 지킬 수 있을지라도 장엄함으로 대하지 않으면 백성들이 그를 공경하지 않는다.

朱註

涖, 臨也, 謂臨民也.

---

438) 호광 편(胡廣 編), 『논어집주대전(論語集註大全)』「위령공(衛靈公)」.

439) 여기에서는 중인(中人) 이하의 자질에 대해 말하였다: 『논어집주대전』「위령공(衛靈公)」에는 "지혜가 그것에 미쳤을지라도 인이 그것을 지킬 수 없다면 이는 중인 이하의 자질에 대해 말한 것이다. 진실로 안다면 지킬 수 없는 경우가 없다.(知及之, 仁不能守之, 此言中人以下也. 若夫眞知, 未有不能守者.)"라고 되어 있다.

440) 호광 편(胡廣 編), 『논어집주대전(論語集註大全)』「위령공(衛靈公)」.

441) 아는 일이 어려운 것이 아니라 …… 지킴은 돈독한 것을 귀하게 여기는 까닭이다: 『논어집주대전』「위령공(衛靈公)」에는 "이른바 지혜가 미쳤으면 반드시 인(仁)이 그것을 지키도록 하는 사람은 얻기 어려운 것을 반드시 잃을까 염려하기 때문이다. 아는 일이 어려운 것이 아니라 행하는 일이 어려울 뿐이니, 여기에서 지킴은 돈독한 것을 귀하게 여기는 까닭이다.(所謂知及之, 必欲仁守之者, 恐其難得必失耳. 知之非艱, 行之惟艱, 此守所以貴乎篤也.)"라고 되어 있다.

'대한다[涖]'는 것은 다스린다는 뜻으로, 백성들을 다스리는 일을 말한다.

詳說

○ 訓.

훈고이다.

朱註

知此理, 而無私欲以間之, 則所知者, 在我而不失矣. 然猶有不莊者, 蓋氣習之偏, 或有厚於內, 而不嚴於外者.

이 이치를 알고 사사로운 욕심이 끼어들지 않으면 아는 일이 자신에게 있어 잃어버리지 않을 것이다. 그러나 여전히 장엄하지 못한 경우는 기질과 습관이 편벽되어 간혹 내면에는 두텁지만 외면에는 엄숙하지 못한 것이다.

詳說

○ 仁守.

'지차리, 이무사욕이간지, 즉소지자, 재아이불실의. 연유유부장자, 개기습지편, 혹유후어내(知此理, 而無私欲以間之, 則所知者, 在我而不失矣. 然猶有不莊者, 蓋氣習之偏, 或有厚於內 : 이 이치를 알고 사사로운 욕심이 끼어들지 않으면 아는 일이 자신에게 있어 잃어버리지 않을 것이다. 그러나 여전히 장엄하지 못한 경우는 기질과 습관이 편벽되어 간혹 내면에는 두텁지만)'의 내용은 인(仁)이 지키는 일이다.

○ 莊涖.

'불엄어외자(不嚴於外者 : 외면에는 엄숙하지 못한 것이다)'는 장엄함으로 대하는 일이다.

朱註

是以民不見其可畏, 而慢易之.

이 때문에 백성들도 두려워해야 할 사안을 알지 못해 업신여기고 쉽게 여기는 것이다.

詳說

○ 去聲.

'만이(慢易)'에서 '이(易 : 쉽다)'자는 거성이다.

○ 釋畢.

경문의 풀이가 끝났다.

○ 與「爲政」篇臨之以莊則敬, 互相發.

『논어(論語)』「위정(爲政)」편의 "대하기를 장엄하게 하면 공경한다."[442]라는 말과 서로 의미를 드러내준다.

朱註

下句放此.

아래의 구절에서도 이와 같다.

詳說

○ 上聲.

'방차(放此)'에서 '방(放 : 같다)'자는 상성이다.

○ 下句, 指動之不以禮. 蓋此一章不出四句, 而動之不以禮, 爲莊以涖之之下句, 言旣莊以涖之, 猶有動不以禮者, 是義理之學有闕云耳.

아래의 구절은 '움직이기를 예로 하지 않는다.'라는 것을 가리킨다. 이 하나의 장은 네 구절을 벗어나지 않는데, '움직이기를 예로 하지 않는다.'라는 구절은 '장엄함으로 대한다.'라는 구절의 아래 구절이 되었으니, 장엄함으로 대한 다음에도 여전히 움직이기를 예로 하지 않는 부분이 있으면, 의리(義理)의 학문에 빠진 차원이 있다는 것이다.

442) 대하기를 장엄하게 하면 공경한다 : 『논어(論語)』「위정(爲政)」에 "계강자(季康子)가 물었다. '백성이 공경하고 충성해서 권면(勸勉)하게 하려는데, 어찌하면 되겠습니까?' 공자가 말하였다. '대하기를 장엄하게 하면 백성들이 공경하고, 효도하고 사랑하면 백성들이 충성하며, 잘하는 사람을 들어 쓰고 잘못하는 자를 가르치면 권면하게 될 것이다.'(季康子問 : '使民敬忠以勸, 如之何.' 子曰 : '臨之以莊則敬, 孝慈則忠, 擧善而敎不能則勸.')"라는 말이 있다.

[15-32-3]

知及之, 仁能守之, 莊以涖之, 動之不以禮, 未善也."
지혜가 그것에 미치고 인(仁)이 그것을 지킬 수 있으며 장엄함으로 대할지라도 움직이기를 예로 하지 않으면 아직 잘하지 못하는 것이다."

朱註

動之, 動民也, 猶曰鼓舞而作興之云爾. 禮, 謂義理之節文.
'움직인다'는 말은 백성들을 움직인다는 뜻으로, '고무하여 흥기시킨다.'라고 말하는 것과 같다. 예는 의리(義理)를 조목조목 드러낸 것을 말한다.

詳說

○ 雙峰饒氏曰: "此章六之字, 上四之, 指理言, 下二之, 指民言."443)
쌍봉 요씨(雙峰饒氏: 饒魯)가 말하였다. "이 장에서 여섯 개의 '지(之)'자 가운데 위의 네 개는 이치를 가리켜 말하였고, 아래의 두 개는 백성을 가리켜서 말하였다."444)

○ 動民, 是處物, 故幷及義字.
'백성을 움직인다[動民]'는 말은 '사물을 처리하는 일[處物]'이기 때문에 '의(義)'라는 말까지 함께 언급하였다.

○ 有訓無釋.
훈고는 있으나 경문의 풀이는 없다.

○ 釋已備於上註放此二字中.
경문의 풀이가 이미 위의 주석 '이와 같다[放此]'라는 두 글자 가운데 있다.

○ 朱子曰: "如蒐田獮445)狩, 中教之少長有序, 便是使之以禮動, 是使底意思."446)

---

443) 호광 편(胡廣 編), 『논어집주대전(論語集註大全)』「위령공(衛靈公)」.

444) 이 장에서 여섯 개의 '지(之)'자 가운데 …… 백성을 가리켜서 말하였다: 『논어집주대전』「위령공(衛靈公)」에는 "이 장에서 여섯 개의 '지(之)'자는 분별해야 하니, '그것에 미친다[及之]'·'그것을 지킨다[守之]'·'그것을 얻는다[得之]'·'그것을 잃게 된다[失之]'는 말에서는 이치를 가리켜 말하였고, '대한다[涖之]'·'움직인다[動之]'는 말에서는 백성을 가리켜서 말하였다.(此章六箇之字要分別, 及之守之得之失之, 此四之字, 指理而言, 涖之動之, 此二之字, 指民而言.)"라고 되어 있다.

445) 獮: 장서각 소장본에는 '彌'자로 되어 있는데, 『논어집주대전』과 『주자어류(朱子語類)』를 참

주자(朱子 : 朱熹)가 말하였다. "이를테면 봄·여름·가을·겨울에 사냥할 때 그 가운데 젊은 사람과 어른들 사이에 차례가 있는 것을 가르치는 일은 백성을 예로 움직이게 하는 것으로 부리는 의미이다."447)

朱註

愚謂, 學至於仁, 則善有諸己, 而大本立矣.

내가 생각해 보건대 학문이 인(仁)에 이르면, 선이 자신에게 있게 되어 큰 근본이 확립된다.

詳說

○ 知及該於至字.

'학지어인(學至於仁 : 학문이 인(仁)에 이르면)'은 지혜가 이르다는 말까지 미쳐서 두루 하는 것이다.

○ 出『孟子』「盡心」.

'선유저기(善有諸己 : 선이 자신에게 있게 되어)'는 『맹자(孟子)』「진심」에 나온다.448)

○ 大本, 出『中庸』.

큰 근본은 『중용(中庸)』에 나온다.449)

고하여 '獮'자로 바로잡았다.

446) 호광 편(胡廣 編), 『논어집주대전(論語集註大全)』「위령공(衛靈公)」.

447) 이를테면 봄·여름·가을·겨울에 사냥할 때 …… 움직이게 하는 것으로 부리는 의미이다 : 『논어집주대전』「위령공(衛靈公)」에는 "움직인다는 말은 백성을 가리켜서 설명한 것으로 이를테면 봄·여름·가을·겨울에 사냥할 때 그 가운데 젊은 사람과 어른들 사이에 차례가 있는 것을 가르치는 일은 예로 부리는 것으로 그들이 이 일을 하게 하는 것이니, 이 일에는 예가 보존되어 있기 때문이다.(動之是指民說, 如蒐苗獮狩, 就其中教之少長有序之事, 便是使之以禮, 蓋使他以此事, 此事有禮存也.)"라고 되어 있다.

448) 『맹자(孟子)』「진심」에 나온다 : 『맹자(孟子)』「진심하(盡心下)」에 "호생부해가 물었다. '악정자는 어떤 사람입니까?' 맹자가 답하였다. '선한 사람이고 믿음직한 사람입니다.' '어떤 것을 선하다고 하고 어떤 것을 믿음직스럽다고 합니까?' 답하였다. '욕심낼 만한 것을 선하다고 하고 그것을 자신에게 가지고 있는 것을 믿음직하다고 합니다.'(浩生不害問曰 : '樂正子何人也.' 孟子曰 : '善人也, 信人也.' '何謂善, 何謂信.' 曰 : '可欲之謂善, 有諸己之謂信.')"라는 말이 있다.

449) 큰 근본은 『중용(中庸)』에 나온다 : 『중용장구(中庸章句)』 제1장에 "기뻐하고 성내고 슬퍼하고 즐거워하는 마음[情]이 아직 나오지 않은 것을 중(中)이라 이르고, 나와서 모두 절도(節度)

○ **朱子曰 : "此章以仁爲主, 知所以求吾仁, 涖動所以特養吾仁."**[450)]

주자(朱子 : 朱熹)가 말하였다. "이 장에서는 인(仁)을 위주로 하였으니, 지혜는 나의 인을 구하는 까닭이고, 백성을 대하고 움직이는 일은 단지 나의 인을 기르는 사안일 뿐이다."[451)]

○ **本文, 於仁獨下能字, 且雖得必失之語, 視不敬未善尤急.**

경문에서는 '인(仁)'에서만 '~할 수 있다[能]'는 말로 이었으니, 또 얻을지라도 반드시 잃을 수 있다는 말로 '공경하지 않는다[不敬]'는 것과 '아직 잘하지 못한다[未善]'는 것과 비교해 보면 더욱 시급한 일이다.

朱註

涖之不莊, 動之不以禮, 乃其氣稟, 學問之小疵.

백성들 대하기를 장엄하게 하지 못하고 움직이기를 예로 하지 못하는 것은 그 기질의 품수와 학문의 작은 하자일 뿐이다.

詳說

○ **上註氣習.**

'기질의 품수[氣稟]'라는 말은 위의 주석에서 '기질과 습관[氣習]'이다.

○ **上文義理.**

'학문(學問)'은 위의 글에서 의리(義理)이다.

朱註

然亦非盡善之道也, 故夫子歷言之, 使知德愈全, 則責愈備, 不可以爲小節, 而

에 맞는 것을 화(和)라 하니, 중은 천하의 큰 근본이고, 화는 천하의 공통된 도이다.(喜怒哀樂之未發, 謂之中, 發而皆中節, 謂之和, 中也者, 天下之大本也, 和也者, 天下之達道也.)"라고 하였다.

450) 호광 편(胡廣 編), 『논어집주대전(論語集註大全)』「위령공(衛靈公)」.

451) 이 장에서는 인(仁)을 위주로 하였으니 …… 나의 인을 기르는 일일 뿐이다 : 『논어집주대전』「위령공(衛靈公)」에는 "이 하나의 장은 인을 위주로 하였으니, 이른바 지혜가 그것에 미치는 것은 나의 인을 구하는 까닭이고, 백성을 대하고 움직이는 일은 단지 나의 인을 기르는 일일 뿐이다.(此一章當以仁爲主, 所謂知及之, 所以求吾仁, 涖之動之, 所以持養吾仁者.)"라고 되어 있다.

忽之也.

그러나 또한 선을 지극하게 하는 도가 아니기 때문에 공자가 하나하나 말하여 덕이 더욱 완전해지면 책임이 더욱 갖추어지니, 작은 일이라고 여겨 소홀히 해서는 안 됨을 알게 한 것이다.

詳說

○ 知仁.

'지덕유전(知德愈全 : 덕이 더욱 완전해지다)'는 지혜와 인(仁)이다.

○ 莊禮.

'책유비(責愈備 : 책임이 더욱 갖추어지다)'는 장엄함과 예(禮)이다.

○ 應上小字.

'이위소절(以爲小節 : 작은 일이라고 여겨)'은 앞에서 '작은[小]'이라는 말과 대응시켰다.

○ 雲峰胡氏曰 : "小節未善, 亦足爲全德之累."[452]

'불가이위소절, 이홀지야(不可以爲小節, 而忽之也 : 작은 일이라고 여겨 소홀히 해서는 안 됨을 알게 한 것이다)'에 대해, 운봉 호씨(雲峯胡氏 : 胡炳文)가 말하였다. "작은 일이 아직 선하지 않은 것도 충분히 온전한 덕의 장애가 된다."[453]

○ 朱子曰 : "知及仁守, 爲學之事, 是明德工夫. 莊涖禮動爲政之事, 是新民工夫. 知及如知至, 仁守如意誠. 不莊不以禮, 如不得其正而辟之類."[454]

주자(朱子 : 朱熹)가 말하였다 "지혜가 미치고 인이 지킨다는 말은 학문을 하는 일

---

452) 호광 편(胡廣 編), 『논어집주대전(論語集註大全)』「위령공(衛靈公)」.

453) 작은 일이 아직 선하지 않은 것도 충분히 온전한 덕의 장애가 된다 : 『논어집주대전』「위령공(衛靈公)」에는 "인(仁)은 마음에서 덕의 온전함이어서, 지혜가 그것에 미치고 인이 그것을 지키는데도 여전히 '장엄함으로 대하지 않으면 백성들이 공경하지 않는다.'라고 하는 말은 덕이 온전해지고 책임이 갖추어지는 것이다. 지혜가 미치고 인이 지키는데도 여전히 '움직이기를 예로 하지 않으면 아직 잘하지 못하는 것이다.'라고 하는 말은 덕이 더욱 온전해지고 책임이 더욱 갖추어지는 것이다. 근본이 확립된 다음에는 진실로 마음에서 덕의 온전함을 충분히 알 수 있는데, 작은 일이 선하지 않은 것도 충분히 온전한 덕의 장애가 된다.(仁者, 心德之全, 知及仁守, 而猶曰不莊以涖之, 則民不敬者, 德之全而責之備也. 知及仁守莊涖, 而猶曰動之不以禮爲未善者, 德愈全而責愈備也. 大本已立, 固足以見其心德之全, 小節未善, 亦足以爲全德之累.)"라고 되어 있다.

454) 호광 편(胡廣 編), 『논어집주대전(論語集註大全)』「위령공(衛靈公)」.

로 덕을 밝히는 공부이다. 장엄하게 대하고 예로 움직이는 것은 정사를 하는 일로 백성을 새롭게 하는 공부이다. 지혜가 미친다는 것은 앎이 지극하다는 뜻과 같고, 인이 지킨다는 것은 뜻이 성실하다는 말과 같다. 장엄하게 하지 않고 예로 하지 않는다는 말은 그 바름을 얻지 못해 편벽되었다는 것과 같다."455)

○ **'仁能守之', 此章之題目.**

'인능수지(仁能守之 : 인이 그것을 지킬 수 있다)'가 이 장의 제목이다.

455) 지혜가 미치고 인이 지킨다는 말은 …… 바름을 얻지 못해 편벽된 것과 같다 : 『논어집주대전』 「위령공(衛靈公)」에는 "지혜가 그것에 미친다는 말은 『대학(大學)』에서 앎이 지극한 것과 같고, 인이 그것을 지킨다는 것은 뜻이 성실하다는 말과 같다. 대하기를 장엄함으로 하지 않고 움직이기를 예로 하지 않는다는 것은 이른바 그 바름을 얻지 못한 것과 이른바 거만하고 태만히 하는 것에 편벽된다는 것과 같다. 지혜가 미치고 인이 지킨다는 말은 덕을 밝히는 공부이고, 아랫부분은 백성을 새롭게 하는 공부이다.(知及之, 如『大學』知至, 仁守之, 如意誠. 涖不莊動不以禮, 如所謂不得其正, 所謂敖惰而辟之類. 知及仁守, 是明德工夫, 下面是新民工夫.)"라고 되어 있다.

[15-33-1]

子曰:"君子不可小知, 而可大受也, 小人不可大受, 而可小知也."
공자가 말하였다. "군자는 작은 일을 알 수 없으나 큰 것을 받을 수 있고, 소인은 큰 것을 받을 수 없으나 작은 일을 알 수 있다."

朱註

此言觀人之法.
여기에서는 사람을 보는 법에 대해 말하였다.

詳說

○ 君子小人, 皆人也.
군자와 소인은 모두 사람이다.

○ 先總提.
먼저 전체적으로 제시한 것이다.

朱註

知, 我知之也, 受, 彼所受也.
앎은 자신이 아는 것이고, 받음은 상대가 받는 것이다.

詳說

○ 南軒張氏曰:"以小者, 測知."[456]
'지, 아지지야(知, 我知之也: 앎은 자신이 아는 것이고)'에 대해, 남헌 장씨(南軒張氏: 張栻)가 말하였다. "작은 것을 가지고 헤아려 안다."[457]

---

456) 장식(張栻), 『계사논어해(癸巳論語解)』「위령공(衛靈公)」. 호광 편(胡廣 編), 『논어집주대전(論語集註大全)』「위령공(衛靈公)」.

457) 작은 것을 가지고 헤아려 안다: 『계사논어해』「위령공(衛靈公)」에는 "군자는 보존한 것이 크기 때문에 작은 것을 가지고 헤아려 알 수 없으나 큰일을 맡을 수 있다. 소인은 협소한 것을 맡을 때는 그 장점이 쉽게 드러나기 때문에 큰 것을 맡겨서는 안 되고 작은 것을 가지고 알 수 있는 것이어야 된다. 큰 것을 받을 수 있다는 것은 학자가 성인의 큰일을 하는 것을 배워 큰 임무를 감당하는 일과 같은 것이 여기에 해당한다. 소인은 그 국량을 지나치게 쓰면 잘못되지만 그에게 조금 재주와 지혜가 있는 것을 폐해서는 안 된다. 군자는 작은 일을 아는 것이

○ 大任, 故大受.

'수, 피소수야(受, 彼所受也 : 받음은 상대가 받는 것이다)'는 큰 책임이기 때문에 크게 받는다.

○ 訓畢.

훈고가 끝났다.

朱註

蓋君子於細事, 未必可觀, 而材德足以任重. 小人雖器量淺狹, 而未必無一長可取.

군자는 작은 일에서는 반드시 볼만한 것은 아니지만 재질과 덕이 무거운 사안을 감당하기에 충분하다. 소인은 기량이 얕고 좁을지라도 반드시 취할 만한 어떤 장점도 없는 것은 아니다.

詳說

○ 不可小知.

작은 일은 알 수 없다.

○ 可大受.

'재덕족이임중(材德足以任重 : 재질과 덕이 무거운 사안을 감당하기에 충분하다)'는 구절은 큰 것을 받을 수 있다는 말이다.

○ 去聲.

'기량(器量)'에서 '량(量)'자는 거성이다.

○ 雙峰饒氏曰 : "此小人, 是小有才之人, 非庸常之小人."[458]

'소인수기량천협(小人雖器量淺狹 : 소인은 기량이 얕고 좁을지라도)'에 대해, 쌍봉요씨(雙峰饒氏 : 饒魯)가 말하였다. "여기서의 소인은 약간 재주가 있는 소인이지 일상적인 소인이 아니다."

라면 쓰임을 다할 수 없고, 소인은 큰 것을 받는다면 반드시 일에 낭패를 당한다. 이것이 현명한 사람에게 책임을 주어 능한 사람에게 부리는 차이이다.(君子所存者大, 故不可以小者測知, 而可以當其大者. 小人局於狹小, 其長易見, 故不可以任大, 而可以小知之. 大受, 如學者之學聖人有爲者之當大任, 是也. 小人用過其量則敗矣, 而其小有才知, 亦不可廢也. 君子而小知, 則不盡於用, 小人而大受, 則必敗於事. 此其爲任賢使能之異也與.)"라고 되어 있다.

458) 호광 편(胡廣 編), 『논어집주대전(論語集註大全)』「위령공(衛靈公)」.

○ 不可大受.

'소인수기량천협(小人雖器量淺狹 : 소인은 기량이 얕고 좁다)'에서 소인은 큰 것을 받을 수 없다.

○ 可小知.

'미필무일장가취(未必無一長可取 : 반드시 취할 만한 어떤 장점도 없는 것은 아니다)'에서 볼 때, 작은 일을 알 수 있다.

○ 釋畢.

경문의 풀이가 끝났다.

[15-34-1]

子曰 : "民之於仁也, 甚於水火, 水火, 吾見蹈而死者, 未見蹈仁而死者也."
공자가 말하였다. "백성들이 인(仁)에 대한 것은 물과 불보다도 심하니, 물과 불은 내가 밟다가 죽는 자를 보았지만 인(仁)을 밟다가 죽는 사람을 본 적은 없다."

朱註

民之於水火, 所賴以生, 不可一日無. 其於仁也亦然. 但水火外物, 而仁在己. 無水火, 不過害人之身, 而不仁, 則失其心, 是仁有甚於水火, 而尤不可一日無者也. 況水火或有時而殺人, 仁則未嘗殺人, 亦何憚而不爲哉.

백성들이 물과 불에 대한 것은 의지해서 사는 것이어서 하루라도 없어서는 안 된다. 그들이 인에 대한 것도 그렇다. 다만 물과 불은 바깥의 사물이고, 인은 자신에게 있는 것이다. 물과 불이 없으면 사람의 몸을 해치는 데 불과하지만 인하지 않으면 자신의 마음을 잃어 인이 물과 불보다 심한 차원이 있으니, 더욱 하루라도 없어서는 안 되는 사안이다. 하물며 물과 불은 때에 따라 사람을 죽이지만 인은 사람을 죽인 적이 없으니, 또한 무엇을 꺼려서 행하지 않겠는가?

詳說

○ 先平等說.

'민지어수화, 소뢰이생, 불가일일무. 기어인야역연(民之於水火, 所賴以生, 不可一日無. 其於仁也亦然 : 백성들이 물과 불에 대한 것은 의지해서 사는 것이어서 하루라도 없어서는 안 된다. 그들이 인에 대한 것도 그렇다)'이라는 구절은 먼저 평등하게 설명한 것이다.

○ 一.

'수화외물, 이인재기(水火外物, 而仁在己 : 물과 불은 바깥의 사물이고, 인은 자신에게 있는 것이다)'라는 구절의 내용은 제일 우선되는 사안이다.

○ 二.

'무수화, 불과해인지신, 이불인, 즉실기심(無水火, 不過害人之身, 而不仁, 則失其心 : 물과 불이 없으면 사람의 몸을 해치는 데 불과하지만 인하지 않으면 자신의 마음을 잃어)'은 두 번째로 중요한 사안이다.

○ 特說甚字.

'인유심어수화, 이우불가일일무자야(仁有甚於水火, 而尤不可一日無者也 : 인이 물과 불보다 심한 차원이 있으니, 더욱 하루라도 없어서는 안 되는 사안이다)'는 '~보다 심하다[甚]'는 말을 특별히 설명한 것이다.

○ 添況字

'황수화혹유시이살인, 인즉미상살인(況水火或有時而殺人, 仁則未嘗殺人 : 하물며 물과 불은 때에 따라 사람을 죽이지만 인은 사람을 죽인 적이 없으니)이라는 구절에서는 하물며[況]'라는 말을 첨가하였다.

○ 有釋無訓.

경문의 풀이는 있으나 훈고는 없다.

○ 此則補本文未足之意.

'역하탄이불위재(亦何憚而不爲哉 : 또한 무엇을 꺼려서 행하지 않겠는가?)'라는 구절을 보면, 이는 경문의 부족한 의미를 보충한 것이다.

朱註

> 李氏曰 : "此夫子勉人爲仁之語. 下章放此."
> 이씨가 말하였다. "이는 공자가 사람들에게 인을 행하도록 권한 말이다. 아래에서도 이와 같다."

詳說

○ 上聲.

'방차(放此)'에서 '방(放 : 같다)'자는 상성이다.

○ 此則通下章而論之.

여기에서는 아래 장과 이어서 설명하였다.

○ 朱子曰 : "此章, 爲凡民都不知仁而憚於爲之者發, 下章, 爲學者粗知仁之爲美而不知勇於有爲者發."459)

주자(朱子 : 朱熹)가 말하였다. "이 장에서는 백성들이 인에 대해 몰라 행하기를

459) 호광 편(胡廣 編), 『논어집주대전(論語集註大全)』「위령공(衛靈公)」에 주자의 말로 실려 있는데, 바로 이어지는 경문 "공자가 말하였다. '인에 대해 책임지는 것은 스승에게도 양보하지 않는다.'(子曰 : '當仁, 不讓於師.')"라는 구절의 아래에 있다.

꺼려하기 때문에 말하였고, 아래 장에서는 학자들이 인이 아름다운지 대충 알고 그것을 행하는 데 용감할 줄 모르기 때문에 말하였다.”

[15-35-1]

子曰 : "當仁, 不讓於師."
공자가 말하였다. "인에 대해 책임지는 일은 스승에게도 양보하지 않는다."

朱註

當仁, 以仁爲己任也. 雖師亦無所遜, 言當勇往而必爲也.
인에 대해 책임지는 일은 인을 자신의 책임으로 삼는 것이다. 스승일지라도 양보하지 않았다는 것은 당연히 용감하게 가서 반드시 행한다는 말이다.

詳說

○ 朱子曰 : "擔當之當."460)

'당인, 이인위기임야(當仁, 以仁爲己任也 : 인에 대해 책임지는 일은 인을 자신의 책임으로 삼는 것이다)'에서 '당(當)'에 대해, 주자(朱子 : 朱熹)가 말하였다. "'담당한다[擔當]'고 할 때의 당(當)이라는 뜻이다."

○ 雲峰胡氏曰 : "不弘者, 當不起, 不毅者, 當不去."461)

운봉 호씨(雲峯胡氏 : 胡炳文)가 말하였다. "넓지 못한 경우에는 당연히 일어나지 못하고, 굳세지 못한 경우에는 당연히 가지 못한다."462)

○ 當然之當.

'사역무소손, 언당용왕이필위야(師亦無所遜, 言當勇往而必爲也 : 스승일지라도 양보

---

460) 호광 편(胡廣 編), 『논어집주대전(論語集註大全)』「위령공(衛靈公)」.

461) 호광 편(胡廣 編), 『논어집주대전(論語集註大全)』「위령공(衛靈公)」.

462) 넓지 못한 경우에는 당연히 일어나지 못하고, 굳세지 못한 경우에는 당연히 가지 못한다 : 『논어집주대전』「위령공(衛靈公)」에는 "책임진다는 말은 역량이 크게 있는 것이다. 그러니 넓지 못한 경우에는 당연히 일어나지 못하고, 굳세지 못한 경우에는 당연히 가지 못한다. 이 말씀에 종사하겠다는 것은 안자가 책임졌고, 인을 자신의 책임으로 삼는 것은 증자가 책임진 일이다. 안자와 증자는 공자의 문하에서 겸손했는데, 인에 대해 책임지는 일을 가지고는 공자에게도 양보한 적이 없었다.(當字, 大有力量, 不弘者, 當不起, 不毅者, 當不去. 請事斯語, 顔子當之, 仁爲己任, 曾子當之. 顔曾遜於夫子之門, 未嘗以當仁之事而遜於夫子也.)"라고 되어 있다. 『논어(論語)』「태백(泰伯)」에 "증자가 말하였다. '선비는 도량이 넓고 뜻이 굳세지 않으면 안 된다. 책임이 무겁고 길이 멀기 때문이다. 군자는 인(仁)을 자신의 책임으로 삼으니 막중하지 않은가? 죽은 뒤에야 끝나는 일이니 멀지 않은가?'(曾子曰 : 士不可以不弘毅, 任重而道遠. 仁以爲己任, 不亦重乎. 死而後已, 不亦遠乎.)"라는 말이 있다.

하지 않았다는 것은 당연히 용감하게 가서 반드시 행한다는 말이다)'의 '당용(當勇)'에서 '당(當)'은 '당연히'라는 뜻이다.

○ 有釋無訓.

경문의 풀이는 있으나 훈고는 없다.

○ 此下, 又申釋之

이 아래에서 또 거듭 풀이하였다.

朱註

蓋仁者, 人所自有, 而自爲之, 非有爭也, 何遜之有.

인(仁)은 사람들이 본래 가지고 있는 것이어서, 저절로 행하는 일이고 다툼이 있는 사안이 아니니 어찌 양보함이 있겠는가?

詳說

○ 朱子曰: "弟子於師, 每事必讓, 至於仁, 不讓, 程子所謂不可將第一等事讓與別人做, 是已."463)

주자(朱子: 朱熹)가 말하였다. "제자는 스승께 매사에 반드시 양보하지만, 인(仁)에 대해서는 절대로 양보하지 않으니, 정자가 다른 사람에게 양보해서는 안 될 첫 번째 일이라고 말한 것이 이에 해당한다."464)

○ 雲峯胡氏曰: "請事斯語, 顔淵當之, 仁爲己任, 曾子當之, 未嘗遜於夫子."465)

463) 『논어집주대전』「위령공(衛靈公)」.

464) 제자는 스승께 매사에 …… 말한 것이 여기에 해당한다: 『논어집주대전』「위령공(衛靈公)」에는 "제자는 스승께 매사에 반드시 양보하고 감히 앞서지 않지만 인(仁)을 자신의 책임으로 삼는 것에서는 스스로 힘쓰고 용감하게 행해야 되고 양보해서는 안 된다. 인(仁)은 본래 자신이 가지고 있어 저절로 행하는 것이고, 저들에게 빼앗아 앞설 수 있는 것이 아니니, 어찌 양보함이 있겠는가? 이른바 양보하지 않는 것은 정자가 다른 사람에게 양보해서는 안될 첫 번째 일이라고 말한 것과 같다. 그 일로는 안자가 '순 임금은 어떤 분이고 나는 어떤 사람인가? 훌륭한 일을 할 경우에는 순 임금과 같다.'라고 한 것이 여기에 해당한다.(弟子於師, 每事必讓而不敢先, 至於仁以爲己任, 則當自勉而勇爲, 不可以有讓也. 蓋仁者己所有而自爲之, 非奪諸彼而先之也, 何讓之有. 所謂不讓, 猶程子所謂, 不可將第一等事讓與別人做者. 其事, 則顔子所謂, 舜何人也, 予何人也. 有爲者, 亦若是者, 是已.)"라고 되어 있다. 박문호(朴文鎬)가 축약하여 인용한 것으로 보인다.

465) 호광 편(胡廣 編), 『논어집주대전(論語集註大全)』「위령공(衛靈公)」.

운봉 호씨(雲峯胡氏 : 胡炳文)가 말하였다. "이 말씀에 종사하겠다는 것은 안연이 책임졌고, 인을 자신의 임무로 삼는 것은 증자가 책임진 일로 공자에게 양보한 적이 없다."[466]

○ 和靖尹氏曰 : "況他人乎."[467]

화정 윤씨(和靖尹氏 : 尹焞)가 말하였다. "하물며 다른 사람들에 대해서는 말해 무엇 하겠는가?"[468]

朱註

程子曰 : "爲仁在己, 無所與遜. 若善名在外, 則不可不遜."

정자가 말하였다. "인을 행하는 일은 자신에게 달려 있어 양보함에 관계된 것이 없다. 그런데 선한 이름이 밖에 있는 것은 양보하지 않을 수 없다."

詳說

○ 伯子.

'정자왈(程子曰)'에서 '정자(程子)'는 형 정호(程顥)이다.

○ 慶源輔氏曰 : "自外至者."[469]

'선명재외(善名在外 : 선한 이름이 밖에 있는 것은)'에 대해, 경원 보씨(慶源輔氏 : 輔廣)가 말하였다. "바깥에서 온 것이다."[470]

---

466) 이 말씀에 종사하겠다는 것은 …… 증자가 책임진 일로 공자에게 양보한 적이 없다: 『논어집주대전』「위령공(衛靈公)」에는 "이 말씀에 종사하겠다는 것은 안자가 책임졌고, 인을 자신의 임무로 삼는 것은 증자가 책임진 일이다. 안자와 증자는 공자의 문하에서 겸손했는데, 인에 대해 책임지는 일을 가지고는 공자에게도 양보한 적이 없었다.(當字, 大有力量, 不弘者, 當不起, 不毅者, 當不去. 請事斯語, 顏子當之, 仁爲己任, 曾子當之. 顏曾遜於夫子之門, 未嘗以當仁之事而遜於夫子也.)"라고 되어 있다.

467) 주희, 『논어정의(論語精義)』「위령공(衛靈公)」.

468) 하물며 다른 사람들에 대해서는 말해 무엇 하겠는가 : 주희, 『논어정의(論語精義)』「위령공(衛靈公)」에 "윤씨가 말하였다. '스승과 어른들께도 오히려 양보함이 없는데 하물며 다른 사람들에 대해서는 말해 무엇 하겠는가? 성인이 인을 행하는 일은 자신에게서 말미암는다고 사람들에게 권면한 것이다.'(尹曰 : '師長猶無所遜, 況他人乎. 聖人勉人爲仁由己者也.')"라고 되어 있다.

469) 호광 편(胡廣 編), 『논어집주대전(論語集註大全)』「위령공(衛靈公)」.

470) 바깥에서 온 것이다 : 『논어집주대전(論語集註大全)』「위령공(衛靈公)」에는 "양보는 예의 실질이고 덕의 선함이다. 바깥에서 온 것은 진실로 양보하지 않아서는 안 되니, 이를테면 선한 이름이 여기에 해당한다. 인을 행하는 일이 자신에게 달린 것이라면 어떻게 양보하겠는가? 양보

○ **二句, 又推廣之.**

두 구절에서 또 미루어 넓혔다.

○ **'當仁', 此章之題目.**

'당인(當仁 : 인에 대해 책임지다)'이 이 장의 제목이다.

하지 않는 것이 아니라 양보에 관계된 것이 없기 때문이다.(遜者, 禮之實也, 德之善也. 凡自外來者, 固不可不遜, 如善名, 是也. 至於爲仁在己, 則何遜哉. 蓋非不遜也, 乃無所與遜也.)"라고 되어 있다.

[15-36-1]

子曰："君子貞而不諒."

공자가 말하였다. "군자는 올바르고, 하찮은 의리를 따르지 않는다."

朱註

貞, 正而固也. 諒, 則不擇是非, 而必於信.

올바름은 바르고 견고한 것이다. 하찮은 의리를 따르는 것은 시비를 가리지 않고 믿음을 꼭 지키는 일이다.

詳說

○ 朱子曰："爲正字說不盡, 故更加固字."[471)]

'정, 정이고야(貞, 正而固也 : 올바름은 바르고 견고한 것이다)'에 대해, 주자(朱子 : 朱熹)가 말하였다. "바름[正]이라는 말로는 설명이 부진하기 때문에 다시 견고하다[固]는 말을 더하였다."

○ 雙峯饒氏曰："固而未必正."[472)]

쌍봉 요씨(雙峰饒氏 : 饒魯)가 말하였다. "견고하다고 반드시 바른 것은 아니다."[473)]

○ 有訓無釋.

훈고는 있으나 경문의 풀이는 없다.

○ 南軒張氏曰："貞, 則信在其中."[474)]

남헌 장씨(南軒張氏 : 張栻)가 말하였다. "곧으면 믿음은 그 가운데 있다."[475)]

○ 覺軒蔡氏曰："諒似貞而實非."[476)]

---

471) 호광 편(胡廣 編), 『논어집주대전(論語集註大全)』「위령공(衛靈公)」.

472) 호광 편(胡廣 編), 『논어집주대전(論語集註大全)』「위령공(衛靈公)」

473) 견고하다고 반드시 바른 것은 아니다 : 『논어집주대전』「위령공(衛靈公)」에는 "곧음은 바르고 견고한 것이다. 하찮은 의리를 따르는 것을 지키면 견고하지만 반드시 바른 것은 아니다. 말은 반드시 믿음직스럽고 행동은 반드시 결과가 있어도 의가 있는 것인지는 모르겠다는 말이다.(貞者, 正而固. 守諒, 則固而未必正, 言必信, 行必果, 而不知惟義所在者也.)"라고 되어 있다.

474) 호광 편(胡廣 編), 『논어집주대전(論語集註大全)』「위령공(衛靈公)」.

475) 곧으면 믿음은 그 가운데 있다 : 『논어집주대전』「위령공(衛靈公)」에는 "곧으면 믿음이 그 가운데 있다. 다만 작은 믿음을 붙잡고 있어 의에 가리는 것이 있으면, 바름을 잃어 도리어 믿음을 해친다.(貞則信在其中. 但執小信, 而於義有蔽, 則失其正, 而反害於信矣.)"라고 되어 있다.

각헌 채씨(覺軒蔡氏 : 蔡模)가 말하였다. "하찮은 의리를 따르는 것은 곧은 것 같지만 사실은 아니다."477)

○ 朱子曰 : "論語有三箇諒, 匹夫之諒, 貞而不諒是不好, 友諒却是好."478)

주자(朱子 : 朱熹)가 말하였다. "『논어(論語)』에는 '량(諒)'이 세 번 나온다.479) 그런데 '필부의 하찮은 의리[匹夫之諒]'와 '군자는 올바르고, 하찮은 의리를 따르지 않는다.[貞而不諒]'라는 것은 좋지 않은 말이고, '벗이 성실하다.[友諒]'라는 것은 좋은 말이다."480)

○ 註於好處, 以誠釋之, 於不好處以小信必信訓之.

주석을 좋게 한 곳에서는 '진실[誠]'로 풀이했고, 주석을 좋게 하지 않은 곳에서는 '작은 믿음을 반드시 믿는 것'으로 풀이하였다.

○ 貞字, 此章之題目.

'정(貞 : 올바름)'자가 이 장의 제목이다.

---

476) 호광 편(胡廣 編), 『논어집주대전(論語集註大全)』「위령공(衛靈公)」.

477) 하찮은 의리를 따르는 것은 곧은 것 같지만 사실은 아니다 : 『논어집주대전』「위령공(衛靈公)」에는 "하찮은 의리를 따르는 것에는 두 가지 풀이가 있는데, 단지 믿음으로 풀이한 경우는 벗이 하찮은 의리를 따른다는 것이 이에 해당한다. 믿음을 꼭 지킨다고 풀이한 경우는 여기에서 하찮은 의리를 따른다는 것이 이에 해당한다. 하찮은 의리를 따르는 것은 곧은 일 같지만 사실은 아니기 때문에 공자가 특별하게 말했던 것이다.(諒有二訓, 則止訓信者, 友諒, 是也. 有訓必信者, 此諒, 是也. 諒似貞而實非, 故夫子特別而言之.)"라고 되어 있다.

478) 『주자어류(朱子語類)』 권45, 「논어27(論語二十七)」, 85조목.

479) 『논어(論語)』에는 '량(諒)'이 세 번 나온다 : '량(諒)'이 나오는 구절은 이 구절을 포함하여, 『논어(論語)』「헌문(憲問)」의 "어찌 필부(匹夫) · 필부(匹婦)들이 하찮은 의리를 위하여 스스로 도랑에서 목매어 죽었는데 남이 알아주는 이가 없게 되는 것과 같겠는가?(豈若匹夫匹婦之爲諒也, 自經於溝瀆, 而莫之知也.)," 「계씨(季氏)」의 "공자가 말하였다. '유익한 것이 세 가지 벗이고, 손해되는 것이 세 가지 벗이니, 벗이 곧으며, 벗이 성실하며, 벗이 문견이 많으면 유익하고, 벗이 한쪽[외모]만을 잘하며, 벗이 유순하기를 잘하며, 벗이 말을 잘하면 손해이다.'(孔子曰 : '益者三友, 損者三友, 友直, 友諒, 友多聞, 益矣, 友便, 友善柔, 友便佞, 損矣.')"라는 구절이다.

480) 『논어(論語)』에는 '량(諒)'이 세 번 …… '벗이 성실하다.[友諒]'라는 것은 좋은 말이다 : 『주자어류(朱子語類)』 권45, 「논어27(論語二十七)」, 85조목에는 "'량(諒)'이 『논어』에 세 번 나오는데, '필부의 하찮은 의리'와 '군자는 올바르고, 하찮은 의리를 따르지 않는다.'는 것은 좋지 않은 말이고, '벗이 성실하다.'는 것은 오히려 좋은 말이다. '곧은 것'을 가지고 '하찮은 의리'에 상대시킨다면 '하찮은 의리'가 좋지 않은 것이 된다. 이와 같이 벗이 신의 없는 사람과 벗하는 것은 또한 벗이 성실하다는 것만 못하다.(諒字, 論語有三箇, '匹夫之諒,' 貞而不諒,' 是不好. '友諒'却是好, 以貞對諒, 則諒爲不好. 若是友與其友無信之人, 又却不如友諒也.)"라고 되어 있다.

[15-37-1]

子曰："事君, 敬其事而後其食."
공자가 말하였다. "임금을 섬김에 그 일을 공경하고 먹을 것은 뒤로 한다."

朱註

後, 與後獲之後同. 食, 祿也.
'뒤로 한다[後]'는 것은 '얻을 것을 뒤로 한다.'라고 할 때의 뒤로 한다는 말과 같다. '먹을 것[食]'은 봉록이다.

詳說

○ 見「雍也」.
'후획지후(後獲之後)'에서 '後獲(후획 : 얻을 것을 뒤로 한다)'은 『논어(論語)』「옹야(雍也)」에 보인다.481)

○ 後得, 見「顏淵」.
'얻을 것을 뒤로 한다.[後得]'는 말은 『논어(論語)』「안연(顏淵)」에 보인다.482)

○ 訓畢.
'食, 祿也(식, 록야 : 먹을 것[食]은 봉록이다)'에서 훈고가 끝났다.

朱註

君子之任也, 有官守者, 修其職, 有言責者, 盡其忠, 皆以敬吾之事而已, 不可

---

481) 『논어(論語)』「옹야(雍也)」에 보인다 : 『논어(論語)』「옹야(雍也)」에서 "인(仁)에 대하여 묻자, 말하였다. '인자(仁者)는 어려운 일을 먼저 하고 얻는 것을 뒤에 하니, 이렇게 한다면 인이라고 말할 수 있다.'(問仁. 曰 : '仁者先難而後獲, 可謂仁矣.')"라고 하였다.

482) '얻을 것을 뒤로 한다.[後得]'라는 말은 『논어(論語)』「안연(顏淵)」에 보인다 : 『논어(論語)』「안연(顏淵)」에 "번지(樊遲)가 공자(孔子)를 따라서 무우(舞雩)의 아래에 놀다가 '감히 덕(德)을 높이며, 간특함을 닦으며, 의혹을 분별함을 묻겠습니다.'라고 하였다. 공자가 말하였다. '훌륭하구나, 질문이! 일을 먼저하고 얻을 것을 뒤로 함이 덕(德)을 높이는 일이 아니겠는가? 자기의 악함을 다스리고 남의 악함을 다스리지 않음이 간특함을 닦는 일이 아니겠는가? 하루아침의 분노로 자신을 잊고서 화가 부모에게까지 미치게 함이 의혹됨이 아니겠는가?'(樊遲從遊於舞雩之下, 曰 : '敢問崇德修慝辨惑.' 子曰 : '善哉, 問. 先事後得, 非崇德與. 攻其惡, 無攻人之惡, 非修慝與. 一朝之忿, 忘其身, 以及其親, 非惑與.')"라고 하였다.

先有求祿之心也.
군자가 벼슬할 때는 관으로 지키는 경우는 그 직책을 닦고, 말로 책임지는 경우는 그 충실을 다해 모두 자신의 일을 공경할 뿐이고, 먼저 봉록을 구하는 마음이 있어서는 안 된다.

詳說

○ 官守言責, 出孟子公孫丑.
관으로 지킨다와 말로 책임진다는 뜻은 『맹자(孟子)』「공손추」에 나온다.483)

○ 胡氏曰："委置之, 不存乎念慮之間."484)
'개이경오지사이이, 불가선유구녹지심야(皆以敬吾之事而已, 不可先有求祿之心也：모두 자신의 일을 공경할 뿐이고, 먼저 봉록을 구하는 마음이 있어서는 안 된다)'에 대해, 호씨(胡氏：胡泳)가 말하였다. "버려두어 따지는 마음을 두지 않는다."485)

○ 釋畢.
경문의 풀이가 끝났다.

---

483) 관으로는 지킨다와 말로 책임진다는 뜻은 『맹자(孟子)』「공손추」에 나온다：『맹자(孟子)』「공손추하(公孫丑下)」에 "맹자가 지와(蚳鼃)에게 말하였다. '그대가 영구(靈丘)의 읍재(邑宰)를 사양하고 사사(士師)가 되기를 청한 것이 그럴듯함은 사사가 말을 할 수 있기 때문이다. 그런데 이제 이미 몇 개월이 지났는데 아직도 말할 수 없단 말인가?' 지와가 왕에게 간했으나 쓰여지지 않자 신하 자리를 내놓고 떠났다. 제(齊)나라 사람들이 말하였다. '지와를 위해서 한 것은 좋으나, 맹자 자신이 하는 것은 내 이해할 수 없다.' 공도자(公都子)가 이것을 아뢰자 맹자가 말하였다. '내 들으니, '관으로 지키는 일은 그 직책을 수행할 수 없으면 떠나고, 말로 책임지는 일은 그 말을 할 수 없으면 떠난다'라고 하였으니, 나는 관으로 지키는 일도 없고 말로 책임지는 일도 없다. 그렇다면 나의 진퇴가 어찌 느긋하게 여유가 있지 않겠는가!'(孟子謂蚳鼃曰：'子之辭靈丘而請士師, 似也, 爲其可以言也. 今旣數月矣, 未可以言與.' 蚳鼃諫於王而不用, 致爲臣而去. 齊人曰：'所以爲蚳鼃則善矣, 所以自爲則吾不知也.' 公都子以告曰：'吾聞之也, '有官守者, 不得其職則去, 有言責者, 不得其言則去', 我無官守, 我無言責也. 則吾進退, 豈不綽綽然有餘裕哉.')"

484) 호광 편(胡廣 編), 『논어집주대전(論語集註大全)』「위령공(衛靈公)」.

485) 버려두어 따지는 마음을 두지 않는다：『논어집주대전』「위령공(衛靈公)」에는 "먹을 것을 뒤로 하는 사람은 버려두어 따지는 마음을 두지 않으니, 그 일을 책임지면서 바로 봉록을 얻고자 하는 마음이 이어지는 것이 아니다. 먼저 자신의 일을 공경하고 뒤에 봉록을 따지는 마음이 있다고 한다면 의리와 이익이 뒤섞이고 공적인 것과 사사로운 것이 서로 싸우니, 이익을 위하는 마음이 이기지 않는 경우가 드물다.(後其食者, 蓋委置之, 不存乎念慮之間, 非纔任其事, 而即有得祿之心繼之也. 若曰先敬其事而後有計祿之心, 則義利雜揉, 公私交戰, 其不爲利心所勝者幾希.)"라고 되어 있다.

○ 南軒張氏曰："爲貧而仕, 亦以敬其事爲主, 孔子亦曰：'會計當而已.'"[486)]

남헌 장씨(南軒張氏：張栻)가 말하였다. "가난 때문에 벼슬을 해도 자신의 일을 공경하는 것을 중심으로 하니, 공자가 '회계를 합당하게 할 뿐이다.'[487)]라고 하였다."[488)]

486) 호광 편(胡廣 編), 『논어집주대전(論語集註大全)』「위령공(衛靈公)」. 장식(張栻), 『계사논어해(癸巳論語解)』「위령공(衛靈公)」.

487) 회계를 합당하게 할 뿐이다：『맹자(孟子)』「만장하(萬章下)」에 "공자가 일찍이 위리가 되어서는 '회계를 합당하게 할 뿐이다.'라고 하였다.(孔子嘗爲委吏矣, 曰'會計當而已矣'.)"라는 말이 있다.

488) 가난 때문에 벼슬을 해도 …… 공자가 '회계를 합당하게 할 뿐이다.'라고 하였다：『논어집주대전』「위령공(衛靈公)」에는 "임금을 섬길 경우에는 자신의 일을 공경하는 것을 중심으로 할 뿐이다. 관직에는 높고 낮음이 있고 직위에는 가볍고 무거움이 있으나 그 일을 공경하는 마음은 하나이다. '먹을 것을 뒤로 한다'는 말은 얻을 것을 뒤로 한다는 의미와 같다. 그렇다면 가난하여 벼슬한다면 어떻게 해야 하는가? 공자가 일찍이 창고를 주관하는 벼슬을 할 때 또한 '회계를 합당하게 할 뿐이다.'라고 하였고 목장과 짐승을 주관하는 벼슬을 할 때 또한 '소와 양을 잘 키울 뿐이다.'라고 하였으니, 또한 자신의 일을 공경하는 것을 중심으로 한 것일 뿐이다.(事君者, 主於敬其事而已. 官有尊卑, 位有輕重, 而敬其事之心則一也. 後其食, 猶後獲之意. 然則爲貧而仕, 則柰何. 孔子嘗爲委吏矣, 亦曰會計當而已矣, 嘗爲乘田矣, 亦曰牛羊茁壯長而已矣, 蓋亦以敬其事爲主也.)라고 되어 있다.

[15-38-1]

子曰:"有教無類."
공자가 말하였다. "가르침이 있으면 부류가 없다."

朱註

人性皆善, 而其類有善惡之殊者, 氣習之染也. 故君子有教, 則人皆可以復於善, 而不當復論其類之惡矣.
사람의 본성은 모두 선한데, 그 부류에 선함과 악함의 차이가 있는 것은 기질과 습관의 오염 때문이다. 그러므로 군자는 가르침이 있으면 사람들이 모두 선을 회복할 수 있으니, 다시 그 부류의 악함은 논할 것이 없다.

詳說

○ 慶源輔氏曰:"其始生也, 有氣稟清濁之分, 其少長也, 又有習染邪正之異."[489]
'인성개선, 이기류유선악지수자, 기습지염야(人性皆善, 而其類有善惡之殊者, 氣習之染也:사람의 본성은 모두 선한데, 그 부류에 선함과 악함의 차이가 있는 것은 기질과 습관의 오염 때문이다)'에 대해, 경원 보씨(慶源輔氏:輔廣)가 말하였다. "처음 태어났을 때는 기질의 품수에 맑고 흐린 구분이 있고, 조금씩 자라면서 또 습관의 오염에 나쁘고 바른 차이가 있게 된다."[490]

○ 先說有類.
'인성개선, 이기류유선악지수자, 기습지염야(人性皆善, 而其類有善惡之殊者, 氣習之染也:사람의 본성은 모두 선한데, 그 부류에 선함과 악함의 차이가 있는 것은 기질과 습관의 오염 때문이다)'라는 구절을 볼 때, 먼저 부류가 있다는 사안에 대해

---

489) 호광 편(胡廣 編), 『논어집주대전(論語集註大全)』「위령공(衛靈公)」.

490) 처음 태어났을 때는 …… 나쁘고 바른 차이가 있게 된다:『논어집주대전』「위령공(衛靈公)」에는 "사람의 본성은 하나의 이치에서 같을 뿐이다. 그러나 그 등급에 선악의 차이가 있는 것은 무엇 때문인가? 처음 태어났을 때 이미 기질의 품수에 맑고 흐린 구분이 있다. 차츰 자라게 되면서 또 습관의 오염에 나쁘고 바른 차이가 있게 된다. 차이를 합해 하나로 되돌리는 것은 가르침에 있을 뿐이다. 그러므로 임금과 스승이 교화의 묘함을 두니, 사람들이 모두 그 선을 회복할 수 있어 저절로 악을 행하는 사람이 없어지는 것이다. 어찌 다시 종류의 악함을 논하겠는가?(人之性, 同乎一理而已. 然其品類, 則有善惡之異者, 何哉. 蓋於其始生也, 已有氣稟清濁之分. 及其少長也, 又有習染邪正之異. 苟欲合其異, 而反其同, 則在乎教耳. 故君師有教化之妙, 則人皆可以復其善, 而自無爲惡之人. 豈可復論其類之惡哉.)"라는 말이 있다.

말하였다.

○ 與「學而」註, 互相發明.

'군자유교, 즉인개가이복어선(君子有教, 則人皆可以復於善 : 군자는 가르침이 있으면 사람들이 모두 선을 회복할 수 있으니)'은 『논어(論語)』「학이(學而)」의 주석과 서로 드러내며 밝혀주고 있다.

○ 去聲.

'부당부론(不當復論)'에서 '부(復 : 다시)'자는 거성이다.

○ 有釋無訓.

경문의 풀이는 있으나 훈고는 없다.

○ '教'字, 此章之題目.

'교(教 : 가르침)'자가 이 장의 제목이다.

[15-39-1]

子曰:“道不同, 不相爲謀.”
공자가 말하였다. “도가 같지 않으면 서로 도모하지 않는다.”

朱註

爲, 去聲. 不同如善惡邪正之類.

‘위모(爲謀)’에서 ‘위(爲 : 하다)’자는 거성이다. 같지 않다는 것은 선함이나 악함, 나쁨이나 바름과 같은 부류들이다.

詳說

○ 有訓無釋.

훈고는 있으나 경문의 풀이는 없다.

○ 新安陳氏曰: “善惡, 謂君子小人, 邪正, 謂吾道異端, 如陰陽冰炭之相反, 此不能爲彼謀, 彼亦不能爲此謀.”491)

신안 진씨(新安陳氏 : 陳櫟)가 말하였다. “선함과 악함은 군자와 소인을 말하고, 나쁨과 바름은 유교와 이단을 말하니, 음과 양이나 얼음과 숯이 상반되는 것처럼 이것이 저것을 위해 도모할 수 없고 저것이 또한 이것을 위해 도모할 수 없다.”

491) 호광 편(胡廣 編), 『논어집주대전(論語集註大全)』「위령공(衛靈公)」.

[15-40-1]

子曰："辭，達而已矣."
공자가 말하였다. "말은 뜻이 통하는 것일 뿐이다."

朱註

辭取達意而止，不以富麗爲工.
말은 뜻이 통함을 취할 뿐이고, 풍부하고 화려함으로 훌륭함을 삼지 않는다.

詳說

○ 已.
'이지(而止)'에서 '지(止)'자는 '~할 뿐이다'라는 말이다.

○ 有釋無訓.
경문의 풀이는 있으나 훈고는 없다.

○ 此下則其言外之意.
이 아래로는 말 밖의 의미이다.

○ 勉齋黃氏曰："此爲學者喜於工言. 辭者設然，非通於理者，亦不能達."[492]
면재 황씨(勉齋黃氏 : 黃幹)가 말하였다. "여기에서는 학자들이 훌륭함을 좋아하는 것 때문에 말하였다. 말을 함에 리(理)에 통하지 않은 것도 또한 뜻이 통할 수 없다."[493]

○ 新安陳氏曰："達之一字，命辭之法也. 東坡與人論文，每以夫子此言爲主."[494]
신안 진씨(新安陳氏 : 陳櫟)가 말하였다. "'뜻이 통한다[達]'는 것은 말을 명명하는 법이다. 동파(東坡 : 蘇軾)[495]가 사람들과 글을 논할 때 매번 공자의 이 말을

---

492) 호광 편(胡廣 編), 『논어집주대전(論語集註大全)』「위령공(衛靈公)」.

493) 여기에서는 학자들이 훌륭함을 좋아하는 …… 또한 뜻이 통할 수 없다 : 『논어집주대전』「위령공(衛靈公)」에는 "여기에서는 학자들이 훌륭함을 좋아하는 것 때문에 말하였다. 말을 함에 '뜻이 통하는 것일 뿐이다.'라고 했다면, 리(理)에 통하지 않는 것도 또한 뜻이 통할 수 없다. 성인의 말에는 치우친 것이 없다.(此爲學者喜於工言，辭者設然，其曰達而已矣，則非通於理者，亦不能達也. 聖人之言，未嘗有所偏也.)"라고 되어 있다.

494) 호광 편(胡廣 編), 『논어집주대전(論語集註大全)』「위령공(衛靈公)」.

495) 소식(蘇軾, 1036~1101) : 송나라 시대의 문인으로 자는 자담(子瞻)이고 호는 동파(東坡)이다. 시(詩), 사(詞), 서예(書藝)에도 능했으며 당송팔대가 중의 한 사람이다. 정치적으로 수많은

근본으로 하였다."[496]

고난과 영광을 겪었다. 시골에서 자신이 경작하던 땅을 동파(東坡)라고 부르고 스스로를 동파거사(東坡居士)라고 칭하였다.

496) 뜻이 통한다[達]'는 것은 …… 매번 공자의 이 말을 근본으로 하였다 : 『논어집주대전』「위령공(衛靈公)」에는 "리(理)에 통한 자만이 말이 뜻에 통할 수 있다. 뜻에 통하는 것 외에는 지나치게 구하는 일이니, 번다한 것으로 풍부함을 삼지 않는다면 아름다운 것으로 화려함을 삼아 바른 이치가 도리어 가려지고 본래의 의미가 오히려 통하지 않게 된다. '뜻이 통한다[達]'는 것은 말을 명명하는 법이다. 동파(東坡)가 사람들과 글을 논할 때 매번 공자의 이 말을 근본으로 하였다.(惟達理者, 辭能達意. 達意之外, 而過求之, 非以繁多爲富, 則以華美爲麗, 正理反爲所蔽, 本意反以不達矣. 達之一字, 命辭之法也. 東坡與人論文, 每以夫子此言爲主.)"라고 되어 있다.

[15-41-1]

師冕見, 及階, 子曰: "階也", 及席, 子曰: "席也", 皆坐, 子告之曰: "某在斯某在斯".

사(師)인 면(冕)이 뵈올 때 섬돌에 이르자, 공자가 "섬돌입니다."라고 했고, 자리에 이르자, 공자가 "자리입니다."라고 했으며, 모두 앉자, 공자가 "누구는 여기에 있고 누구는 여기에 있습니다."라고 하였다.

朱註

見, 賢遍反. 師, 樂師, 瞽者. 冕, 名.

'사면현(師冕見)'에서 '현(見 : 뵘)'은 '현(賢)'과 '편(遍)'의 반절(反切)이다. 사는 악사로 맹인이다. 면은 이름이다.

詳說

○ 吳氏曰: "古者, 樂師皆用瞽, 以其廢視而專聽, 且令天下無廢人."[497]

오씨가 말하였다. "옛날에 악사는 모두 맹인으로 하였으니, 시력이 막혀 듣기만을 오로지 하고, 또 천하에 버려진 사람이 없게 하기 위한 것이다."

○ 『語』中樂師, 固皆瞽者, 而此章專記相師之事, 故註特著曰瞽者.

『논어(論語)』에서 악사는 진실로 모두 맹인인데, 이 장에서는 악사를 도와주는 일만 기록하였기 때문에 『논어집주(論語集註)』에서 특별히 '맹인'이라고 한 것이다.

○ 訓.

훈고이다.

○ 夫子起而出, 相師, 故在坐者亦皆起, 夫子復坐亦皆坐.

공자가 일어나 나가서 악사를 도와주었기 때문에, 앉아 있는 사람들도 모두 일어났고, 공자가 다시 앉자 또한 모두 앉았다.

497) 호광 편(胡廣 編), 『논어집주대전(論語集註大全)』「위령공(衛靈公)」.

朱註

再言某在斯, 歷擧在坐之人以詔之.

'누구는 여기에 있습니다.'라고 거듭 말한 것은 자리에 있는 사람들을 하나하나 들어 그에게 알린 것이다.

詳說

○ 不止於再.

'재언모재사(再言某在斯 : '누구는 여기에 있습니다.'라고 거듭 말한 것은)'는 두 번만 말한 것이 아니다.

○ 去聲.

'역거재좌(歷擧在坐)'에서 '좌(坐 : 자리)'자는 거성이다.

○ 姓名.

'재좌지인(在坐之人)'에서 '인(人 : 사람들)'자는 성명을 말한다.

○ 告.

'조지(詔之)'에서 '조(詔 : 알린다)'자는 고한다는 말이다.

○ 必告之者, 恐其語觸在坐者之忌諱, 又或有舊識, 則當敘寒暄耳.

'력거재좌지인이조지(歷擧在坐之人以詔之 : 자리에 있는 사람들을 하나하나 들어 그에게 알린 것이다)'라는 구절에서 반드시 알렸던 것은 그 말이 자리에 있는 사람들과 부딪힐까 꺼렸고, 또 간혹 알던 사람들이 있다면 안부를 물어야 하기 때문이다.

○ 釋.

경문의 풀이다.

○ 胡氏曰 : "冕之來見, 適無相者, 坐必作過必趨. 哀矜之念, 乃聖人之素心, 故代相者告之."[498]

호씨(胡氏 : 胡泳)[499]가 말하였다. "면이 와서 뵘에 마침 도와주는 자가 없으면 앉을 때 반드시 일어나야 하고 잘못할 때 반드시 서둘러야 한다. 불쌍하게 여기는 마음이 성인의 본심이기 때문에 도와주는 자를 대신해서 알려 주었던 것이다."[500]

---

498) 호광 편(胡廣 編), 『논어집주대전(論語集註大全)』「위령공(衛靈公)」.

499) 호영(胡泳) : 송나라 때 학자로 자가 백량(伯量)이고, 호가 동원(桐原)이고, 남강(南康) 출신이다. 저서로는 『논어연설(論語衍說)』 등이 있다.

500) 면이 와서 뵘에 …… 대신해서 알려 주었던 것이다 : 『논어집주대전』「위령공(衛靈公)」에는 "면이 와서 뵘에 마침 도와주는 자가 없으면 앉을 때 반드시 일어나야 하고 잘못할 때는 반드

[15-41-2]

師冕出, 子張問曰 : "與師言之道與."
악사인 면이 나가자, 자장이 물었다. "악사와 말하는 방법입니까?"

朱註

> 與, 平聲.
> '도여(道與)'에서 '여(與 : ~?)'자는 평성이다.

詳說

○ 指階 · 席 · 坐三事.
섬돌 · 자리 · 앉은 것의 세 가지 일을 가리킨다.

朱註

> 聖門學者, 於夫子之一言一動, 無不存心省察, 如此.
> 성인 문하에서 배우는 자들은 공자의 한마디 말과 한 가지 행동에 마음을 두어 살피지 않음이 없음이 이와 같았다.

詳說

○ 悉井反.
'존심성찰(存心省察)'에서 '성(省 : 살핌)'은 '실(悉)'과 '정(井)'의 반절(反切)이다.

○ 吳氏曰 : "『語』中子張之問, 比諸弟子爲多."501)
오씨가 말하였다. "『논어(論語)』에서 자장(子張)의 물음은 여러 제자에 비해 많다."

○ 無訓釋, 只有論.
훈고와 경문의 풀이는 없고, 단지 경문의 의미 설명만 있다.

시 서둘러야 한다. 불쌍하게 여기는 마음이 바로 성인의 본심으로 여기에서 어쩔 수 없었기 때문에 도와주는 자를 대신해서 알려 주었던 것이다.(冕之來見, 適無相者, 坐必作過必趨. 哀矜之念, 乃聖人之素心, 至此自不能已也, 故代相者告之.)"라고 되어 있다.

501) 호광 편(胡廣 編), 『논어집주대전(論語集註大全)』「위령공(衛靈公)」.

[15-41-3]

子曰 : "然. 固相師之道也."
공자가 말하였다. "그렇다. 진실로 악사를 이끌어주는 방법이다."

朱註

相, 去聲. 相, 助也.
'상사지도(相師之道)'에서 '상(相 : 이끌어주다)'자는 거성이다. '이끌어준다[相]'는 것은 도와준다는 말이다.

詳說

○ 訓.
훈고이다.

朱註

古者, 瞽必有相, 其道如此.
옛날에 맹인은 반드시 이끌어주는 자가 있었고, 그 방법이 이와 같았다.

詳說

○ 『周禮』「大師」曰 : "瞽矇三百人, 眡瞭三百人. 凡樂事相瞽."502)
『주례』「대사」에서 말하였다. "맹인 3백 인에 시료가 3백 인이니,503) 음악의 일에서 맹인을 돕는 것이다."

○ 釋畢.
경문의 풀이가 끝났다.

---

502) 왕여지(王與之), 『주례정의(周禮訂義)』 권40.

503) 맹인 3백 인에 시료가 3백 인이니, 음악의 일에서 맹인을 돕는 것이다 : 왕여지(王與之), 『주례정의(周禮訂義)』 권40에 "정악(鄭鍔)이 말하였다. '맹자는 '가슴속이 바르면 눈동자가 밝다.'라고 하였다. 시료의 직분은 모두 눈 밝은 자들이 하는 것이다. 악공은 맹인 3백 인을 쓰기 때문에 시료를 쓰는 것도 3백 인이 돕게 하는 것이다. 그들은 보는 것이 밝아 또 음악에도 밝았다.'(鄭鍔曰 : '孟子曰 : 「胷中正, 則眸子瞭焉.」 眡瞭之職, 皆明目者爲之. 蓋樂工用瞽矇三百人, 故用眡瞭亦三百人扶之. 其視明瞭, 又明樂.')"라는 말이 있다.

○ 此下則論也.

이 아래로는 경문의 의미 설명이다.

○ 厚齋馮氏曰 : "是相師之道, 豈特與師言之道如此."[504]

후재 풍씨(厚齋馮氏 : 馮椅)가 말하였다. "악사를 이끌어주는 방법이니, 어찌 악사와 말하는 방법이 이와 같을 뿐이겠는가?"[505]

朱註

蓋聖人於此, 非作意而爲之, 但盡其道而已.

성인은 이것에 대해 마음을 내서 한 것이 아니라, 단지 그 도리를 다한 것일 뿐이다.

詳說

○ 出於誠心.

진심에서 나온 것이다.

朱註

尹氏曰 : "聖人處己爲人, 其心一致, 無不盡其誠故也. 有志於學者, 求聖人之心, 於斯亦可見矣."

윤씨가 말하였다. "성인은 자신이 처신하고 남을 위함에 그 마음이 일치하니, 그 정성을 다하지 않음이 없기 때문이다. 배움에 뜻을 둔 자가 성인의 마음을 찾는다면 여기에서도 볼 수 있을 것이다."

詳說

○ 上聲.

'성인처기(聖人處己)'에서 '처(處 : 처신하다)'자는 상성이다.

504) 호광 편(胡廣 編), 『논어집주대전(論語集註大全)』「위령공(衛靈公)」.

505) 악사를 이끌어주는 방법이니 …… 이와 같을 뿐이겠는가 : 『논어집주대전』「위령공(衛靈公)」에는 "맹인이 보게 하는 것이 악사를 이끌어주는 방법이니, 어찌 악사와 말하는 방법이 이와 같을 뿐이겠는가?(使瞽者, 若能視然, 是謂相師之道, 豈特與師言之道如此.)"라고 되어 있다.

○ 去聲.

'위인(爲人)'이라는 말에서 '위(爲 : 위함)'자는 거성이다.

○ 句.

'구성인지심(求聖人之心 : 성인의 마음을 찾는다면)'에서 구절이 끊어진다.

註朱

范氏曰 : "聖人不侮鰥寡, 不虐無告, 可見於此. 推之天下, 無一物不得其所矣."

범씨(范氏 : 范祖禹)[506]가 말하였다. "성인은 홀아비와 과부를 업신여기지 않고, 하소연할 곳이 없는 자들을 괄시하지 않음을 여기에서 볼 수 있다. 세상에 미루어 나가면 하나의 사물도 제자리를 얻지 않음이 없을 것이다.

詳說

○ 出『書』「康誥」.

'불모환과(不侮鰥寡 : 홀아비와 과부를 업신여기지 않고)'는 서경』「강고」에 나온다.[507]

○ 無所呼訴之人.

'불학무고(不虐無告)'에서 '무고(無告 : 하소연할 곳이 없는 자들)'는 호소할 곳이 없는 사람들이다.

○ 出『書』「大禹謀」.

'불학무고(不虐無告 : 하소연할 곳이 없는 자들을 괄시하지 않음)'는 『서경(書經)』「대우모」에 나온다.[508]

---

506) 범조우(范祖禹 : 1041~1098) : 송나라 때 학자로 자가 순보(淳甫)·순부(淳夫)·순부(純父), 또는 몽득(夢得)이고, 성도 화양(成都華陽) 사람이다. 정자(程子)를 사사(師事)하였으며, 사마광(司馬光)을 추종하였다. 저서로는 『시해(詩解)』·『고문효경설(古文孝經說)』·『제의(祭儀)』·『경서요언(經書要言)』 등이 있다.

507) 서경』「강고」에 나온다 : 『서경(書經)』「강고」에는 "감히 홀아비와 과부를 업신여기지 않는다.(不侮鰥寡.)로 되어 있다.

508) 『서경(書經)』「대우모」에 나온다 : 『서경(書經)』「우서(虞書)·대우모(大禹謨)」에 "순 임금이 말하였다. '아, 네 말이 옳다. 진실로 이와 같다면 아름다운 말이 숨겨지는 바가 없으며 들에는 버려진 현자가 없어서 온 나라가 다 편안할 것이니, 여러 사람에게 상고하여 자기를 버리고 남을 따르며 하소연할 곳이 없는 자들을 학대하지 않으며 곤궁한 자들을 폐하지 않음은 오직 요 임금만이 이에 능하셨다.'(帝曰 : '兪. 允若茲, 嘉言罔攸伏, 野無遺賢, 萬邦咸寧, 稽于衆, 舍

○ 句.

‘가견어차(可見於此 : 여기에서 볼 수 있다)’의 ‘어차(於此)에서 구절이 끊어진다.

己從人, 不虐無告, 不廢困窮, 惟帝時克.’)”라고 되어 있다.

연구번역자 소개

신창호(申昌鎬)

현) 고려대학교 교수
고려대학교 박사(동양철학/교육사철학 전공)
고려대학교 교육문제연구소 소장
한국교육철학학회 회장·한중철학회 회장
「『중용』 교육사상의 현대적 조명」(박사학위논문), 『유교의 교육학 체계』 외 다수의 논문·번역·저서가 있음

김학목(金學睦)

현) 고려대학교 연구교수
건국대학교 박사(한국철학 전공)
해송학당 원장(동양학·사주명리 강의)
「박세당의 『신주도덕경』 연구」(박사학위논문), 『한국주역대전』 외 다수의 논문·번역·저서가 있음

윤원현(尹元鉉)

전) 고려대학교 연구교수
私立中國文化大學 박사(朱子哲學 전공)
한중철학회 회장
「從朱子思想中之天人架構闡論其義理脈絡」(박사학위논문), 『성리대전』 외 다수의 논문·번역·저서가 있음

조기영(趙麒永)

현) 고려대학교 연구교수
연세대학교 박사(한문학 전공)
서정대 교수·연세대국학연구원 연구원
「하서 김인후 시 연구」(박사학위논문), 『한국시가의 정신세계』 외 다수의 논문·번역·저서가 있음

김언종(金彦鍾)

현) 고려대학교 명예교수
國立臺灣師範大學(韓國經學 전공)
한국고전번역원 이사·고전번역학회 회장
「丁茶山論語古今注原義總括考徵」(박사학위논문), 『(역주)시경강의』 외 다수의 논문·번역·저서가 있음

임헌규(林憲圭)

현) 강남대학교 교수
한국학중앙연구원 박사(동양철학 전공)
동양고전학회 회장
「유가의 심성론 연구 – 맹자와 주희를 중심으로」(박사학위논문), 『공자에서 다산 정약용까지 – 유교 인문학의 동서철학적 성찰』 외 다수의 논문·번역·저서가 있음

허동현(許東賢)

현) 경희대학교 교수
고려대학교 박사(한국근대사 전공)
경희대학교 학부대학 학장·한국현대사연구원 원장
「1881년 조사시찰단 연구」(박사학위논문), 『한국의 국가 형성과 민주주의』 외 다수의 논문·번역·저서가 있음

논어집주상설 연구번역 연구진

연구책임자

신창호(고려대학교)

전임연구원

김학목(고려대학교)
윤원현(고려대학교)
조기영(고려대학교)

공동연구원

김언종(고려대학교)
임헌규(강남대학교)
허동현(경희대학교)
박성빈(고려대학교, 전산)

논어집주상설 8

초판발행 2019년 8월 25일

지은이 박문호
책임역주 신창호
공동역주 김학목·윤원현·조기영·김언종·임헌규·허동현
펴낸이 노현

편　집 문선미
표지디자인 BEN STORY
제　작 우인도·고철민

펴낸곳 ㈜ 피와이메이트
서울특별시 금천구 가산디지털2로 53 한라시그마밸리 210호(가산동)
등록 2014. 2. 12. 제2018-000080호
전　화 02)733-6771
f a x 02)736-4818
e-mail pys@pybook.co.kr
homepage www.pybook.co.kr
ISBN 979-11-90151-13-9 94140
979-11-90151-05-4 (세트)

정 가 29,000원 (세트 210,000원)